Said K. Aburish wurde 1935 in der Westbank geboren. Nach seinem Studium in den USA war er zunächst in der Werbung tätig und wurde dann Leiter einer Firma, die arabische Regierungen berät. Aburish ist amerikanischer Staatsbürger und lebt als freier Autor und Journalist in London. Er schreibt unter anderem für *The Independent, The Washington Post* und *Libération*. Auf deutsch sind von ihm bereits erschienen »Schrei, Palästina! Alltag auf der Westbank« und »Die Kinder von Bethanien. Geschichte einer palästinensischen Familie«.

D1726855

Dieses Buch wurde auf chlor- und säurefreiem Papier gedruckt.

Vollständige Taschenbuchausgabe Dezember 1995
Droemersche Verlagsanstalt Th. Knaur Nachf., München
Dieses Buch ist im Knesebeck Verlag unter dem Titel
»Der märchenhafte Aufstieg und Verfall des Hauses Saud.
Ist Saudi-Arabien als Partner des Westens noch tragbar?«
erschienen.
© 1994 für die deutschsprachige Ausgabe
von dem Knesebeck GmbH & Co.
Titel der Originalausgabe
»The Rise and Coming Fall of the House of Saud«
Copyright © 1994 by Said K. Aburish
Umschlaggestaltung Agentur ZERO, München
Umschlagfoto dpa, Frankfurt/Main
Druck und Bindung Elsnerdruck, Berlin
Printed in Germany
ISBN 3-426-80034-9

1 2 3 4 5

Said K. Aburish

Ölscheichs

und

Tyrannen

Der märchenhafte
Aufstieg und Verfall des
saudiarabischen
Königshauses

Aus dem Englischen von
Ulrike Budde

Inhalt

Einführung

Dieses Buch werden viele Menschen als Beleidigung empfinden. Als Autor setze ich mich Gefahren aus. Viele Freunde in der westlichen Welt, die an die Zusammenarbeit des Westens mit den arabischen Staaten glauben, werden gegen den Schaden protestieren, den es anrichten wird. Möglicherweise werden einige Araber erwägen, Gewalt anzuwenden, da ich zu vieles offenlege. Weder möchte ich jemanden beleidigen noch geächtet oder ermordet werden. Warum also habe ich ein Buch gegen das Königshaus Saud verfaßt?

Der Grund dafür ist sehr einfach. Die saudischen Herrscher haben den Mißbrauch ihres Reichtums und ihre sowohl im eigenen Land wie außerhalb unheilbringende Politik zu weit getrieben. Das Leiden der saudischen Bevölkerung nimmt kein Ende, die übrigen arabischen Länder sind hilflos. Der Westen ist mit anderen Problemen befaßt und läßt durch nichts erkennen, daß die Menschen dort die Notwendigkeit zu handeln richtig einschätzen. Irgend jemand muß damit anfangen, Protest einzulegen, und das kann nur geschehen, indem man deutlich mit dem Finger auf die nackten Tatsachen zeigt.

Ich befasse mich mit den Problemen Saudi-Arabiens, weil es dort am schlimmsten zugeht. Doch die ganze arabische Welt leidet, und es stehen keine Regierungsapparate zur Verfügung, um korrigierend einzugreifen. Als Araber ist es meine Pflicht, auf Mißstände aufmerksam zu machen und zu versuchen, einen Beitrag zur Beendigung dieser Situation zu leisten. Es wäre reiner Unsinn, so zu tun, als seien die Probleme der Araber das Machwerk von Fremden und lägen außerhalb ihrer Kontrolle. Im übrigen spricht dieses Buch für sich selbst.

Blut, Öl und Zynismus

»Großer Rüstungsauftrag aus Saudi-Arabien für British Aerospace«; »König Fahd bildet Konsultativrat, behält jedoch die absolute Regierungsgewalt«; »Saudi-Arabien hält Ölpreis niedrig – zunehmender Druck auf andere OPEC-Staaten«; »Saudi-Arabien scheint bereit, Saddam zu ersetzen«.

Diese Schlagzeilen über Taten und Untaten des Hauses Saud erschienen innerhalb von einem Monat im Jahr 1992 und belegen deutlich das Ausmaß der wirtschaftlichen und politischen Macht, über die dieses Land verfügt. Sie weisen auch auf Versuche hin, auf anstehende Veränderungen einzugehen. Wenn wir zwei Tatsachen hinzufügen, über die nicht berichtet wurde – Tausende schmachten in den saudischen Gefängnissen, und die hundertste Hochzeit von König Fahd wird gefeiert –, dann tritt das Bild des heutigen Saudi-Arabien deutlicher hervor.

In der modernen Welt kann das, was Saudi-Arabien darstellt, und die unverhältnismäßige große Macht, die es ausübt, nicht als akzeptabel angesehen werden. Glücklicherweise bin ich nicht der einzige, der diese Situation mit Besorgnis beobachtet. Das Volk von Saudi-Arabien und die internationale Staatengemeinschaft können sich der Beantwortung der Frage, ob der Staat Saudi-Arabien in dieser Weise weiter existieren kann, nicht länger entziehen. Die zukünftige neue Weltordnung und die Dynamik der sozialen Veränderungen im Nahen Osten und in Saudi-Arabien selbst haben eine klare Antwort gegeben, die von der historischen Trennung zwischen Ideologie und Politik nicht belastet ist. Die Freundschaft mit dem Westen, deren Grundlage das Erdöl ist, wird nicht länger dazu führen, daß die rückständige Politik der Regierung von Saudi-Arabien weiter hingenommen wird. Zwar bleibt die Fähigkeit des Herrscherhauses Saud, sich durch die »Waffe Erdöl« im Sattel zu halten und regionale und internationale Macht auszuüben, in starkem Ausmaß bestehen. Doch viele der Zwänge, die die uneingeschränkteste feudale Monarchie der Welt bisher geschützt und gestützt haben, existieren nicht mehr.

Trotzdem erscheint die Reaktion, die diese weltweiten, regionalen und innenpolitischen Entwicklungen als Schlußfolgerung nahelegen, nicht so eindeutig, wie man meinen könnte. Eine realistische Antwort kann nur vorläufig sein und muß das Machtgefüge berücksichtigen, in dem Saudi-Arabien sich bewegt. Macht und Einfluß übt dieser Staat in dauerhaften, klar umrissenen Interessensgebieten aus, deren Art des Zusammenwirkens sich jedoch beständig verändert. Dies hat es dem Haus Saud ermöglicht, einen genau durchdachten und sehr erfolgreichen Balanceakt aufrechtzuerhalten, der ausschließlich darauf abzielt, daß die saudischen Regeln eingehalten werden. Als führende Autokratie der Welt betreibt das Haus Saud das Land wie ein Familienlehen, daher sind Saudi-Arabien und das Haus Saud ein und dasselbe. In diesem Buch werden diese Bezeichnungen deshalb gleichbedeutend verwendet.

Ganz allgemein gesagt haben Innen- und Außenpolitik von Saudi-Arabien unterschiedliche Auswirkungen auf das saudische Volk, auf die arabische Welt, die Welt des Islam und die Welt insgesamt. Der Einfluß des Landes beruht auf zwei Faktoren: seine Position als weltweit größter Ölproduzent und Land mit den größten Ölreserven sowie seine wichtige, wenn auch übertriebene Stellung als Heimat der heiligsten Stätten des Islam. Da die Bedrohung durch einen kommunistischen Block mit der Sowjetunion im Zentrum nicht mehr da ist, hat die strategische Lage von Saudi-Arabien, die einst einen weiteren Machtfaktor darstellte, weitgehend an Bedeutung verloren.

Die Widersprüche in der Art und Weise, wie Saudi-Arabien die etablierte Politik der Länder, mit denen es zu tun hat, gezielt zunichte macht, kann man am besten mit einem Beispiel aus dem Einsatz seiner Macht als Ölproduzent demonstrieren. Der Westen ist wegen preisgünstig garantierter Öllieferungen von Saudi-Arabien abhängig. Doch derselbe Westen möchte gern – obwohl er sich auf bemerkenswerte Weise immer wieder gegen Verhandlungen über dieses Thema gesperrt hat – eine ausgewogenere interne und regionale Verteilung des durch das Öl ermöglichten Wohlstands erzielen.

Das Haus Saud unterläuft den Wunsch der westlichen Welt nach einer gleichmäßigeren Verteilung des Reichtums. Durch die Möglichkeit, größere Mengen Erdöl zu fördern, als eigentlich nötig sind, und dadurch den Ölpreis niedrig zu halten, wird eine Abhängigkeit hergestellt. Dies bringt den Westen in eine Lage, die von ökonomischen Faktoren bestimmt wird. Aus Angst vor einer Verschlechterung dieser vorteilhaften Situation verzichtet er auf sein Engagement für eine gerechtere Verteilung des durch das Öl entstandenen Reichtums. Das wiederum gestattet es dem Haus Saud, die Einnahmen aus dem Öl weiterhin als privates Familieneinkommen anzusehen. Denkt man einen Schritt weiter, so bringt dies den Westen dazu, seine moralische Verantwortung für die Einführung politischer Reformen im Land zu ignorieren.

Es gibt auch einfachere Beispiele. Das saudische Geld, das den arabischen und islamischen Staaten helfen soll, wird auf der Basis des Prinzips »Teile und herrsche« gewährt. Syrien erhält Geld von Saudi-Arabien, damit der zunehmende Einfluß von Ägypten ausgeglichen wird – und umgekehrt –, was zu einer Konkurrenzsituation zwischen den beiden Ländern führt, sie voneinander fern hält und dadurch immer schwächer macht. Saudi-Arabien unterstützt fundamentalistische islamische Gruppierungen in den besetzten Gebieten der Westbank und des Gazastreifens, um PLO-Führer Yassir Arafat zu schwächen, während frei gewählte islamische Fundamentalisten in Algerien abgelehnt werden, da man befürchtet, ein militantes islamisches Algerien könnte die saudische Politik mit den arabischen Ländern stören. Zentraler Punkt dieser gesamten Politik ist das Ziel, Zwietracht in der Region zu säen und demokratische Fortschritte in anderen Ländern des Nahen Ostens zu verzögern. Diese Haltung soll das Fortbestehen des Hauses Saud sichern, da eine harmonische Stimmung in der Region Konkurrenten schaffen und demokratische Entwicklungen in benachbarten Ländern ansteckend wirken könnten.

Zum erstenmal wird jetzt jedoch die auf reine Selbsterhaltung gerichtete Politik Saudi-Arabiens durch internationale, regionale und innenpolitische Entwicklungen, die sich aneinander annähern und an Einfluß gewinnen, angegriffen. Durch keinerlei entsprechende Aktivitäten lassen die Herrscher des Landes erkennen, daß sie in der Lage oder willens sind, die notwendigen Schritte zu unternehmen, um mit einer neuen politischen Einstellung ihre Position und ihren Einfluß auf das Weltgeschehen mit etwas mehr Vernunft zu gestalten. Tatsache ist, daß die beiden Ressorts der Regierung, deren Budgets in den vergangenen fünf Jahren ständig aufgestockt wurden, der königliche Haushalt und das Verteidigungsministerium sind – die Familie und ihre Beschützer.

Außer der bereits erwähnten, geringeren strategischen Bedeutung des Landes gibt es bei den Befürwortern einer neuen Weltordnung das ausdrückliche Bestreben, im Nahen Osten die Ursachen für Reibereien und zukünftige Auseinandersetzungen zu beseitigen. Saudi-Arabien müßte etwas tun, um den Machtmißbrauch sowohl im Land wie in der gesamten Region zu beenden. Innenpolitisch heißt das nicht nur, den natürlichen Reichtum des Landes mit allen Bürgern zu teilen, sondern auch Menschenrechte zu schützen und den Bürgern eine Stimme zu den Angelegenheiten ihres Staates zuzugestehen.

Saudi-Arabien kann die ökonomische Misere seiner Nachbarländer nicht länger ignorieren und dabei als Staat unbeschadet überleben. Das bedeutet für die Zukunft, daß saudische Hilfe für arabische Staaten auf die Hebung des Lebensstandards der dortigen Bewohner ausgerichtet sein muß und nicht in die Taschen der Herrscher fließen darf, die einer rückschrittlichen, saudischen Linie folgen. Saudi-Arabien ist nun einmal von armen Nachbarn umgeben und muß sich daher mit denen auseinandersetzen, die diese Armut zu erleiden haben: mit den Menschen. (Saddam Husseins Rechtfertigung für seinen Einmarsch in Kuwait, die inzwischen unter dicken Papierstößen aller möglichen Verlautbarungen begraben liegt, war die Forderung nach der Verteilung der aus dem Erdöl erzielten kuwaitischen Einnahmen auf alle Araber.)

Auch regionale Entwicklungen verstärken den Druck auf das Haus Saud, seinen Kurs zu ändern. Syrien und Ägypten verlangen in aller Offenheit mehr Unterstützung als Gegenleistung für militärische Hilfe und Sicherheit, die sie Saudi-Arabien gewährt haben. Ihre Grundforderung entspricht der von Saddam: Saudi-Arabien besitzt zu viel und sie zu wenig. Jordanien hat ein funktionierendes Parlament, unter dessen Mitgliedern sich viele Kritiker der verschwenderischen Politik Saudi-Arabiens befinden. Auch sie fordern mehr finanzielle Hilfe. Der Jemen hat sich entschlossen, die saudische Politik abzulehnen, die ihn durch den Einsatz von Geld zu einem tributpflichtigen Staat macht. Saudi-Arabien hat daraufhin versucht, Schritte zur Demokratisierung der Institutionen und Sicherung des Lebensstandards der Bevölkerung des Jemen zu verhindern. Als islamischer Staat stellt der Iran sogar eine noch wesentlich größere Herausforderung dar, da er einen militanten Islam vertritt, der die Idee der Monarchie verwirft und die saudische Haltung dazu in Frage stellt. Saudi-Arabien muß eine politische Linie entwickeln, um auf diesen Zwang zu reagieren.

Zu den weltweiten und regionalen Entwicklungen kommt als dritte Quelle für zunehmenden Druck die innere Situation des Landes. Das saudische Volk beginnt, sich offen gegen das Machtmonopol der immer zahlreicher werdenden Mitglieder des Hauses Saud (monatlich werden es 35 bis 40 Männer mehr) zu wehren. Die Anzahl der besser gebildeten Menschen hat dramatisch zugenommen und übersteigt die Möglichkeiten des Landes, sie unterzubringen; das bedeutet, daß das Haus Saud nicht mehr in der Lage ist, alle gut ausgebildeten Saudis mit guten Jobs zu bestechen. Das Stammessystem, das eine fragwürdige Machtbasis für das Haus Saud darstellte, verschwindet. An dessen Stelle treten die Seßhaftigkeit und zunehmende Kultiviertheit eines einstmals weit verstreuten Volkes, das zu gemeinsamem Handeln nicht in der Lage war. Die religiösen Führer haben Angst, daß sie von einer militanten islamischen Basisbewegung ausgehebelt werden könnten, und fordern Veränderungen, die die Macht der Königsfamilie eindämmen sollen, bevor es zu spät ist. Sogar die finanziell hervorragend und mit westlichem Equipment ausgestattete Armee ist unzuverlässig, und eine Koalition dieser Kräfte oder von Teilen von ihnen erscheint unausweichlich.

Die Antwort des Hauses Saud auf diesen Druck war nicht mehr, als nach dreißig Jahren Wartezeit und einem Dutzend Fehlstarts seit der ersten Zusage einen Konsultativrat zu schaffen, den der König selbst einberuft. Man kann mit Sicherheit davon ausgehen, daß diejenigen, die der König dort bestellt, nicht gegen seine Wünsche und die Interessen seiner Familie agieren werden. Auch hat er die Zukunft des Rats bereits durch die Klarstellung unterminiert, daß er alles, was einem demokratischen System ähnlich sieht, zutiefst ablehnt. Die Befugnisse des Rats werden sich darauf beschränken, unwichtigere Themen zu diskutieren, die der König vorgibt. In Wirklichkeit könnte der wichtigste Aspekt des Konsultativrats sein, daß er überhaupt geschaffen wurde und die ausdrückliche Bereitschaft des Königs bekundet, die Notwendigkeit von Veränderungen einzusehen.

Außer diesem von der Öffentlichkeit stark beachteten Schritt zeigt das Haus Saud durch nichts an, daß es den Wunsch der Welt nach Veränderungen begriffen hat. Es versteckt sich hinter der unwahren Behauptung, daß islamische Länder anders und unfähig zur Demokratie seien, und betrachtet alle Forderungen nach gleichmäßiger Verteilung des Reichtums und Achtung der Menschenrechte als Einmischung in seine inneren Angelegenheiten. (Immer noch verschwinden Menschen mitten in der Nacht, andere werden ohne Gerichtsverhandlung jahrelang inhaftiert, ganz zu schweigen von öffentlichen Auspeitschungen und Exekutionen.) Das Haus Saud weigert sich einzusehen, daß es, nachdem die Bedrohung durch die Sowjetunion nicht mehr existiert, zu einer »leichten Beute« wurde und nicht mehr geschützt davor ist, kritisiert und unter Druck gesetzt zu werden. Obwohl seine Ölpolitik beim eigenen Volk und den anderen OPEC-Mitgliedstaaten nicht beliebt ist, glaubt das Haus Saud weiterhin, daß ihm die Lieferung von billigerem Öl an den Westen Schutz gewähren wird.

Im Rahmen der arabischen Region stellt die Politik Saudi-Arabiens eine Ausweitung der nach innen gezeigten Haltung dar. Es ignoriert nicht nur das explosive Ungleichgewicht, das durch den unterschiedlichen Lebensstandard zwischen Saudi-Arabien und seinen Nachbarn entstanden ist; viel kritischer ist, daß es finanzielle Unterstützung für Programme zur Hebung des Lebensstandards der arabischen Bevölkerung als geradezu gefährlich betrachtet. Nach Ansicht des Hauses Saud führt dies zu nichts anderem, als daß die Nutznießer dann immer mehr Geld und mehr Rechte fordern. Daher konzentriert es sich darauf, korrupte Regimes zu unterstützen, deren Führer seinem Beispiel folgen, demokratische Bestrebungen unterdrücken und den Fortschritt aufhalten. Diese oberflächliche Fähigkeit, die Kontrolle aufrechtzuerhalten, gibt dem Haus Saud ein Sicherheitsgefühl, nach dem es mehr als nach allem anderen verlangt. Und genau dieses Bedürfnis nach Sicherheit ist der Beweggrund dafür, daß es Strömungen gegen den jungen Parlamentarismus in Jordanien, Bahrain, Kuwait und im Jemen unterstützt. Es stellt sich auch gegen andere fortschrittliche Errungenschaften, einschließlich einer freien Presse, in benachbarten arabischen Ländern. Vor vielen Jahren führte dieses Sicherheitsstreben zu dem Versuch, den führenden Verfechter des Fortschritts in der arabischen Welt zu ermorden, den früheren ägyptischen Präsidenten Nasser.

Doch am deutlichsten treten die Probleme des Hauses Saud im Königreich selbst zutage. Das Tempo der sozialen Veränderungen bewirkt bei all der damit verbundenen Zerstörung auch etwas Positives. Die Menschen in Saudi-Arabien sind nicht mehr so fügsam wie früher. Die gebildete Jugend, die Geschäftsleute, die religiösen Führer, die wirklich Liberalen und Engagierten, die Wenigen mit einem optimistischen Streben nach politischer Macht und sogar Mitglieder der Streitkräfte stehen inzwischen in Opposition gegen die diktatorische und liederliche Art des Königshauses. Im Land vervielfältigte oder gedruckte Tonkassetten und Bücher mit politischen Aussagen gegen das Haus Saud (auch die bis vor kurzem unbekannte Anzahl der Ehefrauen des Königs ist dort dokumentiert) sind zu Bestsellern geworden. Religiöse Führer, unter ihnen auch Scheich Abd al-Aziz al-Baz, der wichtigste Imam des Landes, haben König Fahd aufgefordert, ein politisches System zu schaffen, in dem die Macht mehr verteilt ist. Die Klagen der Geschäftsleute werden von Monat zu Monat lauter: Sie wollen an der Regierung beteiligt werden und widersetzen sich der immer weiter zunehmenden Anzahl der Mitglieder des königlichen Haushalts, die ihren Einfluß dazu verwenden, den Handel zu monopolisieren und andere auf einen zweiten Platz zu verdrängen. Außer bei der königlichen Familie selbst, ihren Lakaien und einer kleinen Gruppe von Anhängern des Feudalismus ist das Haus Saud sehr unbeliebt geworden. Zurückhaltende Schätzungen gehen von rund achttausend Menschen aus, die seit dem Golfkrieg wegen »politischer Verbrechen« festgenommen wurden (zugegebenermaßen wurden die meisten nach kurzem Gefängnisaufenthalt wieder freigelassen).

Die internen und regionalen Pressionen sind im Fortschritt der weiteren Entwicklung für den Durchschnittsbürger von Saudi-Arabien und den arabischen Ländern begründet und daher naturgemäß unumkehrbar. Die Kluft zwischen den Forderungen der Vertreter des Wandels und den überholten, gleichgültigen Haltungen im Haus Saud wird immer größer. Man scheint dort zu dem Schluß gekommen zu sein, daß diese Kräfte deutlich unwichtiger sind als der Einfluß der erdölabhängigen Länder, besonders der Vereinigten Staaten und Europas. Anstatt die unüberhörbare Unzufriedenheit des eigenen Volkes und der anderen Araber zu beschwichtigen, verstärkt das Haus Saud seine Abhängigkeit von der Unterstützung durch den Westen. Dies hat dazu geführt, daß in aller Offenheit militärischer Schutz des Westens akzeptiert wird – nicht gegen die Bedrohung durch eine Supermacht, sondern gegen das eigene Volk und seine unglücklichen Nachbarn.

Die weiter unten angeführte einfache Auflistung vergleicht die

Politik des Hauses Saud mit der von Saddam Hussein und Ghaddafi – den beiden arabischen Führern, die von den westlichen Regierungen, Presseorganen und Bevölkerungen am wenigsten akzeptiert werden. Sie ist aussagefähig genug, um diese praktische, moralisch jedoch fragwürdige Verbindung zwischen Saudi-Arabien und dem Westen vorzuführen. König Fahd ist nicht nur ebenso kriminell wie die Regierungschefs des Iran und von Libyen, sondern in wichtigen Aspekten seines persönlichen Verhaltens und bei der Unterstützung despotischer Regimes wesentlich schlimmer.

	Fahd	Saddam	Ghaddafi
Mord	×	×	×
Verweigerung politischer Freiheit	×	×	×
Korruption	×	?	×
Vettern-/Günstlingswirtschaft	×	×	?
religiöse/ethnische Intoleranz	×	×	–
Unterstützung von despotischen Regimes	×	–	–
unakzeptables persönliches Verhalten	×	–	–
höhere Erdölpreise	–	×	×
Feindseligkeit gegenüber dem Westen	–	×	×

Die Position Saudi-Arabiens ist völlig klar: Die einzig relevante Kategorie, in der König Fahd und das Haus Saud Vorreiter sind, ist die umfassende Verbindung mit dem Westen. Qualitativ betrachtet, ermorden und unterdrücken sie politisch Andersdenkende in gleichem Maß wie die beiden anderen, sie sind der Vettern- und Günstlingswirtschaft schuldig und der Lüsternheit, sie unterstützen despotische Regimes, unterdrücken die schi'itische Minderheit in derselben Weise, wie Saddam die Kurden und

17

die Schi'iten des Irak unterdrückt, und sie sind unendlich korrupter als die beiden anderen. Wenn man in Betracht zieht, daß die saudische Bevölkerung lieber höhere Erdölpreise hätte und ihr eigenes Wohlergehen über das des Westens stellen möchte – dies haben mir saudische Arbeiter, Taxifahrer, Lehrer, Geschäftsleute gesagt und auch der ehemalige Ölminister Yamani, dessen moderate Ölpreispolitik ihn zum unpopulärsten Mann des Landes machte –, dann ist das Bild vollständig. Das Haus Saud ist dem Westen deutlich mehr verpflichtet als seinem eigenen Volk.

Der Westen wird seinerseits versuchen müssen, die sich verschlechternde Situation im Land zu retten, indem er ein ausgewogeneres Gleichgewicht zwischen seinem ökonomischen Wohlstand aus dem billigen Erdöl und seinem Bekenntnis zu Menschenrechten und regionaler Stabilität herbeiführt. Bisher haben die Regierungen der Vereinigten Staaten, Großbritanniens und Frankreichs, wie auch ihre Presse und ihre Bevölkerung, diese Prinzipien ihrem Eigennutz geopfert. Sie zeigen in der Tat keinerlei Bereitschaft, eine Situation zu beenden, in der das Haus Saud auch weiterhin Eckpfeiler ihrer Nahostpolitik ist. Dieser kurzsichtige Zynismus könnte ihnen noch schwer zu schaffen machen. Schließlich gab es schon einmal eine ähnliche Situation, die sie bereits viel politisches Kapital gekostet hat: die Unfähigkeit, den Schah von Persien gegen den Zorn seines Volkes zu schützen.

Ist es wünschenswert, daß das Haus Saud so, wie wir es kennen, weiterbesteht? Die einfachere Antwort lautet Nein. Das Verhalten von Mitgliedern des Königshauses und seiner mehr als siebentausend Angehörigen stellt den kleinsten gemeinsamen Nenner des Lebens im 20. Jahrhundert und der arabischen Traditionen dar. Dieses Buch wurde als Dokumentation und Bittschrift gegen das Haus Saud in der Hoffnung begonnen, die Presse und die Völker des Westens davon überzeugen zu können, daß sie ihre Regierungen zu einer klaren Haltung gegen diesen überaus widerlichen Machtmißbrauch mobilisieren. Im Verlauf der Arbeit hat sich meine Einstellung dann verändert: Jetzt ist das Buch eine Aufforderung an den Westen. Er muß Pläne zur Eindämmung des Schadens vorbereiten, der dem bevorstehenden Aufruhr in Saudi-Arabien folgen wird, oder den Ereignissen durch eine inszenierte Palastrevolte zuvorkommen, die den Charakter der Herrschaft des Hauses Saud verändern und die Rolle der Könige auf Vorzeigemonarchen beschränken würde.

Eine Revolution in Saudi-Arabien könnte zu einer Unterbrechung oder einem Stillstand in der Erdölförderung führen. Solch ein Stillstand – auch wenn er nur von kurzer Dauer wäre – könnte eine Wirtschaftskrise auslösen oder eine Konfrontation zwischen dem Westen und dem Islam oder beides. Es gibt keine Möglichkeit, die saudische Förderquote von täglich neun Millionen Barrel zu ersetzen, und das Räderwerk der industrialisierten Welt würde zwangsweise stillstehen. Der einleuchtendste Gegenzug einer Besetzung der Ölfelder würde bedeuten – auch wenn das militärisch machbar wäre –, heiligen Boden des Islam zu besetzen – und das hieße Krieg, einen *jihad*, einen heiligen Krieg, mit dem gottlosen Westen zu führen.

Im Schatten des Zeltes

Ich will mit der allseits bekannten Vorstellung beginnen und dann den wirklichen Menschen dahinter herausschälen. Die nackte Wahrheit über Ibn Saud möchte ich nicht präsentieren, ohne vorher einen Erklärungsversuch zu unternehmen, warum ihn die meisten Leser, die in westlichen Gesellschaften aufgewachsen sind, für den größten Araber dieses Jahrhunderts und einen der größten Araber aller Zeiten halten.

Vor rund vierzig Jahren beschrieb der exzentrische Orientalist, britische Offizier, Agent und Handelskaufmann Harry St. John Philby den ersten König und Gründer des heutigen Saudi-Arabien, Abdelazizabdelrahman al-Saud (1870–1953), allgemein als Ibn Saud bekannt, als den »größten Araber seit dem Propheten Mohammed«. Stünde Philby mit dieser öffentlich bekundeten Verehrung alleine da, so wäre sie leicht zurückzuweisen und als die Sicht eines Menschen abzutun, der einen Freund rühmt, dessen Berater er mehr als dreißig Jahre war. (Die britische Regierung hat Philby 1917 – vielleicht als Königsmacher – Ibn Saud zu Hilfe geschickt, und bis auf einen kurzen Aufenthalt in Jordanien in den zwanziger Jahren war er bis zum Tod des Königs Mitglied des saudischen Hofs.) Doch Dutzende, wenn nicht Hunderte andere, die sich vor und nach Philby zu diesem Thema geäußert haben, liegen ebenfalls auf seiner Linie, sind jedoch meistens nicht in derart totale Verzückung geraten. Sogar wenn diese Autoren versuchen, ihre falsche Tatsachendarstellung abzuschwächen, ihr nachweisliches Bemühen, einen Mann unverdient in den Status eines großen Arabers und Moslems zu erheben, versteigen sie sich doch noch zu so gewichtigen Aussagen wie »der Mann, der Arabien vereinigt und in das 20. Jahrhundert geführt hat« oder »der Begründer des modernen Arabien und der Führer der islamischen Welt«. Nur wenige der Historiker, Journalisten, Geschäftsleute und sogar CIA-Agenten, die Bücher und Artikel über Ibn Saud verfaßt haben, äußern sich andeutungsweise über einige seiner weniger attraktiven Züge wie öffentliche Hinrichtungen, Amputationen oder Auspeitschungen, seine kindische Abhängigkeit von einem ständig zur Verfügung stehenden Traumdeuter, und daß er mehrere hundert Ehefrauen aushielt. Sie betonen jedoch, daß dies entweder notwendig sei, um die Araber zu regieren, oder eine Quelle schieren Vergnügens. Der erschreckende Mangel an Urteilsvermögen, sei es über moralische oder praktische Fragen, ignoriert Ibn Sauds Mißbrauch seiner Frauen, Sklaven und Konkubinen. Er brach in schallendes Gelächter aus, als er erzählte, wie er seine Feinde in Stücke hackte. Ignoriert werden die Mißhandlungen seiner Privatchauffeure und Hausangestellten, die er regelmäßig in Anwesenheit von Gästen mit Stockschlägen malträtierte, die Art, wie er den Reichtum seines Landes verschleuderte und vieles davon dafür verwendet hat, die uralte Tradition von Geben und Nehmen zugrunde zu richten, und wie er eben diesen Reichtum dazu einsetzte, um den Rest der Araber zu spalten und zu schwächen.

Das Bild, das sich beim durchschnittlichen Leser nach und nach herausgebildet hat, ist das eines fortschrittlichen, wohltätigen und weisen Autokraten, der sich gerne amüsierte, der Arabien sehr früh in diesem Jahrhundert nach und nach geeint hat und seinem Volk nur das Beste zukommen ließ. Sogar der einfache Umstand, daß es den Saudis unter ihm besser ging als zuvor, wird ihm stillschweigend zugeschrieben. Man könnte meinen, daß einige der Autoren Ibn Saud gar für den Entdecker oder Erfinder des Erdöls halten.

Die Wahrheit über Ibn Saud sieht anders aus als die von Philby und anderen erfundene Geschichte. Fortschrittlich, weise, wohltätig und vergnügungsfreudig waren nicht die Worte, die auf diesen Mann zutrafen, und auch die Berichte seiner Apologeten zeigen einen geilen und blutdürstigen Autokraten und Beduinenführer, den man sich kaufen konnte, der ohne politischen Weitblick und kein Repräsentant seiner Kultur war und noch das kleinste persönliche Vergnügen über das Wohlergehen seiner Leute stellte. Beispielsweise wurde unter seiner Herrschaft nicht eine einzige Mädchenschule eingerichtet, während in ärmeren arabischen Ländern viele gebaut wurden, da man dort den Wert einer Ausbildung der Frauen erkannt hatte. Auch sind von ihm kein einziger Besuch in einer Schule oder die Gründung eines Krankenhauses oder einer einzigen Poliklinik während seiner mehr als dreißigjährigen Herrschaft überliefert. Die Forderung seines Sohnes Tallal, ein Krankenhaus zu bauen, lehnte er sogar ab und wies ihn an, sich »statt dessen um etwas Nützliches zu kümmern«. Man kann feststellen, daß seine Bewunderer die Bedeutung anderer widerwärtiger Wahrheiten bewußt herunterspielen und so tun, als sei das ganz normal gewesen. Darunter fallen auch öffentliche Enthauptungen und Amputationen sowie die Tatsache, daß Ibn Saud 42 Jungen und eine unbekannte Anzahl Mädchen zeugte, denen er eine Erziehung verweigerte, und daß er trotz des Reichtums durch das Erdöl fast sein ganzes Leben lang Schulden hatte und in diesem ehrlosen Zustand starb. Der langen Liste dessen, was man ihm »verziehen« hat, und einer endlosen Aufzählung seiner innenpolitischen Heldentaten kann seine Unterwürfigkeit gegenüber äußeren Mächten hinzugefügt werden, die er zu einer Zeit praktizierte, als die Araber – das saudische Volk eingeschlossen – nach Unabhängigkeit und Freiheit strebten.

Im Unterschied zu anderen, hauptsächlich auf eigenen Recherchen beruhenden Kapiteln dieses Buches bezieht sich dieser Abschnitt vorwiegend auf dieselben Quellen, die die Verehrer des ehemaligen Herrschers verwendet haben. Das wirft die Frage auf, warum sich meine Schlußfolgerungen dramatisch von denen der loyalen Meute unterscheiden.

Letztendlich kristallisiert sich dies als eine Frage der Wahrnehmung heraus, der unterschiedlichen Betrachtung der Begleitumstände von Ibn Sauds Weg zur Macht und seiner Regierungszeit. Die Leute, die ihn feiern, seine Apologeten im Westen und – gleichermaßen schuldig – in den arabischen Ländern (in beiden Fällen basierten ihre Bücher auf Gesprächen mit Prinzen und Ministern und deren Untergebenen, darunter viele ehemalige Beamte von Ibn Saud und auch Leute, die von der Familie dafür bezahlt werden, daß sie ihn preisen) waren und sind der Meinung, die Araber seien unregierbar und verdienten daher nichts anderes als die Peitsche eines Diktators, um damit in die verlogene Modernität nach dem Muster von Ibn Saud und seiner Familie geprügelt zu werden. Diese hinterhältige Vision wurde mit dem Kauf goldener Badezimmerarmaturen illustriert, vieler Autos der Marke Cadillac und der eigenartigen Vorliebe für Black Label-Whisky, Diamantgeschmeide und goldene Uhren. Dafür fehlen soziale und wohltätige Einrichtungen, wie der Rote Halbmond, staatliche Wohlfahrtsorganisationen, Berufsgenossenschaften, ein wirksames staatliches Gesundheitswesen oder Familienplanungszentren.

Ich beurteile Ibn Saud jedoch mit einem Maßstab, der darauf besteht, daß die Araber Besseres verdient hätten, wenn man die Umstände seiner Zeit in Betracht zieht und die Tatsache, daß es höher qualifizierte Menschen gab, die Arabien hätten regieren können. Er wurde nicht einmal der simpelsten Anforderung an einen Helden gerecht – Ausdruck der eigenen Kultur zu sein. Wir haben es mit einem ungebildeten Beduinen zu tun, der den in den Städten verwurzelten Fortschritt blockiert. (Es ist eine traurige, aber bezeichnende Wahrheit, daß die meisten vom Westen akzeptierten und gefeierten arabischen Führer von ihren Völkern abgelehnt wurden; darunter sind einige, die gewaltsam beseitigt wurden: die ehemaligen Könige von Libyen und Tunesien, Anwar Sadat von Ägypten und Premierminister Nuri as-Said aus dem Irak.) Vielleicht bin ich ein romantischer Träumer, doch für einen Moment möchte ich gern meine Augen schließen und an ein Arabien denken, das es nie gegeben hat, einen Ort, an dem der Reichtum durch das Erdöl dazu verwendet wurde, für die Mehrheit der Menschen Gutes zu tun.

Ein Zitat des hervorragenden palästinensisch-amerikanischen Gelehrten Edward Said: »Der herkömmliche Orientalist betrachtet sich selbst als jemanden, der die Verbindung zwischen Orient und Okzident vollbringen will, indem er vor allem die technischpolitische Überlegenheit des Westens verteidigt. Geschichte spielt in einer solchen Verbindung eine mindere Rolle oder wird überhaupt ausgegrenzt.« Said führt weiter aus, wie westliche Historiker die Araber für »kindlich und primitiv« halten. Obwohl viele der Autoren, die über Ibn Saud schrieben, keine Historiker waren, gaben sie doch alle vor, Fußnoten zu einer Geschichtsversion zu liefern, die die Mehrheit der Araber der Halbinsel zugunsten der Mätzchen eines wilden Beduinenfürsten ignorierte. Sie vertraten genau die westliche Haltung, die Said schildert.

Setzt man Saids vielsagende Behauptung direkt um, so zeigt sich ein Ibn Saud, der tatsächlich romantisch, wild und wunderbar ist – sofern die Araber nichts weiter sind als »kindliche und primitive« Nomaden, aus deren Reihen keine fähigeren Anführer kommen können. Diese Sicht ist jedoch völlig unannehmbar, wenn man die Araber als das sieht, was sie wirklich sind: Menschen im Besitz einer stolzen Kultur von großer historischer Tiefe und uneingeschränkt in der Lage, ihre politischen Führer zu beurteilen, Ibn Saud eingeschlossen.

Ich beeile mich hinzuzufügen, daß meine scheinbar radikale Ansicht recht harmlos ist. Ich bin weder ein fanatischer arabischer Nationalist noch ein islamischer Fundamentalist, sondern ein Mensch, der sowohl zum Osten wie zum Westen gehört und fest auf die Zusammenarbeit zwischen den arabischen Ländern und dem Westen vertraut. Doch ich behaupte, daß eine solche Zusammenarbeit nur durch echtes Verständnis positive Resultate für beide Seiten erbringen kann. Ein derartiges Verständnis würde die Unterordnung des geschichtlichen Wissens unter eine bühnengerechte Darstellung ausschalten, die auf das Bild einer romantischen Wüstengestalt ohne Berücksichtigung ihrer Taten abzielt. Ein Vergleich zwischen Ibn Saud mit Mohammed wäre ebenso ausgeschlossen wie die häufig gewaltigen Mißverständnisse, welche die Beziehungen zwischen Arabien und dem Islam mit dem Westen zum Nachteil beider Seiten immer wieder verteufeln.

Jetzt sollten wir uns dem Mann selbst und seiner Beurteilung zuwenden. Die Zeit des korrigierenden Historikers, der zum Detektiv wird, ist gekommen. Es ist an der Zeit, die von seinen Fürsprechern vorgebrachten frühen Qualitäten Ibn Sauds zu untersuchen: den auf seinen Familienbindungen beruhenden Anspruch auf die Führerschaft im modernen Arabien, seinen überragenden politischen Weitblick und seinen Ruhm als militärischer Anführer, der die Araber vereinte.

Es stimmt, daß das Haus Saud zu dem Zeitpunkt, als Ibn Saud zu Beginn dieses Jahrhunderts sein Oberhaupt wurde, bereits seit einiger Zeit auf der Bildfläche war. Seit dem 18. Jahrhundert war es ein Stachel im politischen Gebilde der arabischen Halbinsel. Doch trotz aller Leistungen war es nie eine akzeptierte, etablierte, von anderen Staaten anerkannte Monarchie oder Verkörperung der Idee eines Nationalstaates geworden. Man könnte die Anhänger Ibn Sauds in dieser Zeit mit den Kurden und deren periodischen Erfolgen in ihren Autonomiebestrebungen vergleichen. Obwohl das Haus Saud zweimal erfolgreich weite Gebiete des heutigen Saudi-Arabien kontrollieren und dem türkischen Sultanat, das dort damals herrschte, wiederholt Schwierigkeiten bereiten konnte, akzeptierte es die Türkei als das Reich, in dessen Grenzen es wirkte, und Ibn Saud selbst schrieb an den Sultan der Türkei: »Wir waren schon immer Diener der Krone.«

Die Mitglieder des Hauses Saud gehörten und gehören der puritanischen Wahhabiten-Sekte an. Die religiösen Überzeugungen und geringe Mitgliederzahl dieser Sekte hinderten sie daran, die Macht in einem Teil der Welt zu behalten, wo der Glaubenszugehörigkeit und der Anzahl der Mitglieder und Unterstützer eines Volksstammes stets große Bedeutung beigemessen wurde. Zwar gab es immer wieder Phasen, in denen das Haus Saud die Herrscher des Najd und der Stadt Riyadh stellte. Doch es wurde nie ganz von der Gesamtheit der Moslems akzeptiert, und sein Ruf gründete sich eher auf die durch die Religion bedingten kriegerischen Fähigkeiten als auf seine Popularität, einen berechtigten Führungsanspruch oder eine solide geleitete Regierung. Die Herrschaft der Sauds beruhte auf einer besonderen Neigung zu Gewalt und Terror, und sogar der eigene Stamm, die Ennezza, akzeptierten das nie vollständig. Zwei der Onkel von Ibn Saud und viele andere Verwandte starben in der Folge von Familien- und Stammesfehden, die sich aus Auseinandersetzungen über die Anwendung der wahhabitischen Doktrin entwickelten, was man tun konnte, um eine größere Akzeptanz bei mehr Menschen zu erreichen, und über das Ende dessen, was ein Onkel von Ibn Saud als »fortgesetztes schlechtes Benehmen« bezeichnete – gemeint war vor allem die Ermordung aller Nicht-Wahhabiten.

Zwischen 1902 und 1925 besiegte Ibn Saud in mehreren Kriegszügen drei etabliertere und beliebte Familien, die über große Gebiete des heutigen Saudi-Arabien herrschten. Er ernannte sich selbst zum König und kam irgendwann in den dreißiger Jahren auf die Idee, die ihm fehlende solide Basis oder königliche Abstammung aufzubessern. Für den Versuch, seine Legitimität und Anerkennung bei der Bevölkerung durch Appelle an ihre religiösen Gefühle zu erhöhen, stellte er einen ägyptischen religiösen Scheich namens Muhammed Tammimi an, der einen Stammbaum verfassen sollte, aus dem Ibn Saud als direkter Abkömmling des Propheten hervorging. Die Schöpfung des Scheichs wurde mehrmals wieder zurückgeschickt, bis sie dem königlichen Parvenü genehm war. Diesen Anspruch haben die wahren Nachkommen des Propheten nie wirklich akzeptiert; später erhielt dieser Stammbaumgestalter auch noch einen Auftrag von König Faruk von Ägypten, um für diesen eine religiöse Abstammungslinie zu entwickeln. Man sollte festhalten, daß Ibn Saud dem korrupten Emporkömmling Faruk wesentlich mehr Freundschaft entgegenbrachte als jeder andere arabische König oder Regierungchef. Der ägyptische Scheich Tammimi diente beiden nach einem gewissen gesellschaftlichen Status suchenden Monarchen und starb als ziemlich reicher Mann, der sein Vermögen damit gemacht hatte, daß er all denen zu einer heiligen Abstammung verhalf, die es sich finanziell leisten konnten.

Doch Ibn Sauds Minderwertigkeitskomplex hielt auch nach Tammimis lächerlichen Bemühungen an. In den vierziger Jahren finanzierte die *Arabian American Oil Company* (ARAMCO), wohl kaum eine unbeteiligte Partei, eine umfangreiche Studie über die Geschichte des Hauses Saud mit ähnlichen Ergebnissen wie der ägyptische Geistliche. Die meisten Autoren, die sich mit Saudi-Arabien befassen, verwenden diese Untersuchung. Doch die wahren Nachkommen des Propheten, die Haschemiten, die Familie von König Hussein von Jordanien, haben sich bis heute trotz ihrer Armut und der eindeutigen finanziellen Vorteilen geweigert, eheliche Verbindungen mit dem Haus Saud einzugehen.

Wenn schon der entsprechende familiäre, stammesgeschichtliche und religiöse Hintergrund fehlt, wie steht es dann um Ibn Sauds Ansehen als Kämpfer und Kriegsherr? Alles reine Erfindung. Sogar Philby räumt ein, daß Ibn Sauds militärische Erfolge bis zur Berufung des Engländers als militärischem Berater fragwürdig und nicht gerade sehr glorreich waren. Es ist im wesentlichen schon wahr, daß er ein Meister des *ghazzu*, des plötzlichen Überfalls war. Doch die daraus erwachsene größere Wertschätzung Ibn Sauds ist nur verständlich, wenn man das Wesen seiner Heldentaten und sein eigenes Verhalten in diesem engen Bereich der Kriegskunst außer acht läßt. Rückhalt bekam er von den religiösen Fanatikern der Wahhabiten-Sekte, die nicht sehr viel Achtung vor dem Leben hatten und den Tod suchten in der Hoffnung, als Märtyrer in den Himmel zu kommen. Ibn Saud war auch im *ghazzu* nie ein ehrenhafter Kämpfer.

Im Lauf dieser Zeit entwickelten die größten der angesehenen arabischen Stämme, die sicherlich weitere Anwärter auf die Führerschaft in Arabien sind, ein Bewußtsein für die moderne Gesellschaft und Respekt vor dem persönlichen Eigentum. Sie wurden seßhaft, bestellten das Land, und die meisten Scheichs der Stämme lebten in Städten. Doch Ibn Saud blieb immer noch bei seiner Praxis, andere Stämme zu überfallen, um ihre Kamele, Schafe und ihr Korn zu stehlen. Obwohl die strengen Regeln für solche Unternehmungen es verboten, Angehörige des überfallenen Stammes zu töten, rühmte er sich, daß er nie Gefangene machte. Er ermordete alle Männer, um sich vor späteren Racheakten zu schützen.

Ibn Sauds politischer Aufbruch begann, als er 1902 Riyadh zurückforderte, die Stadt, in der seine Familie als Alleinherrscher oder von den örtlichen Emiren ernannte Scheichs regiert hatte. Als ersten erbarmungslosen Akt terrorisierte er die Bevölkerung, indem er die Köpfe seiner Feinde aufspießen und vor den Stadttoren aufstellen ließ. Seine Anhänger überließen 1 200 Menschen dem Feuertod. Bei Überfällen war es für ihn und seine Gefolgsleute üblich, junge Mädchen als Sklavinnen oder Geschenke für Freunde zu entführen. So lebte er mit seinen Leuten um die Jahrhundertwende, bevor er König wurde und nichts weiter als das Oberhaupt eines großen Stammes war.

Da er als König am *ghazzu* festhielt, führte das beinahe dazu, daß er aus Kuwait vertrieben wurde. Dorthin hatte er sich vor den ostarabischen Emiren geflüchtet, und die kuwaitische Herrscherfamilie Sabbah, ihrerseits Beduinenscheichs, die dort bis heute die Macht innehaben, mißbilligte diese abgefeimte und ehrlose Praxis. Die Darstellung westlicher Historiker, daß diese Überfälle normal und an der Tagesordnung seien, entspricht überhaupt nicht den Tatsachen, und die Anführer der wichtigsten Beduinenstämme, die die Vorherrschaft über große Landstriche beanspruchten, praktizierten das nicht. Auch wenn die Tradition des *ghazzu* nicht völlig unbekannt war, so widersprach doch Ibn Sauds Variante dabei allen arabischen und moslemischen Traditionen der Großmut gegenüber den Besiegten, der ehrgebietenden Gnade des Siegers, die bis auf den Propheten Mohammed zurückgeht.

Bezieht man sich auf diese mit Scheuklappen versehenen Historiker und Reisenden, so zeichnet sich Ibn Sauds Jugendzeit als drittes herausragendes Merkmal, nach seinem familiären Hintergrund und natürlichen militärischen Talent, durch seine Weisheit trotz fehlender Bildung aus. Es gibt allen Anlaß zu der Annahme, daß der Mann kaum lesen und schreiben konnte, obwohl dieser Punkt von den westlichen Autoren vernachlässigt wird, die ihm so etwas wie ein »geheimnisvolles« Wüstenwissen zuschreiben und seine Fähigkeit herausstreichen, den Koran, Gedichte und Beduinengeschichten zu rezitieren. In Wirklichkeit waren das einfache Dinge, die jeder noch so ungebildete Beduinenscheich beherrschte.

Ibn Sauds Vater war ohne jeden Zweifel ein Analphabet und schaffte es gerade noch, seinen Namen lesen und schreiben zu lernen (aus den meisten Dokumenten, die ich gesehen habe, läßt sich erkennen, daß er ein Siegel benutzt hat, doch einige handschriftliche Unterlagen waren auch für seine kümmerlichen Fähigkeiten einfach genug). Bis fast ans Ende seines Lebens war er der Meinung, daß alle Amerikaner Indianer seien, und als er starb, beharrte er immer noch darauf, daß die Erde eine Scheibe sei, und war nicht in der Lage, den Unterschied zwischen Protestanten und Katholiken zu begreifen. Seine Ignoranz erstreckte sich auch auf Angelegenheiten, die die Innen- und Außenpolitik seines Landes betrafen. In den späten vierziger Jahren beklagte er sich über den ungebührlichen Einfluß der Juden auf die amerikanische Außenpolitik und schrieb sie der Anwesenheit von 5 000 Juden in New York zu.

Über die Erziehung eines Beduinen will ich zwar nicht spotten, doch ließ sich bei Ibn Saud sehr wenig von jener Weisheit erkennen, die auf ihr beruht, und er kümmerte sich nicht darum, in solchen Gegenden eine Gerichtsordnung zu erhalten, wo sie früher bestanden hatte. Vorhandene politische Strukturen zerstörte er, indem er alles an sich riß, und unterstützte die Sklaverei dadurch, daß er selbst einige hundert Sklaven besaß. Er umgab sich mit dümmlichen Ja-Sagern – eine Beleidigung für die althergebrachte Tradition der hochgeschätzten Klugheit erfahrener Ratgeber, wie dies auch in vielen Berichten über den Propheten Mohammed überliefert ist. Noch mit gut vierzig Jahren hatte jeder Sohn von Ibn Saud einen nur ihm zur Verfügung stehenden jungen Sklaven als Unterhalter, der *akiwaja* oder »kleiner Bruder« genannt wurde. In Wirklichkeit waren sie Gefangene, die als Spielgefährten dienten.

Wenn es ihm schon offensichtlich an jeglicher Klugheit mangelte – außer an der, auf die sich die Orientalisten mit ihren Vorurteilen gegenüber den arabischen Völkern und ihrem Wunsch berufen, romantische Gestalten zu erschaffen, die es so nie gegeben hat –, so ist es passender, Ibn Saud durch seinen erkennbar beschränkten Horizont zu beurteilen. Sein Mangel an allem, was auch nur im entferntesten etwas mit Bildung zu tun gehabt hätte, spiegelte sehr genau den gesellschaftlichen Status und Stand der sozialen Entwicklung seiner Familie wider und hatte direkte Auswirkungen auf seine Fähigkeit, den damals größten unabhängigen islamischen Staat zu leiten. Beduinen und Beduinenführer bemühten sich damals darum, lesen und schreiben zu lernen;, mit Sicherheit hatten Mitglieder der herrschenden Familien, die in Opposition zu Ibn Saud standen, eine Ausbildung genossen, und die Tatsache, daß den Angehörigen des Hauses Saud dies alles fehlte und Ibn Saud sich wiederholt weigerte, seine Kinder zur Schule zu schicken, zeigt in anderer Form, wie wenig ihm bewußt war, um was es eigentlich ging.

Also erweist sich, daß die oft zitierten herausragenden Eigenschaften des jungen Ibn Saud, die Rechtfertigungen seines späteren Erfolgs, sein familiärer Hintergrund, seine Fähigkeiten als militärischer Befehlshaber und seine angeborene Klugheit fragwürdig, teilweise auch einfach nicht vorhanden sind. Westliche Historiker möchten uns gern glauben machen, daß er ein echter Held war, daß Ibn Sauds Art, diese Fähigkeiten zu verkörpern, höher einzustufen ist als bei anderen Menschen und daß diese Fähigkeiten selten und schwer zu erlangen waren. Ibn Sauds Ruf in dieser Hinsicht beruht zum größten Teil darauf, daß er einfache Maximen zitieren konnte, die den meisten Menschen seiner Zeit ebenfalls geläufig waren. Mein eigener Großvater zitierte gern den Satz »Wessen Hand du nicht beißen kannst, sollst du küssen« und »Ein weiser Mann spricht nicht viel und hört genau zu«, zwei Phrasen, die fälschlicherweise Ibn Saud zugeschrieben werden. Der ganze Chor der Fürsprecher von Ibn Saud drückt sich vor der erforderlichen vergleichenden Analyse, die den Nachweis für die bewundernden Äußerungen erbringen könnte, und man hört nur selten etwas, das das Bild der übermenschlichen Gestalt, die sie ihrem Protagonisten verliehen haben, ins rechte Licht rückt. Die meisten seiner Befürworter sind von Ibn Saud derart voreingenommen, daß sie bei ihm einige Eigenschaften rühmen, die sie bei anderen strikt ablehnen.

Beim Ausbruch des Ersten Weltkriegs gab es außer den bereits etablierten Emiraten im Persischen Golf drei weitere Familien, die versuchten, die Herrschaft des Osmanischen Reiches auf der arabischen Halbinsel abzulösen. Das waren die Haschemiten im Westen der Halbinsel, dem unter religiösen Aspekten bedeutenden Hijaz, wo sich Mekka und Medina, die beiden Heiligen Städte des Islam, befinden. Dann die Ibn Raschids, Feinde des Hauses Saud, die wie dieses ebenfalls Ansprüche auf die Najd erhoben, das Zentrum des Landes mit der Stadt Riyadh, und schließlich die Idrissis in Asir, dem Hochland an der Grenze zum Jemen, eine Gebirgsgegend mit viel fruchtbarem Land und einem relativ hohen Lebensstandard. Der östliche Teil des Landes an der Golfküste mit Saudi-Arabiens Erdölvorkommen wurde bis Mai 1914 von der Türkei kontrolliert, und obwohl es dort keine besonders erwähnenswerten lokalen Führer gab, waren die meisten Menschen dort Schi'iten und gegen die Wahhabiten eingestellt.

Die wichtigste Dynastie waren die Haschemiten, und wegen ihrer unbestreitbaren historischen Bedeutung sind Ibn Sauds Verteidiger gezwungen, sich ohne Sympathie, jedoch mit voller Aufmerksamkeit mit ihnen auseinanderzusetzen. Mehrere hundert Jahre lang stellten sie die Beschützer der heiligen islamischen Stätten in Mekka und Medina. Sie waren und sind die anerkannten Nachkommen des Propheten Mohammed, gebildete Menschen, die mehrere Sprachen beherrschten und die traditionelle islamische Vornehmheit und Großzügigkeit pflegten. Auch ihre Frauen erhielten eine Ausbildung, und viele von ihnen beschäftigten sich mit sozialen Aktivitäten. In den sechziger Jahren habe ich einige von ihnen kennengelernt – damals waren sie schon ziemlich alt, sie sprachen ein elegantes Arabisch, Türkisch, Englisch und Französisch und unterhielten sich völlig offen über politische und soziale Angelegenheiten. Abgesehen von Ibn Sauds widerlichem Verhalten gegenüber Frauen hätten sie die Vorstellung eines *ghazzu* und der damit verbundenen Konsequenzen, wie Ibn Saud sie praktizierte, mit totalem Abscheu betrachtet. Nur schwer kann man sich vorstellen, daß ein Haschemit mit Ibn Saud speisen würde oder wie dieser Massenhinrichtungen anordnen könnte – was Ibn Saud in großem Stil und mit Genuß betrieben hat. (Er hat eigenhändig achtzehn rebellische Stammesfürsten exekutiert und später stolz erzählt, wie er das blutbefleckte Schwert küßte, mit dem er zuvor einen seiner Feinde, den Umijaden Ibn Raschid, enthauptet hatte.)

Die Ibn Raschids, die mit den al-Sauds um dasselbe Gebiet stritten, waren ebenfalls eine seßhafte Gruppe mit einer langen Stammesgeschichte, die einige hundert Jahre zurückreicht, und obwohl sie von streitbarem Wesen und immer kampfbereit sind, machten auch sie sich über den *ghazzu* lustig und betrachteten die al-Sauds nicht als Gleichgestellte. Die Ibn Raschids gehörten zum vornehmen Stamm der Schamar, die so groß und zahlreich waren, daß sie Überfälle nach dem Muster von Ibn Saud nicht nötig hatten. Sie waren kultiviert genug, um Freundschaftsverträge mit dem türkischen Sultanat abzuschließen, und es gibt zahlreiche Belege dafür, daß sie ihre eigenen Angelegenheiten auf zivilisierte Weise lösten. Sogar ein sehr einfacher Vergleich würde den Unterschied zwischen den Ibn Raschids und den al-Sauds deutlich machen. Man muß nur zeitgenössische Fotografien betrachten, auf denen Angehörige der Erstgenannten herrschaftlich und romantisch erscheinen, im Vergleich zu Bildern des ungepflegten Ibn Saud mit seinen barfüßigen Kindern, darunter auch der heutige König Fahd, der schrecklich verdreckt aussieht und dringend ein Bad zu brauchen scheint.

Die Mitglieder des Idris-Clans waren zwar als Scherifen oder Nachfahren von Mohammed akzeptiert, doch waren sie einfachere Leute ohne die Größe der Haschemiten oder Ibn Raschids. Eigentlich kann man nichts weiter anführen zur Begründung dafür, daß sie zu den möglichen gegenwärtigen Herrscherfamilien Arabiens gehören könnten, als daß sie einfach da waren. Doch sie waren damals Menschen mit Bildung, die in Übereinstimmung mit einer islamischen Tradition der Gleichheit, Liebenswürdigkeit und Gesetzestreue lebten, und sie waren anständige und gastfreundliche Leute, denen ihre Zeit zu schade war, um Analphabeten zu bleiben oder gewalttätig zu werden.

Demzufolge lag es nicht an einer Verbindung seltener Eigenschaften, daß Ibn Saud, der rückständigste von den in Frage kommenden Herrschern, die Führerschaft über Arabien erlangte. Als einfache, unverrückbare Tatsache steht hinter Ibn Sauds Aufstieg zur Macht der Wunsch Großbritanniens nach einer Person, die erst einmal unmittelbar vor dem Ersten Weltkrieg die britischen Interessen wahrnehmen sollte, während es versuchte, der Türkei die Kontrolle über die arabische Halbinsel zu entreißen, und dann auch später, als sich die anderen arabischen Herrscher nicht so entgegenkommend zeigten. Als Ibn Saud älter wurde, wuchs auch das Interesse der Briten an der Golfregion. Es trifft zu, daß die Haschemiten aus Westarabien zur selben Zeit mit den Briten kooperierten. Doch diese Zusammenarbeit verlief ohne Unterordnung und unter bestimmten Bedingungen. Sie beruhte auf dem historischen Anspruch und Wunsch der Haschemiten, Könige aller Araber zu werden, und ihrem Glauben, daß Großbritannien ihnen behilflich sein könnte, dieses Ziel zu erreichen. Die Ibn Raschids waren Verbündete der Türken und daher Feinde der Briten, der Idris-Clan war dieser Aufgabe nicht gewachsen. Da kam der heimatlose und hungrige Ibn Saud gerade richtig. Er verlangte nicht viel und war bereit, sich jedem Wohltäter gefällig zu erweisen. Sein Bedarf an Hilfe von außen war so groß, daß er mindestens zweimal an den türkischen Sultan schrieb und ihm seine Dienste anbot. Die nahm man für einen gewissen Zeitraum auch an, doch schließlich wies ihn der Sultan zurück, da er ihn als lästig empfand.

Der erste Kontakt zwischen den Briten und dem Haus Saud geht auf das Jahr 1865 zurück, zu Zeiten von Ibn Sauds Großvater. Damals entstand zwischen Faisal al-Saud und einem gewissen Colonel Lewis Perry ein nicht einklagbarer Vertrag wie so viele, die die Briten damals gern mit regionalen Stammesführern unterzeichneten und dann ignorierten. Aus den historischen Berichten geht nicht eindeutig hervor, ob die Briten direkt oder indirekt Ibn Sauds Sturm auf Riyadh unterstützten, obwohl die Anzahl der Kamele und die verwendete Ausrüstung seine Mittel weit überstiegen und den Gedanken an eine geheimnisvolle Geldquelle nahelegen. Bis auf diese Begebenheit ist erst wieder 1904 ein weiterer Kontakt belegt, als Ibn Saud laut Philby »zu der Überzeugung [kam], wie wertvoll eine Zusammenarbeit mit Großbritannien sein würde«. Wie üblich enthält Philbys Darstellung eine Übertreibung: Ibn Saud war kein Staatsmann, der sich um die Freundschaft mit einem anderen Land bemühte – er brauchte nur Geld und Unterstützung gegen seine Feinde bei den anderen Stämmen.

Da die Briten immer noch auf eine Einigung mit der Türkei hofften, um einen Krieg zu verhindern, blieben sie mit Ibn Saud in reserviertem Kontakt und hielten ihn sich durch die Übermittlung sehr geringer Geldbeträge warm. 1911 war ein Krieg so wahrscheinlich geworden, daß man den Beziehung und die begleitenden Zuwendungen intensivierte. Ob Ibn Saud seinem Instinkt folgte oder sich nach Anweisungen richtete, ist nicht bekannt. Doch er verwendete viel von diesem Geld darauf, die Beduinen in blutdürstige Monster zu verwandeln, die mit Verlust arbeitenden Siedlungen zu vergrößern und zu unterstützen, die den Heiligen Soldaten der Ikhwan-Brüder gehörten, Fanatikern seiner Wahhabiten-Sekte, die das Rückgrat von Ibn Sauds Streitkräften bilden sollten und in Arabien barbarisch wüteten. Die übrigen Muslime, die ganz in der Tradition individueller Freiheit und Leistungen standen, fanden die Idee dieser Siedlungen und den daraus hervorgehenden Fanatismus völlig unakzeptabel. Der dort gepredigte Extremismus berief sich auf die häufig übertriebene und mißbilligte islamische Überzeugung, daß man in den Himmel kommt, wenn man im Kampf für die richtige Sache stirbt.

Die folgenden Jahre von 1911 bis 1914 enthüllen, wie die Briten Ibn Saud und seine Fanatiker gegen die Türkei und alle anderen Scheichs und Prinzen in Ostarabien unterstützten. Sein Erfolg gegen seine Feinde, im besonderen die Niederlage der Ibn Raschids und die Besetzung des von der Türkei kontrollierten östlichen Teils der arabischen Halbinsel, war in Wirklichkeit ein Erfolg der Briten. »Mit Ibn Saud in Hasa (der Golfküste von Saudi-Arabien, d.V.) wird unsere Position gestärkt«, schrieb ein britischer Beamter am Golf. Später ermunterte Sir Percy Cox, der britische Statthalter am Golf, Ibn Saud offen, die den Ibn Raschids verbliebenen Gebiete anzugreifen, um ihn von einer Unterstützung der Türkei abzulenken. Die meisten anderen Scheichs – auch die Ibn Raschids – hielten zu ihrem Pech an den vertraglichen Vereinbarungen mit der Türkei fest, mit dieser gehaßten und zerfallenden Macht, die zu Anfang des Jahrhunderts direkt oder durch regionale Führer fast ganz Arabien kontrollierte. Nur Ibn Saud genoß die Unterstützung der Briten durch Geldmittel, Waffen und Berater, vor allem von Captain William Shakespeare und Sir Percy Cox, später keinem Geringeren als dem berühmten Wahrheitsverdreher Harry St. John Philby, dessen Sohn Kim als Spion die unehrenhaften Wesenszüge der Familie geerbt haben muß. Sogar die namhafte Archäologin, Tagebuch- und Briefautorin Gertrude Bell, eine Orientalistin, die mit den britischen Behörden im Nahen Osten zusammenarbeitete und eher eine herausragende Gestalt in der Geschichte des modernen Irak war, traf gelegentlich mit Ibn Saud zusammen, um ihn mit Rat und Tat zu unterstützen. Die Beziehungen zwischen Ibn Saud und den Briten, die 1915 zu einem Freundschafts- und Kooperationsvertrag führten, zeigten sich am deutlichsten im respektlosen Beharren der Engländer, ihren Partner mit seinem Vornamen, Abdelaziz, anzusprechen. Der in aller Eile vorbereitete Vertrag hat Ibn Saud vielleicht zu einem von den Briten gestützten Herrscher von Zentral- und Ostarabien gemacht. Aber kein selbstbewußter, sich selbst achtender arabischer Scheich oder Emir hätte geduldet, daß ihn irgendein Mann, geschweige denn eine Frau, mit seinem Vornamen angesprochen hätte. Auch Gertrude Bell war wesentlich zurückhaltender, wenn sie mit den Haschemiten oder anderen zu tun hatte.

Wie das Schicksal so spielt, fanden die Briten, kurz nachdem sie Ibn Saud 1917 geholfen hatten, den Osten Arabiens zu beherrschen, wieder eine ähnlich geartete Verwendung für ihn. Nach ihrer Hilfestellung für den Sieg über seine und ihre türkischen und pro-türkischen Feinde hatten sie sich jetzt in eine Auseinandersetzung mit ihren bisherigen westarabischen Schützlingen, den Haschemiten, verwickeln lassen. Der Hintergrund dieses Streits ist einfach. Mit den Haschemiten hatte der legendäre T. E. Lawrence zusammengearbeitet, um Großbritannien die dringend benötigte Unterstützung gegen die Türken zu verschaffen. Sie forderten nun von den Engländern, die Versprechen des Ersten Weltkriegs einzuhalten, die ihnen Unabhängigkeit und freie Hand in den meisten anderen arabischen Ländern garantierten, und sie widersetzten sich den britischen Plänen, den Juden eine Heimat in Palästina zu geben. Den Briten mißlang es nicht nur, die Haschemiten in irgendeinem Punkt zu einer Annahme der Politik der Krone zu bewegen, sondern die Idee der Unabhängigkeit und die Pläne, unter haschemitischer Führung ein großes arabisches Land zu schaffen, bedrohten nun auch die wachsenden Interessen der Engländer im Nahen Osten. Das bezog sich nicht nur auf ihren Wunsch, als Kolonisatoren aktiv zu sein, sondern auch auf ihr Streben nach Kontrolle der Golfregion, um das iranische Erdöl und die Landwege zum indischen Subkontinent zu schützen.

1924 nahm die Konfrontation zwischen Briten und Haschemiten an Schärfe zu, da König Hussein aus dem Hijaz hastig die Errichtung eines islamischen Kalifats proklamierte. Dies war ein eindeutiger Versuch klarzustellen, daß die Forderung seiner Familie und der weitere Weg der Araber zur Unabhängigkeit ohne Rücksicht auf britische Zustimmung unter dem Banner des Islam weiterbetrieben würden. Wie erwartet kam bei den folgenden Verhandlungen in Kuwait, wo die Probleme aus den Gebietsstreitigkeiten zwischen den Haschemiten und Ibn Saud geregelt werden sollten, nichts heraus, und – was niemanden überraschte – Ibn Saud begann mit seinem Vorstoß in den Westen Arabiens. Die Briten strichen angeblich beiden Seiten jegliche Zuwendungen, doch der Vertrag von Darea aus dem Jahr 1915 garantierte und schützte Ibn Sauds Herrschaftsgebiet. Er führte also einen Krieg, den er nicht verlieren konnte. Viele Historiker behaupten, daß die Hilfe für Ibn Saud nie eingestellt wurde, und sie sind der Meinung, daß die Briten Ibn Saud und seine gnadenlose Ikhwan-Garde nach wie vor mit geringen, aber dringend benötigten Geldbeträgen und Waffenlieferungen unterstützten, während London dies den Haschemiten schmählich versagte. Er verfügte mit Sicherheit über eine kostspielige militärische Ausrüstung für seinen Angriff, die er ohne Hilfe von außen oder ohne Instruktoren nicht hätte erwerben, unterhalten oder einsetzen können. Im Hintergrund des Geschehens äußerten sich einige britische Beamte so freimütig über den Grund für ihre Unterstützung, daß Sir Arthur Hirtzel vom British India Office schließlich öffentlich feststellte: »Man ist zunehmend der Ansicht, daß es gut wäre, wenn sich Ibn Saud in Mekka etablieren würde.«

Die Briten sorgten also für den Sieg von Ibn Saud. 1925 fiel der Hijaz an seine Armee, und der fortschrittlichere Teil des besiedelten Arabien wurde von den Beduinenhorden besetzt. Was man zuvor befürchtet hatte, traf ein: Ibn Sauds Ikhwan-Gefolge tötete Hunderte von Männern und auch Kinder, machte eine unbekannte Zahl von Häusern dem Erdboden gleich, mordete nicht-wahhabitische religiöse Führer, die sich dem brutalen Treiben entgegenstellten, und zerstörte ganze Städte. (Eine Zeile aus einem ihrer Lieblingslieder lautete: »Die Stürme des Paradieses haben sich erhoben / wo seid Ihr, Abtrünnige?«) Es war, als ob die *Moonies* gewalttätig geworden wären und die Macht über ganz Amerika an sich gerissen hätten.

Westliche Historiker möchten uns, obwohl seine Horden ohne Erbarmen mit dem Schwert gewütet hatten, glauben machen, daß Ibn Saud überall willkommen war, wohin er als Eroberer kam. Hier ist eine Korrektur des später allgemein akzeptierten

Rufes von Ibn Saud fällig. Nach seinen von den Briten gestützten Eroberungen galt er als der Mann, der Arabien vereinigt hat. Als erstes muß man danach fragen, ob Ibn Saud überhaupt ein irgend geartetes Interesse daran hatte, die Araber zu vereinigen. Es gibt keinen einzigen verläßlichen Bericht darüber, daß die Frage der arabischen Einheit diesen Mann jemals interessiert hat. Folgt man den vielen Chronisten der damaligen Zeit, einschließlich seinem Minister und Londoner Botschafter, Hafez Wahbeh, wartete Ibn Saud immer die Zustimmung der Briten ab, bevor er weitere Schritte unternahm.

Nach Riyadh eroberte Ibn Saud als erstes Hassa, das Gebiet im Osten, in dem später Erdöl entdeckt wurde. Doch damals lag die Bedeutung dieser Region nur in ihrer strategischen Nähe zu britischen Einflußsphären, die Bevölkerung waren Schi'iten, die Todfeinde der Wahhabiten, die daher wohl kaum begrüßt wurden. Ibn Sauds Krieg mit dem Raschid-Clan war nichts weiter als eine blutige Stammesfehde, doch waren sie Verbündete der Türken und daher Feinde der Engländer. Seine nachfolgende Invasion von Gebieten der Haschemiten beruhte auf der Angst vor ihrem grundsätzlichen Anspruch auf die Führerschaft in Arabien, dem sich die Briten mit einer derartigen Heftigkeit widersetzten, daß Lord Crewe in aller Dreistigkeit äußerte: »Was wir wollen, ist kein vereinigtes Arabien, sondern ein uneiniges Arabien, das in Fürstentümer aufgeteilt ist, die unter unserer Oberhoheit stehen.« Ein wirklich unabhängiges vereinigtes Arabien unter Führung der dazu Berechtigten hätte Ibn Saud in der Tat auf eine untergeordnete Position verwiesen.

Im Unterschied zu anderen, denen die Einheit Arabiens tatsächlich am Herzen lag, wußte Ibn Saud sehr wenig über die verschiedenen arabischen Länder, stand nicht in Kontakt mit ihnen und zeigte keine Wertschätzung ihrer politischen oder sozialen Strukturen – sogar die behutsame Entwicklung im Hijaz paßte ihm nicht. Seine Mitgliedschaft in einer Sekte, die eine Minderheit darstellte und überzeugt davon war, daß andere Moslems, also die große Mehrheit der Menschen auf der arabischen

Halbinsel, Ketzer waren, die als vermeintliche Abtrünnige bestraft werden mußten, wirkte da als Blockade. Ebenso auch seine Ansicht, daß nicht auf der Halbinsel beheimatete Araber wie Iraker, Syrer und der ganze Rest Stadtmenschen waren, denen man nicht trauen durfte. An eine kleinere oder größere Form der Einheit Arabiens zu glauben, wäre für Angehörige einer Sekte eigenartig gewesen, die auf gefährliche Weise klein und daher überall, wo sie auftrat, verwundbar war und sich darum auch als viel zu schwach erwiesen hätte, um ein größeres politisches Gebilde zu regieren. Der Glauben an die Einheit der Araber hätte den Glauben an die Idee des Nationalstaats vorausgesetzt, und Ibn Saud sah und verwaltete sein Königreich nie anders als einen großen Stamm. Man muß zu dem Schluß kommen, daß seine Eroberungen nichts anderes als Überfälle waren, die mit Unterstützung Großbritanniens einen Dauerzustand schufen.

Einige westliche Historiker nehmen an, daß die anderen politischen Führer der damaligen Zeit an der Einheit Arabiens nicht interessiert waren. Das ist offenkundig unwahr. Die Haschemiten ließen sich in ihrem Streben nach einer Einigung der Araber in einem großen, starken Land nie beirren und, wie gesagt, eben dieser Wunsch brachte sie mit den Briten, ihren vormaligen Verbündeten, in Schwierigkeiten. Als wahre Vertreter der Einheit Arabiens stellten sie sich der Kampfansage an die Araber in Palästina und wehrten sich, während Ibn Saud völlig unberührt davon blieb. Diese Haltung war eine Beleidigung für die Empfindungen der Araber und Moslems, denen der Verlust arabischer Gebiete und Jerusalems, der dritten Heiligen Stadt des Islam, an die Juden Kummer bereitete. Die haschemitische Vision eines vereinigten Arabien ging weit über Palästina hinaus und schloß auch den Irak, Syrien und Jordanien ein.

Die wahre Geschichte der Eroberung des Landes, das Ibn Saud nach sich selbst benannte, ist wesentlich einfacher. Er war Repräsentant einer Gruppe fanatischer Kämpfer, und diese Minderheit, der eine breite Basis in der Bevölkerung auf bedrohliche Weise fehlte und die sich der Idee des *ghazzu* verpflichtet fühlte, verbündete sich mit Kräften von außerhalb, um so an die Macht zu kommen. (Aus der Zeit der britischen und französischen Kolonialherrschaft gibt es, nicht nur aus dem Nahen Osten, zahlreiche Beispiele für diese Anwendung des politischen Grundsatzes »Teile und herrsche«; in dieser Weise wurden die Alawiten und Drusen in Syrien benutzt wie auch bis auf den heutigen Tag die Kurden im Irak.) Um den Briten ihre Hilfestellung zu entgelten, unterzeichnete Ibn Saud 1927 einen ungleichen Freundschafts- und Kooperationsvertrag mit ihnen, den die Haschemiten in einer besseren Form bereits abgelehnt hatten. Über den haschemitischen König Hussein äußert sich – neben anderen – der Historiker George Antonius, die vielleicht größte Autorität dieses Jahrhunderts zu Fragen der arabischen Einheit: »Es besteht wenig Zweifel, daß er, wenn er den Vertrag unterzeichnet hätte, seinen Thron wiedererlangt hätte.« Ibn Saud unterschrieb und machte sich damit von England abhängig. Er trat die Wahrnehmung der außenpolitischen Belange seines Landes an Großbritannien ab, und England schickte ihm jahrelang keinen Botschafter, sondern nur einen *Resident*, eine Funktion, die den Kolonialoffizieren Seiner Majestät vorbehalten war.

Der Vertrag garantierte auch, daß die wahhabitische Minderheit sich politisch nie auf derartige, für ihre Beherrscher bedrohlichen Abwege einlassen würde, wie sie schließlich die haschemitisch-britische Allianz zu Fall gebracht hatten. Vor allem sollten Ibn Sauds Ziele ein Abbild der britischen Strategie bleiben, und David Howarth, Autor des ungewöhnlich ausgewogenen Buches *The Desert King* und vermutlich der einzige kritische englische Biograph von Ibn Saud, urteilt: »Nicht einmal Ibn Saud konnte sagen, wie es ohne Hilfe, Schutz und Rat der Briten mit ihm gekommen wäre.«

Die grundlegende Auswirkung der finanziellen und militärischen Unterstützung Ibn Sauds durch die Briten ist eindeutig. Und noch lange bevor er Königs- und Sultanstitel erhielt, verliehen ihm die Briten 1915 den Titel »Sir«, was sie außer Scheich Mubarek von Kuwait keinem anderen Araber gewährten; 1935 wiederum erhielt er den Orden von Bath. (Er sieht reichlich lächerlich aus mit dem Ordensband und dem daran baumelnden juwelenbesetzten Stern des Komturs des indischen Königreiches, der zu diesem Titel gehört, über seinem arabischen Gewand.) Offiziell behauptete Großbritannien, daß es nicht in der Lage sei, Ibn Sauds Angriffe und Eroberungen im haschemitischen Teil Arabiens, dem Hijaz, einzudämmen. Unter anderen hatte sich auch die britische Presse nachdrücklich darüber beschwert, daß die Regierung die innerarabischen Kämpfe finanzierte. Und auch wenn man alle Klagen darüber, daß England die haschemitischen Kriegsanstrengungen zunichte machte, beiseite läßt, so trug die britische Regierung selbst doch einen großen Teil dazu bei, daß sich diese oben erwähnten Behauptungen als verlogen erwiesen. Vor und nach seiner Eroberung des Hijaz hielt England, zum Teil sogar mit Hilfe der *Royal Airforce*, Ibn Saud davon ab, in den Irak und nach Jordanien einzumarschieren. George Antonius dazu: »Sie hatten Ibn Saud in der Vergangenheit beherrscht.« Nun lag ihnen mehr daran, seine totale Hegemonie über alle arabischen Länder zu verhindern – ein weiterer Beweis dafür, daß eine Einigung der Araber sogar unter einem willfährigen Regenten gegen ihre Interessen war.

Abgesehen von dieser kolonialistischen Intrige unterstellt die falsche Behauptung, Ibn Saud sei ein großer Held der arabischen Einheit gewesen, daß die Menschen in den von ihm eroberten Gebieten solch eine Union unter seiner Führung unterstützten. Aber Toleranz entsprach ganz einfach nicht den Lehren und Traditionen der Wahhabiten. Dementsprechend ist ihr Verhalten anderen gegenüber, besonders den Schi'iten, und wiederum wird bewiesen, daß die damaligen und heutigen Vertreter dieser Darstellung unter den Historikern einem lachhaften Tagtraum nachhängen. Um die Bevölkerung in Ibn Sauds erobertem Königreich zu unterwerfen, verübten die wahhabitischen Fanatiker der Ikhwan schwere Massaker in Taif, Bureida, al-Huda und anderen Orten. Doch als sie für ihre brutalen Methoden nicht zur Rechenschaft gezogen wurden, gingen sie noch weiter und versuchten, das Grab des Propheten Mohammed zu zerstören und die Dome der Hauptmoscheen zu entfernen, da diese in ihrer Pracht nicht den wahhabitischen Vorstellungen entsprachen. Aus denselben Gründen entweihten sie in Mekka sogar die Friedhöfe der sunnitischen Moslems, deren Glaubensrichtung die meisten Menschen des Landes angehörten. Noch weiter gingen sie in ihrem an den Schi'iten verübten Genozid im Osten des heutigen Saudi-Arabien; für die Wahhabiten waren die Schi'iten besonders unannehmbar und mußten ausgelöscht werden.

Neben dem religiösen Problem entsprachen auch Ibn Sauds angeblich hervorragende Beziehungen zu den Beduinenstämmen kaum der Wahrheit. Zwischen 1916 und 1928 gab es nicht weniger als 26 gegen das Haus Saud gerichtete Beduinenaufstände; jeder von ihnen endete mit einem Massenmord von Ibn Sauds Ikhwankriegern an meist unschuldigen Opfern, darunter auch Frauen und Kindern. (Ibn Sauds Cousin Abdallah bin-Musallam bin-Jalawi köpfte 250 Mitglieder des Mutair-Stammes, und Ibn Saud ging seinen Anhängern selbst als Beispiel voran, indem er auf dem Hauptplatz der Stadt Artawaya persönlich achtzehn Rebellen enthauptete.) Durch das Fehlen einer gesamten Generation leiden die Stämme der Ajman und der Najran bis heute unter den Nachwirkungen dieser Massaker. Der Stamm der Schammar verlor 410 Menschen, die Bani Khalid hatten 640 Tote zu beklagen, und die bereits erwähnten Najran gaben den wahnsinnigen Verlust von 7 000 Menschen an. Die Städte hatten nicht weniger Tote zu zählen. Muhammad Tawil und Muhammad Sabhan organisierten zwei von den Städten ausgehende Verschwörungen, um ihr Volk von der Geißel der Araber zu befreien – die Städte des Hijaz mußten die Folgen tragen. Es herrschte eine Atmosphäre, in der das Schwert des Henkers einen eigenen Namen hatte – *rackban* oder Hals –, und es war so bekannt und gefürchtet wie die Guillotine der Französischen Revolution. Es wird bis heute verwendet, und Apologeten des Hauses Saud äußern sich möglichst zurückhaltend über diese Tatsache.

Laut General Sir John Baggot Glubb »dienten ihm [Ibn Saud]

diese Massaker zur Abschreckung seiner Feinde«. Doch Glubb drückt sich davor, die überlieferten Statistiken und Ereignisse anzuführen, die sich aus dem Feldzug Ibn Sauds zur Unterwerfung der arabischen Halbinsel ergaben: Nicht weniger als 400 000 Menschen wurden verwundet oder getötet, da die Ikhwan keine Gefangenen machten. Mehr als eine Million Einwohner der von Ibn Saud eroberten Territorien flohen in andere Länder – in den Irak, nach Syrien, Ägypten, Jordanien und Kuwait. Die politischen Parteien aus dem Hijaz verschwanden und tauchten nie wieder auf, den fortschrittlicheren Menschen des Hijaz wurde verboten, öffentliche Ämter zu bekleiden, der große Stamm der Schammar wurde in den Irak vertrieben, und die gebildeten Menschen wurden als gefährlich erklärt und schikaniert. Sogar die Tiere des Landes hatten zu leiden, als Ibn Saud unter Mißachtung der Beduinentradition des Respekts vor dem Wild und seinen Schutzzeiten seine Günstlinge auf Jagdparties mitnahm, bei denen man dann vom Fond der Autos aus mit Repetiergewehren Hunderte von Tieren auf einmal abschießen konnte. Von dieser Zeit resultiert das Verschwinden von Strauß und Oryxantilope und verschiedenen seltenen Vogelarten aus diesem Gebiet.

Als wären diese entzweienden und brutalen Aktivitäten in diesem Territorium unter seiner Herrschaft noch nicht genug, vervollständigen Ibn Sauds Beziehungen zu den übrigen Arabern und Moslems das Bild. Wie bereits erwähnt, versuchte er, in Jordanien und im Irak einzumarschieren, mit Kuwait stritt er sich über die gemeinsame Grenze. Die diplomatischen Beziehungen mit Ägypten brach er mit der simplen Begründung ab, ihre jährliche Delegation zur islamischen Wallfahrt *hajj* (Pilgerfahrt nach Mekka und Medina, d.Ü.) sei zu aufwendig; und gegen den Jemen zog er in den Krieg, weil er einige Gebiete annektieren und diesen Staat davon abhalten wollte, Aden von den Briten einzufordern. Sein Disput über Glaubenssätze mit der weiteren islamischen Welt gipfelte darin, daß er eine zu Besuch weilende Delegation des Landes verwies: ein undiplomatischer Schritt, ein Schlag ins Gesicht der arabischen Gastlichkeit und ein klarer Verstoß gegen das Recht jedes islamischen Menschen, sich in der Nähe seines oder ihrer Heiligtümer aufzuhalten. Tatsächlich wandte sich eine Konferenz islamischer Gelehrter gegen Ibn Sauds Anmaßung, den *un*islamischen Titel eines Königs zu tragen (der moderne Islam besteht darauf, daß es keinen Herrscher außer Allah gibt). Es verwundert nicht, daß Ibn Saud nur von Moslems aus einigen britischen Kolonien unterstützt wurde, und auch das war nur eine halbherzige Sache.

Ibn Sauds Innenpolitik war genau wie seine Politik gegenüber Arabien und den Moslems ein totaler Fehlschlag und kaum dazu geeignet, eine Einheit herzustellen. Ich wiederhole: Politisch funktionierte bei ihm einzig seine Beziehung mit Großbritannien, die so verlief, daß den englischen Interessen damit gedient war, bis hin zu dem Wunsch, daß die heiligen Stätten des Islam nicht in die Hände eines unbotmäßigen Herrschers fallen sollten. Anstatt für die Einheit Arabiens zu handeln, tat Ibn Saud einer fremden Macht – Großbritannien – den Gefallen, Araber und Moslems im Zwist zu belassen. Er schützte die wirtschaftlichen und politischen Interessen dieser Macht, der nicht daran lag, einen Einiger als Steuermann der Araber zu haben.

*

Ibn Saud wuchs in einem Zelt auf. Anstatt sich an seinen neuen Status als ein dem britischen Weltreich Ebenbürtiger, als Sultan der Najd und König des Hijaz anzupassen (der Name Saudi-Arabien wurde erst 1932 geprägt), nahm er sein Zelt mit. Das Zelt und in diesem Fall die Mentalität, die es verkörperte – ein völliges Fehlen jeglicher Organisation und Wertschätzung dessen, was ein Land ist, Vergnügungen in der Wüste, Harem, Jagd und endlose Plaudereien mit seinen Kumpels, denen er in immer neuen Versionen ständig von seinen Raubzügen erzählte, weil die Geschichten schon von Anfang an nicht stimmten –, waren wichtiger als alles, was den Anschein von Modernität und wohlüberlegter Regierungsführung hatte.

Die Wachen an den Toren der festungsartigen Anlage gehörten 1925 den fanatischen, wahhabitischen Ikhwan an, ein furcht-einflößender Haufen mit Schwertern oder Dolchen, Patronen-gurten und alten Musketen. Sie hatten nichts Dekoratives oder Freundliches an sich, diese staubigen Krieger wirkten eher, als ob sie jemanden bewachten, der hier fehl am Platz war und vielleicht um sein Leben fürchtete. Im Inneren, im Diwan oder Prunkzim-mer war Ibn Saud der Größte. Seinen Tag begann er immer im Diwan mit einer Lesung des *wird*, des islamischen Rosenkranzes. Dadurch sollte sich die Atmosphäre mit dem richtigen Geist des Islam erfüllen. Der Diwan war ein großer, in Beige und Gold gehaltener Raum, in dem an drei Seiten einfache Korbstühle mit schweren Brokatkissen standen, der Boden war mit Matten und persischen Teppichen bedeckt. Ibn Saud ließ sich auf seinem Ell-bogen auf einer Bank vor einem Erkerfenster nieder – was ein vernünftiger arabischer Herrscher des 20. Jahrhunderts nie getan hätte – und ließ sich viel Zeit, bis er bequem lag.

Das höfische Zeremoniell begann er mit einem Spruch, mei-stens einer Aussage, die erklären sollte, welche Bedeutung ihm und dem Ort zukam, an dem er sich aufhielt. Es war ein Versuch der Selbstrechtfertigung, der Protest geradezu herausforderte. »Der Araber versteht nur zwei Dinge: das Wort Allahs und das Schwert. Im Vergleich mit Seinem Wort wiegen die bekannten arabischen Tugenden wie Loyalität, Brüderlichkeit, Gastfreund-schaft, Ehre und Schönheit sehr wenig. Und noch weniger kommt den von außen hereingetragenen Vorstellungen über Freiheit, Gleichheit und repräsentative Regierungsgewalt zu. Das Wort des Koran steht an erster Stelle; alles leitet sich daraus ab, und alles ist ihm untergeordnet. Das Schwert führt das Wort aus.«

Ob nun Ibn Saud genau diese Worte, die die Grundsätze des Islam und sein Bekenntnis zu Gerechtigkeit und individuellen Rechten auf den Kopf stellten, bei solchen Gelegenheiten gespro-chen hat oder er sie abwandelte, war unwichtig, denn die Botschaft blieb immer gleich. Ibn Sauds tägliche Rechtfertigung seiner Herrschaft war gleichbedeutend mit der Verfassung seines Lan-des, und wenn man bedenkt, daß es im Hijaz bis 1925, als er dieses

Gebiet eroberte, eine sorgfältig ausgearbeitete Verfassung gab, die auch auf vernünftige Weise die Lehren des Islam enthielt, so wird die Monströsität der rückschrittlichen Moralpredigten Ibn Sauds deutlich. Bei ihm herrschte das Schwert und Gleichwertiges, und das war neu.

Ibn Saud hatte keine organisierte Armee, um seine Herrschaft zu untermauern, doch er verließ sich auf die Ikhwan und seine Familie und fühlte sich sicher. Das riesige Land von der Fläche der Vereinigten Staaten östlich des Mississippi war unter Verwandten und Verschwägerten in Distrikte und Emirate aufgeteilt worden, deren regionale Herrschaft ein verlängerter Arm von Ibn Saud war. Dort lebende Beduinen wurden benutzt, um ihren Willen durchzusetzen. Und um die relativ weit entwickelten Städte des Hijaz umzugestalten, schuf Ibn Saud das von Ikhwan-Leuten geführte *Committee for the Advancement of Virtue and Elimination of Sin (CAVES)*, das »Komitee zur Förderung des Guten und zur Bekämpfung des Bösen«.

Typisch für die Gegenden, die unter der Regierungsgewalt von Ibn Sauds Verwandten standen, war die weitgehend schi'itische östliche Provinz von Hasa. Sie unterstand Abdallah-bin-Mussalem-bin-Jalawi, einem Cousin und Waffenbruder, der sich bei der Besetzung der Stadt Riyadh durch besondere Brutalität und die Ermordung aller Verteidiger der Garnison hervorgetan hatte, nachdem sie sich bereits ergeben hatten. Die meisten Menschen dieser Provinz gehörten gegen das Haus Saud eingestellten Stämmen an, und die Mehrheit waren schi'itische Moslems. Philby schrieb in seinem unkritischen Buch *Arabian Jubilee* über die Auswirkungen der Herrschaft von bin-Jalawi: »Die Provinz bereitete der Zentralgewalt nie wieder Sorgen.« Doch wie immer sagte der Autor nicht, warum das so war. In Wirklichkeit exekutierte bin-Jalawi Tausende, ließ notleidenden Menschen, die Brot gestohlen hatten, den Arm amputieren, forderte gnadenlos alte Rechnugen ein. Die Oberhäupter des gegen die Sauds eingestellten Hazzami-Stamms verschwanden, und er selbst verletzte den grundlegendsten arabischen Ehrenkodex, als er einen Mann exekutieren ließ, der wegen Verhandlungen über ein Wohnrecht zu ihm gekommen war.

Andere Provinzen wurden von den al-Shaiks und al-Thunyans geführt, ebenfalls Cousins und Wahhabiten, von den Sudairis, Ibn Sauds Lieblingsschwiegersöhnen und von Ibn Sauds eigenen Söhnen. Nicht ein einziger Außenseiter erhielt die Position eines Provinzgouverneurs, und unter den von Ibn Saud ernannten Gouverneuren befand sich keiner, der irgendeine – nicht einmal dem Islam entsprechende – Art von Bildung genossen hätte. In Wahrheit wurden die Provinzgouverneure nach ihrer Loyalität und Fähigkeit, Andersdenkende zu unterdrücken, ausgewählt. Sie errichteten eine Terrorherrschaft und vermehrten damit den schweren Tribut aus Ibn Sauds scheinbar endlosen Kriegszügen. Als endlich das ganze Land ganz unter ihrer Kontrolle war, hatten sie 40 000 öffentliche Exekutionen und 350 000 Amputationen ausgeführt, das entspricht einem bzw. sieben Prozent der geschätzten Gesamtbevölkerung von vier Millionen Menschen.

In den Städten tobte das »Komitee zur Förderung des Guten und zur Bekämpfung des Bösen« mit ihren Stöcken, die sie zur sofortigen Ausübung des Rechts bei sich trugen, prügelten die puritanischen Mitglieder der Ikhwan die Menschen nach Belieben. Man wurde gestraft, wenn man westliche Kleidung, Gold, Parfum oder Seide trug, wenn man rauchte oder als Mann keinen Bart hatte. Singen war als Werk des Teufels absolut verboten, Blumentöpfe galten als zu dekorativ und wurden zerschlagen, und die Ikhwan schlugen manchmal mit ihren Stöcken gegen die Fenster, um die Menschen an die Gebetsstunde zu erinnern. Das eigene Haus, das nach islamischer Tradition heilig ist, bot keinen Schutz, und der saudische Schriftsteller Nasser al-Said erinnert sich, wie Komiteemitglieder in das Haus seiner Großmutter eindrangen und ihn, den damals Achtjährigen, vor ihren Augen verprügelten. Natürlich wagte niemand, einen Heiratsantrag eines Komiteemannes auszuschlagen, und das führte dazu, daß die Menschen ihre Frauen nicht mehr aus dem Haus ließen.

Es genügt, vier beliebige Beispiele dafür zu zitieren, wie Ibn

Saud selbst die Rechtsprechung ausübte. Er befaßte sich in dilettantischer Weise mit Kleinigkeiten, um zu beweisen, daß seine Rechtsprechung alles gleich behandelte und daß die Provinzgouverneure und Komiteeleute nicht eigenmächtig agierten. Anfang der dreißiger Jahre streikten einmal die 24 Fahrer von Ibn Saud und verlangten höhere Löhne. Es ist zwar nicht bekannt, was sie bis dahin verdienten und wieviel mehr sie verlangten, doch man kann davon ausgehen, daß sie sich in einer verzweifelten Situation befunden haben müssen, wenn sie sich zu einer derart gefährlichen Maßnahme entschlossen. Ibn Saud reagierte, indem er sie alle entließ, ihnen die Fahrerlaubnis bis an ihr Lebensende entzog und diejenigen deportierte, die keine Saudis waren. Bei einer anderen Gelegenheit organisierten die Elektriker des Palastes eine Arbeitsunterbrechung, da sie drei Monate lang kein Geld erhalten hatten – auch sie wurden gefeuert. Und in einem dritten Fall war seine Antwort darauf, daß man drei Männer der Sodomie bezichtigte, die Exekution der drei Angeklagten ohne vorherige gründliche gerichtliche Untersuchung. (Die islamische Scharia oder religiöse Gesetzgebung ist so umfassend und genau, daß sie in viele Rechtssysteme der Welt Eingang gefunden hat, und sie schreibt für eine Verurteilung vier Augenzeugen vor.) Bei einem vierten Vorfall, den uns Philby, Wahbeh und andere als Ausdruck von Güte und Gerechtigkeit nahebringen wollen, ließ Ibn Saud einen Dieb ins Gefängnis werfen, anstatt ihm den Arm zu amputieren. Den Autoren zufolge befahl er der Familie des Diebs, der aus Armut gestohlen hatte, ihn während seiner Haft mit Essen zu versorgen.

Es ist offensichtlich, daß es in Saudi-Arabien zu Ibn Sauds Zeit kein Recht gab, obwohl islamische Gerichtshöfe existierten, die sich mit kleineren alltäglichen Vergehen befaßten. Ibn Saud und seine wahhabitischen Gefolgsleute setzten ihre harte Rechtsprechung mit wenig Rücksicht auf das religiöse und sonstige Leben der Mehrzahl der Menschen durch. Das entwickelte Rechtswesen, das zuvor im Hijaz exisitiert hatte, wurde zerstört. Die Zivilgerichtshöfe, nach dem Vorbild der im 8. Jahrhundert vom abbassidischen Kalifat eingerichteten, wurden aufgelöst und durch neue, von Wahhabiten nach ihren religiösen Vorstellungen geleitete, ersetzt. An die Stelle des in manchen Regionen praktizierten Stammesrechts traten die wesentlich schärferen wahhabitischen Vorschriften. Das Recht in diesem Land orientierte sich an einer einfachen Linie: an Ibn Saud, seiner Familie und der Sekte der Wahhabiten – einer Ansammlung von Fanatikern, die verkündeten, daß die einzig zugelassene Lektüre der Koran und die religiösen Schriften seien. Die in der Wüste beheimateten Araber, die vielleicht die größten Lyriker der Weltgeschichte sind, mußten jetzt auf die Poesie verzichten.

Doch die rückständige Interpretation der Scharia und Ausübung der Rechtsprechung – wenigen ist alles erlaubt, und die Mehrheit wird unterdrückt – war kein vereinzelter Ausdruck der Rückschrittlichkeit Ibn Sauds. Die Art, wie er die Regierungsangelegenheiten von seinem Diwan aus behandelte, sprechen dieselbe Sprache.

Leiter der Staatskasse, den die meisten Autoren heute als Finanzminister bezeichnen, war ein gewisser Abdallah al-Suleiman, ein eigenartiger kleiner Mann, der zuvor Buchhalter mit einer Firma in Indien war. Al-Suleiman hatte zwei Eigenschaften, die ihm die Zuneigung Ibn Sauds sicherten: Zum einen fehlten ihm bedrohliche Stammesverbindungen – er war ein Niemand –, und zum anderen besaß er die nützliche Fähigkeit, wie ein Hofnarr die Grausamkeiten seines Herrschers zu übersehen. Körperlich wenig beeindruckend und von schlaffem Gebaren, war er die Zielscheibe für Ibn Sauds derbe Späße über sexuelle Angebereien. Ibn Saud ließ keine Gelegenheit für Anspielungen auf die mangelnde sexuelle Energie seines Finanzministers aus, der die Seitenhiebe unterwürfig und mit einem huldvollen Lächeln hinnahm und Ibn Saud selbst dann noch seine Dienste anbot, als dieser in einem seiner typischen Zornesausbrüche mit einem Stock seinen Bruder erschlagen hatte.

Doch wichtiger als die Person al-Suleimans und die Art, wie er ausgenutzt wurde, war seine bewußte oder unbewußte Bereitschaft, die Tradition einzuführen, die den Finanzminister auf den schieren Hüter eines riesigen, desorganisierten, äußerst fragwürdigen Familienbetriebes reduzierte. Er kümmerte sich um die Schulden von Familienmitgliedern, drängte und bedrohte die Gläubiger oft so lange, bis sie ihre Forderungen zurückzogen, und er brachte viele reiche Kaufleute dazu, Seiner Majestät für Handelskonzessionen und Gefälligkeiten Geld zu zahlen, auch wenn es nichts Derartiges anzubieten gab. Wie man später sehen wird, setzte er selbst dann, als der durch das Erdöl gewonnene Reichtum die finanzielle Situation des Landes verändert hatte, die unersättlichen Bedürfnisse Ibn Sauds und seiner Familie über die Interessen des Landes. 1950 wurde der Fond für wichtige Projekte, darunter den Brückenbau, gesperrt, damit die Familie für sechs Söhne von Ibn Saud eine gemeinsame luxuriöse Hochzeitsfeier ausrichten konnte. Aus diesem Grund wurde al-Suleiman scherzhaft als Minister für alles bezeichnet, auch für Kuppelei.

In der Tat gab es nichts, was irgendwie Ähnlichkeit mit einem Ministerium für irgendeinen Bereich gehabt hätte, außer für Finanzen, obwohl sich Ibn Saud sehr wenig darum kümmerte und es nur akzeptierte, weil er al-Suleiman gern quälte. Nicht einmal die Außenpolitik oder die Verteidigung verdienten organisierte Ministerien, und wie man bereits gesehen hat, wurden Innenpolitik, Justiz und Angelegenheiten des Islam in der beispiellos verwerflichen Weise des Wahhabiten Ibn Saud abgehandelt. Wiederum ist es wichtig, daran zu erinnern, daß der Hijaz früher einen Senat hatte, dessen Mitglieder in aller Offenheit debattierten, und im letzten Kabinett vor der Eroberung durch die Saudis saßen Leute aus aktiven politischen Parteien, die unterschiedliche Richtungen vertraten und sich für das Wohl der Bevölkerung einsetzten.

Unter Ibn Saud schien eine neu geschaffene Ad-hoc-Versammlung von Ratgebern wichtiger zu sein als ein Senat oder ein Kabinett und die damit verbundene Verantwortlichkeit gegenüber dem Volk. Philby gehörte zu diesem inneren Kreis, wie auch Abdelramman al-Dalmugi, Hafez Wahbah, Rashad Pharoan,

Yussuf Yassin und Fuad Hamza – ein waschechter Engländer, ein Iraker, ein Ägypter, zwei Syrer und ein Libanese. Kein einziger Saudi saß in dem Rat, und die Qualifikationen der anderen Mitglieder waren äußerst fragwürdig, milde ausgedrückt. Abgesehen von den zweifelhaften Verdiensten Philbys war die Spezialität von Yussuf Yassin, junge Blondinen aus seinem Heimatland Syrien heranzuschaffen.

All dem haftet etwas Eigenartiges an, das an Hitlers Verhaltensweisen erinnert. Der Führer stützte sich für die Durchsetzung seiner Politik auf eine Ansammlung von Schlächtern, und sein innerer Kreis bestand aus Außenseitern, meistens Deutsche aus den Siedlungsgebieten, die losgelöst waren von den wichtigsten Strömungen seines Landes und nicht in Verbindung mit den traditionellen Zentren der Macht und Orientierung, dem deutschen Generalstab und der Kirche, standen. Ibn Sauds Ratgeber hatten praktisch nichts mit den Stämmen gemein und sprachen Dialekte, die die Saudis nicht verstanden.

Und wie bei Hitler und anderen Diktatoren verkehrte auch Ibn Saud mit den Mitgliedern seines inneren Kreises auf einer gleichberechtigten Basis, sie bildeten keine Institution, die für ihre Aktivitäten Verantwortung tragen mußte. Ibn Saud pflegte jeden, der etwas mit ihm zu besprechen hatte, neben sich Platz nehmen zu lassen, die Staatsangelegenheiten wurden so im Flüsterton geregelt und spiegelten nur die Meinungen von Außenseitern wider, deren Hauptinteresse der Erhaltung ihrer eigenen Position galt. Es ist interessant, daß zwei seiner Berater, nämlich Damulgi und Pharoan, Ärzte waren, wie Dr. Morell bei Hitler, und mehr Zugang zu Ibn Saud als die meisten anderen hatten. Sie und die vielen Mediziner, die nach ihnen als Berater fungierten, verschrieben ihm Potenzmittel, besonders das Aphrodisiakum Orston, um seinen legendären sexuellen Appetit zu stärken. (Unter den Leibärzten von Ibn Saud war auch der Vater des Waffenhändlers Adnan Kashoggi; der Sohn von Dr. Rashad Pharoan, Gaith Pharoan, wurde Milliardär und soll zur Zeit in Zusammenhang mit dem BCCI-Skandal vernommen werden, und die Familie von

Dr. Midhat Scheich al-Ard ist immer noch mit dem Haus Saud verbunden.)

Wenn schon der Hof von Ibn Saud und sein eigenes Verhalten dort eigenartig, weltfremd und verantwortungslos erscheinen, dann ist die Art und Weise, wie er mit seiner eigenen Familie umging, noch wesentlich seltsamer. Er hatte zu viele Kinder, um ihnen noch die Liebe und väterliche Sorge zukommen zu lassen, für die die Araber bekannt sind, und er unternahm keine Anstrengungen, um sie erziehen zu lassen. Auch wenn man sich seine Haltung zu eigen macht und die weiblichen Mitglieder seiner Sippe außer acht läßt, ist doch nichts davon überliefert, daß wenigstens einer seiner Söhne ein College besucht hätte. Mit Sicherheit hat keiner der vier Söhne, die ihm später auf dem Thron folgten, eine Universitätsausbildung, und ihre schulische Laufbahn endete, noch bevor sie zwanzig Jahre alt waren. Die 42 Söhne und die Töchter – deren Anzahl nicht bekannt ist, manche schätzen, daß es 125 sind – wurden ihren Müttern überlassen, ihr Status war oft ein Spiegelbild von deren Position, und sie wurden nach ihren Müttern benannt. Prinz Tallal war der Sohn der Armenierin, Fahd war wichtig, weil seine Mutter aus dem Stamm der Sudairi kam, und Kinder von Sklavinnen spielten überhaupt keine Rolle.

»Ich habe noch nie eine Mahlzeit mit einer Frau zu mir genommen.« – »Lernen bekommt Frauen nicht.« Diese beiden Sätze zeigen die Einstellung Ibn Sauds gegenüber Frauen. Für ihn war eine Frau nichts anderes als eine Quelle des Vergnügens und außerdem eine Gebärmaschine, eine austauschbare Annehmlichkeit, und auf eine Klage darüber, daß er seinen Harem in einem fensterlosen ebenerdigen Trakt hielt, antwortete er: »Fenster lassen Liebhaber herein«. Ein gutes Beispiel für seine Haltung ist die Geschichte seiner Verheiratungen mit Hassa al-Sudairi. Erst heiratete Ibn Saud sie, dann ließ er sich von ihr scheiden, und sie heiratete seinen Bruder. Später wollte er sie zurückhaben, erreichte, daß sein Bruder sich scheiden ließ und heiratete sie zum zweitenmal. Sie gebar ihm sieben Söhne, darunter auch den derzeitigen König Fahd. Später ehelichte Ibn Saud etliche ihrer Kusinen und weiblichen Verwandten.

Es ist eine Tatsache, daß Ibn Saud Sex als Instrument der Politik einsetzte, und vielleicht war der einzige Ort, an dem er versuchte, Arabien zu vereinen, sein Bett. Er hatte zu jeder Zeit vier Ehefrauen, vier Konkubinen und vier Sklavinnen, um seine Wünsche zu erfüllen, doch diese Vierergruppen tauschte er regelmäßig aus. Wesentlich ist auch, daß er in über 30 Stämme einheiratete, durch diese Heiraten eine größere Verbundenheit mit ihnen herstellte und ihre Unterstützung gewann. Auch wenn sie ihn eigentlich ablehnen wollten, hatten die Stämme doch zu viel Angst davor, das tatsächlich zu tun. Die Mutter des derzeitigen Kronprinzen Abdallah gehörte den Schammar an, alten Erzfeinden von Ibn Saud. Man kann mit Fug und Recht behaupten, daß der größte Teil von Saudi-Arabien durch Heirat mit dem Haus Saud verbunden ist. Ibn Saud war nicht nur ein Lüstling, sondern auch ein Angeber, und wenn ein Stamm das Gerücht verbreitete, er hätte seine Manneskraft verloren, so kam er überraschend zu Besuch und »beschämte« alle dadurch, daß er eines ihrer jungen Mädchen entjungferte.

Doch vor allem interessierte ihn reiner, unpolitischer Sex. Ibn Saud vertraute Philby und anderen an, daß er einige hundert Jungfrauen gehabt hätte und den Brauch pflegte, junge Mädchen zu deflorieren und dann zu verschenken. Philby, der ursprüngliche Schöpfer der Legende von Ibn Saud, kam in den Genuß dieser Großzügigkeit, seine Erziehung in Westminster und Oxford stand ihm da nicht im geringsten im Wege. Ich habe selbst einmal ein solches »Geschenk« gesehen, das völlig verloren in der Lobby des St. George-Hotels in Beirut saß und auf Philby wartete, der mit dem Korrespondenten John Slade-Baker von der *Sunday Times* in der Bar hockte. Abgesehen davon, daß Ibn Saud seine eigene Nationalhymne nicht erkannte und nicht wußte, was er zu tun hatte, als man ihm sagte, was da gerade gespielt wurde, hatte der einzig erinnernswerte Kommentar seines Ägyptenbesuches – bis auf das Exil in Kuwait seine einzige Auslandsreise – mit seiner

Vorliebe für Sex zu tun: »Dieses Land ist voller schöner Frauen, und ich würde gern einige von ihnen kaufen und mit nach Hause nehmen. Wie viele bekomme ich für £ 100 000?«

Anderes, was auf Ibn Sauds Rückständigkeit und Unzulänglichkeit zurückzuführen ist, fügt sich in das Bild des Wüstlings und gleichgültigen Vaters. Zeit seines Lebens eiferten ihm seine Söhne nach und heirateten Dutzende von Frauen. Philby schrieb, daß »die Jungen jedesmal auf den Putz hauen, wenn sie unterwegs sind«. Sie haben nicht nur andere Menschen in aller Öffentlichkeit mißhandelt, sondern die Stockschläge wurde geradezu zu einer Familientradition. Einer der Söhne, Mishari, ging so weit und ermordete den britischen Vizekonsul in Jiddah, weil der ihm keinen Whisky mehr gab. Nasir rührte in seinem Haus irgendein giftiges Zeug an und brachte damit vier seiner Gäste um, während ein anderer Sohn der Meinung war, daß alle europäischen Mädchen in Bikinis käuflich seien wie Fleisch in einem Metzgerladen, und ein dritter kam von einer Auslandsreise nach Hause und erzählte seinem Vater von der verblüffendsten Sache der Welt: einem Restaurant, in dem er Mädchen beobachten konnte, die unter Wasser schwammen.

Ibn Saud bestätigte, daß alle westlichen Frauen käuflich seien, wollte mehr über das verrückte Unterwasser-Restaurant wissen und verzieh Nasir. Als Reaktion auf den Mord an dem Vizekonsul zahlte er der Witwe £ 70 000 und ließ den Trunkenbold der Familie nach einem Gefängnisaufenthalt von einigen Monaten wieder frei – in eben diesem Monat wurden Dutzende Menschen wegen bloßem Besitz von alkoholischen Getränken exekutiert, eingesperrt und ausgepeitscht. Sowohl die Freilassung des Prinzen wie auch die Exekutionen fanden bei Regierungen und Presse im Westen nicht die verdiente Aufmerksamkeit. Sogar Großbritannien vergab dem Prinzen und mißbilligte es, als Journalisten Genaueres über den Mord herausfinden wollten.

Gegen Ende seines Lebens wurde Ibn Saud durch die Arzneien seiner Ärzte geistesabwesend und monoton. Er schien jetzt noch mehr über Sex zu sprechen und bedauerte es, daß er nicht mehr Kinder zeugen konnte, wo doch viele seiner Söhne in der Begleitung von Prostituierten durch die Welt zogen, stapelweise unbezahlte Rechnungen hinterließen und – wie Visitenkarten – goldene Uhren mit dem Konterfei ihres Vaters auf dem Ziffernblatt verteilten. Die Institutionalisierung der Geilheit und Ignoranz wurde munter weiter betrieben.

Festigung der Macht – Erdöl und Amerika

Mitten in dieser Welle echter Korruption, die alles andere beherrschte, und während ihr Hauptprotagonist auf Hilfe von außen angewiesen ist, um auf seine Art weitermachen zu können, endete im Jahr 1929 die Rolle der Ikhwan. Wie alle Gruppen und Organisationen, die einem Diktator während seines Aufstiegs zur Macht als Unterdrückungsinstrument dienen, wurden sie das Opfer von Ibn Sauds Wunsch nach gesellschaftlichem Ansehen. Zwischen dem, was Ibn Saud den Ikhwan und ihrem Anführer Faisal Duwisch zufügte, und der Aktion Hitlers gegen die SA und Ernst Röhm besteht eine unheimliche Ähnlichkeit.

Ganz wie die Männer der SA berauschten sich auch die Ikhwan an Macht und Erfolg. Sie führten sich nicht nur wie ein Staat im Staate auf und ignorierten die Regierung, sondern hatten auch ihre Militärsiedlungen und ihren eigenen Ehrenkodex. Nachdem Saudi-Arabien nun unterworfen war, benötigte Ibn Saud sie nicht länger, und sie wurden zu einem Ärgernis.

Die scheinbar unausweichliche Konfrontation zwischen Ibn Saud und den Ikhwan brach nicht wegen des brutalen und dummen innenpolitischen Vorgehens der Gruppe aus – willkürliche Exekutionen, Mord, Amputationen und der Umstand, daß sie immer wieder die Telefonleitungen durchschnitten, da das Telefon ein Werkzeug des Teufels war, machten Ibn Saud nichts aus –, sondern als sie ihm seine Unterwürfigkeit gegenüber den Briten und ihren Plänen vorwarfen und ihn aufforderten, seine pro-britische Politik einzustellen. Es gab tatsächlich vieles, was nach Unterwürfigkeit aussah: Großbritannien zahlte Ibn Saud immer noch £ 60 000 pro Jahr, das entsprach zwei Dritteln der jährlichen Einnahmen des Landes, und die wichtige Aufgabe, die Grenzen des neuen Königreiches festzulegen, lag ganz in den Händen der Briten. Außerdem befand sich Philby, der eigenartigerweise zum

Islam konvertiert war und die Kleidung der Araber aus den Wüstengegenden trug, ständig an Ibn Sauds Seite. Wenn er nicht dort war, weilte er in London und beriet sich mit dem britischen Außenministerium darüber, wie die Herrschaft ihres Freundes gesichert und sein Einflußbereich ausgedehnt werden könnte. Philby, und in geringerem Maße auch Churchill, wollten Ibn Saud tatsächlich zum König aller Araber machen – als Gegenleistung für seine Unterstützung der britischen Politik, die auch die Anerkennung eines jüdischen Staates in Palästina einschloß. Als man Präsident Roosevelt diesen Vorschlag vortrug, lehnte er ab, da sich die Vereinigten Staaten mit der Rolle eines Königsmachers nicht wohl fühlten.

Ibn Saud bewertete seine Beziehung zu seinen Geldgebern höher als die religiöse Verbindung mit Eiferern, für die er keine Verwendung mehr hatte. Wie in solchen Situationen üblich – auch bei der SA und Ernst Röhm –, wurde nie ganz klar, was das Blutbad auslöste. Doch mit Philby als Berater Ibn Sauds fand in dem Dorf Sabila ein erster heftiger Kampf zwischen den Ikhwan und den Loyalisten statt, dem noch weitere folgten. Ibn Saud konnte auf die von den Briten gelieferte Ausrüstung zurückgreifen, darunter auch gepanzerte Mannschaftswagen, und das war für den Ikhwan-Führer Faisal Duwisch und seine Leute zuviel. Fünftausend Ikhwan kamen ums Leben, und der Rest, unter ihnen Duwisch, floh nach Kuwait und dann in den Irak. Aus dem Irak wurden sie vertrieben und von Bombern der britischen Luftwaffe beschossen, Duwisch und einige hundert Überlebende mußten sich daraufhin ergeben. Duwisch, den H. R. P. Dickson in seinem Buch *The Arab of the Desert* als den Mann beschreibt, »der mehr als jeder andere dafür getan hat, daß Ibn Saud an die Macht kam«, starb eineinhalb Jahre später unter mysteriösen Umständen im Gefängnis.

In der darauf folgenden Periode war wenig Bedarf an solchen Massenmorden, wie die Ikhwan sie verübt hatten, doch das Haus Saud fand eine Politik der gezielten Unterdrückung und Ausrottung nach wie vor angebracht. Die Schi'iten mußten eine Sondersteuer zahlen, da sie Häretiker waren. Unter ihren persönlichen Feinden waren auch die Ibn Raschids, und die Methoden, mit denen sie erledigt wurden, waren verachtenswert und absolut unarabisch. 1946 wurde Abdallah-bin-Mutaib-bin-Raschid zum Abendessen in den Palast von Ibn Sauds Sohn Nasir (derjenige, der später seine Gäste mit vergifteten Getränken umbrachte) eingeladen und dort ermordet. Und zu Anfang des Jahres 1953 wurde Muhammad-bin-Tallal-bin-Raschid in seinem Haus umgebracht. In beiden Fällen waren die Opfer unbewaffnet und ziemlich hilflos, nach den Tätern wurde beide Male nicht gesucht. Der Idris-Clan aus Assir verschwand, nachdem der Druck der Saudis sie aus dem Jemen verjagt hatte. Mitglieder von Duwischs Stamm der Mutair wurden in Zweier- und Dreiergruppen umgebracht. Die Haschemiten waren aus dem Land geflohen, doch einige ihrer früheren Anhänger hatten plötzlich unerklärliche Unfälle oder wurden lebenslang eingesperrt, und schreckliche Todesfälle durch Vergiftungen waren an der Tagesordnung. Soviel zur arabischen Tradition, daß die Menschen, die unter dem Dach deines Hauses leben, deinen Schutz genießen.

Der Versuch der Saudis, alle denkbaren Quellen politischer Opposition auszuschalten, hatte noch einen weiteren indirekten Gesichtspunkt. So lange er nicht selbst bedroht war, heizte Ibn Saud alle Auseinandersetzungen zwischen den Stämmen an und ließ zu, daß sie mit blutigen Fehden ausgetragen wurden. Er selbst hielt sich so lange heraus, bis ihm ein Eingreifen geraten schien und er sich beide Seiten gewogen machen konnte. Die äußerst wichtige, gegen Ibn Saud eingestellte Händlerschicht des relativ entwickelten Hıjaz wurde allmählich zugrunde gerichtet, begünstigt wurden dann Ausländer, die zuverlässig und politisch uninteressiert waren. Die Ali Rezas aus dem Iran, die Ägypter Scharabatli, aus dem Libanon die Salha und aus dem Jemen die bin-Mahfouz, Philby (der die Vertretung für Ford übernahm), englische, turkmenische und andere Händler kamen auf eine Weise zu Reichtum und Ansehen, die an die Zusammensetzung von Ibn Sauds Ratgeberkreis erinnert.

Doch abgesehen von diesen internen Verhaltensweisen eines Beduinen-Polizeistaats war Ibn Saud von dem Zeitpunkt an, als er die Eroberung Arabiens abgeschlossen hatte, bis zur Entdeckung rentabler Erdölvorkommen in den späten dreißiger Jahren finanziell von den britischen Zuwendungen und Einkünften aus der moslemischen Hajj abhängig (zum Wohl des Landes wurde nichts unternommen). Und plötzlich gab es das Erdöl.

Die erste Förderkonzession wurde 1923 dem British Eastern General Syndicate erteilt. Die Firma zahlte Ibn Saud einige tausend Pfund, suchte zwei Jahre nach Lagerstätten, bestätigte das Vorhandensein von »einer gewissen Menge« Öl und unternahm nichts weiter. Von den späten 20er Jahren bis 1933 versuchte Philby vergeblich, neue Interessenten für die Übernahme dieser Konzession zu finden. Als dann durch die Wirtschaftskrise bedingt weniger Moslems die Hajj unternahmen, schrumpfte Ibn Sauds Einkommen, und er mußte sich stärker verschulden. Die Konzession wurde versteigert, und trotz in letzter Minute getätigter Versuche von Ibn Saud, ein englisches Unternehmen zu einem vernünftigen Angebot zu bewegen, erhielt die Standard Oil of California für US-Dollar 250 000 den Zuschlag.

Als eine der zahlreichen Zwischenvereinbarungen unterzeichnet werden sollte, die vor der Ratifizierung der endgültigen Konzession notwendig waren, brachte der erste Bevollmächtigte des Unternehmens, ein gewisser Charles Crane aus der Familie mit den Badezimmerarmaturen, ein Geschenk für Ibn Saud mit. Die Schachtel mit den kalifornischen Datteln, die Crane ihm gab, zeigte, wie die Welt diesen Mann sah. Sie bedeutete nicht nur, Eulen nach Athen zu tragen, sondern war ein niederschmetternder Kommentar über den beschränkten Horizont des Beschenkten, der einige Jahre später während der Unterzeichnung der abschließenden Vereinbarung mit Lloyd Hamilton von Standard Oil of California einfach einschlief.

Es dauerte einige Zeit, bis Öl in wirtschaftlich verwertbaren Mengen gefördert werden konnte, und im Jahr 1935 gab es in Dhahran, der Basis der amerikanischen Aktivitäten auf der Suche nach Ölvorkommen, erst ein einziges Auto. Sogar noch 1939 setzte die ARAMCO (Arabian American Oil Co., ein Konsortium aus Standard Oil of California und drei weiteren Erdölgesellschaften) 700 Kamele für einen großen Teil der Arbeit ein. Doch zu dieser Zeit wurde dem Unternehmen nach und nach das immense Potential der Konzession klar. Im östlichen Saudi-Arabien war (und ist) das Öl in riesigen Mengen vorhanden, die Lagerstätten befinden sich in geringer Tiefe in flachen, vegetationslosen Landstrichen, und das nahe gelegene Meer erleichtert den Weitertransport. Saudi-Arabien war und bleibt das Land, wo Öl am billigsten auf der ganzen Welt gewonnen werden kann.

Während des Zweiten Weltkriegs wurde das saudische Öl wertvoller und wichtiger. Der amerikanische Innenminister Harold Ickes sah darin die Lösung für die bevorstehende Abhängigkeit Amerikas von Lieferungen anderer Länder. Aus strategischen Gründen, die auch die Transportschwierigkeiten berücksichtigten, wurde für fast die gesamte Dauer des Krieges ein Produktionslimit für das saudische Öl festgelegt. Doch die Regierung der Vereinigten Staaten befürchtete, daß Armut die Stabilität eines für die Zukunft Amerikas wesentlichen Landes gefährden könnte, und sorgte dafür, daß Ibn Saud beträchtliche direkte Zuwendungen und Kredite erhielt, die die Briten verwalteten. Dieses ganze Geld floß in seine Tasche. Doch wenn das Erdöl-Abkommen von 1933 den Beginn der amerikanischen Invasion des Landes bedeutete, dann stehen die Zahlungen der Amerikaner für den Wechsel Saudi-Arabiens aus der britischen in die amerikanische Einflußspäre. Um die ganze Bedeutung dieser Veränderung zu erkennen, muß man sich daran erinnern, daß Amerika die diplomatische Anerkennung Saudi-Arabiens bis 1934 hinauszögerte und sie erst kurz nach der Übergabe von Cranes' berühmtem Geschenk vollzog.

Am Ende des Krieges produzierte Saudi-Arabien täglich 300 000 Barrels Rohöl und war nicht länger auf Amerikas finanzielle Unterstützung angewiesen. Man hatte Ibn Saud geholfen, eine schwierige Zeit zu überstehen, und Amerikas zukünftiges

Engagement wurde besiegelt, als er im Februar 1945 in Ägypten mit Präsident Roosevelt zusammentraf, eine Ehre, die ihm als einzigem arabischen Führer zuteil wurde. (Auf die Reise nahm er 200 lebende Schafe mit, und in Ibn Sauds Kabine fand einer der Schiffsoffiziere einen ganzen Sack mit Aphrodisiaka.) Alle Missetaten der Vergangenheit waren vergeben. Roosevelt machte deutlich, daß die Vereinigten Staaten Ibn Saud als führenden arabischen Staatschef betrachteten, und gab Zusicherungen über den Schutz der territorialen Integrität Saudi-Arabiens, was Präsident Truman später bestätigte und vertiefte. Es ist interessant, daß der Kettenraucher Roosevelt in der Gegenwart von Ibn Saud auf diese Angewohnheit verzichtete, während Churchill dies ein paar Tage später verweigerte. Diese einfache Geste, sich anzupassen und Respekt zu bekunden, hat seit damals das Verhalten amerikanischer Präsidenten in der Gegenwart saudischer Monarchen bestimmt; man behandelt sie immer mit bemerkenswerter, fast naiver Ehrerbietung.

Im Rahmen weltpolitischer Zusammenhänge gesehen war Saudi-Arabien nach dem Ende des Zweiten Weltkriegs ein völlig anderes Land geworden. Es war zum erstenmal seit seiner Gründung finanziell unabhängig, der Kalte Krieg und der beginnende arabisch-israelische Konflikt verliehen ihm eine strategische und politische Bdeutung, die es zuvor nie besessen hatte, und ganz besonders erhöhten die sowjetischen Anstrengungen, freundschaftliche Beziehungen zu den Moslems herzustellen, den Wert der heiligen Stätten des Landes.

Zwei Fragen stehen an dieser Wende: warum gelang es den Amerikanern, den Briten die Ölkonzession wegzuschnappen und das Land unter amerikanische Hegemonie zu bringen, und wie wirkte sich diese Entwicklung auf Ibn Sauds Regierungsführung aus? Überraschenderweise ist die Aktion mit der Ölkonzession etwas geheimnisumwittert. Zweifellos lag es teilweise mit an der Lethargie der Briten, daß die Amerikaner die Konzession erwerben konnten, doch das ist kaum die ganze Wahrheit. Manche sind der Ansicht, daß die Briten im benachbarten Iran, Irak und Bahrain (Kuwait kam erst später dazu) über genügend Öl verfügten, doch obwohl das stimmt, reicht das als Begründung nicht aus. Sehr wahrscheinlich ist der dritte Faktor die größere Aggressivität, mit der amerikanische Erdölunternehmen, die den Bedarf Amerikas an Öl aus anderen Ländern voraussahen, bereit waren, dafür zu bezahlen und ihre Regierung von der Bedeutung der saudischen Ölreserven zu überzeugen. Daher machten die US-Unternehmen wie in vielen anderen Fällen den ersten Schritt und zogen ihre Regierung nach. Doch niemand, auch nicht die langsamer agierenden Briten, erkannte den wahren Umfang der Ölreserven in Saudi-Arabien oder die Bedeutung, die sie einmal haben würden.

Die Übernahme Saudi-Arabiens mit seinem Öl, seiner strategischen und arabischen Position und der heiligen islamischen Stätten durch Amerika war zwar nichts Neues. Doch daß die USA auftauchten, um Großbritannien abzulösen, war Teil einer umfassenderen globalen Neuverteilung der Kräfte. England ging müde und geschwächt aus dem Zweiten Weltkrieg hervor und sah sich mit beträchtlichen Problemen in seinen Kolonialländern konfrontiert. Wie bei anderen Ländern, die zu wichtig waren, um sie sich selbst zu überlassen, waren die USA bereit, das Vakuum auszufüllen.

Während man über die mögliche weitere Entwicklung des Landes unter britischer Schirmherrschaft nur theoretisieren kann, läßt sich ziemlich klar erkennen, welche Veränderungen die Einflußnahme Amerikas bewirkte. Großbritannien hatte meistens keinen Anlaß, sich direkt in die Innenpolitik des Landes einzumischen, außer dann, wenn seine eigenen Interessen davon berührt wurden. Es beschränkte sich daher darauf, die Gesamtlinie Saudi-Arabiens dahingehend zu beeinflußen, daß sie mit einer Politik übereinstimmte, die Englands Position am Golf schützte und verhinderte, daß ein einzelnes arabisches Land so mächtig wurde, daß es diese bedrohen könnte. Es unternahm nichts, was über die Anwesenheit von Beratern vom Schlage eines Philby hinausging, um eine bestimmte Innenpolitik zu diktieren, solange diese die bereits erwähnten Gesichtspunkte berücksichtigte und die Festigung von Ibn Sauds brutaler Herrschaft unangefochten und unbehelligt weiterging (siehe dazu auch das Kapitel »Trivialität wird Trumpf«).

Doch in den Ländern, in denen die Briten die Erdölindustrie unter sich hatten, sah das Bild anders aus: Dort ging ihre paternalistische Variante der Kolonialpolitik weiter. Im Iran, Irak und den anderen Staaten setzten sie bei den Regionalverwaltungen durch, daß einiges aus dem Einkommen durch das Öl für Ausbildungs- und Entwicklungsprojekte verwendet wurde, damit es nicht in späterer Zeit Ärger gab. Hier unterschieden sich die Amerikaner in ihrer Haltung auf dramatische Weise, da ihre traditionell antikolonialistische Politik sie daran hinderte, Ibn Saud vorzuschreiben, was er mit dem Ölreichtum anzufangen habe. Einigen sehr ernsthaften Vorstößen britischer Diplomaten, Saudi-Arabien zu einer bedachteren Verwendung des mit dem Öl verdienten Geldes zu bewegen, setzten die Amerikaner heftigen und erfolgreichen Widerstand entgegen. Es war nicht das erstemal, daß die amerikanischen Ölgesellschaften ihrem Land die Außenpolitik vorgeschrieben und Länder ohne Rücksicht auf das Wohl der Bevölkerung ausgebeutet haben. Amerika hatte eine Geschichte, was die Unterstützung südamerikanischer Diktatoren betrifft. Die Amerikaner spielten Ibn Saud direkt in die Hände, als sie es zuließen, daß die Erdöleinnahmen unmittelbar in seine Privatschatulle flossen. Dieser Unterschied in der Politik der beiden Staaten zeigte sich in vielen Gebieten, sogar im Bildungsbereich. Beispielsweise kümmerten sich die Briten darum, daß der Irak Studenten nach Übersee schickte. Die meisten von ihnen wurden nach Leistung ausgesucht und mußten sich verpflichten, gute Examina zu machen und die Kosten des Studiums zurückzuzahlen. Ibn Saud schickte weniger Studenten ins Ausland, sie waren auch häufig Verwandte oder Söhne von Stammesführern, es gab keine Verpflichtung zu guten Leistungen oder Rückerstattung der Ausbildungskosten. Die Iraker erzielten bei ihren Auslandsstudenten nicht nur wesentlich bessere Leistungen, sondern 1936 gab es in ihrem Land eben auch 50 000 Studenten, in Saudi-Arabien nur 700.

Die langfristigen Resultate der amerikanischen Politik der Nichteinmischung waren verheerend. Von Seiten der Amerikaner kam kein einziger Hinweis zu Verwendungsmöglichkeiten der riesigen Öleinkünfte, und nicht ein Cent der 400 Millionen Dollar, die Ibn Saud zwischen 1946 und 1953 erhielt, wurde für die Entwicklung des Landes ausgegeben. 1946 beliefen sich die Staatsausgaben für neue Schulgebäude auf gerade mal 150 000 Dollar, für den königlichen Wagenpark wurden dagegen 2 Millionen veranschlagt. Und Ibn Sauds Söhne setzten seinen Weg fort. Der Kronprinz ließ für 10 Millionen Dollar einen Palast errichten, den er dann niederreißen ließ, weil er ihm nicht gefiel, und gab einen neuen für 30 Millionen in Auftrag. Ein anderer Prinz fuhr mit einem Cadillac so lange, bis der Tank leer war, verschenkte den Wagen dann und kaufte einen neuen mit vollem Tank. So wie Ibn Saud das Land regierte, war er für das, was mit diesem plötzlichen Reichtum möglich gewesen wäre, ebenso blind wie der Rest seiner Familie. Er befahl der ARAMCO, schon damals der größte Arbeitgeber des Landes, die Gehälter aller Angestellten zu verdoppeln, was zu einer Inflationsspirale führte. In einem einzigen Jahr verschenkte er 35 000 goldene Uhren mit seinem Porträt auf dem Ziffernblatt, und gegen den Rat seiner gesamten Umgebung befahl er den Bau einer Eisenbahnlinie, weil ihm diese Vorstellung gefiel. Auch die Flugzeuge, dieses Zeugnis der Moderne, das schließlich auch sein Königreich erreichte, wurde seinen regressiven Launen unterworfen, und alle Flieger mußten für Start und Landung seine Erlaubnis einholen. Diejenigen auf dem Weg von Jiddah im Westen nach Dhahran im Osten mußten in Riyadh zwischenlanden für den Fall, daß Seine Majestät oder eines seiner Familienmitglieder gerade ein Flugzeug benötigte.

1950 war Dhahran, das Erdölzentrum der Saudis, die größte amerikanische Stadt zwischen Paris und Manila. Zwei Flugzeuge, die man ziemlich simpel »Kamel« und »Gazelle« getauft hatte, pendelten mit den Ölarbeitern und Angestellten hin und her. Das

Luftwaffenkommando der USA hatte einen riesigen Flughafen errichtet, um die Ölfelder zu schützen, Kaugummi und Bluejeans wurden modern, und amerikanische Steaks und Kartoffelchips überschwemmten das Land. Inzwischen verfügte Ibn Saud, der fest von der Existenz von *dschinns* (Geistern) und bösen Dämonen überzeugt war, über ein gigantisches Einkommen, das ihm gestattete, seine ihm eigene Ignoranz, Unwissenheit und Vulgarität voll auszuleben.

Immer mehr Ratgeber versammelten sich um Ibn Saud, doch nach wie vor war kein einziger Saudi darunter, und niemand von ihnen hatte ein weitergehendes Interesse, als seine eigenen Taschen zu füllen. (Ibn Saud hatte nie einen offiziellen amerikanischen Berater, doch Oberst William Eddy, ein enger Freund von Roosevelt und der erste amerikanische Gesandte in Saudi-Arabien, kannte ihn gut genug, um ihm Ratschläge anzubieten.) Ibn Sauds Gespräche über Sex wurden ausgesprochen derb, und er prahlte damit, daß er nie das Gesicht einer Frau ansah, mit der er schlief. Die Anzahl der Ärzte, deren Aufgabe es war, seine Männlichkeit zu erhalten, nahm zu und betrug schließlich zehn Prozent aller Ärzte des Landes. Seine Verschwendungssucht wuchs: Er kaufte vierzig Packards auf einmal (das vulgärste Auto der 40er Jahre), ließ Paläste bauen, darunter einen mit der größten Klimaanlage der Welt, mit goldenen Armaturen, und in seinen Badezimmern tauchten Pariser Parfums auf. Und wie bei den Söhnen lateinamerikanischer Diktatoren ging die ARAMCO auch hier auf Nummer Sicher und schickte seine Söhne auf Auslandsreisen, wo sie mit Wein, Weibern und Gesang bekannt wurden. Außerhalb seiner persönlichen Entourage blieb das Land arm, und es passierte mindestens einmal, daß Bettler, die seine Autokolonne zu durchbrechen suchten und um Geld baten, zu Tode geprügelt wurden.

Ibn Sauds Familie und Verwandte führten das Land in seiner Art weiter. Ihre Einkünfte hingen davon ab, wieviel sich gerade im Staatsschatz befand. Die Stammesführer wurden bestochen, um sich ihrer Loyalität zu versichern, und Ibn Saud unterdrückte nach wie vor die Schi'iten, begünstigte Außenseiter und verweigerte Mädchen eine Ausbildung. Wie bei Hitler und dessen SA fühlte er sich sicher genug, um die Ikhwan wieder zu integrieren, indem er die Weiße Garde (die spätere Nationalgarde) einrichtete, eine ganz aus Beduinen und Wahhabiten bestehende Truppe, die ihn und seine Familie schützen sollte. Im Hintergrund grassierten Cholera, Blindheit und Syphillis, in der Wüste starben seltene Vogelarten und Tiere aus, und Streiks wurden für ungesetzlich erklärt (seltsamerweise hatte er aus zweiter Hand von dieser Aktionsform erfahren und untersagte sie, nicht weil akute Streiks drohten, sondern weil ihm die ganze Idee mißfiel).

Innerhalb der arabischen Welt kam Ibn Saud außer mit Faruk mit niemandem aus. Er trat der Arabischen Liga bei, weigerte sich jedoch, sich bei irgendwelchen Aktivitäten für eine engere Zusammenarbeit der arabischen Länder zu beteiligen – während er selbst lauthals verkündete, daß die Einheit eines Volkes ausschließlich durch das Schwert erreicht werden könnte. Alles, was er im Bereich der Politik zwischen den arabischen Staaten unternahm, stiftete Uneinigkeit. Um seine Nachbarn zu schwächen und seine eigene Position zu erhalten, bezahlte er Syrien für einen Streit mit dem Irak und Ägypten für Auseinandersetzungen mit Syrien, für sich selbst forderte er einige ölreiche Gebiete, die zu den Vereinigten Arabischen Emiraten und Oman gehörten (die Bureimi-Oase). Saudi-Arabien war dasjenige Mitglied der Arabischen Liga, das keine bewaffneten Einheiten nach Palästina schickte – ob das richtig oder falsch war, ist für die Außenwelt unwichtig –, aber mit Sicherheit war es eine Haltung, die nicht den arabischen Gepflogenheiten entsprach.

Als Ibn Saud 1953 starb, war das Land trotz der enormen Einkünfte durch das Öl und der umfangreichen Vorauszahlungen durch die Ölgesellschaften (um ihn im Status eines Schuldners zu halten) in einem finanziellen und administrativen Chaos, für das er und sein »Minister für alles« die Verantwortung trugen. Es gab rund 5 000 Regierungsangestellte, keinerlei Infrastruktur, die der veränderten Situation des Landes gerecht werden konnte, und sein ältester Sohn und Erbe war ein 52jähriger Einfaltspinsel, den er hundertmal verheiratet hatte. Zeit seines Lebens gab es kein saudisches Kabinett, das erste wurde wenige Monate nach seinem Tod einberufen.

Ibn Saud war nicht der größte Araber seit Mohammed, nicht der größte Araber seiner Zeit und noch nicht einmal ein guter Araber. Seine persönlichen und politischen Fähigkeiten stellten ihn weit hinter die Araber seiner Zeit, und in vielen seiner Taten glich er Adolf Hitler. Die Tatsache, daß er die englischen Aktivitäten geduldet und den Amerikanern gestattet hat, sein Erdöl auszubeuten, mögen ihn zwar bei ihnen und dem Rest der westlichen Welt beliebt gemacht haben. Er stellte sich damit jedoch gegen die arabische Kultur und Tradition – und jede annehmbare Beurteilung dieses Mannes muß sich mit seiner Herkunft als Araber und der Beziehung zu seinem Volk befassen. Sein unarabisches Verhalten schloß Grausamkeit gegenüber Besiegten, Wehrlosen und Notleidenden ein, mangelnden Respekt gegenüber anderen religiösen Ansichten, Mißbrauch von Frauen, Primitivität, zur Schau gestelltes Unwissen und die Art und Weise, wie er seine Familie erzog. Der Begriff, der all seinen verderbten Eigenschaften anhaftet, ist »Korruption«, die, bezogen auf ihr Ausmaß und ihre Abhängigkeit von Quellen außerhalb des Landes – zum Schutz ihres Urhebers –, von derart neuer Qualität war, wie man sie in dieser Welt bis dahin noch nicht erlebt hatte. Kurzum: Ibn Saud war einer der korruptesten Menschen aller Zeiten, und sein Erbe besteht in der Unmoral seiner Familie und dem offiziell gestatteten Diebstahl.

Trivialität wird Trumpf

Beim Tod von Ibn Saud zweifelte sogar der uneinsichtige Philby, der vom »Ende eines großartigen Kapitels der arabischen Geschichte« sprach, an der weiteren Zukunft. Seine Ängste entstanden aufgrund der schnellen Veränderungen in der inneren Entwicklung des Landes und seiner zunehmenden, auf dem Ölreichtum beruhenden Bedeutung als politische Macht im regionalen und Weltmaßstab. 1955 beliefen sich die täglichen Einnahmen des Landes auf 2 Millionen US-Dollar, gegenüber R 500 000 US-Dollar im ganzen Jahr 1935 – eine Steigerung um 140 000 Prozent. Das war nun wirklich genug Geld, um etwas davon an die Bevölkerung weiterzuleiten, ihr Bildungsniveau anzuheben und einen Bauboom anzukurbeln. Gleich wichtig war, daß sich die Voraussagen von Roosevelts Innenminister Harold Ickes und vieler amerikanischer Ölmanager bewahrheiteten: Die Abhängigkeit der Vereinigten Staaten und Westeuropas von Saudi-Arabien als dem weltweit führenden Öllieferanten wurde offenkundige Realität.

Doch obwohl die Einnahmen des Landes die Bedürfnisse der königlichen Familie weit überstiegen, Geld in Entwicklungsprojekte floß und eine Konsumindustrie entstand, war Saudi-Arabien noch immer kein richtiger Staat. Ibn Sauds ganz auf ihn selbst zugeschnittener Regierungsstil hatte das Potential des Landes für eine soziale Entwicklung und den Aufbau eines vernünftigen Verwaltungssystems vernichtet. In den 50er Jahren wurde der immense finanzielle Überschuß zum Motor der Veränderungen in der Lebensweise der Menschen und dem Erscheinungsbild des Landes, das bald wie eine einzige große Baustelle wirkte. Doch das Haus Saud war zwar bereit, den Menschen besseres Essen, nicht jedoch, ihnen ein moderneres Bewußtsein zuzugestehen, und es gab keine gleichlaufende Initiative hin zu größerem sozialen Zusammenhalt und einem funktionierenden Regierungssystem.

Die meisten Autoren, die die Auswirkungen des Ölreichtums aufgezeichnet und den Eindruck erweckt haben, als hätte es eine Regierung gegeben, die eine genauere Analyse verdient hätte, haben sich bewußter Übertreibung schuldig gemacht. Obwohl sich das heutige Saudi-Arabien von dem zu Zeiten Ibn Sauds oberflächlich unterscheidet und es beträchtlich reicher geworden ist, ist es vom Kern her gleichgeblieben. Es stellt immer noch die weltweit führende Ausprägung des feudalistischen Absolutismus dar.

Es läßt sich leicht nachvollziehen, wie dieses Feudalsystem unter den verschiedenen auf Ibn Saud folgenden Königen bis heute funktioniert hat. Nach Ibn Saud kam sein ältester lebender Sohn Saud, der durch einen ad hoc zusammengerufenen Familienrat zum König ernannt wurde (jeder, dem das Problem der Thronfolge wichtig genug erschien, konnte an dem Rat teilnehmen). Um dieser willkürlichen Familiensitzung den Anschein von Legitimität zu geben, wurde die bedeutungslose Unterstützung der religiösen Führer (die alle zur Minderheit der Wahhabiten gehörten) eingeholt. Doch in Wirklichkeit zählte die Meinung dieser Männer der Religion wenig. Bis zu ihrer Politisierung, die erst vor kurzem eingesetzt hat, wurden die wahhabitischen Ulemas für zusätzliche Rückendeckung gebraucht, doch immer dann ignoriert, wenn ihre Meinungen dem Willen der Familie zuwiderliefen.

Saud regierte ab 1953, bis er 1964 durch seinen jüngeren Bruder Faisal ersetzt wurde. Niemand kann über Saud etwas Freundliches sagen, nicht einmal seine eigene Familie, trotz ihrer legendären Nachsicht gegenüber Missetaten von Familienangehörigen. Ohne jetzt auf das Urteil Außenstehender Bezug zu nehmen, behandelt die offizielle Geschichtsschreibung Saudi-Arabiens Saud als Unperson. Seine elfjährige Regierungszeit hat quasi »nicht stattgefunden«. In Verwaltungsgebäuden hängen die Porträts der verschiedenen Könige des Reiches für alle sichtbar aus, mit der auffallenden Ausnahme des Bildes von Saud, und bis vor kurzem wurden keine Straßen, Gebäude oder Institutionen nach ihm benannt.

Die Gründe für Sauds Entmachtung und seinen Rückzug in das Vergessen enthüllen viel über die Ängste dieser Familie. Vorgeblich lag das an seiner persönlichen, finanziellen und moralischen Korruptheit, seiner Vetternwirtschaft und Unfähigkeit in der Kunst der Staatsführung. Er verschleuderte zehntausende Dollars für solche Verrücktheiten wie 25 000 Glühbirnen im Garten seines Palastes, den er »Kleines Paradies« nannte. Er heiratete öfter als sein Vater, betraute seine ungebildeten Kinder mit Ministerposten, unter anderem auch dem Verteidigungs- und dem Innenministerium, und er selbst konnte noch nicht einmal einen Diwan ordentlich leiten, weil ihm nie etwas einfiel, was er sagen sollte. Er schaffte es nicht, sich dem Land in derselben Weise wie sein Vater als Herrscher zu präsentieren, und sein Volk, die Araber, Moslems und der Westen nahmen ihn nie ernst.

All dies stimmt, doch Ibn Saud waren schon dieselben Verfehlungen vorzuwerfen, ausgenommen die bei der Leitung eines Diwans. Ibn Sauds krimineller Nepotismus schloß auch die Ernennung des inkompetenten Saud zum Kronprinzen ein. Tatsächlich ging es darum, daß Sauds betrüblicher Mangel an Geschick und sein schlichtes Gemüt in der Zeit offen zutage traten, als der ägyptische Präsident Nasser beim saudischen Volk ziemlich beliebt war und man etwas Beeindruckenderes brauchte, um es der Herausforderung entgegenzusetzen, die Nasser darstellte. Saud begriff nie die in seiner Familie übliche Methode, zwar so zu tun, als sei man aktiv, dabei jedoch im Stillstand zu verharren. Diese Defizite wurden offenkundig, als die meisten Menschen in Saudi-Arabien von Nassers Vorstellungen über die Einheit Arabiens gefesselt waren, sie zeigten die Verwundbarkeit der Familie in ihrer absolutistischen Machtausübung und riefen unter ihrem Gefolge die Angst vor einem Umsturz hervor.

Saud war den Menschen seines Landes gegenüber wesentlich nachsichtiger als sein Vater; er zeigte mit Sicherheit keine Neigung, politische Feinde aus dem eigenen Land zu vernichten. Dies führte zur Bildung einiger politischer Gruppen wie dem *Young Najd*, der *Peninsula Liberation Front* und anderen, auch einer kleinen kommunistischen Partei. Er war kein Mann, der Kaufleute und andere unter Druck setzte, um seine verschwenderische Lebensart zu finanzieren, sogar wenn er dies gebraucht hätte, um nicht zu hohe Schulden zu machen. In der Politik mit den arabischen Staaten schwankte er, wechselte zu oft zwischen Konservativen und Progressiven hin und her und verpfuschte einen von Saudi-Arabien mitfinanzierten Versuch, Nasser zu ermorden. Im weiteren Umkreis der islamischen Welt neigte er nicht dazu, Schwierigkeiten anzuheizen, die Muslime untereinander zu spalten und den Willen seines Landes anderen Staaten aufzuzwingen, selbst wenn sie Saud überhaupt zugehört hätten. Dem Westen gegenüber pflegte er eine ambivalente politische Haltung, in der auch die Saat des unabhängigen Denkens ihren Platz hatte, was in Verbindung mit seiner gelegentlichen Unterstützung für Nasser das Rückgrat des ganzen Regimes bedrohte: die traditionelle Freundschaft mit Großbritannien und Amerika. Auch wenn zwar die politischen und finanziellen Angelegenheiten unter Kontrolle waren, so war doch sein persönliches Verhalten überaus jämmerlich (beispielsweise verbrauchte sein Palast täglich 4000 Eier, 200 Hühner und 30 Lammköpfe), und die Familie betrachtete die Bereitschaft der CIA, ihm Knaben zu beschaffen, als Zeichen von Schwäche, da er dadurch erpressbar wurde. (Ich finde es ausgesprochen erschreckend, daß Kermit [Kim] Roosevelt, ein Enkel von Teddy Roosevelt, darüber Bescheid wußte, und er und Miles Copeland darüber mit ziemlich zurückhaltender moralischer Entrüstung geschrieben haben.)

Daß Saud ein verdorbener Mann war, steht außer Frage. Doch er war von Natur aus einfach, wenn nicht sogar dumm, und für seine Familie zählte, als man ihn entthronte, nicht seine Verderbtheit (die die meisten von ihnen teilten), sondern sein auf unintelligente Art Gnädigsein, seine Korruptheit und Ineffizienz. Wirklich alarmiert wurde seine Familie dann, als normale saudische Bürger ihre Bewunderung für Nasser zum Ausdruck brachten und über Politik nachzudenken begannen. In diesem Moment handelten sie, denn derartiges zu tolerieren und Sauds Weigerung, das

Schwert sprechen zu lassen, unterminierte die Grundfesten des saudischen Staates.

Sauds Beseitigung machte vor allem den erklärten Willen der Familie deutlich, den Fortbestand des Hauses zu schützen und weiterhin zu gewährleisten. Das konnte dazu führen, den individuellen Willen eines ineffektiven Königs zu ersetzen. Doch sogar bis zum heutigen Tag zeigt sich dieser Wille einer Familie wie fast alles in diesem Land nicht in einer faßbaren Form. Es gibt keine besonderen Gruppen der Familie, die sich um diese Angelegenheiten kümmern, doch entstehen immer wieder Koalitionen, die sich mit besonderen Krisen befassen. Es war eine namenlose Gruppe, die Saud zum Rücktritt zwang, eine Art Zusammenschluß von 72 der damals 1 500 Prinzen, die in ihrem Erfolg oder Mißerfolg von der persönlichen Durchsetzungskraft der einzelnen Mitglieder abhing. In diesem Fall wurden sie von Muhammad Twin Evil (der »doppelt Schlechte«) angeführt, einem der älteren Brüder, über den später noch zu sprechen sein wird, einem Alkoholiker, dessen Gewalttätigkeit ihm seinen wenig schmeichelhaften Spitznamen eingebracht hatte und der ein echter Beduine mit einem instinktiven Hang zum Absolutismus war. Die ganze Episode von Sauds Herrschaft könnte auf einen kurzen Begriff gebracht werden: Das Haus Saud handelte in dem festen Willen, seine absolute Herrschaft weiterzuführen, um sicherzustellen, daß zukünftige Könige sich immer zum besten für den Erhalt dieses Absolutismus verhielten.

Saud wurde durch Faisal ersetzt, den zweitältesten Bruder, der bis 1964 immer wieder als Außenminister agierte. Faisal hielt man für fähiger, das Erbe von Ibn Saud und der Familie fortzusetzen und ihr dabei eine Aura der Respektabilität zu verleihen. Dem saudischen Historiker Anwar Abdallah zufolge »eliminierte (er) die offenkundige Korruption und agierte weiter in hintergründiger Mannigfaltigkeit«. Seine bemerkenswerteste Äußerung über das Wesen seiner Herrschaft war: »Was ersehnt der Mensch? Das Gute. Es ist in der islamischen Scharia vorhanden. Er will Gerechtigkeit. Sie ist vorhanden, in der Scharia. Er will Sicherheit. Auch sie ist vorhanden. Der Mensch will Freiheit. Sie ist vorhanden. Er will die Entwicklung der Wissenschaft. Sie ist vorhanden. Alles ist da, in der islamischen Scharia festgeschrieben.«

Das Gute, die Gerechtigkeit, Freiheit und Entwicklung der Wissenschaft gab es nirgendwo in Saudi-Arabien. Doch den Willen der Familie auf die Lehre des Islam aufzupfropfen und eine überaus gerechte Religion zu pervertieren war eine wesentlich bessere Art, Staatspolitik zu betreiben, als Ibn Sauds Erklärung über den Einsatz des Schwertes (und Faisals Äußerung ist Hitlers Aussage über das Wesen des Volkes ähnlich). Diese Art von Verstellung war Faisals Stärke. Er war ein subtiler Manipulator, dem es hervorragend gelang, seine Untaten, egal wie groß und unmoralisch, hinter einem Schleier vorgeblicher Korrektheit zu verbergen. Seine Fähigkeit, diese Täuschung aufzubauen, wurde durch eine relative Welterfahrenheit unterstützt, die er in seinen Jahren als Außenminister erworben hatte. Im Unterschied zu seinen gleichaltrigen Brüdern reiste er ausgiebig und hatte die Kunst des Kompromisses erlernt, was ihn in den Augen der Welt als fähigen Mann erscheinen ließ.

Faisal herrschte elf Jahre, bis er 1975 von einem verrückten Neffen aus persönlichen, nicht politischen Gründen ermordet wurde. Trotz der absolut innerfamiliären Hintergründe des Mordes bestätigen die Fakten – der Täter wollte einfach seinen Bruder rächen, den Faisal wegen seiner Kritik an »unislamischem Verhalten« hatte umbringen lassen, und der Mörder selbst wurde später öffentlich enthauptet – erneut, wie sehr die Denkweise des Hauses Saud in tiefer Vergangenheit verankert war.

Zu seinen Lebzeiten strich Faisal vier seiner weisen Taten immer wieder gern heraus. Seine übertrieben betonte, fast sein ganzes Leben während Ehe mit nur einer Frau, Iffat. Seine vierte und letzte Ehefrau, eine entfernte Kusine, war in der Türkei aufgewachsen. Doch war Feisal, wenn er seinen Launen freien Lauf lassen konnte, durchaus nicht der Puritaner, der zu sein er vorgab. Neben anderen Historikern des Hauses Saud sagt Robert Lacey, daß Faisal »eine wilde Jugend« verlebt habe. Und es lag eher an

Iffats Charakterstärke, daß er nicht dem Familiensport der dutzendfachen Hochzeiten gehuldigt hat, als daran, daß er diese Tradition nicht geschätzt hätte. Obwohl die Apologeten des Hauses Saud gern den Eindruck vermitteln möchten, daß es recht tugendhaft sei, wenn man nur viermal heiratet, so sagen sie doch wenig darüber, warum Faisal nichts tat, um seine genußsüchtigen Brüder und Verwandten im Zaum zu halten, für die immerhin der Staat bezahlte. (Ein saudischer Autor schätzt, daß Ibn Sauds 42 Söhne 1 400 Frauen geheiratet haben – diese Annahme stimmt so genau wie jede andere.)

Der zweite Anlaß für Faisals Sicht von sich selbst als Reformer ist die Freilassung der Sklaven, die er 1962 verfügte, als er vor der eigentlichen Thronbesteigung bereits an der Macht war. Auch hier steckt beim zweiten Blick wesentlich weniger dahinter. 1932 führte Faisal als damaliger Außenminister seines Landes eine heftige diplomatische Auseinandersetzung mit Großbritannien. Er forderte die Abberufung des britischen Botschafters, Sir Andrew Ryan, da dieser sich, entsprechend den Bestimmungen des Vetrages von 1927 zwischen den beiden Ländern, an der Befreiung eines Sklaven seines Vaters beteiligt hatte. Faisal selbst verhandelte den Vertrag im Jahr 1936 von neuem, und seine neue Fassung unterschied sich nur darin, daß die im Original enthaltene Klausel, die Saudi-Arabien zur Abschaffung der Sklaverei verpflichtete, jetzt nicht mehr vorhanden war. Viele Jahre lang schlug ein Großteil der Welt, zahlreiche UNO-Komitees und der unvergessene Nasser Krach wegen des Fortbestehens der Sklaverei im Land und gingen zum Teil so weit, daß sie konkrete anti-saudische Aktionen androhten. Die UNO ächtete die Sklaverei, Präsident Kennedy sprach das Thema gezielt an, als er Faisal traf, und der ägyptische Rundfunk brachte Sondersendungen für Saudi-Arabien, um diese Praxis anzuprangern. Diese Botschaften wurden von den meisten Saudis, die viel fortschrittlicher als ihre Herrscher waren, gut aufgenommen. Nach einer langen Zeit, in der Faisal die Existenz der Sklaverei in seinem Land leugnete, handelte er schließlich unter Druck, vor allem durch Kennedy. Allerdings blieben die meisten der 4000 von der Sklavenbefreiung betroffenen Menschen dort, wo sie waren, unfähig, ein normales, unabhängiges Leben zu führen.

Faisals Erlaß zur Sklavenbefreiung verbot offenen Sklavenhandel, unternahm jedoch nichts gegen die neue Sklaverei der Fremdarbeiter und den Kauf von Ehefrauen, eine bis heute übliche Praxis in den Familien. (Mitglieder des Hauses Saud haben besondere, ausschließlich darauf spezialisierte Spähtrupps.) Faisal hat diesen längst überfälligen Akt geschickt in eine besondere Leistung verwandelt und einige Millionen Dollar an libanesische Journalisten und andere Leute bezahlt, sein Loblied zu singen. Bedingung war jedoch, daß kein Wort über seine eigene Vergangenheit laut wurde und darüber, daß das Königreich unter seinem Vater keine einzige internationale Vereinbarung zur Ächtung der Sklaverei unterzeichnet und es abgelehnt hatte, der UN-Menschenrechtsdeklaration beizutreten, die sie für zu liberal hielten.

Die dritte gefeierte Aktion, die man Faisal zugute hält, betraf angeblich die Einführung einer Kontrolle der königlichen Schatulle. Wenn man schon seinen Hang zur Übertreibung kannte, so muß man dies als eine eklatante Propagandalüge bezeichnen. Tatsächlich suchte Faisal nur neue Modalitäten, um auf unverändert korrupte, aber etwas spitzfindigere Art seine Familie und Freunde zufriedenzustellen. Sein neuester Trick ersetzte nicht vollkommen die bisher übliche der direkten Zahlungen aus den Staatsfinanzen, sondern ermöglichte der Familie, ihren gewohnten Lebensstil beizubehalten und auszuweiten und dabei den unmittelbaren Zugriff auf die Staatskasse zu reduzieren, der damit auch schwerer nachvollziehbar war.

Bis Faisal sich mit der Frage des Eigentumsrechts an öffentlichem Grundbesitz befaßte – der auf 92 bis 95 Prozent der gesamten Bodenfläche Saudi-Arabiens geschätzt wurde –, war dies nie ein Thema gewesen. Man ging selbstverständlich davon aus, daß dies alles – wie die Gebiete mit Erdöllagerstätten – der Regierung gehörte und damit dem Haus Saud. Doch bisher war damit nie etwas anderes geschehen, als daß gelegentlich ein Palast gebaut oder eine Farm eingerichtet wurde. Faisal traf die gewitzte Entscheidung, seine Familie und Freunde mit öffentlichem Grund zu versorgen, ohne dabei die Staatsfinanzen zu »mißbrauchen«. Da ihm immer daran gelegen war, als edelmütig zu gelten, enteignete er zwar nicht alles, sondern fing an, 80 Prozent des Bodens von Saudi-Arabien als *Aradi Emeria*, Grundbesitz der Emire oder Herrscher, zu deklarieren. In der altgewohnten Geltungssucht und Arroganz wurde das konfiszierte Land nach Familienmitgliedern benannt: *Faisalia* nach Faisal, *Khalidia* nach Khalid und *Sultania* nach Sultan. Den Rest verwendete er, um das Volk zu besänftigen.

Da das Einkommen durch das Erdöl schneller stieg, als der Staat es verbrauchen konnte, und die Familie gut versorgt war, blühte das wirtschaftliche Leben, und das Land litt unter einer hohen Inflationsrate, die die Grundstückspreise stärker in die Höhe trieb als alle anderen. Faisal begann damit, große Landflächen an die Leute in seiner Umgebung zu verschenken. Hauptbegünstigte war dabei seine Frau Iffat, sie erhielt große Gebiete um die Stadt Jiddahh, die einen geschätzten Wert von ungefähr 2 Milliarden US-Dollar hatten (heute ca. 5 Milliarden). Der einzige Saudi von nichtköniglicher Abstammung, der den Status eines Familienmitglieds erlangte, war der legendäre Ölminister Scheich Ahmad Zaki Yamani, der seinem Biographen Jeffrey Robinson gestand, daß er von Faisal geschenktes Land im Wert von mehr als 300 Millionen US-Dollar besaß. Beduinen wurden seßhaft, und man baute große Häuser, und wenn ein Prinz ein Auge auf einen bestimmten Flecken erschließbares Land geworfen hatte, so mußte er sich nur mit der zuständigen Behörde, der Gemeindeverwaltung oder dem Provinzgouverneur ins Benehmen setzen, und dann arrangierte man alles so, daß er Eigentümer werden konnte. Das geschah oft auch dann, wenn es bereits einen Eigentümer gab. Das Land wurde dann auf Anforderung des Königshauses zur öffentlichen Verwendung eingefordert und Seiner Hoheit übereignet. Man kann es zwar nicht ganz genau ausrechnen, doch nach meinen Aufstellungen beläuft sich der Gesamtwert des

Landes, das Faisal verschenkt hat, auf einen Betrag irgendwo zwischen 35 und 50 Milliarden Dollar. Natürlich haben die ihm nachfolgenden Könige dieses System weiter fortgesetzt, das meiste verschenkte Land ging an Familienmitglieder.

Selbstverständlich benötigten einige Mitglieder der Königsfamilie, unter anderen auch der ehemalige König Saud, nach wie vor Bargeld aus dem Staatssäckel. Saud allein brachte innerhalb eines Monats, als er in Athen im Exil weilte, 10 Millionen Dollar durch. Faisal stattete Saud mit finanziellen Mitteln aus. Doch noch mehr als jeder andere ermunterte Faisal seine Familienmitglieder, sich als Geschäftsleute zu betätigen, um aus den immensen Möglichkeiten, die der Erdölreichtum bot, Gewinn zu schlagen. Diese Tradition führte direkt zu der heutigen Situation. Dem *Who's Who in Saudi Arabia* und anderen Quellen zufolge sind Angehörige des Hauses Saud, ihre direkten und angeheirateten Verwandten, Vorsitzende von 520 saudischen Firmen. In vielen Fällen bedeutet das nichts anderes, als daß sie ihren Namen diesen Unternehmen gegeben haben, die von der Regierung finanziert und geleitet werden, oder von anderen Personen, die die Namen des Königshauses und den damit verbundenen Einfluß benutzen, um Regierungsaufträge zu erhalten. Außer den zahlreichen Posten als Vorsitzende sind viele Prinzen des Hauses Saud »stille Gesellschafter«. Sie fördern die geschäftlichen Vorhaben von Firmen oder Privatpersonen, ohne dabei genannt zu werden, und erhalten dafür große Geldbeträge. In Saudi-Arabien ist es in der Tat ziemlich selten, daß wirtschaftliches Engagement ohne einen Partner aus dem Königshaus stattfindet.

Als vierte Großtat ließ Faisal sein Eintreten für die Ausbildung für Frauen feiern, und es stimmt, daß er die Einrichtung der ersten Mädchenschule des Landes anordnete. Da dem jedoch keine weiteren Bemühungen folgten, um das Los der Frauen zu verbessern, muß man annehmen, daß dies auf die Initiative seiner Ehefrau Iffat zurückging, um Mitglieder ihrer Familie ausbilden zu lassen. Faisal selbst zog die Grenzen seiner sogenannten Frauenbefreiung. Viele Jahre nach der Eröffnung der Mädchenschule antwortete er auf die Frage, wann er den Frauen Rechte gewähren werde: »Wenn wir sie den Männern gewähren.« Das bedeutete: nie, und er unternahm nie irgendwelche Anstrengungen in dieser Richtung. Im Gegenteil. Trotz der vielen Versprechungen für politische Reformen, die er in der Zeit machte, als er Saud zu verdrängen versuchte, war seine erste politische Tat nach seiner endgültigen Machtergreifung, das Reformkabinett aus vielversprechenden jungen Männern mit einem Durchschnittsalter von 39 Jahren aufzulösen, das sein Bruder eingerichtet hatte, um die Unterstützung der Öffentlichkeit zu gewinnen.

Als Faisal starb, hatten seine Familienangehörigen die Hälfte der Kabinettssitze inne, sämtliche Posten als Provinzgouverneure und elf als stellvertretende Minister. Einige waren als noch nicht einmal Dreißig- und Vierzigjährige bereits Generäle in der Armee und der Luftwaffe, während 32 andere solche Schlüsselstellungen bekleideten wie Geheimdienstchef, Botschafter und Protokollchefs. Faisal benutzte die Mitglieder des Königshauses dazu, alle öffentlichen und privaten Bereiche des Landes zu kontrollieren, eingeschlossen seine Eigenschöpfung, den gefürchteten Geheimdienst, den er seinem Schwager Kemal Adham anvertraute. Abdel Ameer Mousa, Mitglied der saudischen Opposition, meint dazu: »Er ist uns vor allem durch die Anzahl der Menschen, die er einsperren ließ, in Erinnerung geblieben« und durch die Einführung der Folter. So gesehen war er der schlimmste von allen.«

In den 60er Jahren setzte Faisal seine fragwürdigen Errungenschaften dazu ein, dem Land ein neues Image zu geben, und das wirkte sich auf die Beziehungen Saudi-Arabiens mit den Arabern, den Moslems und dem Westen aus. Der Reichtum des Landes ermöglichte ihm, die von außen kommenden Bedrohungen durch Nasser und die progressiven arabischen Kräfte abzuwehren und schließlich zu versuchen, ihnen ihre Führungsrolle in der arabischen Welt zu entreißen. Im Jemen unterstützte er eine antiquierte Monarchie mit Geld und Waffen und verstrickte Nasser in diesen Bürgerkrieg, der die Energien und finanziellen Mittel seiner Regierung verschlang und seinen von der Allgemeinheit geschätzten

Versuch der Einigung der Araber unterminierte. Er setzte die Tradition der Unterstützung rückständiger arabischer Regimes fort, ohne dabei offene Gefolgschaft von ihnen zu fordern – eine einfache Art der Bestechung, um sie der saudischen Politik zu verpflichten. Und er systematisierte auch die saudi-arabischen Versuche, die arabische Presse zu pervertieren, indem er die Loyalität von Zeitungen und Journalisten in der ganzen arabischen Welt erkaufte – zahlreiche Medien waren bis zu diesem Zeitpunkt frei und erfolgreich (siehe das Kapitel »Die letzte Verteidigungslinie«).

Da weniger die Moslems eine Gefahr für das Haus Saud darstellten als vielmehr diejenigen Araber und Saudis, die begannen, ein politisches Bewußtsein zu entwickeln, und weil auch die Kontrolle über die heiligen Stätten des Islams dem Land eine starke islamische Bindung gab, forcierte Faisal eine islamische Identität für Saudi-Arabien, die auf Kosten der Werte aus der arabischen Tradition ging. Überall unterstützte er konservative islamische Bewegungen, da sie die gegen ihn gerichtete arabische Bedrohung auffingen, und der konservative Islam hielt die Volksregierungen zurück. Ein Beispiel für diese Politik ist die Unterstützung für die pakistanische Armee und ihren Stabschef General Zia al-Huq gegen den rechtmäßig gewählten Premierminister Ali Bhutto, der daraufhin später gestürzt und exekutiert wurde. Bhutto war ein unabhängig denkender Mensch, dem die Modernisierung Pakistans sehr am Herzen lag, Faisal jedoch brauchte ein Land, das sich ihm unterordnete. Des weiteren hat die ägyptische Zeitschrift *Al musawar* bereits im Jahr 1959, als Faisal Premierminister war, einen detaillierten Bericht darüber veröffentlicht, wie eine Gruppe von CIA-Agenten unter Führung eines gewissen James Russell Barracks mit Saudi-Arabien zusammenarbeitete, um in Ägypten politisch aktive islamische Gruppierungen als Gegengewicht zu Nasser und seinem Pan-Arabismus aufzubauen.

Wie erwartet erstreckte sich Faisals Kursänderung auch auf die Beziehungen seines Landes mit dem Westen. Sein Eintreten gegen Nasser und fortschrittliche arabische Bewegungen nutzte er, um mehr Unterstützung vom Westen zu erhalten und um ein auf dem Islam basierendes politisches Lager unter Führung Saudi-Arabiens zu schaffen. Als arabische Länder die Forderung erhoben, er solle seinen Ölreichtum gegen den Westen und dessen Unterstützung für Israel einsetzen, nahm er diesem Druck die Spitze, indem er eine unglaublich miese politische Linie einschlug, mit der er bei beiden Seiten Anklang finden wollte. Er behauptete, daß sowohl Zionismus wie Kommunismus schlecht und im Grunde ein und dasselbe seien. So konnte die arabische Seite seine Ablehnung des Zionismus akzeptieren, der Westen unterstützte ihn wegen seines Angriffs auf den Kommunismus.

Als Faisal 1973 Angst vor dem Druck der arabischen Länder und vor einem nationalistischen Aufstand im Gefolge von Ägyptens Angriff auf Israel und dem Beginn des Oktoberkrieges hatte, drehte er kurzerhand die Ölleitungen ab – eine Tat, die scheinbar im Interesse der Araber lag und auf Kosten des Westens ging. Dieser sehr komplizierte Vorgang, der später noch genauer untersucht werden wird, stabilisierte Faisals arabisch orientierte Position. Doch so bald wie möglich machte er die Entscheidung wieder rückgängig und beeilte sich, seinen im Westen etwas angeschlagenen Ruf wiederherzustellen. Denn eigentlich sah er sein Schicksal und das seines Landes – ungeachtet dieser taktischen Öllieferssperre – unwiderruflich verbunden mit den Vereinigten Staaten. Dies bestätigte er 1975 dem Korrespondenten des *Time Magazine*, Wilton Wynn, als er sagte: »Die Beziehungen mit den USA sind eine Säule der saudischen Politik.«

Faisal betrieb diese Annäherung weiter und begann die destruktive und folgenreiche Politik einer finanziellen Unterstützung der amerikanischen Außenpolitik aus saudischen Fonds. Diese Übereinstimmung in den politischen Absichten zeigte sich zum ersten Mal am Horn von Afrika, wo auf Kosten der Kräfte des Fortschritts die Konservativen unterstützt wurden. Später dehnten Faisals Brüder dies auf Afghanistan aus und präsentierten der Welt rückständige Rebellen als Freiheitskämpfer. (Danach folgten noch mehr Länder und Situationen. Siehe dazu auch die Kapitel »Brüder sind wählerisch« und »Die brutale Freundschaft«.

Zweifellos war Faisal schlau, und schlaue Menschen im Dienst einer schlechten Sache sind gefährlicher als dumme, die dasselbe tun. Den Wertungen von Saudis zufolge, die für dieses Buch interviewt wurden, vernichteten Faisals gnadenlose Aktivitäten jegliche Opposition im Inneren des Landes. Die liberalen politischen Bewegungen in der arabischen Welt und die nationalistische arabische Bewegung wurden gebrochen und haben sich seither nicht mehr davon erholt. Der Westen akzeptierte Saudi-Arabien als seinen Statthalter in der arabischen Welt. Faisal schwankte nie in seinen verwerflichen Ansichten, daß sich seine Familie so lange alles leisten könne, solange man gerissen genug dabei vorginge, daß der wahhabitische Glaube mit seinen strengen Regeln der richtige Pfad zum Heil sei, und vor allem, daß der normale saudische Bürger keinen Anspruch darauf habe, die Früchte des Ölreichtums zu genießen. (1962 war der durchschnittliche saudische Bürger dank der ungleichen Verteilung des Reichtums unterernährt, der tägliche Kalorienverbrauch betrug 83 Prozent des zum Überleben notwendigen, im Vergleich zu 100 Prozent im Libanon und 92 Prozent in Jordanien.) Faisal war ein Meister des Absolutismus, der gewährleistete, daß Saudi-Arabien mit allem Drum und Dran dem Haus Saud gehörte. Aus diesem Grund waren seine erfolgreichen Anstrengungen, das Image seines Landes zu verbessern, nicht von entsprechenden Fortschritten für die normalen saudischen Bürger begleitet, und viele Saudis zucken daher zusammen, wenn sein Name fällt.

Khalid, der Nachfolger von Faisal als König, wollte diesen Posten nicht einmal. Er mußte ihn jedoch akzeptieren, da eine Weigerung seinerseits die zunehmenden Differenzen innerhalb der Familie vertieft und in der Folge eine Rückkehr zur Tradition der Blutfehde bedeutet hätte. Obwohl er sich viel mehr für die Falknerei als für die Rolle des Königs interessierte, zeichnen sich Khalids Jahre auf dem Thron (1975 bis 1982) durch einige der weitreichendsten Entwicklungen in der Geschichte des Landes aus.

Am gravierendsten war das Entstehen einer starken Fraktion leiblicher und einander ergebener Brüder innerhalb der saudischen Großfamilie. Die Sieben Sudairis oder al-Fahd, wie sie auch genannt wurden, sind die sieben Söhne von Hassa Sudairi, der Frau, die Ibn Saud heiratete, von der er sich wieder scheiden ließ, die sein Bruder heiratete und die er dann selbst noch einmal ehelichte. Einige der Brüder – Fahd, Sultan und Naif – bekleideten eine Zeitlang Ministerämter, die anderen waren Gouverneure und Vizeminister. Durch reine List und die Verbindung mit dem mächtigen Stamm der Sudairis wurde Fahd zu Khalids Kronprinz, während Sultan als Verteidigungsminister und Naif als Innenminister amtierten und Salman den bedeutenden Gouverneursposten von Riyadh erhielt.

Die Sieben Sudairis wurden unter der Führung von Fahd zur Macht hinter dem Thron und gingen dazu über, nach und nach die Macht anderer Gruppierungen in der Familie einzuschränken oder ganz auszuschalten. Dabei höhlten sie das System des Familienrats und des Vorrangs der Älteren aus (brachten ältere Brüder dazu, auf ihre Posten zu verzichten), den beiden verbindlichen, bei der Frage der Nachfolgeregelung entscheidenden Autoritäten. Den Söhnen ihres Bruders, dem späteren König Saud, verweigerten sie Regierungsämter und legten ihnen Hindernisse in den Weg, um sie von wichtigen Positionen fernzuhalten. Die Söhne von König Faisal durften öffentliche Ämter übernehmen, sogar als Außenminister, doch die Sudairis sorgten dafür, daß sie de facto keine wirkliche Macht ausübten. Die sieben waren so erfolgreich, daß sich angeblich sogar der Außenmininster, Prinz Saud-bin-Faisal, bei König Hussein von Jordanien beklagte, er sei nichts anderes als ein Bürobote. Natürlich wurden die Söhne von Fahd, Sultan und den anderen Geschäftsleute, Botschafter, Gouverneure und Generäle. Die Sudairis und ihre Söhne bekleideten 63 zentrale Regierungsämter.

Schließlich traf der innerfamiliäre Staatsstreich der Sudairis – denn nichts anderes war es – auf Hindernisse, die eine vollständige Machtübernahme vereitelten. Die Thronfolgeregelung sah Fahd als Kronprinzen von Khalid vor und legte fest, wer nach ihm der nächste war. Jetzt stellten sich Prinz Abdallah und Muhammad Twin Evil den Sudairis in den Weg und ließen nicht zu, daß sie den Rest der Familie beiseite schoben, und Abdallah wurde zum nächsten in der Thronfolge bestimmt. Muhammad war für Abdallah, und seine blutrünstige Art fand bei vielen Stämmen Anklang; die Sudairis hatten daher immer Angst, daß er die übrigen Familienmitglieder und die Stämme gegen sie aufbringen könnte.

Das zweite bedeutende Ereignis während Khalids Regierungszeit betraf die gesamte Großregion: Im Iran kam eine islamisch-fundamentalistische Bewegung an die Macht. Ayatollah Khomeini war das nächste Problem. Aufgrund der islamisch ausgerichteten Politik von Faisal konnte man die Basis von Khomeinis Richtung nicht vernachlässigen; sie umfaßte mehr als die schi'itischen Glaubensgemeinschaften, die 15 Prozent der saudischen Bevölkerung darstellten. Diese Bewegung bestärkte andere islamische Gruppierungen, die dem Beispiel der Iraner folgen wollten. Als Reaktion ließ Khalid mit der Billigung der ganzen Familie Hunderte Schi'iten und Moslems einsperren. Das Haus Saud war in Panik geraten.

Saudi-Arabien war zwar nicht in der Lage, sich offen gegen den Iran zu wehren. Es war jedoch entschlossen, diese gewaltige Bedrohung für die eigene Sicherheit abzuwehren, und setzte daher auf einen indirekten Angriff auf die islamische Revolution im Iran. Saudi-Arabien bestärkte den Irak darin, den iranisch-irakischen oder Ersten Golfkrieg zu beginnen. Über die saudische Unterstützung dabei, die später noch diskutiert werden wird, haben arabische Presseorgane wie *Al Tadmour* und *Al Dastour* sowie zahlreiche westliche Zeitungen berichtet, und die kontrollierte Presse des Landes gab dies zu, ohne auf Details einzugehen. Saudi-Arabien zahlte an den Irak die phantastisch anmutende Gesamtsumme von 30 Milliarden Dollar. Das politische Prinzip des Hauses Saud nach dem Motto »Teile und herrsche« – in diesem Fall wurden Araber gegen Moslems ausgespielt – erreichte ein nie dagewesenes Niveau.

Die dritte Entwicklung zur Zeit von Khalid faßte Marshall Wylie, ein früherer Angestellter der amerikanischen Botschaft in Saudi-Arabien, so zusammen: »Wir brauchen ihr Öl, und sie brauchen unseren Schutz.« Die zunehmende Abhängigkeit der Vereinigten Staaten vom saudischen Erdöl ließ sie alle weitergehenden Überlegungen hintanstellen, Jimmy Carters Bekenntnis zu den Menschenrechten eingeschlossen. Gleichzeitig wurde der Druck im Inneren und durch die arabischen und islamisch-fundamentalistischen Bewegungen stärker, und die dem Land eigene Unfähigkeit, für sich selbst einzustehen, zwang das Haus Saud dazu, mehr als jemals zuvor den militärischen Schutz der Vereinigten Staaten zu suchen.

*

Trotz der Unbeirrbarkeit des Hauses Saud hat in der Selbstdarstellung der Mitglieder des Königshauses unter König Fahd eine wichtige Veränderung stattgefunden, die für die Zukunft viel Schlimmes erwarten läßt.

Zweifellos hat es bisher alle internen Versuche, es zu Richtungsänderungen zu zwingen, erfolgreich überstanden. Die Bedrohungen von arabischer und islamischer Seite konnten abgewehrt, die Quellen dieser Angriffe neutralisiert werden. Zudem ist die Abhängigkeit der westlichen Industriestaaten vom saudischen Erdöl ständig größer geworden, die von dort geleistete kritiklose Unterstützung wurde bisher kontinuierlich ausgeweitet. All diese Faktoren haben in ihrem Zusammenwirken eine Arroganz des gesamten Königshauses erzeugt; eine falsche Sicherheit, die auf der Ignoranz gegenüber der gesamten Umgebung beruht und zu einer verkommenen, inzwischen völlig absurden Situation geführt hat. Unter Fahd hat das Haus Saud ohne Furcht und Verstellung Farbe bekannt. Alles wurde jetzt zur Bagatelle, sogar die Korruption.

Jetzt kann sich König Fahd nach Herzenslust wie ein typischer Saud aufführen, ohne den Unwillen der Familie zu erregen. Er muß sich nicht wie Faisal mit ausgeklügelten Vertuschungsmanövern abgeben. Seine durch Geld ausgeübte Zwangsherrschaft über arabische und islamische Länder und seine Anbindung an den Westen werden selten durch tatsächliche oder rein kosmetische innere oder regionale Aktivitäten aufgerechnet oder ausgeglichen. Bei dem Mann ist alles oder nichts möglich. Die frühere britische Premierministerin Margret Thatcher sagt: »Es spricht nichts für ihn.« Doch der syrische Journalist Nihad Al Ghadiri, der Fahd viele Jahre lang sehr genau beobachtet hat, kontert Thatchers Kommentar mit treffender arabischer Wut: »Er ist ein ungeschlachter Kerl, ein Gebirge aus Nichts. Sogar in seinen Untaten wird er nicht kenntlich, er hat das Unmögliche erreicht, denn die Menschen nehmen ihn und seine Familie nicht für voll. Niemand in Saudi-Arabien spricht mehr über Korruption, da man sie einfach als gegeben nimmt.«

Die Äußerungen von Thatcher und Ghadiri sind sehr aussagekräftig, gehen aber noch nicht weit genug. Der Mann legt immer noch die Politik eines äußerst wichtigen Landes fest. Auch wenn Fahd Saudi-Arabien ruiniert, selbst wenn er der letzte König dieses Landes sein sollte, so muß man ihn doch genauer analysieren als dies die gefälligen Feststellungen von Thatcher und Ghadiri leisten können. Doch für mich und viele andere ist dieser Mann ein Mysterium, fast nicht zu analysieren. Der Herausgeber einer wichtigen, von Saudi-Arabien mitfinanzierten Zeitung in London sagt: »Bevor er auf den Thron kam, habe ich wirklich viel von ihm gehalten. Jetzt weiß ich nicht mehr, was ich über ihn sagen soll. Als Person ist er die größte Enttäuschung in der Geschichte dieses Landes.« Dies entspricht ziemlich genau auch meiner Meinung, doch angesichts der Komplexität oder einfachen Schlichtheit dieses Mannes muß den Lesern Fahds Weg von seinen Anfängen zur heutigen Situation aufzeigen.

Er war nicht gerade ein besonderer Liebling seines Vaters, und in seiner Jugend gab es auch nichts, was ihn vor anderen herausgehoben hätte. Seine Schulzeit absolvierte er in Riyadh in der Schule der Prinzen, unternahm jedoch nichts, um seinen Horizont zu erweitern. Sogar seine englischen Schlafzimmersprüche sind auch nach Jahren des Herumstreifens in Europa auf der Jagd nach Blondinen ziemlich simpel geblieben. Es ist kein einziges persönliches Interessensgebiet von ihm bekannt, das nicht irgendwie fragwürdig wäre – nichts von der Art wie Sauds Faszination durch die Fotografie, Faisals Engagement bei der Erziehung seiner Kinder oder Khalids Liebe zur Falknerei.

Einzig über seine Faulheit herrscht Konsens. Man sagt, daß er ein fauler Student war, ein langweiliger Liebhaber – auch als Zwanzigjähriger, ein fauler und nachlässiger Minister für die Ressorts Gesundheit, Erziehung und Inneres. Immer wieder verließ er, auch als er schon Kronprinz war, sein Land für einige Monate und versuchte sein Glück als Spieler, und als König kann er sich jetzt nicht einmal dazu überwinden, wenigstens die wichtigsten Dokumente zu lesen. »Die Unterlagen, und darunter sind einige wirklich sehr wichtig, stapeln sich erst wochenlang auf seinem Schreibtisch. Dann wird es ihm zuviel, daß er sie ständig dort liegen sehen muß. Er klingelt nach einem seiner Sekretäre und bittet ihn, sie ungelesen fortzuschaffen. Etwas Derartiges habe ich noch nie erlebt, es ist eine absolute Interesselosigkeit gegenüber allem.« Das sagt ein Bauunternehmer, der an Fahds drei Milliarden Dollar teurem Palast al-Salem in Jiddah beteiligt war und den König aus größter Nähe erleben konnte.

Fahd ist nicht nur faul, sondern hat noch vier andere unangenehme Charaktereigenschaften, die allgemein bekannt sind. Er ist ein Frauenheld, muß – vielleicht weil er seinen Verschleiß an Frauen nicht mit dem Mantel der Respektabilität umgeben muß – nicht heiraten, um das ausleben zu können. Ich habe Fotos gesehen, auf denen er mit europäischen Frauen abgebildet ist, die sogar noch unter der Würde eines Beduinenfürsten zu stehen scheinen, und er besuchte häufig die Pariser Diskothek *Régine*, wo er oft eine Gefährtin für die Nacht aufgabelte. Zu Dutzenden von Playboy-Geschichten aus zweiter Hand, kenne ich eine Episode aus eigener Erfahrung. Fahd hatte eine Liaison mit der Ehefrau eines libanesischen Bekannten von mir, und während der fünf Jahre andauernden Affäre mit ihr köderte er den Ehemann mit

Konzessionen und Geschäftsverbindungen. Das Paar ist inzwischen sehr reich; es gibt noch zahlreiche ähnliche Geschichten.

Fahds Frauengeschichten haben wenig Neues zu bieten, und in seinen sexuellen Neigungen kann er mit seinem Vater und seinem Bruder Saud nicht mithalten. Andererseits sticht seine Spielleidenschaft heraus, die viel Zeit in Anspruch nimmt. Vor etlichen Jahren hielt er sich oft in den Spielcasinos im Libanon auf und verlor dort regelmäßig etliche hundert und tausend Dollars. Doch sein Ruf als Spieler stammt aus dem Jahr 1962, in Monte Carlo. Berichten der deutschen Zeitschrift *Stern* und anderer Medien zufolge verlor er dort in einer Nacht 20 Millionen D-Mark. Sein Bruder Faisal beorderte ihn nach Saudi-Arabien zurück und schimpfte ihn aus, geheilt wurde er jedoch nicht. Wenn ein ehrgeiziger Geschäftsmann aus Jiddah weiterkommen will, tut er gut daran, sich den Spielern um Fahd anzuschließen. Laut einem libanesischen Zeugen einer solchen Spielrunde läßt Fahd seine Verluste von seinen Bediensteten bezahlen, die das Bargeld in Samsonite-Koffern dabei haben. Oft wird das Geld, das in den Koffern übrig bleibt, an die Diener verteilt.

Wie viele seiner Brüder – einige sind daran gestorben – hat Fahd Probleme mit dem Alkohol. Die Zeitschrift *TIME*, die *New York Times* und zahlreiche andere Publikationen haben darauf hingewiesen oder direkt darüber geschrieben. Seine Trunksucht hat zwei Seiten. Früher ging er oft auf tagelange Sauftouren, und auch nachdem er König geworden war, hat er deswegen seine Pflichten als Staatsmann vergessen. Doch er leidet an schwerer Diabetes, das Trinken ist daher ein Tod auf Raten. Wenn Fahd wie zu der Zeit das Trinken für lange Perioden einstellt, verliert er deutlich an Gewicht, und auf seinen Fotos erscheint er dann als ein wesentlich vitalerer Mann. Doch das macht ihn nur zu einem besseren Pokerspieler. Er arbeitet trotzdem nicht.

Fahds vierte Charaktereigenschaft ist seine Liebe zum Geld und seine Fähigkeit, es auszugeben. Das war immer schon so, und als junger Mann verschleuderte er Millionen Dollar. Doch inzwischen ist sein Reichtum – bis auf den des Sultans von Brunei – in der Geschichte wohl unerreicht. In Saudi-Arabien besitzt er sieben riesige Paläste, deren Wert sich auch nach zurückhaltenden Schätzungen auf rund elf Milliarden Dollar belaufen dürfte. Außer den Palästen in seinem Land gehört ihm in Marbella ein Schloß mit 100 Zimmern, ein weiteres, das außerhalb von Paris im achtzehnten Jahrhundert für die französischen Könige errichtet wurde, ein drittes in Genf mit 1 500 Telefonanschlüssen, und bei London ein großes Haus, das für 30 Millionen Pfund neu eingerichtet wurde. Dann gibt es natürlich noch seinen fliegenden Palast, eine Boeing 747 mit Sauna, Aufzug, Kronleuchtern und goldenen Badezimmerarmaturen, dazu dann noch seine ebenso prächtige Yacht für 50 Millionen US-Dollar. Er benutzt goldene Zahnbürsten, und sein Wagen für den Strand ist ein für diesen Zweck von der englischen Firma Wood and Barret umgebauter Rolls Royce Camargue. Sein persönliches Vermögen wird – ohne die Paläste – auf 28 Milliarden US-Dollar geschätzt. An Fahds Aktivitäten ist nichts neu außer ihren Dimensionen. Solange die Familie in ihrer Lebensweise unbehelligt bleibt, wird das als selbstverständliche Konsequenz ihrer Kontrolle über die Einkünfte aus dem Erdöl des Landes immer so weitergehen. Warum konnte ein Mensch von derart dürftigen Qualitäten König werden? Nach dem üblichen Thronfolgesystem, bei dem ausschließlich das Alter zählte, war er nicht an der Reihe, da seine Brüder Nasir und Sa'ad älter sind. Ebenso interessant ist, warum er unter Faisal, dem gerissenen Spezialisten der Täuschung, zum König aufgebaut wurde. Mehr als alles andere enthüllt Fahds Thronbesteigung, wie das Haus Saud die Fassade seiner Regierung wahrt und – mit Zustimmung des Westens – darin versagt, das Land zu modernisieren und die erforderlichen langfristigen Institutionen zu schaffen, die Saudi-Arabiens Überleben garantieren könnten.

Der Hauptgrund für Fahds Nachrücken auf den Thron liegt darin, daß die Grundlage der Nachfolgeregelung nicht eindeutig klar ist. Von Ibn Saud ging die Königswürde auf Saud über, Faisal wurde nach dem Prinzip des Ältestgeborenen als Kronprinz bestimmt. Doch unter politischem Druck mußte dieses Prinzip dem des spürbaren Talents einer Person weichen. Als Khalid an Faisals Stelle trat, wurde Muhammad Twin Evil übergangen, seine Verfehlungen gaben den Ausschlag zugunsten seines jüngeren Bruders. Auf Khalid folgte dann Fahd, den man für geeignet genug hielt, verzichten mußten dabei Nasir und Sa'ad. Das Haus Saud betont zwar, wie wichtig die Eignung Fahds war, doch in Wahrheit zählte allein die Frage, wer die Einheit der Familie sichern würde. Im Unterschied zu Nasir und Sa'ad repräsentierte Fahd einen Clan innerhalb des Clans – die sieben Söhne von Hassa al-Sudairi, die Sieben Sudairis. Es gab keine Möglichkeit, ihnen den Thron zu verweigern und dabei die Einheit der Familie zu bewahren. Sie hätten sich abgespalten, und aufgrund ihrer Anzahl und ihrer Verbindungen zu den mächtigen Sudairis hätte das Probleme gegeben. Ihr Verhalten war das eines Familienverbandes Erstaunlicherweise hatten Nasir und Sa'ad weniger anzubieten als Fahd. Es gab innerhalb der Familie keine Untergruppe, die ihnen hätte helfen können.

Wie bereits festgestellt hatte die Übernahme der Macht durch die Sieben Sudairis ziemlich viel Ähnlichkeit mit einem Staatsstreich. Doch sie hatten lange daran gearbeitet und dabei Fahd, um ihn zu rechtfertigen, Qualitäten zugesprochen, die er nicht hatte. Fast alle, auch Journalisten und fremde Mächte, vertrauten darauf, weil sie es wollten. Deshalb ist Fahd für viele denkende Saudis eine Enttäuschung und umgekehrt sehen Journalisten wie Wilton Wynn von *TIME* dazu veranlaßt, ihn als »liebenswert und fähig« an, *NEWSWEEK* nennt ihn einen *Workaholic*, andere Autoren bezeichnen ihn als »modern und liberal denkend«. So kam es zu der Machtübernahme eines derart unfähigen Menschen. Sie wurde mit so großem Werbeaufwand betrieben, weil sie auf einer Lüge beruhte, und deshalb hat das Ergebnis, Fahd, zu soviel Verwirrung unter denen geführt, die dieser Lüge geglaubt haben.

Nachdem nun genug über Fahds rückständige und persönliche Neigungen gesagt ist, um seine Mängel zu belegen, soll jetzt gezeigt werden, wie seine Unzulänglichkeit dem saudischen Absolutismus an diesem kritischen Punkt der Geschichte des Landes geschadet hat.

Fahds Charakterschwäche und seltsame Art geht weit über seine Liebe zu Geld, Frauen, Glücksspiel und Alkohol hinaus und betrifft sein Verhalten als Regent. Trotz des Versuchs, den Druck der islamischen Fundamentalisten in Saudi-Arabien und den arabischen Ländern abzuschwächen, indem Fahd den Titel »Hüter der Heiligen Stätten des Islam« annahm und den für den nach islamischem Verständnis nicht akzeptablen Titel eines Königs ablegte, wird er mit zahlreichen Formeln angesprochen, die eine unübertroffene Überheblichkeit erkennen lassen. Die Anrede »Majestät« ist immer noch üblich, ebenso »König« und als offizielle Floskel »Hüter der heiligen Stätten des Islam«. Doch Fahd ist auch al-Muazam, der Erhabene; al-Mufada, der, dem Opfer gebührt; Maulana, der die höchste Autorität verkörpert; Sajidna, unser Herr; Walye al-Amr, der über alles entscheidet – endlose Erfindungen und Variationen, die er weder erfüllt noch von sich weist.

Doch nicht nur die Bürger Saudi-Arabiens und die Mitglieder der Regierung müssen sich der würdelosen Prozedur unterwerfen, die größten Schmeicheleien zu benutzen, deren die arabische Sprache fähig ist, sondern auch ausländische Staatsoberhäupter. Zu Verabredungen kommt er immer zu spät, so 1987 einem Mittagessen mit der englischen Königin 45 Minuten, ebenso zu Treffen mit Präsident Bush, König Hussein und dem japanischen Premierminister Fukuda. Seine beleidigende Art, ständig mit Verspätung zu erscheinen, veranlaßte den mexikanischen Präsidenten Salinas, seinen viertägigen Aufenthalt in Saudi-Arabien bereits nach zwei Tagen abzubrechen. 1992 ließ Fahd den Emir von Kuwait bei einem Besuch nach dem Golfkrieg im Empfangsraum des Flughafens eine geschlagene Stunde warten, während er in seinem Flugzeug ein Nickerchen machte. Seine Wichtigtuerei hat inzwischen zu mehreren ministeriellen Direktiven geführt, die beispielsweise vorschreiben, welche Fotos von ihm in den Zeitungen erscheinen dürfen (er fühlt sich durch ein hängendes Augenlid sehr benachteiligt und beschwert sich immer beim Informationsminister über unvorteilhafte Fotografien).

In Fahds eigenem Land zeigt sich diese Arroganz besonders in der Art und Weise, wie er Leute aus hohen Positionen entfernt. Ahmad Zakki Yamani, der berühmte ehemalige Minister für Erdöl und Ressourcen, erfuhr von seiner eigenen Entlassung durch das Fernsehen (genaueres dazu im Kapitel »Diener der Krone«). Der Informationsminister Muhammad Abdo Yamani, die Gesundheitsminister Ghazi al-Ghoseibi und Abdallah al-Jazairi, Ahmad Ali Abdelwahhab, Chef des königlichen Hofstaats, Abdel Munir al-Otteibi als Stabschef und Abdel Hadi Taher, Direktor von Petromin, wurden auf dieselbe Weise abgesetzt. Sie hörten die Nachricht aus zweiter Hand oder es sagte ihnen jemand, sie sollten zuhause bleiben. Fahds Neffen, der General Prinz Khalid bin Sultan, Chef der saudischen Luftwaffe und Kommandeur der arabischen Streitkräfte im Golfkrieg, und Prinz Fahd bin Salman, Deputy Emir der Ostprivinz, verließen unerwartet ihre Positionen, und es wird angenommen, daß sie abgesetzt wurden. Anfang Dezember 1992 feuerte Fahd in einer politisch bedeutsamen Entscheidung sieben Mitglieder des überaus wichtigen Rats der Ulemas, da sie einem Dekret die Zustimmung verweigerten, das gegen Kritiker des Königs gerichtet war. Man muß hier unbedingt klarstellen, daß Fahds unsensible Umgehensweise mit Ministern, Prinzen und religiösen Führern einzigartig ist und frühere saudische Könige Entlassungen in wesentlich eleganterer Beduinenmanier vornahmen, für den Fall, daß sie die Dienste dieser Leute später wieder benötigten.

Diese würdelosen Prozeduren haben unterschiedliche Hintergründe. Im Fall des fähigen Ghoseibi ging es nur um ein Gedicht, in dem er sich beklagte, daß der König ihn nicht treffen wollte, bei anderen Personen handelte es sich um ähnlich triviale Geschichten. Doch die Entlassung der Ulemas war von größerer Bedeutung. Sie hatten sich geweigert, die Verfasser einer Petition zu verurteilen, die Kritik an der Regierung und ein Plädoyer für die Durchführung politischer und sozialer Reformen enthielt. Zwei weitere Beispiele sollen an dieser Stelle angeführt werden.

Einer der bekanntesten und wichtigeren libanesischen Zeitungsverleger besuchte den saudischen Informationsminister, Ali al-Shaer, um zehn Uhr abends in seinem Büro. Shaers Privattelefon klingelte. Dann folgten diese Sätze:

»Jawohl, Sir.« –

»Es tut mir unendlich leid, Sir, davon war mir nichts bekannt.« –

»Ich werde das sofort beenden, Sir, auf der Stelle.«

Al-Shaer legte den Hörer wieder auf, sah den verblüfften libanesischen Zeitungsmann an und wählte eine Nummer.

»Hören Sie, ich habe es Ihnen nicht nur einmal, sondern schon tausendmal gesagt: Seine Majestät kann indische Filme nicht leiden.« –

»Es ist mir egal, ob der Film schon zur Hälfte gelaufen ist, stellen Sie ihn ab und spielen Sie stattdessen einen amerikanischen Film.«

Der Minister erklärte danach freundlich, daß Fahd sich darüber beschwert hatte, daß auf einem der TV-Kanäle auf dem Sendeplatz für den »Film des Tages« ein indischer Film gezeigt wurde. Die Anordnung, den Film zu unterbrechen, gab der Minister an den Sendeleiter weiter. Wie die Zuschauer im Land reagierten, ist nicht bekannt, doch al-Shaer rettete vermutlich seinen Job.

Bei einer anderen Gelegenheit rief Fahd die Leute an, die in Jiddah seinen Palast al-Salem bauten, um ihnen seinen Besuch auf der Baustelle anzukündigen. Nach moslemischem Brauch werden für einen solchen Anlaß Schafe geschlachtet, zur Vorbereitung seines Besuches waren dies tausend Tiere. Der König erschien nicht und teilte telefonisch mit, daß er am folgenden Tag kommen würde. Wieder schlachtete man Schafe und wieder kam kein Fahd. Er versprach ein drittes Mal zu kommen, der Ablauf war derselbe. Dreitausend Schafe waren für nichts und wieder nichts geschlachtet worden.

Wie üblich richtet sich die Familie in ihrem Verhalten nach

dem persönlichen Beispiel des Königs. In dieser Hinsicht ist Fahd Saud näher als Faisal oder Khalid. Die meisten seiner Söhne haben keine Ausbildung, viele bekleiden Regierungsämter. Muhammad ist Gouverneur der ölreichen Ostprovinz und als Partner der großen al-Bilad Trade Company dick im Geschäft. Außer seinem Engagement beim Verkauf von Erdöl auf dem freien Markt (siehe dazu das Kapitel »OPEC«) halten sich hartnäckige Gerüchte, daß eine seiner Firmen einen 10-Milliarden-Dollar-Vertrag über ein von den Firmen Bell aus Kanada und Philips aus den Niederlanden gemeinsam installiertes landesweites Telefonsystem abgeschlossen hat. Faisal, Fahds ältester Sohn, ist Leiter der Jugendwohlfahrtsorganisation, eine Position, die der eines Ministers gleichkommt. Viele Autoren werfen ihm vor, er sei drogenabhängig, und man munkelt, er habe seinen Liebhaber erschossen, als der ihn verließ. Ein dritter Sohn, Saud, ist stellvertretender Chef des Geheimdienstes, ein Posten, der mit jedem Tag größere Bedeutung bekommt. Doch wegen seines Lieblingssohnes Abdelaziz hat Fahd wieder einmal gegen die allgemein gültigen Regeln verstoßen.

Als Abdelaziz noch jung war, riet ein Wahrsager, der genau die Zuneigung des Vaters zu dem Kind erkannte, dem König, ihn überallhin mitzunehmen, sonst würde er, Fahd, sterben. So nahm Fahd Abdelaziz 1987 zu einem Staatsbesuch nach Großbritannien mit. Doch da man die Hintergründe seiner Anwesenheit nicht kannte, behandelte die Presse den schwächlichen 14-jährigen Jungen wohlwollend. Gegen Ende seines Aufenthalts in London hatte Fahd einige Meetings mit Mitgliedern der arabischen Presse. Folgendes erzählte er bereitwillig den beiden Journalisten Haj Ahmad al-Houni und Ghassan Zakkaria während ihrer Audienz beim König: »Der junge Azoouzi (Abdelaziz' Kosename) übertreibt es wirklich. Doch Allah hat uns mit Reichtum gesegnet, und wir sind froh, ihn mit unserem Sohn teilen zu können. Ich habe gerade 300 Millionen Dollar auf sein Privatkonto überwiesen, damit er hat, was er braucht.« Houni und Zakkaria sahen sich an und konnte nichts darauf sagen. Auch heute noch kann Zakkaria diese Geschichte nicht erzählen, ohne mit den Augen zu rollen. Auf dieser verheerenden offiziellen Reise war Abdelaziz immer an Fahds Seite, auch wenn das Kind nicht eingeladen war. Fahd allein war schon ein Ereignis; das Trittbrett der königlichen Kutsche mußte verstärkt werden, damit es unter dem Gewicht des Königs nicht zusammenbrach. England verließ er in seiner eigenen Boeing 747, der eine zweite für seinen persönlichen Hofstaat folgte, außerdem noch drei weitere Flugzeuge, die das Gepäck der königlichen Reisegesellschaft und vier handgearbeitete gepanzerte Autos beförderten.

Es ist ganz natürlich, daß sich Fahds »liberale« Haltung gegenüber seinen Kindern auch auf den Rest seiner Familie erstreckt. Als er vor elf Jahren erfuhr, daß einige der Söhne des früheren Königs Saud in Schwierigkeiten waren, gab Fahd jedem von ihnen 15 Millionen Dollar, um »ein Haus bauen zu können«. Doch mit Geschenken allein ist es nicht getan, und Fahd geht ziemlich offen mit den »geschäftlichen« Aktivitäten seiner Familie um. Sie ist so umfassend in das Handelsgeschehen eingebunden, daß die einzelnen Mitglieder bereits gegeneinander in Konkurrenz getreten sind. Da sie so zahlreich und so tief in alles involviert sind, wird eine Firma eines Prinzen X zum Konkurrenten einer anderen, die vom Prinzen Y finanziert wird und dann vielleicht auch von einer von Prinz Z und W. Oft treffen sich die Prinzen, ohne viel Rücksicht darauf zu nehmen, wie die Kompetenzen geregelt und welche Firmen betroffen sind, und verteilen die einzelnen Anteile des Kuchens untereinander, doch gelegentlich entsteht aus dem kommerziellen Wettbewerb eine Familienfehde. Egal wie es abläuft, in jedem Fall werden derart gigantische Geldsummen verdient, daß Ghassan Zakkaria darauf beharrt, mindestens fünfzig Familienmitglieder seien inzwischen Milliardäre. (Siehe dazu auch das Kapitel »Große Geschäfte und gefährliche Spiele«.)

Fahd billigt das wirtschaftliche Engagement, auch bei angeheirateten Verwandten und Freunden. Er ist selbst Partner mehrerer Unternehmen, obwohl ihre saudischen Bevollmächtigten mit Verleumdungsklagen drohen, wenn man die Firmennamen nennt, da man die Namen ihrer Eigentümer leicht verändern und zurückdatieren kann. Fahds liebste Verwandte, die Ibrahims, sind sehr umtriebig und haben in vielem ihre Finger drin. Einige dieser Verwandten kümmern sich um die Belange des jungen Prinzen Abdelaziz, ihren Neffen, der einigen saudischen Großunternehmern als Geschäftspartner aufgezwungen wurde.

Eine der bizarrsten Episoden in der Geschichte der Korruption ist ein hervorragendes Beispiel dafür, wie eine kleine Geschichte immer größere Ausmaße annahm und so die Geschichte des ganzen Landes erzählte. Es fing alles im August 1986 an, als die *Washington Post*, der *Washington Star*, die *New York Times*, der *Philadelphia Inquirer*, der *San Francisco Chronicle*, der Sender *ABC News* und zahlreiche andere Medien die Geschichte eines gewissen Sam Bamieh aus dem Bezirk San Mateo in Kalifornien berichteten. Bamieh bezichtigte den damaligen Chef des Königlichen Hofstaats von Saudi-Arabien und dessen Vorgänger, Muhammad Suleiman und Muhammad Imran, der Verschwörung, übler Nachrede, Verleumdung und Verletzung der Privatsphäre. Er forderte 50 Millionen US-Dollar Schadenersatz.

Um seiner Forderung Nachdruck zu verleihen, erzählte er eine Horrorgeschichte. In Dokumenten, die beim Bezirksgericht von Nordkalifornien niedergelegt sind, behauptete Bamieh, daß die beiden Komplizen von König Fahd ihn für einen Zeitraum von 133 Tagen zwischen März und August 1986 in Jiddah festgehalten hätten. Bamieh ist Chef einer kleinen kalifornischen Handelsgesellschaft mit dem Namen Industrial Development Corporation. Er führte aus, daß er nach Saudi-Arabien gereist war, um dort Geld einzutreiben, das ihm aus den Kommissionen von Verträgen zustand, die er mit den Beschuldigten abgeschlossen hatte. Des weiteren gab er an, daß die beiden ihm den Paß abgenommen und ihn gefangen gehalten hätten, bis er seine Firmenpartner in Kalifornien telegrafisch anwies, gegen die Zahlung von 400 000 US-Dollar auf alle Forderungen gegen die Saudis zu verzichten. Außerdem behauptete Bamieh nach, daß der König, den er früher bereits kennengelernt hatte, von seiner Geldforderung und der Festnahme wußte.

Die ersten Vorwürfe wirbelten in der Presse so viel Staub auf, daß ziemlich bald die saudische Botschaft in den Vereinigten Staaten, Kongreßausschüsse und der Außenminister miteinbezogen waren. Es ging um die Frage, ob die saudische Botschaft Vorladungen der Angeklagten akzeptieren würde, und ob diese in offizieller Eigenschaft nach Anweisungen von Fahd gehandelt hatten. Kongreßausschüsse verfaßten Protestschreiben und veranstalteten Anhörungen, um die Verletzung der Bürgerrechte eines Amerikaners zu diskutieren. Dies wiederum öffnete der Presse die Türen, die weitere Beispiele vorbrachte, wie man amerikanischen Staatsbürgern ihre Rechte ohne Regressansprüche verweigert hatte. Es gab die Fälle von amerikanischen Müttern, die durch Kidnapping ihre Kinder an deren saudische Väter verloren hatten, denen die saudische Regierung dann ohne Rücksicht auf die Rechte der Mütter Schutz gewährte. Es gab auch Beispiele von Angestellten, die von namhaften Saudis um Geld betrogen worden waren, und von anderen, die man ohne jede Gerichtsverhandlung eingesperrt hatte.

Anfangs leugnete die saudische Regierung den ersten Vorwurf der Inhaftierung und schrieb die ganze Geschichte Bamiehs Gier und Geltungssucht zu. Als Bamieh nicht locker ließ, erhielt er telefonische Drohanrufe. Er ließ sich einschüchtern, die Sache fallen zu lassen. Daraufhin stritten die Saudis jegliche Beteiligung offizieller Stellen ab und bezeichneten alles als rein persönliche Angelegenheit, die als solche in Saudi-Arabien nach dort geltendem Recht verhandelt werden sollte.

An diesem Punkt erweiterte Bamieh seinen Angriff. Er behauptete, daß einiges von der Summe, die man ihm schuldete, den Angeklagten von Fahds Sohn Muhammad für ein Geschäft mit dem Unternehmen Bechtel Corporation ausgezahlt worden war, und daß Adnan Kashoggi, den er als Freund des Königs bezeichnete, auch zu denen gehörte, die den Angeklagten Geld gezahlt hatten. Dann brachte er John Latsis ins Spiel, den griechischen

Freund des Königs und bekannten Erdölhändler. Die Namen der übrigen beteiligten Personen auf Bamiehs Liste lesen sich wie ein *Who's Who* von Saudi-Arabien; darunter waren auch der frühere Geheimdienstchef Kemal Adham, der durch BCCI berühmt wurde, Fahds Schwager Abdelaziz Ibrahim und vierundvierzig weitere.

Obwohl der Fall jetzt durch die Gerichte ging, verschaffte das nur langsam fortschreitende Verfahren dem zornigen Bamieh genügend Zeit, um eine intensive anti-saudi-arabische Kampagne aufzubauen. Er wechselte jetzt die Stoßrichtung und zielte darauf ab, den zerrütteten Zustand des ganzen Landes aufzuzeigen. Mit Unterlagen und Details untermauerte er Behauptungen, daß Saudi-Arabien die nicaraguanischen Contras und die antikommunistischen Kräfte in Angola finanziell unterstützte. Innerhalb kurzer Zeit wurde diese Aufzählung immer länger, und Bamieh veröffentlichte Informationen darüber, wie die Saudis hinter antikommunistsichen Bewegungen in Afghanistan, Somalia und im Sudan standen.

Bamiehs rücksichtslose anti-saudischen Angriffe, und der Umstand, daß er es sich leisten konnte einen komplizierten juristischen Fall durchzustehen, das Interesse der Presse und des Kongresses an diesem Fall und offensichtliches, wenn auch verdecktes Unbehagen der amerikanischen Regierung an der ganzen Geschichte führten schließlich zu einer außergerichtlichen Einigung, die Bamiehs Ansprüche erfüllte. Doch nichts konnte das öffentliche Ansehen wiederherstellen das durch diesen Fall Schaden genommen hatte.

Dieser Vorgang zeigte, daß in Saudi-Arabien die Menschen, die »besitzen« mit mafiaähnlichen Methoden operieren. Die verschiedenen Bereiche des Systems kooperieren auf komplizierte, für Außenseiter nicht durchschaubare Weise miteinander, um Geld zu machen, und die Beteiligten schließen sich zum gegenseitigen Schutz zusammen. Die Tatsache, daß zwei der Kumpane des Königs einen erfahrenen amerikanischen Geschäftsmann für derart lange Zeit einsperren, zeigt, wie weit sie in ihrer Mißachtung Anderer und in der Beleidigung ausländischer Bürger schon gehen. Sogar nachdem der Fall bereits öffentlich war, war die saudische Regierung noch bereit zwei ihrer eigenen Leute zu schützen, da sie an prominenter Stelle agierten. Die Verwicklung des Sohnes von König Fahd in Kommissionsgeschäfte wurde bestätigt. Die Kooperation zwischen Saudis und Amerikanern durch saudische Finanzhilfe für antikommunistische Aktivitäten in der ganzen Welt wurde mit Dokumenten belegt. Und Bamieh legte Beweise dafür vor, wie Kashoggi mit den Großen und Mächtigen der Republikanischen Partei und Regierung Geschäfte machte (beispielsweise mit dem Stabschef des Weißen Hauses, Robert McFarland, der durch die Iran-Contra-Affäre bekannt wurde) und den Amerikanern empfahl, unangenehme Informationen über Saudi-Arabien zu unterdrücken. Als sich der Staub gelegt hatte, sprach eine Zeitung immer noch davon, daß die Saudis wohl überall mitmischten, und ein Kongreßmitglied beklagte, daß die Vereinigten Staaten den Saudis nie einen Ansporn gegeben haben, die Menschenrechte zu wahren.

Obwohl alles ohne Gerichtsverfahren geregelt wurde und man Bamieh »rehabilitierte«, ist der Fall ein drastischster Ausdruck für die Mißachtung der Meinung Andersdenkender durch die Saudis. Sie zeigt sich in gleichem Maß durch die zunehmende Verflechtung von Saudis in internationale Skandale, und die Bereitschaft der Saudis, die daran Beteiligten in Schutz zu nehmen. Unter König Fahd, und auch schon zu seiner Zeit als Kronprinz, als er als starker Mann der Zukunft gehandelt wurde, waren die Saudis in zahlreiche größere Skandale verwickelt, von denen noch zu sprechen ist. »Wenn der Skandal groß genug ist, dann suche die Verbindung zu den Saudis«, beschreibt der libanesische Journalist Suleiman al-Firzli diese Zeit.

Alles begann mit dem Lockheed-Skandal, als Fahds Freund, der Waffenhändler Adnan Kashoggi riesige Zahlungen erhielt und die folgenden Nachforschungen eine Beteiligung des Königshauses nahelegten. Danach kam der AWACS-Deal, bei dem Aufklärungsflugzeuge mit Erdöl bezahlt wurden, was den internationale Rohölmarkt überschwemmte und das Preisgefüge der OPEC unterminierte. Dabei sprangen für diejenigen, die den Verkauf des Öls in die Wege leiteten und den Preis manipulierten, hohe Kommissionen heraus. Natürlich war Saudi-Arabien einer der Hauptbeteiligten am Iran-Contra-Skandal. Durch die Finanzierung verdeckter Aktivitäten in Nicaragua half das Land den Exekutivorganen der amerikanischen Regierung, die Kontrolle des Kongresses über Finanzhilfe für andere Mächte zu umgehen – ein überaus gefährlicher Vorgang. Der BCCI-Skandal von 1991 brachte eine beträchtliche Beteiligung von Saudis an den Tag, namentlich über Kemal Adham, Ghaith Pharoan und Hamid bin-Mahfouz, die angeklagt sind, mehrere hundert Millionen Dollar durch illegale Transaktionen verdient zu haben. Die darin verwickelten Saudis sind sämtlich Freunde von Fahd, und während Adham versucht hat, sich reinzuwaschen, indem er 15 Millionen US-Dollar zurückzahlte, erhielt Ghaith Pharoan offizielle Rückendeckung durch die saudi-arabische Regierung, obwohl die Behörden in den USA und in Großbritannien ihn gerichtlich vernehmen wollen. Bin Mahfouz weist zwar sämtliche Vorwürfe zurück, hat bis jetzt jedoch noch nicht viel Interesse daran bewiesen, sich persönlich vor den englischen oder amerikanischen Justizbehörden zu äußern. Es gab auch wichtige Beteiligte, die keine Saudis sind, wie beispielsweise den früheren Vizeaußenmininster Clark Clifford, den das saudische Geld verführt hatte. Und der fast vergessene Silber-Skandal, der Versuch der Hunt-Brüder, den gesamten Silbermarkt aufzukaufen, war durch eine starke Saudi-Beteiligung gekennzeichnet. Die Familie Fustuck, die in das Haus Saud eingeheiratet hatte, war darin verwickelt. Jetzt gibt es ernstzunehmende Enthüllungen beim Westland-Helicopter-Skandal, die mögliche Verwendung der britischen Teilhaberin der amerikanischen Firma United Technologies bei der Zahlung großer Beträge an wichtige Saudis, um die von SEC und Anti-Korruptions-Gesetzen errichteten Hürden aus dem Weg zu räumen (siehe auch das Kapitel »Große Deals und gefährliche Spiele«).

Diese Aktivitäten zeigen, daß die Korruption der Saudis international und ansteckend ist. Gesetze und Kongreß der Vereinigten Staaten werden unterlaufen, der Rohstoffmarkt erweist sich als verwundbar, ein von Saudi-Arabien kontrollierter Ölmarkt ist unzuverlässig, amerikanische und britische Unternehmen und hochgestellte Persönlichkeiten sind korrumpierbar. Unter König Fahd ist der saudische Thron wenn nicht unbedingt direkt, so doch indirekt durch Freunde in alles verwickelt.

Während man nicht sagen kann, daß die Korruption und ihre Folgeerscheinungen in Saudi-Arabien in organisierter Form existieren, so bleiben sie doch als Nebenprodukt einer von den Mächtigen bewußt oder durch Dummheit erzeugten Atmosphäre bestehen. Daher wird vieles dieser Art sehr häufig von kleinen Angestellten entdeckt, die sich bei ihren nichtsahnenden Vorgesetzten beliebt machen wollen. So wie die in jüngster Zeit entdeckten Fälle von Kidnapping und Gewaltanwendung durch Handlanger saudischer Regierungsstellen.

Im Jahr 1979 – Fahd war noch nicht König, befaßte sich jedoch schon um mit den alltäglichen Regierungsgeschäften – entführten sie den bekannten saudischen Schriftsteller Nasser al-Said aus Beirut und brachten ihn in sein Land zurück. Einem Angehörigen von Yassir Arafats PLO zahlten sie 2 Millionen US-Dollar, weil er die Entführung leichter durchführbar machte. Wie berichtet, ist über al-Saids Schicksal nichts bekannt, doch die Entführung war ein klarer Verstoß gegen die Souveränität des Libanon und al-Said hatte sie durch kontinuierliche Dokumentation der Verbrechen des Hauses Saud gegen das sein Volk provoziert. 1984 berichteten der *Observer*, die *Sunday Times*, die *Washington Post* und die arabische Wochenzeitung *Sourakia*, daß am Londoner Flughafen Gatwick ein gewisser David Martindale verhaftet worden sei. Er trug eine Uzi-Automatikpistole bei sich und war nach London gekommen, um Schams Eddine al-Fassi zu ermorden, ein Mitglied der saudischen Opposition und Führer der islamischen Sufi-Anhänger. Martindale gab zu, daß er für diesen Auftrag Geld bekommen hatte (es wurden mehrfach unterschiedliche Beträge genannt); er wurde in die USA überstellt und dort zu 21 Jahren Haft verurteilt. Denjenigen, die er als seine Geldgeber angezeigt hatte, geschah nichts.

Bei einem anderen Vorfall gegen Ende des Jahres 1991 wurde Muhammad al-Fassi, Sohn des bereits erwähnten saudischen Bürgers, Schams Eddine, der sich offen gegen den Golfkrieg wandte, von den jordanischen Behörden an Saudi-Arabien übergeben. Menschenrechtsorganisationen haben vergeblich gegen diese widerrechtliche Auslieferung protestiert. Die Appelle für seine Entlassung führten zu einem eindrucksvollen Beispiel dafür, wie Saudi-Arabien versucht, die Presse zu unterwandern und zu korrumpieren (siehe dazu das Kapitel »Die letzte Verteidigungslinie«).

Solche Methoden gibt es erst seit Fahd saudische und andere Journalisten, Schriftsteller und Politiker, die in Opposition zum saudischen Regime stehen, reagieren darauf. Viele von ihnen haben die arabischen Länder verlassen, in denen sie Zuflucht gesucht hatten, da die Saudis sie dort entführen oder Druck auf die Gastländer ausüben könnten, um sie ausliefern zu lassen. Sogar in London haben Mitglieder der saudischen Opposition Angst, ihre Telefonnummern und Adressen weiterzugeben. Einige versicherten sich mit großem Aufwand, daß ich kein saudischer Spitzel war, der ihre Ermordung plante. Die ganze Lage hat der saudische Schriftsteller Abdelrahman Munif, Autor der monumentalen Trilogie *Cities of Salt*, in einem Satz wunderbar zusammengefaßt: »Exil ist keine Garantie für die eigene Sicherheit.«

Man muß fairerweise betonen, daß inzwischen Stimmen gegen diese massive, beispiellose und nicht endende Korruption laut werden. Zusätzlich zu wachsenden Aktivitäten saudischer Oppositionsgruppen hat auch der ehemalige amerikanische Botschafter in Saudi-Arabien, James Akins, über all dies gesprochen und geschrieben. Und sogar der konservative frühere britische Botschafter, Sir James Craig, verfaßte eine zweihundert Seiten lange offizielle Kritik, die der britischen Presse zugespielt wurde und den Zorn der Saudis herausforderte. Innerhalb der Königsfamilie hat der Außenminister Prinz Saud al-Faisal vor den unheilvollen

Konsequenzen versäumter Reformen gewarnt. Natürlich gibt es auch leisere Stimmen, doch die Folgen einer Stellungnahme gegen die Korruption können beträchtlich sein. Akins und Craig haben ihre Proteste nichts Gutes eingebracht, und Prinz Saud al-Faisals Kritik ist einer der Gründe dafür, daß Fahd ihn bis zur völligen Bedeutungslosigkeit entmachtet hat.

Es geht denen, die sich gegen das Leben unter Fahd wehren, um die sich in allen Aspekten verschlechternde Situation des Landes. In letzter Zeit hat Fahd in seiner herrischen und grenzenlosen Freizügigkeit das Haus Saud wie nie zuvor gespalten und destabilisiert. Da er seine Kinder allen anderen Mitgliedern seiner Familie in drastischer Weise vorzieht, haben sich mehrere Clans innerhalb der Großfamilie herausgebildet. Er selbst hat die Unterstützung seiner leiblichen Brüder verloren, die mit ihm zusammen die Fraktion der Sieben Sudairis bildeten. Es gibt ernstzunehmende Hinweise darauf, daß Fahd seinen Sohn Muhammad als seinen Nachfolger sehen möchte. Dies wird in einem der wichtigsten und neuen Artikel in der Satzung des von ihm vorgeschlagenen und Ende 1993 gebildeten Konsultativrates *(majlis al-Schura)* enthüllt, der dem König das Recht gibt, seinen Kronprinzen zu ernennen – und abzusetzen.

Dieser offenkundige Versuch, ein Haus Fahd zu schaffen, ist seinen Brüdern Abdallah und Sultan (einem Sudairi) nicht entgangen, den beiden, die eigentlich die nächsten in der Thronfolge sind. Abdallah festigt seine Machtbasis über die Nationalgarde und schafft sich seine eigene familieninterne Fraktion. Sultan tut aus seiner Position als Verteidigungsminister heraus dasselbe. Die Söhne des früheren Königs Faisal sind über die Degradierung ihres Bruders Saud zu einem machtlosen Funktionsträger bekümmert. Auch König Sauds Söhne sind da, und sie haben Fahd nie verziehen, daß er gegen ihren Vater gestimmt hat.

Diese Spaltungen innerhalb der Familie schwächen das ganze Haus Saud und verhindern vielleicht jede Aktivität aus der Familie heraus gegen Fahd. Doch sie stärken nach wie vor die wachsende Schicht der gebildeten Saudis, die sich gegen den Absolutismus wenden, die verschiedenen islamischen Fundamentalistenbewegungen und die Armee. Diese drei Gruppierungen agieren als Vorreiter für einen Wechsel in der Regierung, indem sie untereinander Allianzen bilden oder bereitwillige, enttäuschte Familienmitglieder an die Spitze stellen. 1992 kamen zu den bereits vielfältigen Formen der Ausbeutung, die das Haus Saud mit dem Land bisher betrieben hat, neue, unstrittige Fakten hinzu, die deutlich machen, daß es so nicht mehr lange weitergehen kann:

- Trotz des immensen Einkommens durch das Erdöl weist das Budget von Saudi-Arabien seit zwölf Jahren ein Defizit auf, und das Land hat bereits einige interne und externe Verträge nicht erfüllt (mit dem amerikanischen Unternehmen Bin Laden and Blount). Die finanziellen Forderungen der Länder, die Saudi-Arabien im Golfkrieg unterstützt haben, werden diese Situation noch verschlimmern.
- Die Verteidigungsausgaben verschlingen 36 Prozent des Staatseinkommens. Bereits bestehende Verträge über neue Waffenkäufe werden diesen Anteil in absehbarer Zukunft auf diesem Niveau oder höher halten.
- Alle Provinzgouverneure gehören immer noch zum Haus Saud oder den angeheirateten Sudairis.
- Die über das staatliche Budget abgedeckten Ausgaben der Familie nehmen zu, da die Familienangehörigen immer zahlreicher werden und einen unersättlichen Appetit haben. Ihr wachsendes Engagement im Geschäftsleben und die Unterstützung der Regierung dabei verschafft ihnen Vorteile, die sich im Gegenzug nachteilig auf die Schicht der Geschäftsleute auswirkt und zu einer Entfremdung dieser Gruppe führt.
- Dreißig Prozent der Bevölkerung besuchen nach wie vor keine Schule. Die Budgets des Erziehungs- und des Gesundheitsministeriums wurden von Haushaltskürzungen getroffen, die sich jedoch nicht auf die Ausgaben für Verteidigung und für die Familie erstreckten.
- Es geschieht wenig, um das Problem des Wassermangels zu

lösen, das sich zu Beginn des 21.Jahrhunderts ernsthaft stellen wird. Die Situation ist so schlimm, daß sich Prinz Tallal bin-Abdelaziz, Bruder des Königs, veranlaßt sah, den König in einem Schreiben vor einem »selbstgeschaffenen Disaster« zu warnen.

– Die führenden islamischen Geistlichen, die Ulemas wehren sich angesichts der Unzufriedenheit der Menschen inzwischen gegen das Verhalten des Königs und das Macht- und Handelsmonopol seiner Familie und haben ihn mit deutlichen, kompromißlosen Worten aufgefordert, diesen Zustand zu ändern.

– Aus Angst vor Verschwörungen, die vom Militär gegen ihn ausgehen könnten, hat Fahd die Entwaffnung aller Flugzeuge der saudischen Luftwaffe angeordnet und in allen Streitkräften die Anzahl der Geheimdienstleute verdoppelt.

*

Wie man aus dieser kurzen historischen Übersicht ersehen kann, hat sich die Basis der saudischen Herrschaft im Lauf der Jahrzehnte kaum verändert. Bis heute ist der König Alleinherrscher, die einzigen Unterschiede im Vergleich zu Ibn Sauds Zeiten liegen im möglichen Ausmaß der Einmischung der Familie, um dem Willen des Königs Nachdruck zu verleihen und im Umfang (aber nicht im Wesen) der Unterstützung, die er durch seine verwandtschaftlichen Beziehungen erhält. Diese Entwicklungen sind unwesentlich, und wurden durch das vorhandene Potential für einen Wandel, durch die größere Anzahl der Familienmitglieder und den beträchtlich gewachsenen Reichtum des Landes erzwungen (aufgrund meiner Einstellung kann ich das Wort »Land« durch nichts ersetzen). Nach Lage der Dinge ist der König von Saudi-Arabien nach der Bedeutung seiner Funktionen geordnet das Familienoberhaupt der Familie al-Saud, Premierminister und Erster Beamter der Zentralregierung, der Oberste Imam, der Oberbefehlshaber der Steitkräfte und Oberster Richter. Durch diese schrankenlose Kontrolle sind die immensen Einnahmen des Landes aus dem Erdöl total in seiner Hand. Abgesehen von der unverbindlichen Notwendigkeit, die religiösen Führer zu beschwichtigen, gibt es keinerlei Organe der Exekutive, der Legislative und der Judiskative, die seine Entscheidungen in Frage stellen könnten. Und da er die Einnahmen des Landes kontrolliert, kann man Saudi-Arabien als den größten Familienbetrieb der Welt bezeichnen. 1984 erhielt ein einfacher Prinz ein Monatsgehalt von 20 000 Dollar, höhergestellte deutlich mehr. Falls er ein oder mehrere Arbeitsverhältnisse hatte, wurden diese Gehälter noch dazugerechnet, plus die eventuellen Einnahmen aus einer Tätigkeit als Leiter eines Unternehmens. Die Bezeichnung Prinz oder Prinzessin galt für alle Familienmitglieder. Ein gewöhnlicher Prinz mit zehn Kindern und zwei Ehefrauen bekam also monatlich 260 000 Dollar, diejenigen, die in der Öffentlichkeit agierten und echte oder angebliche Funktionen ausfüllten, erhielten bis zu 100 Millionen US-Dollar jährlich.

Obwohl seit dem Tod von Ibn Saud im Jahr 1953 immer wieder größere oder kleinere Reformen versprochen wurden, ist in dieser Richtung sehr wenig geschehen. Bis auf den Einfluß, den Familienangehörige nehmen können, sind alle Titel, die Fahd trägt, wörtlich zu nehmen, und Richter, Generäle und Imame werden übergangen, ohne daß man das besonders begründet. Man sollte sich an den Vorfall erinnern, als König Saud (derjenige, der nach seinem Vater die Thronfolge antrat, später jedoch von seiner Familie abgesetzt wurde) angesichts des Versuchs, seine Macht einzuschränken, wütend erklärte: »Ich bin nicht Königin Elisabeth – ich bin der König von Saudi-Arabien.«

An dieser Stelle ist ein kurzer Blick auf die Qualifikationen der saudischen Könige angebracht. Was die Funktion als Oberhaupt der Gläubigen betrifft, so befolgen Mitglieder des Hauses Saud zwar die meisten islamischen Rituale, jedoch wurde kein einziger König zum Imam ausgebildet, ein Amt, das eine Ausbildung auf einem sehr hohen Niveau und beträchtliche Intelligenz voraussetzt. Außerdem tranken zwei dieser Könige sehr viel, was jedem normalen Moslem und schon gar jedem Geistlichen streng untersagt ist. Kein einziger unterzog sich den Mühen einer Offiziersausbildung oder hat Militärwesen studiert, bevor er Oberbefehlshaber wurde. Drei der vier Könige hatten reichlich Übergewicht, alle waren ziemlich krank. Und ihr Wissen über die Scharia und die islamische Gerichtsbarkeit war ziemlich dürftig, was ihre Eignung als Vorsitzender über die Richterschaft oder bei der Ernennung von Richtern äußerst fragwürdig macht. (Die Gesetze der Scharia sind überaus genau ausgearbeitet.)

Die Könige Saud, Faisal, Khalid und Fahd haben die Familienstrukturen ihrer Väter übernommen. Veränderungen kamen durch die ständig steigende Anzahl der Familienmitglieder und deren Bedürfnisse und aufgrund der eingefahrenen, antiquierten Haltungen der fanatischen Wahhabiten zustande. Genaugenommen verschmolzen familiäre und tribale Herrschaftsform schließlich zu einer Einheit; das Haus Saud war so zahlreich, daß es ein eigener Stamm wurde.

Doch diese absoluten und obsoleten familiären und tribalen – ganz personenbezogenen – Formen, mit denen das Haus Saud nach wie vor regiert, sind verwundbar. Da sie als Instrument zur Kontrolle über die Auswirkungen des Ölreichtums und der Entwicklung des Landes nicht taugen, sind sie nicht mehr aufrechtzuhalten,. Zehntausende Saudis haben inzwischen ein höheres Bildungsniveau erreicht, dreieinhalb Millionen Ausländer arbeiten im Land und haben ihre eigenen Lebensweisen und Ideen mitgebracht, und jeder Bürger kann sich eine Satellitenantenne kaufen, um sich mit Informationen aus aller Welt die Augen öffnen zu lassen. Ganz zu schweigen von den ideologischen Entwicklungen in Nachbarländern, dem überall im gesamten Nahen Osten verbreiteten islamisch-fundamentalistischen und sozialistischen Gedankengut, das durch die natürliche Aufnahmebereitschaft der Menschen in Saudi-Arabien noch gefährlicher wird. Dazu kommt noch, daß manche Länder diese Ideen gezielt nach Saudi-Arabien exportieren.

Es sieht also so aus, daß trotz des starken Drucks nicht die Wünsche der Könige oder der Familie Veränderungen in der Verwaltung des wertvollsten privaten Grundbesitzes der Welt bewirkt haben, sondern weil man keine Möglichkeit gefunden hat, sich vor diesem Druck zu schützen. Zahlreiche innere und äußere Anreize für einen Wandel sind nicht mehr aufhaltbar. So hartnäckig sich die Angehörigen des Hauses Saud immer noch gegen eine Einschränkung ihrer Macht wehren, so haben sie doch immerhin solche Neuerungen dekorativer Art akzeptiert, die den Druck verringern. Es soll so aussehen, als habe sich etwas verändert. Tatsächlich erzielen sie jedoch dieselben Ergebnisse wie früher – durch neue oder leicht modifizierte altbekannte Vorgehensweisen.

In der Außenpolitik haben Druck und die Angst vor einer Destabilisierung der gesamten Region das Haus Saud gezwungen, anderen arabischen Ländern ohne Rücksicht auf ihre politischen Absichten Hilfe zu gewähren. Doch in den saudi-arabischen Budgets zeigt sich eindeutig, daß vieles von dem Geld, das mit »reinen«, selbstlosen Absichten ohne Bedingungen gegeben werden sollte, niemals verteilt wurde. Das Haus Saud hat es immer wieder geschafft, letztlich doch unerfüllbare Konditionen daran zu knüpfen, die einer Einmischung gleichkamen. Oft wurde es bei den angeblichen Hilfsprogrammen wortbrüchig. Im Fall der Hilfe für den Libanon und für palästinensische Flüchtlinge wurden bewilligte Beträge zurückgehalten, weil Saudi-Arabien keine Organisationen als Empfänger finden konnte, die bereit gewesen wären, genügend Werbung zu machen und Anordnungen zu befolgen. Auch innenpolitisch, bei der Einrichtung eines quasi parlamentarischen Konsultativrates und bei den Hilfsprogrammen, ist es dem Haus Saud gelungen, den Anschein von echten eigenen Aktivitäten zu erwecken.

Diese Spielart oberflächlicher Propaganda geht über reine Täuschung hinaus und bezieht auch Initiativen der an ihr Beteiligten ein. Die Behauptung, daß Tausende von Moslems auf Kosten des Königs zur Hajj geflogen werden, stimmt nur, wenn seine Privatausgaben nicht mit denen des Staatshaushalts identisch sind. Auch hat das Haus Saud viel Geld in den Bau von Moscheen in arabischen und islamischen Ländern wie auch in London, Brüssel, Washington und Rom investiert. Finanzielle

Unterstützung für die Hajj und die Errichtung von Moscheen ist werbewirksam und ungefährlich – anders als der Neubau von Schulen, worin die Sauds auffallend zurückhaltender waren als andere arabische Erdölstaaten. Auch die Hilfsgelder, die ihrer Bestimmung gemäß angekommen sind, hatten einen fragwürdigen, selbstsüchtigen Hintergrund. Den Palästinensern gaben die Saudis Geld, damit diese sich nicht weiter nach links orientierten, und den libanesischen Christen, um ihren Kampf gegen die radikalen islamischen Fundamentalisten zu unterstützen, die Saudi-Arabiens islamische Schönfärberei mißbilligen. »Analysierbar« ist, was das Land angeblich getan hat. Doch das tatsächliche Geschehen war ständigen Veränderungen unterworfen. Läßt man sämtliche Verstellungen beiseite, so ist letzten Endes alles wie bei Ibn Saud.

Die andauernden kurzatmigen Reaktionen des Hauses Saud sind der Grund, warum es mir nicht leicht fällt, seine schwerfällige »Politik« einzuschätzen. Es ist unmöglich, das gesamte Potential der eventuellen Ereignisse und der denkbaren Reaktionen zu erfassen und in einer verständlichen Analyse zu bündeln. Realistische Beispiele: ein einfacher Regierungswechsel in einem der arabischen Nachbarländer könnte zu einem völligen Umschwung in der Einstellung Saudi-Arabiens gegenüber arabischen und regionalen Belangen führen. Würde beispielsweise Ägypten zu einem islamischen, radikalen und bedrohlichen Land, so könnte dies Saudi-Arabien zu einer Erneuerung der Freundschaft mit dem momentan verhaßten Saddam Hussein im Irak bewegen. Die Ermordung oder der Tod des gegenwärtigen Kronprinzen könnte einen breit ausgetragenen Kampf um die Nachfolge entfachen, der in einen Bürgerkrieg führen könnte. Das Haus Saud wird sich also vor allem um seinen eigenen Schutz kümmern und Fortschritt und Entwicklung bremsen. Eines steht fest: die Könige, die auf Ibn Saud folgten, haben mit jeweils unterschiedlichen Mitteln versucht, das Gebiet als privates, im Familienbesitz befindliches Lehen zu erhalten. Trotz der damit verbundenen Unsicherheit überlasse ich es dem Leser, selbst all das durchzudenken, was in

Saudi-Arabien oder in seiner Umgebung geschehen könnte, seine oder ihre Phantasie anzustrengen, um sämtliche möglichen Reaktionen herauszufinden: zum Beispiel Staatsstreiche in arabischen Ländern, aus denen bedrohliche neue Regimes hervorgehen; oder ein Bündnis zwischen einem Mitglied der Familie und den Streitkräften, um die Korruption zu beenden; oder einen islamischen Volksaufstand gegen das unislamische Verhalten der Königsfamilie. (Einige dieser Spekulationen finden sich in dem Kapitel »Brüder sind wählerisch«).

Man sollte sich ins Gedächtnis rufen, daß Saudi-Arabien zwar reiche Erdölvorkommen und die beiden bedeutendsten Heiligtümer des Islam, Mekka und Medina, aufweist, ansonsten aber immer noch der römischen Bezeichnung »Arabia deserta« entspricht: ein riesiger trockener Landstrich, ein völlig leeres Stück auf der Weltkarte, mit braunen Schattierungen für unfruchtbarkeit. Früher war es ein zutiefst geheimnisvolles Land, doch im Zuge der Ausbeutung seiner Ressourcen sind auch die Geheimnisse aufgedeckt worden; Erdöl und Islam sind Güter von zunehmender Wichtigkeit. Die Zeiten, als man es als ruhigen Ort betrachten konnte, an dem den Worten von Prinzessin Alice von Athlone zufolge »attraktive kleine Kerle mit Geschirrtüchern auf dem Kopf« herumlaufen, sind vorbei. Auch für diejenigen, die die Araber immer noch als simpel und naiv ansehen, steht genügend auf dem Spiel, um sich genau und kritisch mit dem Land zu befassen.

Die Welt kennt inzwischen meist nur das unattraktive Gesicht des Landes, das Haus Saud, der reichen, vulgären, korrupten Leute, die das Land führen oder besitzen oder beides. Durch das alltägliche Gebaren der am Ölreichtum partizipierenden ist ein Bild von derartiger Kraft entstanden, daß Laien sehr wenig über die übrigen Bewohner des Landes wissen, nicht einmal, wieviele es sind. Wenn man an die Menschen nur noch als gesichtslose Abstraktionen denkt, ist man schon wieder bei Prinzessin Alice und ihrem Satz mit den Geschirrtüchern.

Es gibt so etwas wie eine stumme Verschwörung in Saudi-Arabien, an der die Regierung freiwillig teilhat. Bis auf eine äußerst fragwürdige Erhebung vor kurzer Zeit, deren Ergebnisse zweifellos übertrieben wurden, fand die einzige Volkszählung in der Geschichte des Landes im Jahr 1976 statt. Die komplizierte Umfrage kostete rund 100 Millionen US-Dollar, da das Land so dünn besiedelt ist und man Luftaufnahmen verwenden mußte, um nomadisierende Beduinen zu finden, die den Jahreszeiten folgend umherzogen. Doch die Aufwendungen waren reine Verschwendung, weil die Ergebnisse nie veröffentlicht wurden. Der Grund für die Weigerung, die Resultate publik zu machen, ist einfach: die Volkszählung ergab eine geringere Bevölkerungszahl als man zuvor angenommen oder geschätzt hatte. Für das Haus Saud bedeutete eine geringe Einwohnerzahl – saudische Beamte ließen eine Zahl von sieben Millionen Menschen durchblicken – ein verwundbares Land. Vermutlich sah man das auch als einen innenpolitischen Schwachpunkt, der gegen das Haus Saud gerichtete Kräfte innerhalb und außerhalb des Landes hätte ermutigen können.

Angst verhinderte auch eine Veröffentlichung jeglicher Angaben über die Größe der herrschenden Minderheit der Wahhabiten-Sekte (15%), wie auch der unterdrückten, doch beträchtlich größeren Schi'itengemeinde (20%), die immer noch als »Ketzer« gelten. Und die Angst des Westens vor Ärger mit denjenigen, die das Öl unter sich haben und verteilen, hindert den Rest der Welt immer noch daran, einen Gedanken auf die anderen Menschen.

Eine ähnliche Angst bewog das Haus Saud, das Budget von 1991 nicht zu veröffentlichen, das die Unsumme von mindestens 60 Milliarden Dollar gezeigt hätte, die an andere Länder für deren Unterstützung im Golfkrieg gezahlt wurde. Und die gleiche Angst führte dazu, daß die Familie die zahlreichen gegen sie verübten Putsch- und Mordversuche verschwieg, bis auf die allzu auffälligen, die man nicht mehr ignorieren konnte. Auf die reagierte sie mit dem Bild eines Landes voller Glückseligkeit. Doch obwohl Angst hinter allem steckte, war das doch nicht unbedingt reale Angst, sondern wirkte eher wie die Reaktion eines verunsicherten Menschen, der einfach das Schlimmste befürchtet. Beispielsweise kann man in Saudi-Arabien heutzutage keinem Verkehrspolizisten widersprechen, weil er einen Strafzettel ausschreibt, ohne nicht der Zugehörigkeit zu einer subversiven politischen Partei angeklagt zu werden. Die Lektüre französischer Bücher wird in jedem Fall mißbilligt, und ein einfacher Gottesdienst christlicher Arbeiter zieht unglaublich harte Gefängnisstrafen nach sich. (Alle politischen Parteien sind in den Untergrund verbannt, die Franzosen hält man für degeneriert, und die Mächtigen des Landes müssen die islamischen Fundamentalisten überbieten, die gegen jegliche Anwesenheit von Christen im Land sind.) Eine paranoide, voller Unsicherheit ausgeübte Herrschaft einer Familie.

Das Haus Saud sieht es als seine Bestimmung an, als Familienverband und mit dem enormen Reichtum seines Landes das weiterführen, was es die meiste Zeit dieses Jahrhunderts bereits bewahrt hat. Unter diesem Aspekt belegt ein kurzer Blick auf die jüngsten Berichte der Menschenrechtsorganisationen *Amnesty International*, *Article 19* und *Middle East Watch*, daß jede denkbare Veränderung nach wie vor mit äußerst brutalen Methoden abgeblockt werden soll:

Es gibt keine innere Pressefreiheit, und jede Kritik an der königlichen Familie, an der Regierung oder an den religiösen Repräsentanten ist gegen das Gesetz. Die Kontrolle der Presse ist so streng, daß es zwei Tage dauerte, bis die Zeitungen über die Invasion Kuwaits durch den Irak berichten durften. Nicht zum erstenmal waren die Menschen in Saudi-Arabien durch Berichte in den internationalen Medien verwirrt, in denen über etwas gesprochen wurde, was die Regierung geheimhielt. (Siehe dazu das Kapitel »Die letzte Verteidigungslinie«)

Frauen haben nicht die gleichen Rechte wie Männer, sie dürfen kein Auto lenken, nicht alleine unterwegs sein oder als Sekretärinnen arbeiten. Eine Frau ist im Grunde eine Unperson und netterweise ist ihr Ehemann für ihr Verhalten einschließlich ihrer Schulden verantwortlich, selbst wenn das Paar geschieden ist. Eine Gruppe College-Lehrerinnen, von denen viele einen Doktortitel tragen, veranstaltete 1991 gemeinsam einen Autokorso als Protest gegen die Gesetze, die ihnen das Recht auf einen Führerschein verweigerten. Daraufhin verloren sie ihre Arbeitsstellen, einige wurden verhaftet, verurteilt und eingesperrt oder gar den Ehemännern Gewalt angedroht. Die Verantwortlichkeit eines Ehemannes reicht noch wesentlich weiter. Meine von ihrem Mann getrennt lebende Schwägerin ließ Rechnungen von einigen hunderttausend Dollar zusammenkommen, die der Mann nicht mehr verhindern konnte, sondern begleichen mußte.

Politische Parteien sind nicht zugelassen, es gibt kein Versammlungsrecht. Man weiß, daß Mitglieder des »Komitees« (CAVES) zu privaten Abendessen gegangen sind, um festzustellen, ob die Gäste – sogar wenn man nur zu viert oder zu fünft war – politische Diskussionen führten. Die Menschen schauen über die Schulter und erwähnen König Fahd und Mitglieder seiner Familie nur im Flüsterton; wenn man ohne respektvolle Titel von ihnen spricht, kann das zu empfindlichen Gefängnisstrafen führen.

Alle nicht-islamischen Glaubensbezeugungen, auch das Tragen eines Kruzifixes, verstoßen gegen das Gesetz, und ausländische Arbeitnehmer, die ein Viertel der Bevölkerung ausmachen, haben nur sehr wenige Rechte: amerikanische und britische Staatsbürger wurden eingesperrt, weil sie Weihnachten gefeiert haben, jemenitische und pakistanische Arbeiter, denen man kleinere Vergehen vorgeworfen hat, verschwanden spurlos in saudischen Gefängnissen. Es gibt keine Freiheit der Wissenschaft, Frage-und-Antwort-Stunden zwischen Dozenten und Studenten werden als gefährlich angesehen und haben bereits dazu geführt, daß die jeweiligen Gesprächspartner verhaftet wurden. Obwohl der Koran die Verfassung des Landes ist, wird sogar diese weitgefaßte, ungenaue und im Grunde großzügige Methode zur Regelung der verschiedensten Fragen noch stärker durch die Tatsache eingeschränkt, daß als einzig akzeptierte Fassung des Korans die wahhabitische Auslegung gilt. Wie viele andere starb eine 40jährige Frau, Zahra al-Nasser, im Gefängnis, weil sie ein schi'itisches Gebetbuch bei sich hatte. Der 16jährige Ali Salman al-Ammar wurde aus demselben Grund für zwei Jahre eingesperrt, und der schi'itische Theologiestudent Sadiq al-Illah wurde exekutiert, weil er ein Ketzer war. Sogar ein Buch wie *Development of Arab Family Structures* wird verboten, und während des Golfkriegs standen *Time, Newsweek, The Independent, Le Point, Le Monde* und Dutzende arabische Zeitungen und Zeitschriften auf dem Index, auch solche aus islamischen Ländern, die teilweise sogar vom Haus Saud finanziell unterstützt oder ganz getragen werden,.

Die Haltung des Königshauses gegenüber anderen Arabern ist nur dann ein Thema für Menschenrechtsorganisationen, wenn es sich um Araber in Saudi-Arabien handelt, denen nicht einmal die dürftigen, für die saudischen Bürger gültigen Rechte zuerkannt werden. Wie im folgenden Kapitel gezeigt wird, wurden einige von ihnen deportiert, weil sie in Gegenwart eines Bürokraten nicht genügend Respekt gezeigt haben. Frauen wurden wegen ihrer Kleidung mit Stöcken geschlagen, und anderen entzog man die Aufenthaltserlaubnis, weil sie mehr Lohn forderten.

Darüberhinaus wendet sich Saudi-Arabien, gemessen an anderen arabischen Ländern, offen gegen die Existenz politischer Parteien, gegen Parlamente, eine freie Presse, die Rechte der Frauen und gegen das Recht, Haustiere zu halten (die meisten sind unheilig, sie zu besitzen widerspricht dem Islam). Auf Kuwait und Bahrain übte das Land direkten Druck aus, um die beiden Staaten von der Durchführung von Parlamentswahlen abzuhalten. Die Saudis drohten solange, ihre Hilfe einzustellen, bis die libanesische Regierung einige kritische Journalisten einsperrte; Arabern, die im Land arbeiten, wird abgeraten, ihre Ehefrauen mitzunehmen, da man befürchtet, sie könnten den saudischen Frauen das eine oder andere vermitteln, und man hat Druck ausgeübt, um auf allen arabischen Fluglinien den Genuß von Alkohol zu verbieten. Die Dunkelheit, die Saudi-Arabien einhüllt, wird durch die Einflußnahme auf andere arabische Staaten durch finanziellen Druck geografisch immer weiter ausgedehnt.

Verletzungen dieser ungeschriebenen Gesetze, die Saudi-Arabiens Beziehungen mit anderen arabischen Ländern regeln, gelten als gefährlich, da das, was andere tun, ansteckend sein könnte. Derartige Angriffe auf die steinzeitlichen saudischen Empfindlichkeiten werden mit meist unangekündigten Vergeltungsaktionen gekontert – die Absage eines Hilfsprogramms und die Weigerung, den Bürgern des »schuldigen« Landes Einreisevisa und Arbeitsgenehmigungen zu geben. Die Weigerung des Jemen, die Forderungen Saudi-Arabiens zur Beteiligung an den Kosten des Golfkriegs erfüllen, führte zur Deportation von 800 000 jemenitischen Arbeitern und fast zum Zusammenbruch der Wirtschaft des Jemen.

Wenn die saudische Regierung versucht, ihre Taten zu rechtfertigen, zieht sie sich regelmäßig auf Begründungen zurück, die für die internationale Staatengemeinschaft akzeptabel sind, ansonsten gibt sie keinerlei Erklärungen ab. Um die Reaktionsweise des wütenden Saudi-Arabien zu beurteilen, ist es sinnvoll, wenn man die Anzahl der Visa überprüft, die an die Bürger eines befreundeten arabischen Landes ausgegeben werden, damit sie in Saudi-Arabien arbeiten können, und die Höhe der »angewiesenen« Hilfsgelder anschaut, die nie überwiesen wurden.

Vor kurzem hat das Haus Saud begonnen, die islamischen Länder unter Druck zu setzen, damit sie den Genuß von Alkohol untersagen – was eigenartig ist, wenn man sich an den Konsum des Königshauses erinnert. Die Saudis versuchen auch, die Lehrpläne für Frauen einzuschränken. Natürlich wird alles, was mit Sport zu tun hat, abgelehnt, aber selbstverständlich besitzt man im Haus Saud Swimmingpools. Doch auch dieser Vorstoß ist nichts als die Abwehr von Veränderungen, die die zunehmend unzufriedene saudische Bevölkerung infizieren könnten.

Auch in der internationalen Arena läuft die saudische Politik darauf hinaus, den Fortschritt zu bremsen. Das bedeutet, daß sie weiterhin die blinde Unterstützung ihren »Verbündeten« zu erhalten versuchen, eine stabile Rückendeckung durch den Westen. Hier setzen die Saudis ebenfalls wieder ihren Reichtum ein – in diesem Fall jedoch meistens indirekt –, damit die USA und die westlichen Länder den Fehltritten Saudi-Arabiens auch weiterhin keine Beachtung schenken: billiges Öl und Unterstützung als Gegenleistung für Verzicht auf jede Kritik. Sie gehen noch weiter und nutzen die Zuschläge für umfangreiche Waffenkäufe für denselben Zweck. (Siehe dazu das Kapitel »Große Geschäfte und gefährliche Spiele«.) In Wirklichkeit ist das doppelte Spiel, Öl und Rüstungsverträge zu bieten, nichts anderes als Erpressung. (Ich kann keine einzige öffentliche Äußerung eines westlichen Regierungschefs über die scheußliche Situation der Menschenrechte in diesem Land ausfindig machen, einzig John F. Kennedy bezog dagegen Stellung und auch das nur hinter verschlossenen Türen.)

Die politische Linie des Hauses Saud ist nichts als ein angstvoller Versuch, den Besitz zu wahren. Realistisch betrachtet werden auch die niedrigen Ölpreise und die gigantischen Waffenkäufe auf Kosten der größeren und ersichtlich dringenden Bedürfnisse der Bevölkerung durchgehalten. (Neben anderen Problemen haben die Saudis den weltweit zweithöchsten Anteil an erblindeten Menschen.) An dieser Stelle ist eine einfache Rechnung angebracht. Angenommen der gegenwärtige Preis für ein Barrel Rohöl liegt bei US-Dollar 20 und die privaten Ausgaben des Hauses Saud und der Verteidigungshaushalt die Hälfte davon verschlingen, dann erhöht eine Steigerung des Ölpreises um US-Dollar 5 den Anteil dessen, was für die Bevölkerung übrig bleibt, um 50% und nicht um die rein mathematisch errechneten 25%.

Als Gegenleistung für den dauerhaft niedrigen Ölpreis und den Widerstand gegen alle Forderungen der OPEC, ihn zu erhöhen (siehe das Kapitel »OPEC«), haben die USA Saudi-Arabien mit F15-Kampfflugzeugen, C-130-Transportern, AWACS-, Harpoon-, Stinger- und Patriot-Raketen, M-60- und Abrams-Panzern ausgestattet, dazu gab es auch weniger raffiniertes Kriegsgerät und militärisches Training. Um sich gegen innere Unruhen zu schützen, wurde das Haus Saud mit einem ausgefeilten elektronischen Überwachungssystem ausgerüstet, das jeden einzelnen Telefonanruf im Land aufzeichnet. Hohe CIA-Agenten wurden in das Land abkommandiert, damit sie von wichtigen Posten aus alle Entwicklungen direkt verfolgen können. Und all dies war begleitet von Aussagen zur bedingungslosen Unterstützung durch Nixon, Ford, Carter, Reagan und Bush, wie auch von Kissinger und Baker, die die nationale Integrität des Landes garantierten.

Hatte zuvor ein Verhältnis gegenseitiger Abhängigkeit bestanden, so war jetzt daraus eine offene und vorbehaltlose Allianz geworden, getragen von den Garantieerklärungen der amerikanischen Präsidenten. Jeglicher innere oder äußere Versuch, die saudische Regierung ohne ihre Zustimmung zu verändern, müßte mit der Militärmacht USA rechnen. Bis auf Situationen, denen Amerika militärisch nicht gewachsen wäre, ist das Haus Saud jetzt völlig sicher und ungestört.

Nach elf Jahren Regentschaft von König Fahd ist die Umformung des Landes vollzogen. Die multifunktionale Familie kontrolliert alles, was sich im Land abspielt. Die Vereinigten Staaten kümmern sich um äußere Probleme und regeln mit ihren Mitteln das, was das Haus Saud allein nicht schafft. Der Wechsel von Ibn Saud hat sich auf das politische Schicksal der Bevölkerung des Landes nicht positiv ausgewirkt, seine Art zu herrschen, wurde ausgeweitet, um mit neuen Gegebenheiten wie beispielsweise Fremdarbeitern fertig zu werden. Das neue Schwert in den Händen des Hauses Saud wurde in Amerika geschmiedet.

Ein Land ohnegleichen

Bei den Engländern heißen sie Lords, die Franzosen, Belgier und andere nennen sie Grafen, die Polen und Spanier haben ihre Herzöge, Araber verwenden gewöhnlich das Wort Scheich, die Türkei und der Iran haben ihre Aghas, Beys, Paschas und noch mehr. Saudi-Arabiens bemerkenswerter Beitrag zum weiten Feld der Adelstitel besteht darin, daß einer seiner Prinzen den Titel Twin Evil trägt, auf arabisch Muhammad Abu Scharain, auf deutsch »das Gegenstück des Teufels«.

Er starb 1988, war der sechste Sohn von Ibn Saud, doch sein Spitzname schien so treffend, daß ihn sogar Mitglieder seiner eigenen Familie verwendeten. Die beiden Übel, die ihm seinen Ruf einbrachten, waren Sauferei und Gewalttätigkeit. In einem seiner seltenen Momente geistiger Klarheit verzichtete dieser Alkoholiker zugunsten seines jüngeren Bruders Khalid auf die Thronfolge. Er war derart gewalttätig, daß sein Zorn alle aus seiner Familie mit Angst erfüllte, eingeschlossen sämtliche seiner Brüder, die Könige wurden.

Die erste erinnernswerte Tat von Twin Evil ereignete sich 1929. Eigenhändig mähte er Dutzende Ikhwan-Rebellen mit dem Maschinengewehr nieder, nachdem sie sich seinem Vater bereits ergeben hatten. Später setzte er seine Gewalttaten unvermindert fort. Als er 1936 in London an den Krönungsfeierlichkeiten für George VI. teilnahm, schlug er ein Barmädchen so fest ins Gesicht, daß er ihr einige Zähne dabei ausbrach (natürlich wurde das Ganze vertuscht). Einige Jahre später begleitete er 1945 seinen Vater und den amerikanischen Minister für Saudi-Arabien, William Eddy, auf dem US-Schiff *Murphey*, um Präsident Roosevelt zu treffen. Als er hörte, daß es auf dem Schiff einige pikante Filme gab, wollte er sie sehen und bestand darauf, daß sie ihm immer wieder vorgeführt wurden. Als Eddy sich weigerte, reagierte Twin Evil mit der Frage, ob er gleich umgebracht oder lieber erst später in kleine Stückchen zerlegt werden wollte. Eddy lächelte und gab nach.

In den folgenden Jahren übersah die Familie nicht die mörderischen Angelegenheiten von Twin Evil. Nach dem Tod seines älteren Bruders beförderte die Familie diesen Verbrecher zum politischen Oberhaupt. Er war derjenige, der seinem Bruder Saud die Rücktrittsforderung überbrachte – und das erledigte er, indem er Saud dieses Papier ins Gesicht warf. Später spielte er eine beträchtliche Rolle bei der Frage der Nachfolgeregelung – wieder, indem er persönliche Drohungen ausstieß. Er war sein eigenes Gesetz und er verlangte – und erhielt – regelmäßig mehrere hunderttausend Barrels Rohöl, die er auf dem freien Markt verkaufte, um seine Privatausgaben zu decken. Getreu dem Satz »Gleich zu gleich gesellt sich gern« benutzte er für die Übermittlung seiner Angebote an die internationalen Märkte Leute, denen die Hintergründe dafür egal waren (siehe dazu das Kapitel »OPEC«).

Die saudische Presse war bei all dem hilflos. Die arabische Presse und die westlichen Journalisten und »Historiker« verharrten in ihrer Verschwörung des Schweigens. Dann, wie aus dem Nichts, lernten wir ihn kennen. Twin Evil ordnete die Exekution seiner eigenen Enkelin an.

Der Film *Death of a Princess* legte die Korruptheit des Hauses deutlicher bloß als jeder Artikel, jede Abhandlung, alle Bücher oder Dokumentationen dieses Jahrhunderts. Er handelte von der Liebesgeschichte und dem tragischen Ende von Prinzessin Mishaal, Enkelin von Prinz Muhammad, und einem gewissen Muhammad al-Shaer. Die Prinzessin war in Beirut aufgewachsen und hatte dort das moderne Leben kennengelernt, doch bereits mit 17 Jahren wurde sie dann mit einem Cousin ersten Grades verheiratet. Ganz in der Tradition des Hauses Saud ignorierte dieser Cousin sie nach einiger Zeit, und als sie sich dagegen wehrte, ließ er sich von ihr scheiden. Die Prinzessin bereiste Europa und verliebte sich dabei in einen jungen Libanesen, dessen Familie mit dem Haus Saud in enger Beziehung steht (sein Onkel ist der derzeitige saudische Informationsminister).

Als die Familie der Prinzessin die Erlaubnis zur Heirat mit ihrem Geliebten verweigerte, versuchte sie, als Mann verkleidet aus dem Land zu fliehen. Sie wurde entdeckt und zurückgebracht. Einige Zeit später gelang es ihrem Liebsten, in das Land zu kommen, und sie trafen sich unter falschen Namen in einem Hotel in Jiddah. Man faßte sie beide, und auf Befehl ihres Großvaters wurden sie eingesperrt.

Twin Evil forderte, daß sein Bruder König Khalid die junge Frau und ihren Geliebten zum Tode verurteilen sollte. Khalid weigerte sich. Twin Evil wandte sich an den obersten Imam oder Richter von Jiddah und verlangte von diesem ein Todesurteil. Der Richter wollte eine Untersuchung des Falles durchführen lassen, doch Muhammad verlor jegliche Geduld und ordnete persönlich die Exekution seiner Enkelin an. Als der Henker Zweifel an diesem Vorgehen anmeldete und den entsprechenden Schiedsspruch eines religiösen Richters forderte, handelte Muhammad wieder auf eigene Faust: er befahl seinen eigenen Wachen, das Todesurteil zu vollstrecken.

Es war im Juli 1977, Jiddah versank im Dunst der staubigen Hitze aus der Wüste. Prinzessin Mishaal wurde auf einen Platz am Stadtrand gestoßen. Ihr Geliebter folgte ihr mit auf dem Rücken gebundenen Händen. Auf dem Platz, den die Leute aus Jiddah Hackplatz nannten, liefen die Zuschauer zusammen, um sich die schauerliche Befriedigung zu gönnen, beim Vollzug eines Urteils durch das Haus Saud dabei zu sein. Zur Überraschung der Anwesenden wurde die unbekannte junge Frau erschossen, während ihr Liebhaber sie ansah. Einen Augenblick später wurde der junge Mann enthauptet und zerstückelt. Es war ungewöhnlich, daß ein Mensch erschossen und ein Leichnam zerstückelt wurden, doch niemand wußte, wer sie waren und niemand kümmerte sich darum. Zwei Tage später verkündete die königliche Familie ohne Fanfarenbegleitung, daß Prinzessin Mahal ertrunken sei.

Rosemary Beacheau, das deutsche Kindermädchen der Prinzessin, wußte alles, auch die erlogene Geschichte über den angeblichen Unglücksfall. Sie hatte ihren jungen Schützling geliebt und in einem der gesegneten Momente, in denen der Geist der Menschlichkeit triumphiert, schwor sie sich, angesichts dieses Todes etwas zu unternehmen. In der getrennt lebenden Ehefrau eines der Prinzen, einer gebildeten Libanesin mit weitreichenden Verbindungen, fand Beacheau eine Gleichgesinnte. Sie machten sich an die Arbeit.

Anfang 1980 zirkulierte in London plötzlich die Nachricht von einer geheimnisvollen diplomatischen Krise zwischen Großbritannien und Saudi-Arabien. Bald hatte diese Krise einen Namen: die Fernsehgesellschaft ATV plante einen Film mit dem Titel *Death of a Princess*. Die Prinzessin war zwar namenlos, doch die Regierung von Saudi-Arabien übte diplomatischen und wirtschaflichen Druck aus, um die Ausstrahlung des Films zu verhindern.

Als Aufforderungen an das britische Außenmininsterium, den Film nicht zu senden, in der üblichen Weise beantwortet wurden – die Regierung Ihrer Majestät sei außerstande, die Pressefreiheit einzuschränken –, wendeten sich die Saudis an den Produzenten des Films, Anthony Thomas. Er führte ihnen den Film vor, lehnte ein finanzielles Angebot ihn zu kippen ab und war noch nicht einmal bereit, über redaktionelle Vorschläge nachzudenken. Trotzdem versuchte er, den Frieden zu wahren und sprach nie öffentlich über den Druck und die Angebote der Saudis, bis die Situation völlig eskalierte.

Die Enttäuschung und die Beschränktheit der Saudis trieben sie zu einer verrückten Handlungsweise. Sie riefen ihren Botschafter aus Großbritannien zurück und forderten die britische Regierung auf, den Botschafter Großbritanniens, Sir James Craig, ebenfalls zurückzurufen. Sie drohten mit wirtschaftlichen Vergeltungsmaßnahmen, einschließlich der Annullierung von Rüstungsverträgen und dem Boykott englischer Firmen. Als die britische Presse gegen die saudische Anmaßung protestierte, gab das Haus Saud einige zehn Millionen Dollar zur Unterstützung arabischer und islamischer Presseattacken gegen Großbritannien aus. Es erschienen Schlagzeilen wie »Eine Schlange namens England«, »Ein Film voller Lügen«, »Ein neuer Kreuzzug gegen den

Islam«, »Ein rassistischer Angriff auf die Araber«, und die ganze Schlammschlacht erreichte einen neuen Tiefstand. Eine arabische Zeitung behauptete, die Briten seien eine Nation von Dieben und die Sammlungen im British Museum sämtlich zusammengestohlen. Ein anderes Blatt äußerte, die weiblichen Mitglieder des englischen Königshauses seien allesamt Flittchen.

Gleichzeitig übten die Saudis weiterhin diplomatischen Druck aus. Sie brachten die arabischen Botschafter in London dazu, einen gemeinsamen diplomatischen Protest vorzubringen. Das Generalsekretariat der Islamischen Konferenz und andere islamische Organisationen legten ebenfalls Proteste ein und behaupteten, der Film sei eine Beleidigung des Islam. Ein gekaufter pakistanischer Regisseur sprach davon, einen Film über das Leben von Prinzessin Margaret drehen zu wollen, und die Anzahl der saudischen Touristen in London sank um 70 Prozent.

Am 9. März 1980 wurde der Film im Privatsender ITV gezeigt. Als Pläne bekannt wurden, daß er auch in den Niederlanden, in den USA und anderen Staaten gezeigt werden sollte, machte Saudi-Arabien erneut Anstrengungen, um das zu verhindern. Sie drohten damit, daß ihre Öltanker Rotterdam nicht mehr anlaufen würden, in Amerika zog Mobil Oil seine Spenden für das Public Broadcasting System zurück und schaltete eine sechsseitige Werbekampagne, in der der Film kritisiert und seine Auswirkungen auf die amerikanisch-saudischen Beziehungen bedauert wurden. Wie vorauszusehen, verloren die Saudis den Krieg um den Film, obwohl einige amerikanische Tochtergesellschaften des Public Broadcasting System sich schamhaft weigerten, ihn auszustrahlen, da sie eine Störung des Verhältnisses mit den Saudis und ein Ansteigen der Ölpreise befürchteten.

Es lohnt sich, die Auswirkungen dieser Exekution und des konsequenten Kampfes um diesen Film genau zu untersuchen. Die Saudis demonstrierten ihre Fähigkeit, Einfluß zu nehmen, oder besser gesagt, private und öffentliche Unterstützung bei Arabern und Moslems zu »kaufen«. Der zu erwartende ökonomische Druck machte den arabischen Ländern Angst davor, Saudi-Arabien ihre Unterstützung zu versagen, und die arabische Presse folgte ganz und gar einer saudischen Linie. Die islamischen Länder und ihre Presse standen dem nicht nach. Mit den kampfbereiten Arabern und Moslems versuchten die Saudis, ihren Einfluß durch einige gekaufte westliche Journalisten, wirtschaftliche Erpressung und die Macht der Ölkonzerne auf die westliche Presse auszudehnen.

Es war einer der teuersten Fehlschläge in der Geschichte Saudi-Arabiens. Ein befreundeter libanesischer Journalist schätzt die Zahlungen an die arabische und islamische Presse auf über 50 Millionen Dollar. Einer anderen Quelle zufolge wurden rund 300 Millionen Dollar an arabische und islamische Regierungen gezahlt, um deren Unterstützung zu sichern. Der teilweise erfolgte Bruch der wirtschaftlichen Beziehungen mit Großbritannien war kostspielig, und es war nicht billig, in der ganzen Welt Delegationen als Lobby gegen den Film herumzuschicken. Die arabischen und islamischen Regisseure, die Vergeltung androhten, sackten saudisches Geld ein und leisteten nichts dafür. Als die ganze Geschichte vorbei war, hatte *Death of a Princess* die Saudis mindestens 500 Millionen Dollar gekostet und die brutalen Methoden der Regierung dieses Landes offenbart.

Doch die Art, wie sich das Haus Saud gegenüber diesem Film verhielt, entsprach ganz der üblichen Linie, und wie der Zufall es wollte, zeigten sie bald, daß sie zu denen gehören, die nie dazulernen. Acht Monate nach der Ausstrahlung von *Death of a Princess* wandte sich ein anderer Prinz an König Khalid mit der Bitte um die Genehmigung, seine ehebrecherische Tochter hinzurichten. Der König befürchtete einen öffentlichen Skandal und schlug die Bitte aus, riet seinem Bruder jedoch, die Sache selbst in die Hand zu nehmen. Der folgte diesem Rat. Er ging mit seiner Tochter in einen abgelegenen Swimmingpool zum Schwimmen und ertränkte sie dort. Das Haus Saud stellte auch dies wieder als Unfall dar. Der mordende Vater hatte zum 36 Mal geheiratet. Der einzige Attaché der amerikanischen Botschaft, der darüber berichten wollte, wurde angewiesen, den Mund zu halten.

Am 4.Juni 1992 ging es um einen typischeren Vorfall, in ‹
Geld eine Rolle spielte. Die Nachrichtenagenturen verbreit
eine dringende Ankündigung der Diners Club Division von Citicorp, derzufolge der Diners Club sein Engagement in Saudi-Arabien für die Zukunft einstellte. Die angegebenen Gründe dafür
betrafen die finanzielle Instabilität des Landes. Alle, die diese Ankündigung lasen, schluckten überrascht, bis man die Hintergründe aufdeckte und nur noch heftiger schlucken mußte.

Der Prinz, der hinter diesem Vorfall steckte, war Walid bin
Tallal, Eigner von 4,85 Prozent der Anteile an Citicorp, die er für
die Wahnsinnssumme von 585 Millionen US-Dollar erworben
hatte. Das Problem zwischen dem Unternehmen und seinem
größten Anteilseigner war einfach. Zwar hatte man Seine Hoheit
zum Repräsentanten von Diners Club ernannt, doch weigerte er
sich, im Land aufgelaufene Rechnungen in Höhe von 30 Millionen US-Dollar zu begleichen. Die Antwort von Citicorp war
ebenfalls einfach: Der Prinz ist für diese Rechnungen verantwortlich und muß zahlen.

Hinter der Haltung des Prinzen stand das typische Denken
des Hauses Saud. Er erklärte, daß er als Werbemaßnahme eine
Anzahl von Diners Club-Karten an Familienangehörige ausgege-
ben hatte, und daß die Empfänger der Karten diese nun benutz-
ten, ohne zu wissen, daß sie für ihre Einkäufe bezahlen mußten.
Sie kauften alles, was ihnen vor Augen kam. Der Prinz fand das
Verhalten seiner Verwandten ganz in Ordnung und dachte lange
Zeit nicht daran zu zahlen.

Diners Club kann wenig mehr unternehmen, als seine Ge-
schäftsbeziehungen mit Saudi-Arabien einzustellen. Den Prinzen
in Saudi-Arabien zur Rechenschaft zu ziehen ist sinnlos, denn für
die Verträge gilt das »saudische Recht«.

Andere verblüffende Beispiele zeigen ebenfalls, wie dieser vom
Staat mitgetragene Schutz vor Strafverfolgung funktioniert. Ich
bin im Besitz von Dokumenten, die eine neue Wendung im alten
Spiel offenlegen. Prinz Muhammad bin Saud lieh sich 4 Millionen US-Dollar von einem französischen Unternehmen, um damit

das Nassaria-Hotel in Riyadh zu bauen, verkaufte es dann mit Gewinn weiter, entschied sich jedoch dafür, den Kredit nicht zurückzuzahlen. Der Rechtsvertreter des französischen Gläubigers und Bürgen der französischen Regierung, Crédit International et Commerciel und Coface, hatte keine andere Wahl, als sich mit der Bitte um die Begleichung der Schuld an ältere Familienmitglieder zu wenden. Obwohl diese Bitte inzwischen bereits seit Jahren vorgebracht wird, haben die Gläubiger bis jetzt nichts erreicht, und der Prinz erfreut sich seines Lebens in Saudi-Arabien.

Bei einer anderen Gelegenheit, die das Ausmaß dieser Protektionsgaunerei unter Einbeziehung von Freunden der Familie zeigt, nutzte Prinz Ahmad bin Abdelaziz, stellvertretender Innenminister, seine Amtsgewalt, um einen saudischen Geschäftsmann namens Muhammad Kaid auszulösen, der sich unter falschen Angaben von der Lloyds Bank in London Geld geliehen hatte. Dabei verloren außenstehende Gläubiger 4 Millionen US-Dollar. Kaid verwendete gefälschte Bankgarantien aus Saudi-Arabien, um dasselbe in Frankreich noch einmal durchzuziehen. Dies sind keine Einzelfälle, es gibt zahllose große und kleine Beispiele für offiziell gedecktes verantwortungsloses Handeln. Manche sind geradezu unglaublich abstoßend.

Vor zwei Jahren kaufte eine Schwägerin von König Fahd in einem Laden im Londoner Stadtteil Knightsbridge Unterhosen im Wert von £ 40 000 ein und ließ sie in ihre Hotelsuite liefern. Es gelang ihr, den Ladenbesitzern, die auf Bezahlung der Ware bestanden, immer wieder zu entwischen. Ihr Geld erhielten diese erst nach heftigen verbalen Auseinandersetzungen in der saudischen Botschaft, die die Sache Seiner Majestät vortrug. Der König wiederum erklärte sich bereit, das Unterhosenproblem zu lösen und zahlte. 1986 hinterließ Prinzessin Nouf, Schwester des früheren Königs Khalid, mit ihrer Entourage im Pariser Hotel St. Régis Schäden in Höhe von mehreren Millionen US-Dollar, für die die saudische Regierung aufkam. Einige dieser extravaganten Aktionen haben auch mit offiziellen Anlässen zu tun. 1986 berichtete die *Washington Post*, daß Prinz Bandar, der saudische Botschafter in den Vereinigten Staaten, eine Party für 500 000 US-Dollar gegeben habe.

Im Land selbst verlangte ein Emir in einer Provinz eine Zahlung von 3 Millionen Dollar von den saudischen Vertretern eines schwedischen Bauunternehmens, da die Firma »auf seinem Grund und Boden« gute Geschäfte machte. Als die Firmenvertreter ablehnten und angaben, ihr gesamter Profit aus dem Geschäft mit diesem Unternehmen betrage nur 2 Millionen US-Dollar, erklärte ihnen der Emir, daß die Zahlungsverweigerung zur Folge habe, den Besitzer der Gesellschaft des Landes zu verweisen. Die Forderung wurde daraufhin erfüllt.

Heute werden die wirklich nicht sehr zahlreichen Mitglieder der Familie, die sich korrekt verhalten, als Ausnahmen genannt und mit Kommentaren bedacht wie »Er ist ein saudischer Prinz, aber höflich« und »Er ist ein saudischer Prinz, aber kein Spieler«. Doch die Mehrheit wird ganz gut durch einen dummen Witz dargestellt, den mir ein saudischer Geschäftsmann erzählt hat: »Ich bin dafür, daß Ehebrecher hingerichtet werden, denn das ist die sicherste Methode, um das ganze Königshaus loszuwerden.«

Die königlichen Gleichgültigkeit ist in Saudi-Arabien allgegenwärtig. Die Entbindungsstation des König Faisal-Krankenhauses in Riyadh wies Notfälle ab, weil das Personal mit Dutzenden von Neuzugängen aus dem Haus Saud, die ohne Rücksicht auf die Schwere anderer Fälle Vorrang haben, alle Hände voll zu tun hatte. Interessanter ist, daß die weiblichen Mitglieder des königlichen Haushalts inzwischen auf eigene Weise den kranken Gemütszustand im Haus Saud verkörpern. Sie sind nicht nur Pionierinnen des Telefonsex, sondern nach Aussagen von Ärzten leiden sie unter schweren psychosomatischen Krankheiten. Dr. Seymour Gray, der mehrere Jahre in Saudi-Arabien praktiziert hat, schreibt ihre Gemütskrankheiten der generellen Langeweile zu, der Unsicherheit, weil ihre Ehemänner ständig andere Frauen heiraten, der sexuellen Frustration und der Abgeschlossenheit der Gesellschaft, die ihnen untersagt, überhaupt irgendetwas zu tun — sogar, sich sozial zu betätigen. Dr. Grey und andere bestätigen eine

Aussage des Films *Death of a Princess*, daß sich viele Prinzessinnen unter ihren Bediensteten Liebhaber suchen. Es gibt auch andere Männer, die gegen Bezahlung zu ihnen kommen. Eine größere Anzahl von Prinzessinnen lebt von Kaffee und Beruhigungsmitteln, manche werden aufgrund der Vernachlässigung durch die Männer zu Lesbierinnen. Meistens beruht all dies auf der schlechten Behandlung durch die männlichen Mitglieder ihrer Familie, die sie erziehen und von ihnen erwarten, nur noch dahinzuvegetieren.

Vielleicht steht ein wichtigerer Aspekt im Leben der Prinzen und Prinzessinnen in Zusammenhang mit ihrer Art der Schulausbildung. Ihre Eltern halten sich an die Familientradiion und lassen sie von Privatlehrern unterrichten. Doch diese haben Angst, sie zum Lernen anzuhalten oder Disziplin von ihnen zu verlangen. Ein ehemaliger Lehrer sagt: »Wie soll man ihnen sagen, daß sie lernen sollen und dabei seinen Job behalten – oder seinen Kopf?« Die Ergebnisse sind ein erschreckend niedriges Bildungsniveau von Mitgliedern des Hauses Saud, und viele ausländische Universitäten weisen sie ab. (Man munkelt, daß die Mitglieder des Königshauses noch ungebildeter sind als es dem Durchschnitt Saudi-Arabiens entspricht.)

Persönliches Verhalten ist nur eine Facette des »verfaulten Systems« der saudischen Königsfamilie. Das Verhalten als Personen des öffentlichen Lebens wird zwar genauer beobachtet, ist jedoch ebenso schamlos. Jeder Minister oder Emir einer Provinz aus dem Haus Saud hat einen Diwan, in dem er einmal pro Woche einen *majlis*, einen königlichen Gerichtshof, abhält. Selbstverständlich ist der Diwan des Königs der größte des Landes, doch die anderen haben diese Institution übernommen, um ihren Status zu erhöhen. Wenn man sich ansieht, wie sie sich in ihrem offenen Haus benehmen, so erzählt das eine ganze Menge.

Die meisten Diwans sind in ihrer Art gleich, sowohl in Ablauf und Funktion wie auch in der Gestaltung. In der Regel sind sie neun Meter breit und 18 Meter lang und ähneln mit ihren unglaublich vielen Lüstern dem, den Ibn Saud ganz zu Anfang hatte.

Durchschnittlich kommen 150 Menschen zu einem *majlis*, um ihre Sorgen vorzubringen und vom Prinzen Hilfe zu erhalten. Das einzige, was er nicht verhandeln kann, sind kleine geschäftliche Angelegenheiten und anderes, was automatisch anderen bestehenden Gerichten obliegt. Ansonsten ist er in seiner Macht als Richter keinen Beschränkungen unterworfen.

Einige der Prinzen, die diese richterliche Gewalt ausüben, sind gerade zwanzig oder dreißig Jahre alt, und ihre fehlende Bildung wird durch den Mangel an Erziehung ergänzt. Ein Prinz aus der Provinz, der sich jetzt als Richter aufführt, war eine Zeitlang mein Klassenkamerad, bis er durchfiel, vier Jahre lang in derselben Klasse blieb und die Highschool nicht schaffte. Ein anderer ist nie zur Schule gegangen. Diese Versäumnisse scheinen keine Rolle zu spielen, wichtig ist nur, daß man zur Familie gehört.

1986 ging der Geschäftsführer eines Hotels in einer saudischen Großstadt, das zu einer internationalen Hotelkette gehört, zum für ihn zuständigen Prinzen, um den Fall eines seiner Angestellten vorzubringen, eines philippinischen Hotelpagen, den Mitglieder des »Komitees« mitgenommen hatten. Der Manager betrat den Diwan und setzte sich, bis die Reihe an ihn kam. Er gab ein Papier nach vorne, auf dem er seinen Namen, seinen Beruf und eine Darstellung des Falles aufgeschrieben hatte, stand jedoch auf und brachte alles noch einmal mündlich und ausführlicher als auf dem Papier vor.

»Lang mögen Sie leben, einer meiner Angestellten, ein armer philippinischer Junge von 17 Jahren, wurde von Mitgliedern der *Mutawa* (eine andere Bezeichnung für das ›Komitee‹) vor drei Monaten festgenommen, weil er unpassende Kleidung trug. Ich stelle ihr Recht oder ihr Urteil nicht in Frage, doch auf meine anfängliche Nachfrage hieß es, er sollte in vier Wochen wieder freikommen. Danach gab man mir wieder dieselbe Zusage, doch nichts geschah. Lang mögen Sie leben, nun bin ich hier, um nach dem Schicksal des Jungen zu fragen. Und bei meiner Ehre, ich will mich darum kümmern, daß er sich in Zukunft getreu den gesegneten Gesetzen des Islam verhält.«

Der Mann blieb stehen, um die Antwort des Prinzen zu hören. ... as genau hat er verbrochen, welche Art von Kleidung trug er?«

»Lang mögen Sie leben, sein Hemd war etwas unanständig. Es war vorne offen und ließ Teile seines Körpers sehen, die man nicht hätte sehen sollen, und er trug etwas Goldenes um seinen Hals.«

»Sieht er gut aus?«

»Er sieht nicht schlecht aus, Sir.«

Daraufhin wurde lang und laut gelacht, der Bittsteller stand immer noch und stimmte selbst in das Lachen ein, um sich zu schützen. Der Prinz amüsierte sich offenbar köstlich und sprach dann noch einmal.

»Sie brauchen sich um Ihren Angestellten keine Sorgen zu machen. Früher oder später werden sie ihn finden und zu seiner Mutter zurückschicken. Es kommt überhaupt nicht in Frage, daß er an die Arbeit zurückkehrt. Wir können nicht zulassen, daß lose Vögel wie er unser Land mit ihrem Verhalten beschmutzen.«

Der Manager bedankte sich bei dem Prinzen und ging. Bis heute weiß er nicht, was mit dem Jungen geschehen ist. Wenn er nicht in Saudi-Arabien ist, trägt der Prinz westliche Kleidung, geht häufig in Nachtclubs, um blonde Frauen aufzureißen und säuft wie ein Fisch. In Saudi-Arabien trinkt er heimlich und heiratet häufig.

Zwei Jahre später nahm ein libanesischer Journalist, der in Diensten des Hauses Saud steht, in Riyadh im Zentrum des Landes an einem *majlis* des Prinzen Salman teil, dem Emir von Riyadh und Oberhaupt des Familienrates des Hauses Saud. Anfangs saß der Journalist auf dem Ehrenplatz zur Rechten des Prinzen, räumte seinen Sitz aber immer wieder, wenn neue Ehrengäste kamen, und bald saß er am anderen Ende des Diwan. Hinter Prinz Salman stand ein großer schwarzer Wachsoldat mit einem Schwert und einem Gewehr. Nachfolgend nun der Bericht des Journalisten:

»Alle großen und kleinen Fragen werden in einem *majlis* verhandelt. Glauben Sie mir, es kam ein Blinder, der vom Prinzen die Genehmigung für einen Führerschein bekommen wollte. Er wurde auf belustigende Art ausgefragt, dann abgewiesen. Einige Beduinen redeten mit dem Prinzen und sprachen ihn mit seinem Vornamen an, wie Beduinen seit Mohammeds Zeiten Herrscher angesprochen haben. Das Haus Saud behauptet, der *majlis* sei seine Art, den direkten Kontakt mit dem Volk zu erhalten, und in gewisser Weise dient ein offenes Haus diesem Zweck. Aber verdammt noch mal, obwohl Salman vermutlich der beste von ihnen ist, ist das ganze Ding doch ziemlich willkürlich und manches daran ist äußerst unattraktiv. Lassen Sie mich einige Beispiele nennen.

Da war ein 70jähriger Saudi aus Riyadh. Er hatte in Kairo ein 15jähriges Mädchen geheiratet, und da man für die Heirat mit Ausländern eine besondere Erlaubnis benötigt, wollte er seine ägyptische Braut nun nach Hause bringen. Es stellte sich heraus, daß der Alte ein regelmäßiger Besucher des *majlis* war und das führte zu einem netten Zwiegespräch zwischen dem Prinzen und ihm.

Der Prinz: ›Aber, alter Mann, sind Sie denn in der Lage, Ihre Braut zu unterhalten?‹

Der Alte: ›Nein, nein, aber ich habe ihr gesagt, daß wir einen großzügigen Prinzen haben und daß es ihr nie an etwas fehlen wird, solange er lebt.‹

Der Prinz lachte. ›Wie oft waren Sie schon verheiratet?‹

›Gerade elf Mal, lang mögen Sie leben, aber ich verspreche, daß dies das letzte Mal sein wird.‹

›Aber Sie haben das doch zuvor auch schon versprochen?‹

›Daran erinnere ich mich, Allah segne Sie, aber ich glaube nicht, daß nach diesem wunderbaren Ding noch etwas kommen kann.‹

Alle lachten. Der Prinz erließ eine Anordnung, in der er der Heirat zustimmte und dem alten Mann finanzielle Unterstützung gewährte, damit er seine Braut nach Hause führen konnte.

Aber meistens ist es nicht lustig. Später kam bei demselben *majlis* eine Delegation aus koreanischen und philippinischen Arbeitern. Sie wandten sich an den Prinzen, weil ihr saudischer

Arbeitgeber ihnen seit zwei Monaten keinen Lohn gezahlt hatte und sie jetzt kein Geld mehr besaßen, um sich etwas zu essen zu kaufen. Der Prinz hatte von dem Fall gehört und war nicht sehr angetan. Er fragte den Sprecher der Delegeation, ob es stimmte, daß sie gegen ihren Arbeitgeber demonstriert hatten. Als sie das zugaben, ließ er sie des Landes verweisen. Er sah ihr Verhalten als eine Störung des Landesfriedens, die die Schwere ihrer Beschwerde übertraf.

Später an demselben Tag trat ein amerikanischer Bankier vor den Prinzen, und sein Fall zeigte, wie ungleich in einem *majlis* Recht gesprochen wird. Er hatte einen Autounfall mit einem Saudi, der später starb. Da er nicht wußte, wie ein *majlis* funktioniert, legte der Bankier den Unfall ausführlich dar, bezichtigte den saudischen Fahrer und sagte, dieser hätte keinen Führerschein gehabt. Der Prinz machte eine Handbewegung, um den Amerikaner zum Schweigen zu bringen und befahl ihm, an die Familie des Opfers eine Geldsumme zu bezahlen. Das Für und Wider eines Falles, wie wir das verstehen würden und wie eine Versicherungsgesellschaft das beurteilt hätte, sind in der endgültigen Analyse unwichtig – was zählte, war allein der Tod des saudischen Fahrers.

Es ist nicht offentsichtlich, was falsch an einem *majlis* ist – ich meine damit das Fehlen eines Musters, von Prioritäten und die mangelnde Kompetenz des Prinzen. Falsch ist die Freiheit der Person, die an kein erkennbares Recht gebunden ist. Nehmen Sie große Fälle, wo beide Seiten gehört werden. Man stellt fest, daß immer die Freunde der Prinzen gut dabei wegkommen. Und wenn das so ist, können Sie, nie eine Beschwerde gegen einen von denen oder einen ihrer Bevollmächtigten vorbringen. Sie sind alle immun.

Ja, Ungerechtigkeit ist Teil des Systems. Es ist völlig überholt und kann mit Sicherheit mit den komplexen Problemen eines der reichsten Länder der Erde nicht fertigwerden. Erinnern Sie sich an den Witz über den Saudi, der mit der rechten Hand nach der Geldbörse einer Frau greift, dann taucht ein Polizist auf, den er mit dem linken Fuß wegstößt, und später amputiert man ihm die rechte Hand und den linken Fuß. Das genau ist es, der *majlis* hat keine Vision. Gebraucht wird Flexibilität, um mit einem Land umzugehen, das von raschen Veränderungen gebeutelt wird.«

Ein anderer Beobachter des *majlis* und der tiefgreifenden Veränderungen in dem Land war der amerikanische Schriftsteller Paul Theroux, dessen Buch *Sandstorm* eine der besseren aktuellen Darstellungen von der Weltfremdheit Saudi-Arabiens gibt. Theroux' Urteil über den *majlis* untermauert und vertieft die Meinung meines libanesischen Freundes: »Sie (die Bittsteller) gaben dem Prinzen ihre ganzen Rechte. Es war ein Anblick wie im Mittelalter, ein Bild zynischen Gönnertums.«

Der neue Sklavenstaat

Es begann in den späten 50er Jahren. Im Sog der Petrodollars kamen ägyptische Lehrer, palästinensische Geschäftsleute und jemenitische Ladenbesitzer nach Saudi-Arabien. Es waren wenige und sie ließen ihre Familien meist zurück, da sie kein Unterkommen fanden und alles sehr teuer war. Außerdem bedeutete ein Leben in einem Land, das in seiner Entwicklung beträchtlich hinter ihren Ursprungsländern zurück, soziale Entwurzelung und Schock. Diejenigen, die nach Saudi-Arabien umzogen, verschwanden fast jedes Jahr für lange Heimataufenthalte aus dem Land und erzählten dann Geschichten über den ganzen Horror. Sie sprachen von der erbarmungslosen Hitze – »die Sonne ist zum Greifen nah« –, von den Massenhinrichtungen, die bin-Jalawi durchführen ließ, und von seltenen Krankheiten einschließlich einer grassierenden, nicht tödlichen Syphilis und allgemeiner orthopädischer Schwäche (Probleme mit dem Knochenbau durch Kalziummangel). Sie erzählten von den sanitären Mißständen und Unzulänglichkeiten, die die einheimischen Saudis nicht störten; von der seltsamen Art der Entscheidungsfindung im *majlis* und der Einsamkeit eines Lebens in einem »Wüstencamp«. Diejenigen, die Alkohol tranken, wirkten bei ihrer Rückkehr, als müßten sie den Durst nach einer Wüstendurchquerung stillen; sie tranken Bier, da Schnaps durch Destillerien dort zu erhalten war. Die Amerikaner, die für ARAMCO arbeiteten, erfanden ein eigenes Gebräu, das sie »Sidiki« oder »Freund« nannten, und bei ihren Versuchen, es trinkbar zu machen, verfeinerten sie es sogar mit Minze und Fruchtgeschmack.

Die Fremdlinge sahen auf die Saudis mit ihrem Beduinengebaren herab, während ihre Gastgeber ihnen Habgier, Arroganz und die Manieren kraftloser Städter vorwarfen, die »mit geschlossenem Mund essen, wie die Ziegen«. Trotz aller Schwierigkeiten – und sie waren so schlimm, daß die britische diplomatische Mission 1955 einen unfreundlichen Bericht ablieferte –, war es eine klare Beziehung auf der Basis von Angebot und Nachfrage, deren Beteiligte durch eine gemeinsame Sprache und meistens auch durch eine gemeinsame Religion miteinander verbunden waren. Beide Seiten hatten ein Interesse daran, den Schaden möglichst gering zu halten.

In den 60er Jahren nahm Saudi-Arabiens Bedarf an neuen Arbeitskräften zu, und jetzt kamen Büroangestellte, Beamte, Mechaniker und Handwerker. Diese Gruppe setzte sich aus Arabern und Moslems aus Pakistan, Indien und dem Iran zusammen. Im Unterschied zu den Lehrern und Ärzten wurden diese Berufstätigen jetzt von Einzelpersonen und neuen saudischen Firmen eingestellt, ihr Leben war oft den Launen der Arbeitgeber unterworfen, wenn es um unvernünftige Anforderungen an die Arbeitszeit, unattraktive Bezahlung und kürzere Urlaubszeiten ging.

»Er konnte einfach nicht verstehen, warum ich nicht sechzehn Stunden täglich über den Büchern sitzen wollte«, sagt ein Angestellter über seinen früheren saudischen Arbeitgeber und fügt hinzu: »Seiner Meinung nach sollte ich nur arbeiten und nicht leben.« Ein kurdisch-libanesischer Mechaniker, der es schaffte, fünf Jahre einträglicher Knochenarbeit zu überstehen, hatte ein anderes Problem: »Je höher ihre Position war, desto dümmer waren sie. Sie wollten ihre Autos in allerkürzester Zeit wieder abholen, egal, um welchen Defekt es ging oder wie schlimm sie sie zugerichtet hatten. Sie meinten einfach, daß ein Mechaniker jedes Problem mit einem Auto innerhalb von ein paar Minuten erledigen können müßte.« Sogar ein sympathischer saudischer Offizier klagt: »Die meisten von uns haben sie wie Roboter behandelt, das war keine gute Situation.«

Die Gruppe dieser neuen Gastarbeiter zählte rund 300 000 Personen, und wurde wie ihre Vorgänger aufgenommen. Auch weil sie sich gegen zu hohe Arbeitsanforderungen, gegen sozialen Druck und Einsamkeit wehrten, war ihre Beziehung zu ihren Gastgebern durch offene Ablehnung gekennzeichnet. Es gab kein neutrales Gebiet zwischen ihnen, und je schlimmer sich die eine

Seite verhielt, desto schlimmer war die Reaktion der anderen. Am Ende nannten die Gastarbeiter die Saudis nur noch *Wohousch* (Tiere) oder *Klab* (Hunde), die Saudis verweigerten ihnen im Gegenzug die höfliche Anrede »Bruder«, »Mister« oder ihre Berufsbezeichnungen, wenn sie sie ansprachen. Sie lebten in kleinen Zimmern, die nicht sehr komfortabel waren und wo es kein Fernsehen gab. In gewisser Weise hatte diese neue Form von Sklaverei fast gleichzeitig die 1962 abgeschaffte ersetzt.

Seit den späten 60er Jahren waren – bis auf die höflichen libanesischen und palästinensischen Geschäftemacher und Händler mit sehr eigenwilligen Methoden – die meisten Neuankömmlinge Jemeniten oder Nicht-Araber. Die Jemeniten, ein stolzes, schwer arbeitendes Volk, stellten Straßenkehrer, Botenjungen, Hausdiener und viele Ladenbesitzer. Unter den übrigen waren viele thailändische Kindermädchen, Hotelpagen und Kellner von den Philippinen, koreanische Bauarbeiter, Diener und Hauspersonal aus Somalia und Äthiopien, Indien und Sri Lanka. Die Anzahl dieser Menschen nahm proportional zum wachsenden Reichtum des Landes zu, und zur Zeit der Ölkrise im Jahr 1973 betrug sie mehr als eine Million.

Die Spannungen, die mit den ersten Ankömmlingen begannen und mit denen der zweiten Welle stärker wurden, wuchsen noch mehr. Sprachliche und kulturelle Probleme waren häufig. Die Saudis konnten die Disziplin der koreanischen Bauarbeiter nicht verstehen, die sich jeden Morgen aufreihten und ihre Fahne grüßten; sie sahen das natürliche Entgegenkommen der Philippinos als Freibrief, um sie auszubeuten, und sie verstanden die thailändischen Kindermädchen nicht, die um Freizeit baten, aus dem Haus gehen oder andere einsame Thai-Frauen besuchen wollten.

Es ging immer noch weiter, denn wie stets führt der Besitz von Geld zu Fremdenfeindkichkeit und Arroganz, und Menschen, die bis kurze Zeit zuvor noch in einem Zelt gelebt hatten, begriffen nicht, wie sie mit ihren Hilfskräften umzugehen hatten. Für sie waren sie echte Sklaven. Jetzt beträgt die Anzahl der ausländischen Arbeitskräfte in Saudi-Arabien, die Menschen, die man gemeinhin als Gastarbeiter bezeichnet, über drei Millionen – mehr als ein Drittel der einheimischen Bevölkerung des Landes.

Diese neue Sklaverei entstand nicht einfach nur aus der Ausbeutung durch einzelne Saudis. Die den saudischen Neureichen eigene Arroganz wurde zum einen noch verschärft durch Gesetze, die diese Situation regeln sollten, zum anderen durch eine neue Schicht von Arbeitsvermittlern, die gnadenlos mit menschlicher Arbeitskraft handelten. Etliche Gesetze wurden angeblich zum Schutz der ausländischen Arbeiter erlassen. Die saudische Regierung unterzeichnete sogar mit einigen Ländern unilaterale Abkommen. Doch all die menschenfreundlichen Artikel wurden im Grunde durch die Bestimmungen zum Schutz der Rechte der saudischen Arbeitgeber ersetzt. Diese Vorrangstellung verschlimmerte die Gesetze eher als daß die Auswirkungen der Herr-und-Sklaven-Beziehung gemildert wurden. Die Geschichte der Fremdarbeiter ist eine der traurigsten und grausamsten Episoden in der Historie eines Landes.

Zwei Hauptelemente in der offiziellen saudischen Politik tragen zur elenden Lage der ausländischen Arbeiter bei. Nach saudischem Recht ist dem Arbeitgeber die totale Kontrolle über seine importierten Arbeitskräfte gestattet, über die Anforderungen an ihre Arbeit und deren Ausführung. Manchmal werden Tausende Arbeiter von saudischen Unternehmern ins Land gebracht und dann in kleineren Kontingenten »weiterverkauft«. Arbeitnehmer können ihre Arbeitsstelle nicht ohne eine »Entlassung« durch ihren »Importeur« wechseln – das bedeutet, daß sie zwei- oder dreimal »weiterverkauft« werden können, wenn ein bestimmter Auftrag erledigt ist und sie zu ihrem Importeur zurückkehren. Manchmal steigt die Verdienstspanne der »Weiterverkäufer« bei jeder derartigen Transaktion, und wer einmal fünf oder sechs Jahre in Saudi-Arabien ist, bekommt weniger, als wenn er oder sie ganz neu eingetroffen ist. Wenn man außerdem in Betracht zieht, daß die importierten Arbeitskräfte zum einen aus Ländern kommen, die von saudischer Finanzhilfe abhängig sind oder nicht den geringsten Schutz gewähren können, und sie zum anderen auch noch deutlich niedrigere Löhne als ihre saudischen Kollegen erhalten, dann ist klar, daß es sich um offene, staatlich sanktionierte Sklaverei handelt.

Es gäbe genug individuelle Horrorgeschichten zu erzählen. Doch entlarvender sind typische Beispiele. Viele Frauen werden durch falsche Versprechen für Saudi-Arabien angeworben. Pakistanische Frauen sollen als Näherinnen den doppelten Lohn wie in ihrer Heimat bekommen, plus Unterbringung und Essen. In Saudi-Arabien stellen sie dann fest, daß sie für ein Drittel des versprochenen Gehalts als Hausmädchen arbeiten sollen, ihre Unterkunft und die Verpflegung sind schlimmer als für Tiere. Ihre diplomatischen Vertretungen können ihnen nicht helfen. Den meisten fehlt jedes Wissen, wie man eine offizielle Beschwerde formuliert, und diejenigen, die es können, werden als ausländische Unruhestifter hingestellt oder von Polizeibeamten drangsaliert. In ihr Heimatland können sie nicht zurück, da sie ohne Zustimmung ihres Arbeitgebers kein Ausreisevisum erhalten; eine andere Arbeitsstelle können sie sich auch nicht suchen. Am Ende ihres 18stündigen Arbeitstages erhalten sie derart minderwertiges Essen, daß sie die Arbeit des nächsten Tages kaum schaffen.

Natürlich werden manche Hausmädchen geschlagen, andere werden sexuell belästigt, und wieder andere verbringen, da sie kein Arabisch sprechen und nicht ausgehen dürfen, um sich mit anderen Frauen aus ihrem Land zu treffen, Monate, ohne mit jemandem ein Wort zu wechseln. Ein Ergebnis alles dessen ist eine sehr hohe Selbstmordrate unter orientalischen Mädchen, die in Saudi-Arabien arbeiten, und die saudischen Zeitungen sind voller Anzeigen, in denen nach dem Verbleib von Frauen geforscht wird, die von ihrer Herrschaft geflohen sind. (Sogar die Angehörigen der Königsfamilie beuten ihre Bediensteten aus. Amnesty International berichtet, daß Prinz Saad al-Saud seine Dienerin zwang, 18 Stunden am Tag zu arbeiten und sie verprügelte, als sie das nicht tat und auch nicht schaffte.)

Männlichen Arbeitern ergeht es nicht viel besser. Oft kassieren ihre »Wiederverkäufer« einen großen Teil ihres Lohnes, bis zu

50 Prozent, nur um Visa zu beschaffen – und das noch bevor Anteil an dem, was ein Arbeiter möglicherweise verdienen kann abgezogen wird. Vielen wird eine Unterkunft versprochen, die dann aus ausrangierten Schiffscontainern besteht. Es kommt sogar vor, daß jemand Leute importiert und sie zwingt, ihre Verträge neu zu verhandeln, indem er ihnen die Ausweisung oder die Anzeige als praktizierende Christen oder Angehörige einer anderen Religion androht. Das betrifft nicht nur Arbeiter. Ausländische Ladenbesitzer oder andere Geschäftsleute müssen saudische Bürgen haben, um ihre Tätigkeit aufnehmen zu können. Diese Bürgen verlangen für die Bereitstellung ihrer Garantien natürlich exorbitante Geldbeträge.

1979 war ich in Dhahran, als koreanische Arbeiter gegen ihre Arbetisbedingungen protestierten. Am nächsten Tag stellte eine Armeeinheit sie in einer Reihe auf, wählte willkürlich drei von ihnen aus und erschoß sie, »um dem Rest eine Lektion zu erteilen«. Ich schnitt das Thema der Schnellhinrichtungen in einem Gespräch mit einem saudischen Prinzen an, einem Piloten der Luftwaffe seines Landes. »Aber das waren doch koreanische Arbeiter. Warum kümmern Sie sich um die?« war seine Antwort. Als ich meinte, daß sie sich vielleicht gar nichts hatten zu schulden kommen lassen, zuckte er die Schultern und entgegnete, daß es seither keine neue Streiks mehr gegeben hatte und »das ist das einzige, was zählt«.

Im Dezember 1984 ereignete sich ein ähnlicher Vorfall, an dem pakistanische Arbeiter beteiligt waren. Saudische Offiziere erschossen etliche von ihnen, und Pakistan, das von Saudi-Arabien finanzielle Hilfe erhält, legte keinen Protest ein. Die türkischen Arbeiter vom Flughafen Tubuk wurden nach Hause geschickt, als sie sich über die Lebensbedingungen beschwerten. Sudanesische Arbeiter wurden öffentlich ausgepeitscht; äthiopische Arbeiter wurden deportiert, weil sie sonntags zu Hause beteten, und genauso erging es muslimischen Arbeitnehmern, die man verdächtigte, Shi'iten zu sein.

Zeitlich näher liegt die Verhaftung und Folterung von einigen hundert ausländischen Arbeitern am 2. Februar 1991 während der Golfkrise, als eine Gruppe auf einen Bus voll mit amerikanischen Mechanikern schoß und zwei von ihnen leicht verwundete. Es stellte sich heraus, daß die Schüsse von oppositionellen Saudis abgefeuert worden waren, die gegen die pro-amerikanische Politik ihrer Regierung protestieren wollten. Während des Golfkrieges konnten die Arbeiter in der Ostprovinz des Landes, in größter Nähe zu Saddam Husseins Armee, nicht daran denken, sich aus der Gefahrenzone zu entfernen, da ihre Arbeitgeber sie dort zur Arbeit zurückgelassen, ihre Pässe jedoch mitgenommen hatten.

Die Proteste internationaler Menschenrechtsorganisationen wurden ignoriert, wie auch ihre wiederholten Anfragen, vor Ort Untersuchungen durchführen zu können. Saudi-Arabien hat sich bisher nicht nur geweigert, die international üblichen Standards des Arbeitsrechts einzuführen, sondern die Regierung hat ganz offiziell auch ernsthafte Rückschritte gemacht. 1987 hob sie das Gesetz wieder auf, das ausländischen Arbeitern einige soziale Sicherheit ermöglichte. Jetzt ist ein Fremdarbeiter im Krankheitsfall vom Wohlwollen seines Chefs abhängig.

Doch das Problem dreht sich nicht um Gesetze und Verträge. Tief in ihrem Inneren wehren sich die Saudis gegen ihre eigene Abhängigkeit von den Ausländern. Die Tatsache, daß die saudische Gesellschaft denen, die durch das Öl zu Reichtum gekommen sind, Zufriedenheit und Ansehen durch die Versklavung anderer bietet, formen die Haltung des saudischen Volkes und seiner Regierung. Wie die folgenden zwei Begebenheiten zeigen, ist das wichtiger als der Buchstabe des Gesetzes. Als ein jemenitischer Ladenbesitzer mit einem Taxifahrer über den Fahrpreis stritt, sagte der Fahrer zur Polizei, der Jemenite sei ein Undankbarer, der Saudi-Arabien kritisiert hätte. Die Polizei glaubte dieser Geschichte und nahm den Mann mit. Bei einem anderen absurden Vorfall erzählte ein Saudi, der in einen Verkehrsunfall mit einem Ausländer verwickelt war, der Polizei: »Es ist sein Fehler, der Unfall wäre nicht passiert, wenn er nicht in dieses Land gekommen wäre, um zu arbeiten.« Die Polizei schloß sich dieser Überlegung an.

So lächerlich oder amüsant diese Zwischenfälle sein mögen, so richten sie doch deutlich weniger Schaden an als Maßnahmen der saudischen Regierung gegenüber Bürgern eines Landes, das gegen die saudische Politik eingestellt ist. Sie ist imstande, Staatsbürger für das politische Verhalten ihres Landes zur Rechenschaft zu ziehen.

Diese Politik der Vergeltung wurde auch gegen die iranischen Pilger zur Hajj angewendet. Die 1988 zu Tausenden ins Land gekommenen Iraner wurden von »Komitee«-Mitgliedern auf eine Weise schikaniert, die Ausdruck der antiiranischen und antischi'itischen Haltung ihrer Regierung war. Die saudischen Sicherheitsbeamten verhielten sich so unmöglich, daß die Iraner schließlich dagegen aufbegehrten. Die Polizei eröffnete das Feuer auf die Menge Iraner, und innerhalb von zwei Stunden lagen 400 tote Iraner und 600 Verwundete auf der Straße. Es gab keine ernsthafte Untersuchung, König Fahd drückte nur das Bedauern seiner Regierung aus. Im folgenden Jahr führte saudische Nachlässigkeit während der Hajj in einer völlig unpolitischen Situation zu einer Panik in einem Tunnel und einer anschließenden Massenflucht, in der 4026 Menschen, die meisten von ihnen Iraner, zu Tode kamen. Auch hier beschäftigte sich niemand intensiver mit dem Vorgefallenen.

Während des Golfkriegs wurden Palästinenser, Jordanier und Jemeniten deportiert, als die PLO und die beiden anderen Regierungen Saddam Hussein unterstützten. War schon die Ausweisung der Palästinenser und der Jordanier, von denen viele zehn Jahre und mehr in Saudi-Arabien gelebt hatten, schlimm genug, so ist die Geschichte der Jemeniten ein wirklich tragischer Fall.

Die saudische Regierung deportierte wahllos wochenlang jeweils mehr als 40 000, insgesamt 800 000 jemenitische Arbeiter, von denen viele seit Jahrzehnten im Land lebten oder dort geboren worden waren. Die meisten mußten ohne ihre Habe aufbrechen, unzählige wurden geschlagen, und laut Middle East Watch starben 32 von ihnen wegen fehlender ärztlicher Versorgung. Es handelte sich bei dieser Aktion nicht einfach darum, daß Unschuldige für die Dummheit ihrer eigenen Regierung büßen mußten, sondern Saudi-Arabien selbst geriet an den Rand eines Zusammenbruchs, da fast alle kleineren Gemüseläden und Einzelhandelsgeschäfte Jemeniten gehört hatten. Von der Anzahl und der Grausamkeit her bot all dies ein schlimmes Beispiel einer ethnischen Säuberung und war dem vergleichbar, was den Neisei widerfuhr, den amerikanisch-japanisch Internierten, während des Zweiten Weltkriegs. Doch entscheidend bei dem Vorgehen Saudi-Arabiens ist, daß von offizieller Seite keinerlei Bedauern gezeigt wurde und jederzeit mit einer Wiederholung zu rechnen ist.

Einstellung und Verhalten der Saudis und ihrer Regierung gegenüber ausländischen Arbeitnehmern sind von deutlichem Rassismus geprägt. Das liegt darin begründet, daß man einzelnen Nationalitäten bestimmte Aufgaben zuordnet und weiß, wieviel Schutz dieser Staat seinen Bürgern überhaupt gewähren kann. Doch obwohl man mit Ausländern durchaus unterschiedlich umgeht und von westlichen Regierungen in der Vergangenheit eher Reaktionen auf Übergriffe auf ihre Staatsangehörigen zu erwarten waren, betrifft die Fremdenangst der Saudis doch auch die 60 000 dort lebenden Amerikaner, Engländer und anderen Westeuropäer.

Die Arbeitsbedingungen der westlichen Diplomaten in Saudi-Arabien sind insgesamt ungastlich. Sie können sich nur in den größeren Städten bewegen, dürfen keine öffentlichen Gottesdienste abhalten und müssen sich nach den örtlichen Gepflogenheiten richten, die vom ständigen *ma'lesh* der Saudis bestimmt sind (sogar saudische Beamte kommen immer zu spät und rechtfertigen dies, indem sie *ma'lesh* sagen – »mach dir nichts draus«. Wichtiger ist, daß westliche Diplomaten die Staatsbürger ihrer Länder selbst dafür verantwortlich machen, wenn sie nicht wissen, wie sie sich zu verhalten haben, und sie nur in äußerst schwerwiegenden Fällen unterstützen.

Wie sich dies abspielen kann, zeigt der Fall von Helen Smith, einer englischen Krankenschwester aus Jiddah, die mit einem Holländer namens Johannes Otten auf einem Fest westeuropäischer Einwanderer eines gewaltsamen Todes starb. Die Ermittlungen der saudischen Behörden stellten Unfall als Todesursache fest, als sie aus 21 Meter Höhe vom Balkon einer Wohnung im fünften Stock stürzte. Die britische Botschaft akzeptierte dieses Ergebnis sofort und zeigte sich peinlich berührt. Schließlich warnte die Botschaft britische Staatsbürger davor, Parties zu besuchen, auf denen alkoholische Getränke angeboten wurden, und vor allem keine Parties, bei denen Männer und Frauen gemischt waren. Die ganze Haltung der Botschaft gipfelte in dem unterschwelligen Vorwurf »Sie-hätte-eben-nicht-dort-sein-sollen«.

Doch hatte die britische Botschaft nicht mit Helens Vater gerechnet. Ron Smith, ein ehemaliger Detektiv bei der Polizei von Leeds, flog nach Jiddah und forderte die Herausgabe des Leichnams seiner Tochter. Dabei fand er ziemlich eindeutige Hinweise, die Zweifel an der »Unfall«-Version nahelegten und ihn davon überzeugten, daß sie vergewaltigt und vielleicht auch erschlagen worden war, bevor sie vom Balkon »stürzte«. Die Verletzungen ließen nicht auf einen solchen Sturz schließen.

Ron Smith weigerte sich, den Leichnam anzunehmen und begann, selbst nachzuforschen. Viele Leute aus dem Baksh-Krankenhaus, in dem Helen gearbeitet hatte, äußerten ganz offen die Vermutung, daß man sie ermordet hatte. Doch alle Partygäste bestanden darauf, daß es ein Unfall gewesen war, obwohl sie sich in wichtigen Einzelheiten widersprachen. Die Gastgeberin gab sogar zu – wobei sie vergaß, daß die Strafe für Ehebrecher der Tod durch Steinigung ist –, daß sie in einer bestimmten wichtigen Zeitspanne mit einem der Gäste Sex hatte. Dabei hätte der Umstand, daß sie bei ihren Gästen war, etwas Licht in das Dunkel um den Tod des Paares gebracht.

Angesichts all dieses Unsinns kehrte Smith bekümmert und zornig nach England zurück und begann dort, Außenministerium und Presse mit Fragen zu dem Fall zuzusetzen. Das Außenministerium folgte der offiziellen saudischen Argumentation, die auch die britische Botschaft teilte, und hoffte, daß Smith verschwinden würde. Doch die Presse griff die Angelegenheit auf und veröffentlichte Artikel, die Smiths Vermutungen unterstützten. In Großbritannien nahm der Fall schon fast das Ausmaß eines nationalen Skandals an: ein einsamer Vater gegen eine Regierung, die ihre Interessen in Saudi-Arabien über die Frage nach Gerechtigkeit stellte.

Smith fuhr wieder nach Jiddah, doch sein zweiter Besuch dort war nicht so ergebnisreich. Ängstliche Mitglieder der Ausländergemeinde, die britische Botschaft und die saudischen Behörden legten ihm Hindernisse in den Weg. Wenn man in Betracht zieht, daß es um Alkoholgenuß und andere Vergehen gegen saudisches Recht, Ehebruch eingeschlossen, ging, waren die Strafen, die ein saudisches Gericht den anderen ausländischen Gäste der Feier in der Zwischenzeit auferlegt hatte, außerordentlich niedrig – ein Jahr Gefängnis für den Gastgeber und öffentliche Auspeitschung für die anderen.

Dies verstärkte Smiths Entschlossenheit, und die Presse griff ihm unter die Arme, indem sie selbst recherchierten. Mit der Zeit ergaben sich zwei wesentliche Beweismomente. Der erste war der Umstand, daß man heimlich versucht hatte, Johannes Ottens Kleidung und Habseligkeiten zu manipulieren, um den Mord an ihm zu vertuschen und einen Raub als Motiv vorzutäuschen. Der zweite war ein geheimnisvoller Saudi, der einige Stunden, nachdem man das Verbrechen entdeckt hatte, am Schauplatz des Geschehens auftauchte, als endlich die saudische Polizei erschienen war, um erste Untersuchungen durchzuführen.

Die tapferen Bemühungen von Ron Smith hatten schließlich einigen Erfolg: er erklärte sich bereit, den Leichnam seiner Tochter nach England mitzunehmen, nachdem der Stadtrat von Leeds einer gerichtlichen Untersuchung zur Klärung der Todesursache zugestimmt hatte. Doch leider brachte dies kein Ergebnis, und es wurde zwar eine Straftat, jedoch kein Täter festgestellt. Trotzdem machte die öffentliche Debatte über den Fall deutlich, daß Smith und die Journalisten allen Grund hatten, die Vorgehensweise der

Saudis in Frage zu stellen und eine Beteiligung von britischer Seite an der Vertuschung zu vermuten. Meiner Meinung nach ist der mysteriöse Saudi die Schlüsselfigur der ganzen Geschichte. Die Saudis scheuen sich nicht, Geständnisse zu erpressen. Von den in die Vorgänge verwickelten Ausländern erhielten sie kein einziges und ließen die Leute daher mit auffallend wenig Aufsehen davonkommen. Davon abgesehen unternahmen sie alles, um den Fall zu vertuschen, und das tun sie normalerweise nur, wenn sie einen der Ihren schützen müssen.

Täglich gibt es auch weniger gravierende Beispiele dafür, wie Westeuropäer den Launen saudischer Rechtsprechung ausgeliefert sind. Der englische Ingenieur Neville Norton wurde wegen Auseinandersetzungen um einen Vertrag drei Jahre lang inhaftiert und erst 1991 freigelassen. Solche Streitigkeiten werden eigentlich von einem Handelsgericht geklärt, und der einzige Grund, Norton einzusperren, waren Geldforderungen, die er an ein Mitglied des Königshauses hatte. In diesem Fall gab die britische Botschaft vor, von der ganzen Sache nichts zu wissen, bis der Mann schließlich freigelassen wurde. Es hat schon viele Fälle gegeben, in denen Briten oder Amerikaner, die in Saudi-Arabien arbeiteten, öffentlich ausgepeitscht wurden, weil sie Alkohol verkauft oder geringere Vergehen begangen hatten, und in allen Fällen war von den zuständigen Botschaften nicht viel zu hören.

Das geringe Engagement westlicher Staaten beim Schutz ihre Bürger ist relativ neu. Dies trifft zeitlich mit Saudi-Arabiens gestiegener Bedeutung als Öllieferant zusammen und hat die Saudis durchaus ermutigt, was sich wiederum in den Aktivitäten des »Komitees« wiederspiegelt. Im November 1987 verschickte die saudische Niederlassung von AT&T einen Brief an ihre Angestellten, mit dem Inhalt, daß sie nur sehr wenig tun könnte, um sie vor zunehmenden Belästigungen durch »Komitee«-Mitglieder zu schützen. Gleichzeitig ging ein weiterer Brief an den amerikanischen Botschafter in Saudi-Arabien, Charles Freeman, in dem Beispiele für diese Belästigungen geschildert wurden. Danach kamen noch Beschwerden von James Broody, dem Präsidenten der *Association of American Workers in Saudi-Arabia*. Auch das brachte kein Ergebnis.

Außer internationalen und regionalen Menschenrechtsorganisationen hat sich als einzige politische Institution die Europäische Gemeinschaft über die Behandlung ausländischer Arbeitnehmer durch die Saudis beschwert; sie brachte auf diplomatischem Wege ihre Besorgnis zum Ausdruck. Die Situation der Arbeitnehmer im Land verschlechtert sich immer weiter, und man muß alles sehr genau im Auge behalten, wenn solche Ereignisse wie das, was mit den Jemeniten geschah oder zum Tod von Helen Smith geführt hat, in Zukunft vermieden werden sollen.

*

Der neu entstandene Sklavenstaat und die sichtbaren Widersprüche im Alltagsleben Saudi-Arabiens, sagen noch nicht genug darüber aus, was im Land geschieht, und wie die quälenden sozialen Unterschiede jeden Aspekt des Lebens dort berühren und beeinflussen. Fahd ist jetzt seit 1982 König, und hat bewiesen, daß die einzige unveränderliche Konstante in Saudi-Arabien in der Art und Weise liegt, wie das Königshaus sich selbst definiert und dieser Sicht Ausdruck verleiht. Der Hintergrund für das Verhalten der Angehörigen des Königshauses hat sich dramatisch verändert, doch das Bekenntnis zur absoluten Herrschaft dieser Familie ist so ungebrochen, daß man sich nur schwer Eingriffe in ihre Machtbefugnisse vorstellen kann.

Doch während das Königshaus, die Armee und die paramilitärischen Kräfte des Landes immer das Vorgriffsrecht auf die Staatseinnahmen hatten, hat sich das ganze Land durch die immensen Erträge aus dem Erdöl verändert, allerdings mehr in der Lebens- als in der Denkweise der Menschen. Diese Transformation begann Anfang der 60er Jahre, als die Einkünfte aus dem Öl erst die Bedürfnisse der Familie, dann die der Armee überstiegen und ausreichende Gelder in einen wirtschaftlichen Aufschwung flossen, der zu den umfassendsten und am längsten anhaltenden der Geschichte gehört. Eine ökonomische Explosion erwuchs aus den Anforderungen einer Gesellschaft, die vom siebzehnten ins zwanzigste Jahrhundert katapultiert wird. Um beurteilen zu können, was das bedeutet, muß man nur bedenken, daß davor nur ein Prozent aller Haushalte über ein Badezimmer verfügt hat, heute sind es fünfzig Prozent – und diese Badezimmer gehören zu den teuersten und aufwendigsten, die es gibt.

Wie bei jedem Boom entstand auch bei diesem eine reiche Kaufmannsschicht, die in diesem Fall in den Zeitschriften *Fortune* und *Forbes* als Aufzählung der Milliardäre – hervorgegangen aus alten und neuen Handelsgeschlechtern des Landes – beeindruckte. Die Olayans, Mahfouz, bin-Ladens, Kamels, Ali Rezas, Zamil, Ghoseibis und Jamils importierten Lebensmittel, Autos und Baumaterial, bauten Straßen, Unterkünfte für Bauarbeiter und errichteten ganze Städte, Dutzende Schulen, Krankenhäuser und natürlich Paläste und schicke Armeebaracken. Jetzt bieten sie Dienstleistungen an, die das Land weiterhin unbedingt benötigt, umfangreiche Reinigungs- und Versorgungsverträge, die Tausende Arbeitsplätze schaffen und Milliardenbeträge umsetzen; die Überschüsse werden im Welthandel investiert. Die saudischen Kaufleute haben wesentliche Anteile an der Chase Manhattan Bank, an Citicorp, Hyatt Hotels, Whittaker, Mobil Oil, Daimler Benz und zahlreichen weiteren Unternehmen. Sie beteiligen sich an großen Ölgesellschaften, die in anderen Ländern nach dem »schwarzen Gold« suchen und besitzen riesige Ländereien in allen fünf Kontinenten. Natürlich ist keiner so groß, als daß er vergessen könnte, worauf es wirklich ankommt, und um weitermachen zu können, benötigen sie alle den Segen, oder auch die aktive Unterstützung des Hauses Saud.

Der zweite Bereich, in dem sich der Reichtum durch das Erdöl ausgewirkt hat, ist eine neu entstandene Bildungsschicht. Die Schätzungen sind unterschiedlich hoch, doch Ende der 80er Jahre haben zwischen 15 000 und 20 000 Saudis jährlich ihre Universitätsstudien abgeschlossen. Dies ist jedoch eine neue Entwicklung, und anders als in anderen arabischen Ländern wurde die königliche Familie erst aktiv, als ihre Überschüsse wirklich immens waren. Jahrelang war eine umfassendere Bildung auf die obersten Schichten der Gesellschaft beschränkt, die sich das leisten konnten oder über genügend Einfluß verfügten, um für ihre Kinder staatliche Stipendien zu erhalten. Es haben auch nicht alle Saudis am allgemeinen Bildungsboom im Nahen Osten teilgenommen. Daher beträgt die Alphabetisierungsquote immer noch nur rund 55%, damit ist sie etwas niedriger als im notleidenden Indien und liegt weit höher als im armen Jemen. Die Vielfalt der beruflichen Sparten in Saudi-Arabien unterscheidet sich wenig von anderen Ländern, es gibt Elektronik- und Ölingenieure, Ärzte, Spezialisten für Gesundheitspflege, Städteplaner und sogar Innenarchitekten. Natürlich gibt es auch viele Künstler und Geisteswissenschaftler, obwohl die Juristen noch weit abgeschlagen sind, was angesichts der Einstellung des Hauses Saud verständlich ist.

Bis in die späten 80er Jahre konnten vor allem durch eine Verzehnfachung der Anzahl der staatlichen Beamten in den Jahren zwischen 1965 und 1985 fast alle Collegeabsolventen auf lukrativen Stellen untergebracht werden. Den Worten eines gut unterrichteten Amerikaners zufolge, der mehrere Jahre in Saudi-Arabien gelebt hat, war die Regierung in der Lage, sie »zu absorbieren oder zu bestechen – nennen Sie es, wie Sie wollen«. Doch die Ausweitung des Handels und diese aufgeblähte Bürokratie haben dazu geführt, daß ein Sättigungspunkt erreicht wurde: der Spielraum der Regierung, mehr Leute einzustellen und weiterhin überflüssige Beamte zu bezahlen ist nicht länger gegeben, und die Expansion der Handelsunternehmen erlebt bereits einen leichten Rückgang. Erstmals in diesem Jahrhundert nehmen gebildete Saudis Stellen an, die unter ihrem Qualifikationsniveau liegen. Ihre Unzufriedenheit darüber verheißt für die Zukunft ernsthafte Probleme in diesem Bereich, besonders da durch schwerwiegende Managementfehler im Umgang mit ihren einst immens hohen Überschüssen und durch die hohen Kosten des Golfkriegs eine Finanzkrise droht.

Der dritte Baustein der gesamtgesellschaftlichen Veränderungen besteht in einer monarchistischen Diktatur selbstverständlich aus der Anzahl und dem Status der Mitglieder der Streitkräfte und der paramilitärischen Nationalgarde, den gehätschelten Thronwächtern, die sich im Verlauf der Geschichte jedoch als unzuverlässig erwiesen haben. Offiziell sind es jetzt insgesamt mehr als 100 000 Mann, und 1982 betrugen die Kosten pro saudischem Soldat 470 000 Dollar, im Vergleich zu 103 000 Dollar in den Vereinigten Staaten und weniger als der Hälfte in Großbritannien, Deutschland und Frankreich. Aussagekräftiger sind die auf die Einwohnerzahl umgerechneten Pro-Kopf-Ausgaben für das Militär: 1982 betrugen sie in Saudi-Arabien 3 014 Dollar, in USA 782 Dollar und in Deutschland 471 Dollar. Die selbstverständliche historische Bedeutung der Streitkräfte wird durch spezifische Tricks hochgespielt, die nichts mit vernünftiger Planung oder Finanzkontrolle zu tun haben. Offiziere werden befördert und ihre ohnehin schon wichtigen Familien steigen im Ansehen. Man erhöht die Gehälter aller Armeeangehörigen, bei jeder bevorstehenden Krise erhalten sie noch Zuschläge. Der Westen reagiert auf diese Krisen, indem er Saudi-Arabien mit immer aufwendigeren und teureren Waffen ausrüstet. Während des Golfkriegs zahlte das Königshaus den Offizieren große Sondervergütungen, was andere Länder nie in Betracht ziehen würden und sich in diesem Umfang auch nicht leisten könnten. Auch interne Probleme wie die Unterdrückung von Straßendemonstrationen, die es 1979 in mehreren schi'itischen Städten gab, bewirkten eine Geste massiver königlicher Großzügigkeit, und – was sehr zu denken gibt – daraufhin eine Reaktion saudischer oppositioneller Gruppen, die es für richtig hielten, eine Liste der Empfänger dieser Zuwendungen zu veröffentlichen.

Die unsagbar reichen Unternehmer bilden mit den Dutzenden, die an normalen Standards gemessen äußerst reich sind, den Bürokraten, Lehrern, Ärzten und Angehörigen der Streitkräfte die neue Schicht der Saudis. (Eine Studie der Harvard-Universität nennt sie Mittelstand und behauptet, sie wären von zwei Prozent der Bevölkerung auf einen Anteil von elf Prozent in den späten

80er Jahren angewachsen.) Sie sind diejenigen, die vom Ölboom und dem Aufbau einer modernen Armee profitieren.

Diese neue Schicht und das Bild, das sie nach außen abgibt, verschmelzen mit dem, was man über das Königshaus weiß, zu einem Gesamtbild des heutigen Saudi-Arabien. Obwohl große Teile der Bevölkerung daran nicht beteiligt sind, bezeichnen manche Autoren dies als die »Petro-Persönlichkeit«. Und die Bedürfnisse dieser Gesellschaft und ihre Exzesse haben das Land zu einem – im übertragenen Sinn – Mekka für internationale Geschäftsleute und Unternehmer gemacht, in dem jetzt mehr als drei Millionen ausländische Arbeitnehmer leben.

Dieser Zustand finanziellen Wohlergehens wird benutzt, um ein Saudi-Arabien vorzuführen, in dem alles in Ordnung ist. Mit Hilfe ihrer Fürsprecher gleichen die Mitglieder des Hauses Saud die offensichtlichen ökonomischen Fortschritte mit Substantiellerem aus, das sich auf die soziale und politische Situation des Landes vorteilhaft auswirkt. Doch obwohl das Bild des reichen Landes – allerdings oft genug übertrieben – zutrifft, sind die Auswirkungen genau das Gegenteil dessen, was man erwartet. Der Einfluß des Reichtums und der schnelle Weg in die Moderne haben sowohl scheinbar wie auch real die sozialen Werte dieser islamischen Gesellschaft viel schneller zerstört als sie durch neue ersetzt werden konnten und Belastungen erzeugt, die zu einem beträchtlichen Verlust sozialer Bindungen geführt haben. Beispielsweise stieg die Anzahl der gemeldeten Verbrechen von 1975 im Jahr 1966 auf 21 826 im Jahr 1985, was wesentlich mehr als in benachbarten Ländern und weltweit eine der höchsten Steigerungsraten ist.

Außerdem muß man für jede Beurteilung dessen, was Unternehmerschaft, Bürokraten und Offiziere tun, trotz des offenkundigen ökonomischen Nutzens, den sie haben, die Anzahl der gegen die Regierung gerichteten Verschwörungen in Betracht ziehen, an denen sie beteiligt waren. Dabei lassen sich deutliche Anzeichen eines Widerstands gegen den Absolutismus des Königshauses ablesen. Genau hier zeigt sich eine Kluft zwischen der

Regierung – dem Königshaus – und dem Volk. Es gibt einen Widerspruch zwischen der Lebensweise der neuen Schicht und ihrer Weigerung, die Versuche des Hauses Saud hinzunehmen, mit denen ihr Wunsch nach größerer persönlicher und politischer Freiheit unterdrückt werden soll. Ob das politische Denken der neuen Schicht Ausdruck ihrer gestiegenen Erwartungen, ihrer Bildung, einem grundlegenden menschlichen Wunsch nach Freiheit oder, wie allgemein angenommen, eine Verbindung aus allen drei Aspekten ist, ist weniger wichtig als der Umstand, daß dieses Denken überhaupt existiert.

Als Cassius Clay zum Islam übertrat und zu Muhammad Ali wurde, reiste er nach Saudi-Arabien, um die Pilgerfahrt durchzuführen und für sich selbst zu werben. Er wurde von allen wichtigen Mitgliedern des Königshauses, auch dem König selbst, empfangen. Bei der Begegnung mit Prinz Salman, dem Gouverneur von Riyadh und Oberhaupt des wichtigen Familienrats, redete er in seiner üblichen flapsigen Art. »Hallo, Eure Hoheit«, soll er geplaudert haben, »sehen die hier immer so ernst aus?« Salman soll ihn daraufhin wortlos angestarrt haben. Es ist nicht bekannt, ob irgend jemand Ali erzählt hat, daß die Saudis mit ihrem eher bitteren als süßen Lächeln ohnehin eher sparsam umgehen.

Doch ein offenes Lächeln ist nicht das einzige, was in der seltsam widersprüchlichen Atmosphäre Saudi-Arabiens fehlt. Saudi-Arabien ist ein Land, in dem alte Männer fünfmal täglich beten, während ihre Söhne die Rolling Stones hören. In diesem Land essen alte Leute Lammfleisch, die Jungen importieren 20 000 Pfund Oreo-Kekse aus Amerika. Die Strafen für schwere Verbrechen werden zur Abschreckung öffentlich durchgeführt, doch die Verbrechen werden nicht erwähnt, es weiß also niemand, was man besser nicht tun sollte. Es stimmt schon, daß Diktaturen die Schwachpunkte ihrer System nicht gerade herausstellen, doch in Saudi-Arabien wurde diese Maxime auf die Spitze getrieben. Vergewaltiger werden immer auf dem Hauptplatz – oder »Hackplatz« – einer Stadt geköpft, und die Presse druckt dann die grausigen Bilder der widerlichen Prozedur unter Angabe des vollen Namens, Alters und Geburtsdatums dieses Menschen, ohne ein Wort über die Gründe für die Todesstrafe.

Kontakt zwischen Männern und Frauen ist illegal, und kann schwere Strafen nach sich ziehen. Telephonsex ist allerdings weitverbreitet. Wie auch andere Autoren berichtet der bereits erwähnte Amerikaner Theroux, der drei Jahre als Lehrer in dem Land verbrachte und sich genau mit der dortigen Lebensweise befaßt hat, von mehreren Fällen, in denen ihn Frauen in der Annahme angerufen hatten, daß er sich als Ausländer bereitwilliger auf dieses verbotene Vergnügen einlassen würde. Das geht sogar so weit, daß Frauen beim Einkaufen kleine Zettel mit ihrer Telefonnummer mitnehmen, für den Fall, daß ihnen ein lohnender, netter Mann begegnet. Der saudische Schriftsteller Anwar Abdallah erzählt, daß aus diesen Petro-Flirts oft ernsthafte Affären werden, in denen die Beteiligten ihre Frustrationen bei einem Treffen außerhalb des Landes ausleben. Doch dieselben frustrierten Frauen, die Telephonsex und alles mögliche andere praktizieren, ziehen sich beim Arzt völlig aus und lassen jedoch ihr Gesicht verschleiert. Die meisten Frauen, die in den Städten leben, putzen sich stundenlang heraus und tragen teure Kleider von Chanel und Yves St.Laurent, doch wenn sie auf die Straße gehen, verstecken sie ihre Schönheit und ihre Kleider unter einem bodenlangen *abas*. Viele dieser Frauen sind von Prinzessin Dianas Ausstrahlung derart hingerissen, daß sie ihre Töchter nach ihr benannt haben, und in anonymen Briefen an Zeitschriften klagen sie über ihre soziale Lage und ihre Rechtlosigkeit – doch ihr Haus können sie immer noch nur in Begleitung eines Mannes verlassen.

Saudische Männer, die in Amerika gelebt haben, begrüßen sich mit »Na, wie geht's, Kumpel?«, tragen jedoch arabische Kleidung und Haartracht und verkürzen den Namen Mohammed in frevlerischer Weise zu »Mu«. Sogar bis zum Drogenmißbrauch übernehmen sie alles mögliche, was in anderen Ländern modern ist und verhandeln über millionenschwere Geschäfte, während sie sich auf Beduinenart ihre Zehen massieren. Wer es sich leisten kann, trinkt heimlich für 100 US-Dollar pro Flasche Whisky, nicht weit entfernt vom islamischen Muezzin, der die Gebetsstunde ausruft.

Während des islamischen Fastenmonats Ramadan kommt jegliche Aktivität im Land auf dramatische Weise zum Erliegen, doch jeder Saudi, der mehr als ein Faß Öl verkauft hat, fährt nach London, Spanien oder Südfrankreich, um »weiterzuleben«, ähnliche Fluchtbewegungen spielen sich ab, um mit dem privaten Charterflugzeug die Freuden von Weihnachten oder Neujahr in Paris genießen zu können. König Fahd, zu dieser Geschichte befragt, bezeichnete diesen den Vorfall als »bedauerlich«. Es überrascht nicht, daß diese Art, sich den Einschränkungen des Islam zu entziehen, zuerst von Mitgliedern des Königshauses praktiziert wurde. Andere gutgestellte Ausländer beteiligen sich an diesen Verrücktheiten, die die Absurdität des Lebens in diesem Land nur noch untermauern – wie beispielsweise eine Amerikanerin, die eine Ausstellung ausschließlich mit den Geschenken veranstaltete, die sie von den Prinzen des Königreichs erhalten hatte, weil sie die Schönheit dieser Frau so bewunderten: persische Teppiche, Diamantcolliers, Smaragdringe, Ohrringe mit Diamanten und ein antikes Pfostenbett. Es handelte sich keineswegs um eine Verkaufsausstellung.

Diese Erscheinungen einer absurden Modernität haben oft eigenartige Konsequenzen, deren Zeuge ich zweimal wurde. Auf meinen mehr als 20 Reisen nach Saudi-Arabien habe ich ein morbides Interesse für die zahlreichen Autounfälle und ihren Verlauf entwickelt. Ich fand heraus, daß die Anzahl der Unfälle von 4047 im Jahr 1971 auf 24594 im Jahr 1983 angestiegen waren. Doch wenn ich mir die Autowracks anschaute, konnte ich nie nachvollziehen, wie so ein Unfall wohl passiert war. Schließlich bat ich einen alten saudischen Schulfreund, mir diese Unfälle zu erklären. »Die kann man nicht verstehen, weil die Leute hier wie die Verrückten fahren, sich an keine Verkehrsregeln halten und nach einem Unfall alles einfach so lassen, wie es war«, bekam ich zur Antwort.

Die zweite Episode ereignete sich, als ich in Dhahran saß und verzweifelt versuchte, einen Rückflug nach London zu bekommen. Der Angestellte am Flugschalter war schwarz und hatte eine afrikanische Frisur, er sprach wie ein Amerikaner aus den tiefsten Südstaaten. Ich versuchte, mich gut mit ihm zu stellen, da ich hoffte, daß er mir eine Flugverbindung verschaffen könnte. Im Verlauf unserer Unterhaltung fragte ich ihn, aus welchem Teil der Vereinigten Staaten er käme und war sehr verwundert, als ich hörte: »Ich bin Saudi, Mann, und ich war noch nie in Amerika. Englisch habe ich gelernt, weil ich immer den ARAMCO-Sender höre.« (In der amerikanischen Siedlung Dhahran leben mehr als 30 000 US-Bürger die mit originalen Programmen der Fernsehstationen aus den USA unterhalten werden.

Doch Saudi-Arabien ist vor allem das Land mit den Städten Mekka und Medina, regiert wird es durch Mitglieder der strengen Wahhabitensekte. Angesichts von 30 000 Moscheen – eine pro 300 Einwohner – ist Saudi-Arabien das Land, in dem der Islam weltweit am stärksten verankert ist. Wie das Erdöl, so ist auch der Islam eine Ware, für die die saudische Regierung die Werbetrommel rührt und Moscheen bauen läßt, eine weitere Möglichkeit, mächtig und einflußreich zu werden. Doch diejenigen in eben diesem ultra-islamischen Land, die den Reichtum aus dem Erdöl genießen, sind unvorbereitet ins zwanzigste Jahrhundert gerutscht. Die Lebensweisen, die sich aus dem Wohlstand und dem Kontakt mit dem Westen entwickelt haben, stehen in direktem Konflikt mit den pseudolegalen und kulturellen islamischen Grundlagen des Landes. Kein einziger Prinz – auch keiner von denen, über deren unmögliches Benehmen ich bereits gesprochen habe – vertritt ein anderes als das strikte Glaubensbekenntnis zum Islam und seinen Vorschriften. Außerdem erwartet die Regierung dasselbe von allen anderen Saudis. Die Ironie ist für niemanden zu übersehen. Um den Abgrund zwischen diesen beiden Seiten zu überbrücken, um ein Zentrum zu schaffen, wo es keines gibt, wurde die offizielle und private Scheinheiligkeit zur einer regelrechten Kunst verfeinert. Verwirrend sind nicht nur die widersprüchlichen Haltungen Saudi-Arabiens gegenüber einem wiederaußebenden Islam, sondern auch sonst wird nichts direkt beim Namen genannt. Also werden beispielsweise Bankzinsen als Gebühren bezeichnet, um den islamischen Vorschriften gegen Wucher Genüge zu leisten. Doch gierige Banker, die an überzogenen Gebühren verdienen, müssen ihren Laden schließen, um dem Ruf des Gebets zu folgen.

Die sozialen Widersprüche im Alltagsleben sind offenkundig, sie sind grundlegender Natur und irritieren. Aus ihnen entstehen die Wunden und Narben der Veränderung, die sich – soziologisch betrachtet – wie im freien Fall vollzieht und eine tiefe Kluft von mehreren Jahrhunderten zwischen den Generationen erzeugt hat. Und noch einmal: dieser Dichotomie im sozialen Verhalten entspricht eine gleichgeartete in der Politik, wie auch in Aktivitäten, die sich auf die Zukunft des Landes auswirken. Beispielsweise verurteilt Saudi-Arabien aus Gefälligkeit den Arabern gegenüber die Außenpolitik der Vereinigten Staaten und fordert ein Jerusalem der Moslems in einer Woche, in der es wieder neue amerikanische Raketen zum eigenen Schutz vor genau jenen Arabern bestellt, denen es vorher nach dem Mund geredet hat. Zur selben Zeit verfolgt die Regierung ihre absolutistische Politik, die keinerlei Abweichung duldet und schickt junge Saudis auf Universitäten im Ausland, in denen sie etwas über Demokratie, Freiheit und Gleichheit erfahren. Zum Erscheinungsbild Saudi-Arabiens gehört eine gleichzeitig antiwestliche und prowestliche, antiarabische und proarabische Haltung, wie auch die Konfrontation zwischen einem im Westen ausgebildeten jungen Mann, der Rousseau, Hobbes und die Bundesverfassung kennt, und einem Prinzen, der nach Belieben einen Anteil aus dem Profit seines Unternehmens fordert. Das Ergebnis der Konfrontation zwischen dem Prinzen und dem Bürger ist zudem so widersprüchlich wie die Situation selbst: der Saudi gibt dem Prinzen das Geforderte und verflucht ihn im Geheimen.

All diese gegensätzlichen Elemente in den sozialen und offiziellen Bereichen folgen ihren eigenen Antriebskräften, und weil die Regierenden die sich daraus ergebenden Konsequenzen nicht begreifen, wurde keine Politik entwickelt, die mit ihnen umgehen könnte. Der angerichtete Schaden wird also immer größer. Die Unvereinbarkeiten zwischen einer proarabischen und antiwestlichen Einstellung und der gegenteiligen Meinung, zwischen dem Alten und dem Neuen, der Regierungspolitik und dem Wunsch der Menschen nach mehr Freiheit werden von Tag zu Tag größer. Die Arabien- und Außenpolitik des Landes wird in einem späteren Abschnitt noch genauer untersucht, doch im innenpolitischen Bereich glaubt die Regierung an die eigene Propaganda und geht davon aus, daß der Reichtum einiger Weniger und ihr steigendes Bildungsniveau ausreichen, um das Volk glücklich zu machen. Sie fühlt sich von ihrer Umgebung nicht bedroht, und als Ergebnis dessen wird sogar das Benehmen von einigen Familienmitglieder noch schlimmer und untragbarer.

Die Spaltungen gehen so tief, daß innerhalb des Landes sogar das üble Verhalten der Königsfamilie einzigartig bleiben muß. Obwohl Cocktailparties und Haschischfeten inzwischen auch bei einigen Mitgliedern der neuen Schicht gang und gäbe sind, wagt niemand, es mit der Zügellosigkeit des Königshauses aufzunehmen, denn das würde als Beleidigung nach dem Buchstaben des Gesetzes geahndet. Ich weiß vom Fall eines bedeutenden Geschäftsmanns, der vom König gescholten wurde, weil er seiner Tochter eine verschwenderische Hochzeit ausgerichtet hatte. König Khalid war wütend, weil der Mann »zu hoch gegriffen« hatte. Der Mann: »Sie wollen nicht, daß ihnen jemand Konkurrenz macht.« Außerhalb des Landes geben sie das Beispiel für andere Saudis ab, die zwar immer darauf bedacht sind, sie nicht zu beleidigen, aber genauso wie sie Häuser in Marbella bauen, in Londoner Spielkasinos ihr Glück versuchen, mit Filmsternchen durch Hollywood und Südfrankreich ziehen. Doch ungeachtet des Ausmaßes von echtem und nachgemachtem sozialen Wandel, der sich im Verhalten der neuen Schicht zeigt, und trotz ihrer korrupten Machenschaften, war das Haus Saud bis jetzt nicht in der Lage, deren Forderungen nach politischer Angleichung abzuwehren. Anders gesagt: obwohl der Ölboom ihnen Reichtum und Luxus beschert hat, widersetzen sich Angehörige der neuen Klasse immer noch dem Machtmonopol der Königsfamilie und ihrem eigenen Status als politische Randfiguren. Dies gilt besonders dann, wenn das Königshaus mit neuen Methoden die Annehmlichkeiten im Leben der neuen Klasse beeinträchtigt: reiche Kaufleute müssen Anzeigen schalten, in denen sie dem König einen schönen Urlaub wünschen, ständig werden Telefongespräche abgehört und »Komitee«-Mitglieder führen sich den Leuten gegenüber immer noch so auf wie vor 50 Jahren.

Doch wie noch zu Ibn Sauds Zeiten hat die Familie kein anderes Sicherheitsventil zu bieten als die uralte und mißbrauchte Einrichtung des *majlis*. Doch der *majlis* hat sich als untauglich erwiesen, und daher gibt es immer wieder Aufstände und Mordversuche. Zwischen 1950 und 1980 haben das höhere Bildungsniveau, der Reichtum und das gewachsene Bewußtsein die Grundlagen der Opposition verändert – von den Stämmen und den religiösen Fanatikern zu nationalistischen Bewegungen, die aus der neuen Schicht entstehen, eingeschlossen die Armee und seit kurzem auch nicht-traditionelle islamisch-fundamentalistische Gruppierungen.

Seit der Anerkennung der Eisenhower-Doktrin in den späten 50er Jahren haben die Amerikaner nun schon ziemlich lange die Sicherheit des Landes auf ihre einnehmende Art garantiert; die Garantie richten sich sowohl gegen äußere wie auch gegen innere Umstürze. Wegen dieser Garantien, der bloßen Anzahl der Angehörigen des Hauses Saud und ihrer Verwandten sowie aufgrund der Geographie des Landes sind bisher sämtliche Versuche einer Ablösung der Regierungsgewalt des Hauses Saud fehlgeschlagen.

Am deutlichsten fanden das Bekenntnis Amerikas und sein Engagement zur Verteidigung Saudi-Arabiens ihren Ausdruck im Golfkrieg – auf den später noch gesondert einzugehen sein wird –, doch gingen diesem mehrere unveröffentlichte Situationen höchster Alarmbereitschaft voraus, vor allem in den Jahren 1969, 1972 und 1979. Hier waren die Amerikaner jedesmal bereit, auf »Probleme« innerhalb Saudi-Arabiens zu reagieren, auf Verschwörungen innerhalb der Armee, doch den Saudis gelang es, die Dinge selbst wieder unter Kontrolle zu bringen und die Verschwörer ohne Einmischung von außen – und ohne Gerichtsverhandlung – auszuschalten. (Dieses »Ausschalten« kann abscheuliche Formen annehmen. Es gibt Beweise dafür, daß König Faisal 29 verdächtige Luftwaffenoffiziere ohne Fallschirme aus einem Flugzeug werfen ließ.) Was mit der Eisenhower-Doktrin und ihrer Sicherheitsgarantie für das Land gegenüber jeder Destabilisierung begann, wurde von allen späteren amerikanischen Präsidenten fortgesetzt, und diese Einstellung der USA wirkt als Hindernis, das die Vertreter des Fortschritts in Betracht ziehen müssen.

Zusätzlich stellt die Anzahl der Angehörigen des Hauses Saud eine weitere große Barriere vor Umsturzversuche. Sie sind nicht nur zahlreich, sondern auch über das ganze Land verstreut, wo sie Schlüsselpositionen innehaben und vor Ort die Regierungsgewalt ausüben. Aufgrund ihrer Anzahl können sie die wichtigsten Posten in der Luftwaffe kontrollieren und auch das Innen- und Verteidigungsministerium waren immer in Familienhand. Direkt dem Kronprinzen untersteht außerdem die aus Wahhabiten und Beduinen rekrutierte Nationalgarde, eine paramilitärische Organisation, die einzig zum Schutz der Königsfamilie geschaffen wurde, inzwischen jedoch über Panzer, Hubschrauber und ein aufwendiges Waffenarsenal verfügt. Selbstverständlich steht ein Prinz, Fahd bin-Faisal, ein Neffe von König Fahd, an der Spitze des gefürchteten Geheimdienstes. Die Ermordung des Königs und weiterer 50 oder 100 seiner Angehörigen würde also nur zu einer Machtübernahme durch andere Verwandte führen. Es ist ein Ding der Unmöglichkeit, alle Prinzen des Hauses Saud – einige Tausend an der Zahl – an einem Ort zusammenzuholen und die Sache dann zu erledigen. Die USA würden immer jemanden finden, der als König einspringen könnte.

Doch nicht die Politik und die vielköpfige Familie spielen eine Rolle. Die Geographie des Landes bildet einen dritten

Schutzfaktor. Das Land ist nicht nur von seinen Ausmaßen her riesig, es hat auch mehrere Zentren. Jiddah, Mekka und Medina liegen im Westen, Riyadh in der Landesmitte und Dhahran im Osten. Bei der Organisierung eines gleichzeitigen Schlages gegen alle diese Knotenpunkte würde jede Verschwörung auffliegen, weil zu viele Menschen daran beteiligt sein müßten.

Angesichts all dieser schützenden Rahmenbedingungen könnte man annehmen, daß die Menschen in Saudi-Arabien, die einen Wechsel wollen, gar nicht erst einen Versuch zum Sturz des Regimes unternehmen. Doch es gibt immer wieder Anläufe, denn die ungerechten Machenschaften des Hauses Saud führen zu einer völlig menschlichen Gegenreaktion. Saudi-Arabien war nie ein Hort der Ruhe, und das saudische Volk war nie der willenlose Spielball, wie es das Haus Saud, seine Unterstützer und Vertreter gern behaupten.

Es gab mehr Erhebungen gegen das Haus Saud seit dem Tod des Staatsgründers als hier dargestellt werden können. So werde ich versuchen, ihre Hintergründe zu zeigen und Beispiele dafür zu nennen, wie dann mit diesen Ereignissen umgegangen wurde.

Verständlicherweise gehörte die Gründung von Gewerkschaften in der Erdölstadt Dhahran zu den ersten politischen Bewegungen, denn hier spielten Einflüsse von außen eine Rolle. Arbeiter von den Ölfeldern streikten und demonstrierten dort mehrmals zwischen 1950 und 1960. Sie forderten vernünftige Arbeitszeiten, höhere Löhne, die Abschaffung diskriminierender Behandlung (die ARAMCO stellte ihnen schlechtere Unterkünfte als ihren amerikanischen Kollegen zur Verfügung) und politische Rechte. Anfangs war diese Initiative – noch unter König Saud – einigermaßen erfolgreich, bis sich der König dagegen stellte, und die Behörden alles zerschlugen. Während Faisals Regierungszeit verschwanden im Jahr 1962 zwölf Anführer der Bewegung, die meisten wurden nie wieder gesehen.

Zwischen 1958 und 1964 verließen mehrere Familienmitglieder mit Prinz Tallal (der Vater des Citicorp-Vertreters) an der Spitze das Land, gründeten die »Freien Prinzen« und traten für

Veränderungen ein, indem sie sich mit Nassers nationalistischer Bewegung zusammenschlossen. Die Bewegung der Freien Prinzen war zwar ernstzunehmen, da sie die Grundlagen der familiären Geschlossenheit in Frage stellte, hatte jedoch keinen Erfolg. Allerdings war ihr Ende weniger hart als das der Gewerkschaftler. Prinz Tallal wurde zwar nie vollständig rehabilitiert, doch gestattete man ihm und drei seiner Brüder, in das Land zurückzukehren. Sie wurden, unter der Bedingung zu schweigen, wieder in das System integriert. Dies und der Umstand, daß die aufsässigen Prinzen der Anziehungskraft des Geldes verfielen und reich wurden, setzte allen Hoffnungen ein Ende, daß die Familie jemals ihre Haltungen ändern könnte. Die einzigen noch bestehenden innerfamiliären Differenzen drehen sich um Fraktionen, die mehr Macht wollen, oder untereinander um Waffenkäufe oder andere Verträge konkurrieren.

1955 gab es in der Stadt Taif eine Pro-Nasser-Rebellion des Militärs, und 1969 fand in der Militärbasis in Dhahran eine schwere Meuterei statt. Im selben Jahr unternahmen mehrere angesehene Bürger und Offiziere der Luftwaffe einen mutigen Versuch, die Regierung abzusetzen. 1975 wurde der Stabschef, General Muhammad Shamimairi, verhaftet und später wegen Verschwörung gegen die Monarchie hingerichtet. Der erste überlieferte Aufstand von Soldaten fand auf dem Luftwaffenstützpunkt von Dhahran statt, und einzig bei diesem Vorfall kam einmal ein Mitglied des Königshauses, Prinz Faisal bin-Saud bin-Muhammad-Abdelaziz, ums Leben.

Die an der Erhebung von Taif beteiligten Offiziere wurden sämtlich hingerichtet. Nach der Rebellion der Luftwaffe von 1969 gab es mehrere Exekutionen, denen unter anderen auch die Obersten Daoud Roumi und Said al-Omari zum Opfer fielen. Außerdem veränderte man die Modalitäten bei der Auswahl von Luftwaffenoffizeren grundlegend, inzwischen müssen sie entweder Angehörige des Hauses Saud oder einiger weniger »zuverlässiger« Familien sein. Über das Schicksal der Aufständischen vom Flughafen Dhahran weiß man wenig, sie sind verschwunden.

Eine weitere ernstzunehmende Erhebung von Soldaten und Zivilisten wurde 1969 von Yussuf al-Tawil geleitet, dem Sohn von Muhammad al-Tawil, einem Mann, der in den dreißiger Jahren eine Verschwörung gegen Ibn Saud organisiert hatte. Tawil – ein früherer Schulkamerad von mir im International College von Beirut – wurde wie auch zahlreiche seiner Mitverschwörer verschont. Aufgrund ihrer Anzahl und ihres Hintergrunds hätte ihre Exekution zu heftigen Reaktionen geführt. Doch Oberst Saud al-Muhammed, ein weiterer früherer Klassenkamerad und enger Freund, starb unter der Folter, 23 weniger namhafte Verschwörer verschwanden.

Einer der gravierendsten Aufstände gegen die Regierung fand im November 1979 statt, als religiöse Fanatiker zwei Wochen lang die Große Moschee in Mekka besetzt hielten. Bei dieser Besetzung führte ein gewisser Juhayman Muhammad Otteibi 400 bewaffnete Männer an. Die meisten von ihnen wurden von französischen Fallschirmjägern umgebracht, die das Gebäude unter Wasser setzten und dann Stromkabel hineinverlegten, nachdem sie eine Sondererlaubnis zum Betreten der moslemischen Stadt erhalten hatten. Der Aufstand bei der Moschee forderte viele Opfer: 227 Menschen starben und mehr als 400 wurden verwundet. Juhayman kam ums Leben, doch 63 seiner Gefolgsleute wurden in verschiedene Städte im ganzen Land gebracht und dort öffentlich hingerichtet, ohne daß man ihnen ein Gerichtsverfahren zugestanden hätte. Das saudische Fernsehen berichtete live über die Exekutionen, um den Menschen eine Lehre zu erteilen. In den zwei Tagen nach der Rebellion in der Großen Moschee fand in der ölreichen Ostregion des Landes eine schi'itische Erhebung statt, die gewaltsam niedergeschlagen wurde. Zahlen darüber sind nicht verfügbar, doch die Anzahl der getöteten Schi'iten schätzt man auf 200 Menschen.

Im Zusammenhang mit dem Golfkrieg wurden Dutzende Studenten, Lehrer, Journalisten und Geistliche eingesperrt, weil sie angeblich »eine Bedrohung des Regimes« darstellten. Es wurde nie deutlich gemacht, was mit dieser »Bedrohung« gemeint war, doch viele der Verhafteten sind immer noch im Gefängnis und werden systematisch gefoltert. Unter den Bekanntesten, die vor kurzer Zeit erst eingesperrt wurden, sind der Golfkriegsgegner und Sufi-Anhänger Muhammad al-Fassi und der Menschenrechtsaktivist Muhamad al-Masaari. Trotz wiederholter Bemühungen der internationalen Menschenrechtsorganisationen wurde ihren Familien nicht gestattet, sie zu besuchen, und es ist nicht bekannt, wo sie sich befinden.

Wie man erkennen kann, tragen die Anzahl der Mitglieder des Hauses Saud und ihre Verbreitung über das Land zwar zur Verhinderung von Initiativen gegen die Regierung bei, haben aber nicht als Abschreckungsmittel gewirkt, und die Menschen haben immer wieder neue Versuche gewagt. Der Umstand, daß es in den vergangenen zehn Jahren keine größeren Anstrengungen zu einem Regierungsumsturz gegeben hat, ist zweifellos dem zunehmenden Bewußtsein über die offenkundige Unterstützung der Amerikaner für die königliche Familie zuzuschreiben. Doch sollte dies nicht überbewertet werden und zu der Annahme verleiten, Bevölkerung oder Armee hätten aufgegeben, denn beim »Mann der Straße« ist eine wachsende Opposition gegen die Regierung festzustellen. Die gelegentlichen Entlassungen von Armeeoffizieren – seit dem Golfkrieg gab es zwei, eine im April 1990 und eine im Mai 1991 – weisen auf eine beständige Unzufriedenheit bei diesen Dienstgraden hin, und die regelmäßigen Lohnerhöhungen für Offiziere und Soldaten sind nichts weiter als ein primitiver, erfolgloser Versuch des Hauses Saud, sich ihre Loyalität zu erkaufen. Wichtig ist jedoch, daß der größte Widerstand gegen das Haus Saud eine ganz andere Wendung genommen hat. Die fehlgeschlagenen früheren Umsturzversuche und die zunehmende Unterstützung durch den Westen haben zu einer Suche nach neuen Wegen geführt. Inzwischen gibt es den Versuch, eine der wichtigsten Grundlagen des Regimes zu untergraben: den Islam. Die Opposition geht davon aus, daß das Land in einem islamischen Gesamtgefüge weiterbestehen und die Zusammenarbeit mit dem Westen immer wieder herausstellen muß, akzeptiert jedoch nicht die Interpretation des Islam durch das Königshaus und klagt es der Pervertierung der Religion an. Sie verlangt eine repräsentative islamische Regierung.

Ob dieser neue Weg mit seiner wesentlich breiteren Basis bei den Massen erfolgreich sein wird, wo nationalistische Bewegungen mit kleinerem gemeinsamen Nenner bereits gescheitert sind, kann man schwer voraussagen. Doch ist klar geworden, daß die grundsätzlich instabile Fassade gefährdet ist. Der Schriftsteller David Howarth sieht das so: »Mit Sicherheit ist das Königreich weltweit eines der Länder, bei denen sich eine Revolution am meisten lohnt, und es ist auch fällig dafür.« Verständlich ist die emotionalere Sichtweise des im Exil lebenden saudischen Autoren Muhammad Sadeeq: »Das Licht meiner Heimat ist erloschen – VORLÄUFIG.«

Will man erfahren, wie sich die Unzufriedenheit im Land auswirkt, braucht man den Saudis nur zuzuhören. Man wird feststellen, wie sehr sie der Mangel an politischen Reformen beschäftigt. Die ständige Verletzung der Menschenrechte ist ein trauriges Thema in jeder alltäglichen Unterhaltung. Direkt nach dem Golfkrieg fand dieses Elend seinen Ausdruck in einer an den König gerichteten Petition, in der mehr Freiheit gefordert wurde. Das Dokument wurde von 50 der angesehensten Honoratioren, Gelehrten, Geschäftsleuten und früheren Regierungsfunktionären unterzeichnet, unter anderem auch vom ehemaligen Informationsminister Muhammad Abdou Yamani (er ist nicht verwandt mit seinem Namensvetter, dem früheren Minister für Erdöl und Ressourcen). Auf die Bittschrift kam keine Reaktion, und im Westen werden diese gravierenden Vorgänge wie eine von vielen unwichtigen Geschichten abgehandelt – man verweigert ihnen den gebührenden Raum. Auch andere ernstzunehmende Ereignisse werden nicht entsprechend beachtet. Am 16. Oktober 1988 berichteten *New York Times, Washington Post* und *Wall Street Journal*, daß der Rat der Ulemas in Saudi-Arabien, ein vom Haus Saud eingerichtetes religiöses Gremium, eine *fatwa* (religiöse Grundsatzentscheidung) beschlossen hatte und darin der Exekution von

Mitgliedern oppositioneller politischer Parteien zustimmte. Im selben Monat wurden trotz der dringenden Bitten zahlreicher internationaler Menschenrechtsorganisationen und der kuwaitischen Regierung sechzehn Kuwaitis von Saudis hingerichtet, weil sie angeklagt waren, während der Hajj Unruhe gestiftet zu haben.

In jüngster Zeit wurden nach Informationen der Menschenrechtsorganisation *Article 19* und dem *Minnesota Lawyers' International Human Rights Committee* zahlreiche Iraker, die sich auf der Flucht vor Saddam Hussein nach Saudi-Arabien geflüchtet hatten, von Saudis getötet oder verwundet. 20 000 werden in einem Lager in der Rafha-Wüste festgehalten, wo sie unter unmenschlichen Bedingungen leben müssen und einer Hitze von 48°C im Schatten ausgesetzt sind. Als sie randalierten und bessere Unterbringung und Verpflegung verlangten, eröffneten die saudischen Sicherheitskräfte wahllos das Feuer. Die Saudis haben alle Bitten von Menschenrechtsorganisationen, das Lager besuchen zu dürfen, abgelehnt. Westliche Regierungen haben auf die Ungeheuerlichkeiten dadurch reagiert, daß sie einigen Flüchtlingen Einreisevisa angeboten haben (u. a. 3 000 für die USA und 700 für Schweden), doch keine einzige Regierung hat die Vorgehensweise des saudischen Regimes verurteilt. Über all diese Vorfälle wird gesprochen, und von den meisten Saudis werden sie mißbilligt. Viele sind über die Haltung der westlichen Regierungen und die Gleichgültigkeit der westlichen Medien verbittert (siehe dazu das Kapitel »Die letzte Verteidigungslinie«).

Seit der islamischen Revolution im schi'itischen Iran geht die Diskriminierung der saudischen Schi'iten über den gelegentlichen Erlaß von *fatwas*, in denen sie als Häretiker bezeichnet werden, und die Verweigerung von Arbeitsplätzen und wirtschaftlicher Gleichberechtigung hinaus. Im September 1991 erschien in einer saudischen Zeitung die Aussage eines älteren wahhabitischen Geistlichen, eines gewissen Abdallah bin-Jibreen, der ein Vertrauter des Hauses Saud ist, und nichts ohne Zustimmung von dort unternimmt. Er bezeichnete die Schi'iten als »Götzendiener, die getötet werden müssen«. Im darauffolgenden Jahr wurde diese aufhetzende Meinung noch durch eine offizielle *fatwa* bestätigt. Als müßten sie dieser unglaublichen Aufforderung zum Mord schnellstens nachkommen, nahm die Regierung 26 schi'itische Geistliche fest, viele schi'itische Bewohner des Dorfes Umm al-Kura verschwanden und ein Bürger namens Muhammad al-Farrasch, der laut Kritik äußerte, wurde öffentlich hingerichtet. Die Sicherheitskräfte rissen vier schi'itische Moscheen nieder, von denen es im Unterschied zu anderen Ländern ohnehin nicht sehr viele gibt. Die Regierung verweigert die Baugenehmigungen für neue, und es wurden noch strengere Maßstäbe als bisher angelegt, um die Schi'iten davon abzuhalten, allzuviele ihrer religiösen Festtage zu begehen. 1988 wurden 340 schi'itische Angestellte der Jubail-Raffinerie im Osten des Landes entlassen, »weil Schi'iten unzuverlässig sind«. Schi'iten findet man auch selten in Regierungsämtern, sie können nicht den Streitkräften beitreten. Natürlich werden immer noch Menschen ohne Anklage eingesperrt, oder sie werden gefoltert, ohne daß sie Kontakt zu ihren Rechtsanwälten aufnehmen dürften. Bei einem Vorfall, der die Vorstellungskraft übersteigt und ein deutliches Licht auf die Panik im Haus Saud wirft, wurden im September 1992 die zwei schi'itischen Theologiestudenten Turki al-Turki und Abdelkhaliq Jannabi zum Tode verurteilt, weil sie als Teil ihres Lehrplans die Bibel lesen mußten. Der allgemeine Aufschrei angesichts dieses Urteilsspruchs bewog König Fahd dazu, ihn wieder aufzuheben.

Selbstverständlich gibt es Gesetze, die sich gegen die ganze Bevölkerung richten und abweichende Meinungen ohne Unterschied unterdrücken. Ein Mensch kann wegen verdächtigen Verhaltens verhaftet werden, ohne daß klargestellt würde, was damit gemeint ist. Regierungsangestellte dürfen sich nicht schriftlich an die Presse wenden, und niemand darf sich mit ausländischen Journalisten unterhalten. Doch das ist noch nicht alles: verdächtige Ärzte dürfen nicht praktizieren, verdächtigen Professoren ist jeder Unterricht untersagt, und 1992 wurden 52 nicht-schi'itische Geistliche inhaftiert, die gegen diese Maßnahmen protestierten. Es ist allgemein üblich, daß saudische politische Gefangene gefoltert werden, darüber gibt es Berichte von Amnesty International, Middle East Watch, dem Committee for Human Rights in the Arabian Peninsula, The Minnesota Lawyers' International Human Rights Committee und anderen. Die Foltermethoden gehören zu den brutalsten der Welt. Viele Gefangen werden im Dunkeln gehalten, über Monate in feuchten Zellen, die kaum größer als 1 × 1,20 Meter sind. Um Geständnisse zu erpressen, werden Finger- und Zehennägel ausgerissen; widerspenstigen männlichen Gefangenen wird der Penis festgebunden und mit Wasser gefüllt, bis er platzt, und es ist bekannt, daß Gefangene in Schwimmbecken geworfen und dann von Wachleuten, die mit Stöcken bewaffnet am Rand standen, daran gehindert wurden, wieder herauszusteigen. Nachdem sie schließlich ertrunken waren, konnten die Sicherheitskräfte behaupten, daß der Tod durch natürliche Ursachen eingetreten war.

Auch Frauen werden gefangengenommen. Eine von ihnen, Alia Makki, schrieb ein packendes Buch über ihre Erfahrungen in Einzelhaft, wie sie es in Gesellschaft von Ameisen, Schaben und Wanzen ausgehalten und schließlich das Gefühl für den Unterschied von Tag und Nacht verloren hat. Als sie wieder zu ihrem Vater zurückkehren durfte, nachdem man sie sechs Monate lang ohne Erklärung festgehalten und gefoltert hatte, verlangte der Sicherheitsoffizier von ihm eine schriftliche Bestätigung, daß sie sich trotz der Wunden, blauen Flecken und anderen sichtbaren Spuren von Folterungen in guter körperlicher Verfassung befände. Ihr Vater gehorchte, brach dann jedoch zusammen und weinte bitterlich.

Vor vielen Jahren, als ich noch nach Saudi-Arabien einreisen durfte, überraschte mich die Anzahl der gebildeten und gläubigen Menschen, die für politische Verbrechen gebüßt hatten. Aber bei den meisten war es nicht nur unmöglich, den genauen Grund für ihre Haft festzustellen, mir fiel auch auf, daß niemand davor sicher war. Eine weitere Enthüllung der Namen prominenter Leute (Armeeoffiziere eingeschlossen), die Haftstrafen zu verbüßen hatten, wurde durch die Angst vor neuen Repressalien verhindert. Ein gutes Beispiel dafür findet sich in Linda Blandfords Buch *The Oil Sheiks*. Sie schildert dort ein beunruhigendes Gespräch mit einem Bekannten von mir, Abdelaziz Muammer, dem früheren saudischen Botschafter in der Schweiz und Bruder des hingerichteten Obersten Saud al-Muammer. Blandford beschreibt, wie die Haft in einer Dunkelzelle dazu führte, daß er sein Augenlicht verlor und seine körperlichen Fähigkeiten bis heute noch nicht wieder ganz unter Kontrolle hat. Als sie ihn danach fragte, warum man ihn 12 Jahre lang in Einzelhaft gehalten hatte, sagte er ganz einfach, daß er es nicht wisse. Ich erinnere mich an Muammer als einen äußerst intelligenten, kultivierten Mann, und ich weiß, daß seiner Familie sieben Jahre lang nicht bekannt war, ob er tot war oder noch lebte. Seine Frau mußte sich der unwürdigen Prozedur unterwerfen, König Faisals Füße zu küssen und ihn um Gnade zu bitten, um zu erfahren, wo man den Abkömmling einer der führenden Familien Saudi-Arabiens gefangenhielt – eines Stammes, der den al-Sauds ebenbürtig war und einst die Nejed beherrschte. Dies ist kein besonders ausgefallenes Einzelschicksal, doch aufgrund der strengen Zensur in Saudi-Arabien und der Angst gibt es keine Möglichkeit, die genaue Anzahl der politischen Gefangenen im Land und etwas über ihr Schicksal zu erfahren.

Vielleicht reicht schon die Feststellung, daß die Verordnungen über Haftstrafen für politische Vergehen immer noch als Staatsgeheimnis behandelt und nie veröffentlicht wurden, während die Anzahl der »Komitee«-Büros auf 200 angewachsen ist und es 150 Strafanstalten gibt. Inzwischen hat man alle öffentlich gegebenen Reformversprechen zurechtgestutzt oder zurückgezogen, vor allem die, in denen es um rechtlichen Beistand und Schutz der Menschen vor willkürlicher Verhaftung und Folter ging. Es überrascht niemanden, daß bisher keine einzige Gruppe oder Organisation vor Ort über Meldungen von Folterungen recherchieren durfte, und Berichte aus zweiter Hand, auch einige sehr gründlich von Beamten des amerikanischen Außenministeriums erarbeitete, werden von den saudischen Behörden als Propaganda abgetan.

Muhammad Ali hatte recht: es gibt wenig in dem Land, worüber man lächeln könnte. Doch Geld allein macht nicht glücklich. Nachdem es nun seit 40 Jahren den aus dem Erdöl gewonnenen Reichtum gibt, nehmen die neuen Reichen ihr finanzielles Wohlergehen als selbstverständlich hin, nur wenige sehen ihre Lage als ein Geschenk des Hauses Saud. Das bedeutet, daß ihre Loyalität gegenüber dem Königshaus schwächer ist als jemals zuvor und einen stetig wachsenden Unruheherd darstellt. Plausibel erscheint das zum einen durch die ständige steigende Anzahl der Angehörigen dieser Schicht, durch ihre Fähigkeit, vieles besser als in der Vergangenheit zu organisieren und den im Gefolge des Golfkriegs gestiegenen Druck auf sie. Beispielsweise werden die politischen Parteien, die die Unzufriedenheit der neuen Klasse zum Ausdruck bringen, trotz aller Zerstörungsversuche der Regierung immer stärker. *Free Nejed, Labor Socialist Party, Arab Nationalist Party, Democratic Saudi Party* und zahlreiche kleinere Organisationen haben viel Zulauf, und ihre Forderungen nach einem Ende der Unterdrückung werden von Tag zu Tag lauter.

Wie gesagt, werden die religiösen Führer, die die Mehrheit der Bevölkerung vertreten, angegriffen und sind sehr unzufrieden. Obwohl sie mit einigen Ausnahmen von harten Strafen verschont geblieben sind, hat man diese Angriffe doch auf den von Wahhabiten geleiteten und großzügig geförderten Rat der Ulemas ausgeweitet. Abgesehen von Fanatikern wie Scheich Ibn Jibreen, ist die Spaltung zwischen den wahhbitischen religiösen Führern und dem Regime einer der tiefsten Widersprüche des Landes. Die Regierung tut so, als sei sie auf deren Unterstützung angewiesen, herrscht im Namen des Islam und besteht auf dem Koran als Verfassung. Im Kern wird dieser eine Widerspruch durch einen anderen erzeugt: die Art und Weise, wie die königliche Familie den Islam als Schutzschild benutzt hat, ohne sich nach seinen Grundsätzen zu richten – eine Haltung, die eher unwissende Menschen außerhalb des Landes überzeugt, die den Islam fälschlicherweise für vieles verantwortlich machen, was in dem Land vorgeht.

Kein religiöser Führer, wie distanziert er auch gegenüber weltlichen Fragen eingestellt sein mag, ist so isoliert, daß er nicht über die Gepflogenheiten des Hauses Saud und die dort üblichen, sonst verbotenen Dinge wie Trinken, Glücksspiel und Hurerei Bescheid wüßte. Dies alles wird von sämtlichen islamischen Sekten untersagt, die außerdem das Konzept einer Monarchie und das Prinzip der königlichen Thronfolge ablehnen. Der Prophet Mohammed hat sich ganz offen gegen beides ausgesprochen, und auch die Kalifen nach ihm haben diese Haltung vertreten. Nach islamischem Recht wird der oberste Regent von der Bevölkerung durch eine *Bai'a* gewählt (das am ehesten entsprechende Wort wäre [englisch: fealty = Lehenstreue] wohl: Lehensmännerversammlung), und seine Wahl bestimmt ihn als denjenigen, der Recht spricht, in Übereinstimmung mit der Religion die Gesetze erläßt und nach seinem besten Wissen und Gewissen regiert. Außerdem äußert sich der Islam sehr deutlich über den Einsatz von Gewalt gegenüber anderen Menschen, sogar Folter wird durch besondere Vorschriften angesprochen und verboten.

Bis vor kurzem hat der wahhabitisch geführte Rat der Ulemas die Untaten der Mitglieder des Königshauses übersehen, da sie derselben Religion angehören und ihre Förderer sind; sie zu kritisieren, hätte einen offenen Konflikt und das Ende der wahhabitischen Vorherrschaft herbeigeführt. Seit einiger Zeit ist diese Schranke gefallen. Junge wahhabitische Geistliche sind dermaßen unerbittlich in ihrer Opposition gegenüber dem Haus Saud und dem verschwenderisch zur Schau gestellten Reichtum der Mächtigen und Vermögenden, daß sie ihre konservativen Oberen zu einem Meinungsumschwung bewegen konnten. Diese neue Haltung wurde in jüngster Zeit bei einer Gelegenheit offenkundig, als sich der Rat der Ulemas weigerte, eine Petition mit Kritik an König Fahd zu verurteilen. Daraufhin wurden sieben Mitglieder des Rats entlassen, ein bis dahin nie dagewesener und äußerst gefährlicher Schritt. Zusätzlich stellen die jungen Ulemas, ähnlich wie die Ikhwan in den 20er Jahren, die enge Beziehung ihrer Regierung mit dem ketzerischen Westen in Frage und haben in dieser Hinsicht so etwas wie eine Veränderung bewirkt. Die Oberen konnten die Einstellungen der jüngeren Glaubensrebellen akzeptieren und entsprechend reagieren, weil die alte Garde der Wahhabiten eine interne Spaltung fürchtet. Sie haben auch vor der zunehmenden Macht der Neureichen Angst, wie auch vor der damit verbundenen Übernahme westlicher Verhaltensweisen, die sie zu einem Gegengewicht zur Königsfamilie werden lassen könnte. Die wahhabitischen Ulemas fürchten, daß das Verhalten des Königshauses engagierten Moslems Anlaß geben könnte, sich anderen islamischen Gruppen anzuschließen. Im Dezember 1991 wurden aus dieser Angst heraus einige neue, fundamentalistische Gruppen angegriffen. Als außerdem Scheich Abdelaziz al-Baz, der wahhabitische Vorsitzende des obersten religiösen Gremiums des Landes, aufgefordert wurde, entweder aktiv zu werden oder Glaubwürdigkeit einzubüßen, richtete er in einer sehr weitreichenden Reaktion den Appell an König Fahd, Reformen durchzuführen. In diesem Appell, der die Unterschriften von 500 religiösen Scheichs trug, wurden die allgegenwärtige Korruption im Land und die fehlende Freiheit beklagt und politische Reformen gefordert, unter anderem auch ein unabhängiger, gewählter Konsultativrat, der die Befugnis haben sollte, gegen die gegenwärtigen Exzesse juristisch einzuschreiten und diese Situation wieder zu bereinigen. Dieser Appell aus einem Gremium, das bis dahin zu den Unterstützern des Hauses Saud zählte, war für den König ein empfindlicher Schlag, besonders in den Passagen, in denen seine Haltung ausdrücklich auf eine Stufe mit der seines davongejagten Bruders, König Saud, gestellt wurde. Bestätigt wurde dadurch die offenkundige Ansicht der Wahhabiten, daß sie durch die vom richtigen Weg abweichenden königlichen Glaubensbrüder und -schwestern in Verruf geraten.

Doch wenn der zurückhaltende, wahhabitisch kontrollierte Rat der Ulemas bei der Forderung nach Reformen stehen bleibt, so gehen nicht-wahhabitische Religionsführer und ihre Anhänger wesentlich weiter. Die schi'itische Opposition gegen das Regime ist total – und bei der Behandlung, die ihnen zuteil wird, nicht verwunderlich. Doch außerdem gibt es noch die verbotenen, doch immer weiter erstarkenden und sehr aktiven religiösen Parteien der Hizbollah, die neuen Ikhwan, die Islamic Revolutionary Party, die Moslemische Bruderschaft und andere, die alle eine erneute Zuwendung zum Islam fordern, welche das Weiterbestehen des Hauses Saud verhindert. Obwohl all diese Gruppen im Untergrund arbeiten, sind sie von Tag zu Tag weniger zu überhören und ihre Proteste kann man schon fast als allgemeinen Aufschrei bezeichnen.

Die Unzufriedenheit der Menschen äußert sich in vielen Alltäglichkeiten. Eine der Tonkassetten mit Aufnahmen, die gegen das Haus Saud agitieren und die von einer der obengenannten Gruppen vertrieben wird, ist so populär, daß die Regierung US-Dollar 500 000 für jede Information über den Autor ausgesetzt hat. Eine andere ebenso beliebte Kassette trägt den Titel *Supergun* und bezieht sich damit auf die Superwaffe, mit deren Einsatz Saddam Hussein das Land bedrohte. Zu der wiederauflebenden religösen Opposition bietet der syrische Journalist und ehemalige Berater von König Faisal, Nihad al-Ghadiri, einen klugen Kommentar: »Der islamische Fundamentalismus unterscheidet sich von demjenigen des Christen- oder des Judentums, weil hier nicht eine einzelne Sekte einen anderen Standpunkt einnimmt, sondern weil sich alle islamischen Sekten wieder auf das Wort des Koran beziehen wollen.« Aus diesem Grund ist es dem Haus Saud unmöglich, diese Parteien ganz und gar zu unterdrücken.

Die Verbreitung von Tonkassetten, Streitschriften, Büchern, Abschriften antimonarchistischer Petitionen und anderer Medien, in denen immer eine reinigende islamische Revolution proklamiert wird, gehört inzwischen zum Alltag in Saudi-Arabien. Sie sind auf den Spitzenplätzen der Bestsellerlisten zu finden, und die Hörer- und Leserschaft dieser revolutionären Dokumente nimmt ständig zu. In einigen Moscheen hat es während des Freitagsgebets auch gelegentlich schon mutigen, offen geäußerten Widerspruch und Rufe nach einem Sturz des Regimes gegeben, obwohl den Männern, die sich derart äußern, die Verhaftung gewiß ist, und am 30. Januar 1992 reagierte die Regierung, um eine geplante islamisch-fundamentalistische Demonstration zu verhindern. Diese ernstzunehmenden Aktionen haben den König und einige seiner Neffen dazu bewogen, ihre Pressekonferenzen für Angriffe auf die Fundamentalisten zu nutzen.

Auch wenn man die Armee als Machtfaktor für einen Regierungswechsel außer acht läßt, erscheint eine Annäherung der Systemkritiker seit kurzem doch wahrscheinlich. Im Juli 1992 wurde an König Fahd eine Petition gerichtet, die 108 Geistliche, Professoren, Leute aus der Wirtschaft und andere unterzeichnet hatten – eine Petition voller Wut, mit der Aufforderung an den König, keine neuen Paläste mehr zu bauen. Derartige Petitionen wird es in Zukunft wahrscheinlich noch mehr geben. Die harten sozialen Spannungen werden noch durch Fragen verschärft wie beispielsweise denen, wohin der Reingewinn des Landes von 140 Milliarden US-Dollar verschwunden ist, und warum das Haus Saud freundschaftliche Beziehungen ausgerechnet mit dem Westen pflegt, der gegen die Moslems in Bosnien und Palästina ist. Insgesamt treiben die Weigerung oder Unfähigkeit der Regierung, sich mit den Problemen einer Gesellschaft zu befassen, die, wie der libanesische Autor Georges Corm es formuliert, »vom Erdöl krank geworden ist«, mehr und mehr Menschen in die Opposition.

James Akins, der frühere amerikanische Botschafter in den Saudi Arabien, setzt aus zahlreichen dieser Elemente ein überzeugendes Szenario zusammen, das der Situation im Iran am Vorabend des Schah-Sturzes ähnelt, als sich die gläubigen Moslems und die Geschäftsleute zusammengetan hatten, um ihn durch offene Rebellion in den Straßen in die Knie zu zwingen. Ob sich die Menschen in Saudi-Arabien zu einer allgemeinen, nicht aufzuhaltenden Rebellion zusammenschließen können, mag dahingestellt sein. Doch andere Experten bezweifeln die Fähigkeit der Herrscherfamilie, weiterhin die anstehenden Herausforderungen abzuwehren und sehen ihre fragwürdigen Pläne über den Aufbau einer Armee und die zynische Unterstützung der Religion letzten Endes auf eine Finanzierung ihres eigenen Untergangs hinauslaufen. Westliche Politiker bewerten das anders, und die amerikanische Regierung hat die letzten Ankündigungen über die Einrichtung eines zahnlosen Konsultativrats unter der totalen Kontrolle des Königs als »bedeutenden Schritt vorwärts« bezeichnet. Bill Clinton, John Major, François Mitterand und andere Politiker des Westens haben zwar die Garantien für das Haus Saud erweitert, aber die Frage nach ihrem Verhalten im Fall einer ernsthaften inneren Revolution in Saudi-Arabien bisher noch nicht beantwortet. Was würden sie unternehmen, wenn auf den Straßen des Landes die Rufe nach Demokratie erschallen würden? Was würden sie tun, wenn in Mekka eine gegen das Haus Saud gerichtete islamische Republik ausgerufen würde? Würden sie Bomben auf Mekka werfen und damit mehr als einer Milliarde Moslems den Krieg erklären? Jetzt ist der richtige Zeitpunkt, um den Weg des Hauses Saud in den Untergang abzubrechen. König Fahd und seine Familie müssen zu einschneidenden Veränderungen gezwungen werden.

Brüder sind wählerisch

Saudi-Arabien hat zwei Identitäten, eine arabische und eine islamische. Ausgenommen im Libanon ist der Islam in allen arabischen Ländern die vorherrschende Religion, und diese doppelte Identität ist dort überall gegeben. Bis zur Radikalisierung des Islam in jüngster Zeit und den Erfolgen der islamischen Fundamentalisten bei Wahlen und in anderen politischen Situationen, die ihnen die Einflußnahme auf staatliche Politik ermöglichten, haben die arabischen Länder im Unterschied zu Saudi-Arabien ihre islamische Identität mit Leichtigkeit getragen. Sie hatten keine Probleme damit, ihre nationale Identität über die religiöse zu stülpen. Saudi-Arabien war dazu nie imstande und hat es aus Gründen praktischer Politik nie versucht. Die Tatsache, daß in Saudi-Arabien der Geburtsort des Propheten Mohammed und die beiden heiligsten Stätten des Islam, Mekka und Medina, liegen und alle körperlich dazu fähigen Moslems verpflichtet sind, eine Wallfahrt – die Hajj – dorthin zu unternehmen, betont die islamische Identität des Landes deutlich. Außerdem hat Saudi-Arabien die Religion zur Basis des Staates erklärt.

Im Islam gibt es keine klare Trennung zwischen Religion und Politik, Gott und Kaiser überschneiden sich. Daher ist die religöse Einstellung des Landes auch eine politische. Das Bekenntnis Saudi-Arabiens zum Islam als Richtschnur bedeutet zwangsläufig, daß sich der Staat in islamische Politik einmischt. Außerdem haben die verschiedenen aus dem Haus Saud hervorgegangenen Könige nie versucht, die äußerlichen Ansprüche des Islam an sie in Grenzen zu halten; sie haben sie erleichtert zur Kenntnis genommen, um ihre grundsätzliche Schwäche gegenüber den Arabern wettzumachen. Während andere arabische Länder also keine Probleme damit hatten, ihre beiden Identitäten miteinander zu versöhnen, war das Haus Saud darauf aus, eine Spaltung zwischen ihnen herbeizuführen und beeinflußte ständig deren Verbindungen in der islamischen Welt, um die historischen, sprachlichen und geographischen Anforderungen der Araber auszugleichen.

Die zweifache Identität ist eine Tatsache und ein Vorteil, was auf vielfache Weise zum Ausdruck kommt. Ein Beispiel dafür ist der beständige Bezug auf die »Islamische Brüderschaft«, der sich in alle Verträgen findet, die Saudi-Arabien mit islamischen und arabischen Ländern geschlossen hat, wie auch in dem Titel »Hüter der Heiligen Stätten des Islam«, den König Fahd angenommen hat und der ursprünglich für den türkischen Sultan Selim geschaffen wurde. Diese außergewöhnliche ethno-religiöse Position und Macht wurden durch die Kontrolle Saudi-Arabiens über 25% der bekannten Erdölreserven der Welt nur noch verstärkt. Der Ölreichtum und die relative Schwäche der Araber und Moslems hätten zu einer echten Vorreiterolle des Landes in beiden Sphären führen können. Doch sehr zum Kummer der Freunde Saudi-Arabiens im Westen ist es dazu nicht gekommen. Die allgemein angenommene Führungsrolle Saudi-Arabiens als arabischer und islamischer Staat existiert nur oberflächlich und wird von den meisten Arabern und Moslems nicht akzeptiert, von anderen immer nur für kurze Zeit und aufgrund besonderer finanzieller Bedürfnisse.

Saudi-Arabiens Unfähigkeit, als Führungsmacht in Erscheinung zu treten, hat klare Gründe in seiner Tradition. Dazu gehören die geringe Bevölkerungsanzahl, die Rückständigkeit als ehemaliger Beduinenstaat und die Verbindung des Hauses Saud mit dem Wahhabismus. Andere Gründe wiederum hat sich das Haus Saud selbst zuzuschreiben: seine ständige spalterische Politik, totales Versagen bei der Entwicklung einer konstruktiven langfristigen Politik, die Korruption in der Königsfamilie und ihr Beharren auf ihrer absolutistischen Herrschaft; dazu kommen noch die Schwäche und das mangelnde Geschick der meisten Könige. Man kann darüber streiten, ob das Haus Saud an den vorgegebenen traditionsbedingten Gründen etwas hätte ändern können. Aber das, was der Familie anzulasten ist, begann mit der Besetzung fast der ganzen arabischen Halbinsel und der Ausrufung des saudischen Staates. Das Erdöl kam später als Faktor dazu; es hätte die Herausbildung vernünftiger arabischer und islamischer Einstellungen fördern sollen, bewirkte jedoch genau das Gegenteil. Es führte zu einer Teilung in Saudis und den »Rest«. In der jüngsten Vergangenheit wurde das Erdöl dazu benutzt, um Araber und Moslems gegeneinander aufzubringen.

Doch auch wenn Ibn Saud der arabischen oder der islamischen Welt selbst wenig Interesse entgegenbrachte, so konnte er doch auf keine von beiden verzichten. Araber und Moslem war er nur ungern und versuchte alles, damit diese beiden Aspekte nicht seinen persönlichen Zielen und Plänen in die Quere kamen. Kurz nachdem Ibn Sauds Eroberungszüge beendet waren, brach der neue Staat Saudi-Arabien, den es bis dahin nicht gegeben hatte, in den 20er Jahren Grenzkonflikte mit sämtlichen Anrainerstaaten vom Zaun (mit dem Irak, Jordanien, Quatar, Kuwait, Oman, dem Jemen und den englischen Protektoratsstaaten, die heute als Vereinigte Arabische Emirate bekannt sind). Bei diesen Streitigkeiten akzeptierte Ibn Saud von den Briten eingebrachte Lösungen, und ging sogar so weit, mit einigen seiner Nachbarn nichtssagende Freundschaftsverträge zu unterzeichnen. Mehr als das hatte er nicht zu bieten, und die meisten arabischen Länder waren damals noch Kolonien, die um ihre eigene Unabhängigkeit kämpften und kaum in der Lage waren, ihn zu einem stärkeren Engagement als Araber zu zwingen oder sein Volk gegen ihn zu unterstützen. Doch die Zusammenhänge in der Welt des Islam waren völlig unterschiedlich. Die Einnahme der Städte Mekka und Medina im Jahr 1925 schloß eine Mißachtung des Islam von vornherein aus. In diesem Fall stand das ungläubige Großbritannien im Abseits, der Islam und die islamische Einheit stellten keine Bedrohung dar und die Kontrolle über die heiligen Städte konnte sich vielleicht als nützlich erweisen.

Die Moslems waren der Ansicht, daß Mekka und Medina für alle da waren und verlangten eine Mitsprache bei der Verwaltung. Sie brachten klare Forderungen für die Einrichtung einer demokratischen, rein moslemischen Verwaltung für Mekka und Medina vor, in der Ibn Saud als »Hüter« fungieren sollte. Da Ibn Saud gleich die Ablehnung des Wahhabismus darin erkannte, versuchte er sofort, die Unzufriedenheit der Moslems zu negieren. Er verkündete, seine Besetzung von Mekka und Medina sei nur vorübergehend, und später solle ein akzeptableres religiöses Gremium eingesetzt werden, das allerdings immer noch unter seiner Kontrolle stehen sollte. Das genügte nicht, um die Zweifler zu beruhigen. Es gab vehemente Proteste gegen von Wahhabiten verübte Gewalttaten, und als die nicht-wahhabitischen Bewohner des Hijaz mit den Außenseitern sympathisierten, erschien Ibn Saud dies alles so gefährlich, daß er 1926 eine Islamische Konferenz einberief, »damit unsere islamischen Brüder uns so kennenlernen, wie wir wirklich sind, und nicht wie unsere Feinde uns dargestellt haben«.

An der Islamischen Konferenz nahmen Könige, Präsidenten und Vertreter von über 40 Ländern teil. Doch da es keine allgemein akzeptierte islamische Kirchenhierarchie gab, die die Befugnis zur Entscheidung religiöser Fragen hatte, war das Ganze ergebnislos. Die anstehenden Themen wurden in hitzigen Debatten erörtert, der Widerstand gegen jede Veränderung in der Verwaltung der heiligen Städte und gegen die Annahme des unislamischen Königstitels durch Ibn Saud wurde noch um die Forderungen nach religiöser Toleranz und nach einer Verurteilung der »Konzessionserteilungen an Ausländer« erweitert. Doch nach vielen Drohungen und Gegendrohungen kamen am Ende der Konferenz doch keine Ergebnisse zustande, nur ein Komitee wurde einberufen, das sich unter dem Vorsitz von Prinz Faisal mit diesen Fragen befassen sollte. Obwohl alle unzufrieden waren, konnte niemand die Situation ändern. Für Ibn Saud war die Islamische Konferenz erledigt, nachdem er seine Versprechungen über die Unantastbarkeit der heiligen Städte gemacht und weiter ausgeführt hatte, daß die Pilgerfahrt – die er unterstützte, weil sie seine einzige einheimische Geldquelle darstellte – unter ihm sicherer sei als jemals zuvor. Als er dann die indische Delegation abschieben ließ, zeigte das sehr deutlich, wie sicher er sich fühlte. Obwohl Ibn

Saud erst viel später seine Versprechen brach, einschließlich dem wichtigen über die Konzessionen an Ausländer, spielten Mekka und Medina im panislamischen Raum für lange Zeit eine wesentlich geringere Rolle, doch sie blieben unter Kontrolle der Sauds.

Die Grenzdispute und die Glaubensfragen waren für die arabische und die islamische Welt kein guter Start. Doch um die Sicherheit der Hajj und das damit verbundene Einkommen gewährleisten zu können, konzentrierte sich Ibn Saud darauf, seine Position im Inneren zu festigen. Die Moslems der ganzen Welt richteten sich in Glaubensdingen nicht mehr nach dem Gouverneur der Städte Mekka und Medina, sie und die Araber hatten kein Interesse an Ibn Sauds Innenpolitik. Außer einigen unbedeutenden Versuchen von Seiten des Irak, mit Ibn Saud zusammenzuarbeiten, die vom erklärten Engagement der Briten gegen eine arabische Kooperation abgeblockt wurden, zeigten bis 1932 nur ruhmsüchtige Orientalisten und britische Geheimdienstleute ernsthaftes Interesse an Saudi-Arabien.

Doch wer die Kontrolle über die arabische Halbinsel und die heilgsten Stätten des Islam ausüben wollte, konnte es sich nicht leisten, sich allzulange nicht um die Angelegenheiten von Moslems und Arabern zu kümmern. Der bereits erwähnte Disput mit ägyptischen Pilgern, ein schwerwiegender Territorialstreit mit dem Jemen und der aufkommende Konflikt in Palästina waren wichtige Fragen, die Ibn Saud zwangen, seine wahre Haltung gegenüber Arabern und Moslems offenzulegen.

Als die Saudis 1929 den Ägyptern ihre farbenprächtige Mahmal-Zeremonie verweigerten, führte das zum Tod von mehr als dreißig ägyptischen Pilgern und einem Bruch in den diplomatischen Beziehungen. Das war ein Signal für alle Moslems, besonders für die Schi'iten im Iran, die noch buntere und für die prüden, engstirnigen Wahhabiten unerträglichere Riten hatten als die Ägypter. Zum erstenmal seit Jahrhunderten führten Moslems die Hajj unter Bedingungen von Zensur durch. Dadurch wurde die Spaltung zwischen dem Herrscher über Mekka und Medina und dem Rest der islamischen Welt noch größer.

Der Territorialstreit mit dem Jemen aus den dreißiger Jah war der Höhepunkt einer langgehegten Feindschaft zwischen beiden einzigen unabhängigen Staaten der arabischen Halbins.... Der Jemen war seit 1918 unabhängig, seine Grenzen waren noch durch das von den Türken gestützte Violet-Line-Agreement von 1914 festgelegt. Doch die Struktur des Jemen stellte für die Saudis eine Herausforderung dar: in dem bevölkerungsreichen Land lebte mehr als die Hälfte der Gesamtbevölkerung der Arabischen Halbinsel, es gab Städte mit einer weit zurückreichenden Geschichte, und das Land war wesentlich weiter entwickelt als sein Nachbarstaat. Der Jemen war auch dem britischen Kolonialismus ein Dorn im Auge, sie sahen ihn als mögliches Sprungbrett für Aktivitäten, die sich gegen ihre Kontrolle über Saudi-Arabien, die zurechtgezimmerten, tributpflichtigen Scheichtümer und Emirate am Golf richten konnten. Eine besondere Bedrohung stellte der Jemen für die britische Kolonie in Aden dar, ein Gebiet, das sich selbst als Teil eines größeren jemenitischen Staatsgebiets sah und durch den Kolonialismus abgetrennt worden war.

Wie immer, wenn Saudi-Arabien und Großbritannien ähnliche Interessen hatten, so machte sich Ibn Saud auch dieses Mal zum Sprachrohr der britischen Politik und begann, dem Jemen und der dortigen Regierung Ärger zu bereiten. Die Probleme hatten vier Jahre vor seinem Zugriff auf die heiligen islamischen Städte damit begonnen, daß 3000 jemenitische Pilger 1921 auf ihrem Weg durch saudisch kontrolliertes Gebiet nach Mekka kaltblütig ermordet wurden. Das Ausmaß dieses Gemetzels und die schwache Entschuldigung der Saudis, man habe die Pilger für eine Armee auf dem Vormarsch gehalten, ließen für die Zukunft nichts Gutes ahnen. Doch der Jemen versuchte alles, um eine Konfrontation mit Saudi-Arabien und dessen Hintermännern in Großbritannien zu vermeiden und nahm eine Wiedergutmachung an.

Im Jahr 1932 gab Ibn Saud dem gesamten, ihm unterstehenden Territorium seinen Namen, und in diesem Jahr stritten sich die beiden Länder um die Kontrolle über Asir, das im heutigen Südwesten Saudi-Arabiens liegt und immer ein vernachlässigtes

Gebiet unter der Herrschaft der brutalsten Emire des Hauses Saud war. Die Bewohner von Assir waren Zeidi-Schi'iten, Glaubensgenossen und traditionsgemäß die Schützlinge der Jemeniten. Doch obwohl das umstrittene Gebiet für die Saudis aus strategischen Gründen nicht wirklich wichtig war und sie nach wie vor darauf beharrten, die Schi'iten seien Häretiker, wollten sie den Jemen schwächen und beanspruchten das Gebiet für ihren Staat. Die erste militärische Auseinandersetzung um dieses interessante bergige Gelände der Arabischen Halbinsel wurde ohne Änderung im Status des Gebiets beigelegt und beide Seiten unterzeichneten einen Freundschaftsvertrag.

Doch weder Ibn Saud noch die Briten waren mit einem Vertrag zufrieden, mit dem der Jemen als nach wie vor relativ starker Staat dastand. Ibn Saud ignorierte die Vereinbarung und förderte gegen den Jemen gerichtete, grenzüberschreitende Überfälle, bis zwischen den beiden Ländern offener Krieg ausbrach. Die Briten gaben Ibn Saud finanzielle Unterstützung und militärisches Kriegsgerät. Damit gewannen seine Kräfte die Oberhand, und der Jemen wurde 1934 gezwungen, das Friedensabkommen von Taif zu unterzeichnen, das Assir für eine Zeitspanne von 20 Jahren an Ibn Saud »auslieh«. Danach sollte neu verhandelt werden. Die Jemeniten wußten, daß sie das Gebiet nie zurückbekommen würden, daher war das alles eine Erniedrigung, die sie nie verziehen oder vergessen haben.

Der Krieg mit dem Jemen zeigte zwei nach wie vor gültige Aspekte der saudischen Außenpolitik. Erstens kann Saudi-Arabien keinen weiteren starken Staat auf der Arabischen Halbinsel ertragen. Zweitens – und dies ist vor allem unter dem Gesichtspunkt zu sehen, daß von arabischer Seite erfolglos versucht wurde, den Ausbruch dieses Kriegs zu verhindern – bestätigte Saudi-Arabien wieder einmal, daß es die Beziehungen zu einer äußeren Macht über die angeblich brüderliche Beziehung mit einem arabischen Land stellen will.

Das dritte Problem, das schließlich wichtiger als der Jemen wurde, ist Palästina. Genauer gesagt: Der Wunsch der Briten nach

Entscheidungsfreiheit über die Zukunft von Palästina war einer der Gründe, warum sie Ibn Saud unterstützten, der ihnen darin entgegenkam, daß er die Idee eines jüdischen Staates vorbehaltlos akzeptierte. Interne und regionale Forderungen nach eindeutigen Erklärungen für die Rechte der Araber in Palästina und die der Moslems in Jerusalem bewogen ihn bei einigen Gelegenheiten zu Stellungnahmen, die im Gegensatz zu seiner ursprünglichen Haltung zu stehen schienen, doch er folgte weiterhin den Direktiven aus Großbritannien.

Seit den 20er Jahren bestand Ibn Sauds Politik in der Palästina-Frage für rund zehn Jahre darin, die beiden arabischen Lager, die die Führung übernehmen wollten, gegeneinander auszuspielen. Gleichzeitig versuchte er, die Rechte der Araber gegen die Unterstützung durch die Briten einzutauschen, um sein Territorium weiter ausdehnen zu können. Er wandte sich gegen den Anspruch des Haschemiten-Emirs Abdallah von Jordanien und gab vor, seinen Feind, den militanten Mufti von Jerusalem, Haj Amin al-Husseini, durch begrenzte Finanzhilfe zu unterstützen. Abdallah war ein haschemitischer Rivale, der auf keinen Fall zu stark werden durfte, doch Ibn Sauds Unterstützung für den Mufti war immer halbherzig. Konsequent riet er dem Mufti zu Verhandlungen mit den verschiedenen britischen Kommissionen, die sich vor Ort mit dem Palästina-Problem auseinandersetzen sollten. Schwerwiegender war, daß Ibn Saud den Mufti 1936 dazu brachte, einen 183 Tage währenden nationalen Streik der Palästinenser zu beenden, mit dem die Bevölkerung die britische Mandatsverwaltung bereits erfolgreich unter Druck gesetzt hatte. Ibn Saud versprach dem Mufti, sich bei den Briten für ihn zu verwenden und berief sich eindeutig auf »die Absichten unserer britischen Freunde«. In den Unterlagen des britischen Außenministeriums über diese Zeit findet sich kein Beleg über diese Fürsprache Ibn Sauds für den Mufti. Ibn Saud machte sich in Wirklichkeit daran, dessen Position zu schwächen, indem er Kontakt mit führenden palästinensischen Familien, den Nashashibis und den Shawas, aufnahm, die gegen den Mufti opponierten.

Ibn Saud setzte nicht nur Philby als Emissär beim britischen Außenministerium und bei Churchill ein, um seine Bereitschaft zu bekunden, offen den jüdischen Anspruch auf Palästina zu akzeptieren, wenn Großbritannien dafür die Unterstützung für seine haschemitischen Rivalen zurückhielt, die inzwischen als Könige in Jordanien und im Irak regierten. Am 17. September 1939 traf sich Philby mit Chaim Weizman, der später der erste Präsident von Israel wurde, und brachte Ibn Sauds Angebot vor, für 20 Millionen englische Pfund in aller Offenheit einem jüdischen Staat zuzustimmen. Ibn Saud war pleite und wie immer war ihm Geld wichtiger als Brüderlichkeit und Prinzipientreue.

Ibn Sauds Unterstützung für den Mufti gegen den jordanischen König Abdallah, während er gleichzeitig den Feinden des Mufti unter die Arme griff, war eines der ersten Beispiele einer »Teile-und-herrsche-Politik« gegenüber den Arabern. Seine Übernahme der politischen Ziele der Briten signalisierte, daß sie nach wie vor mit seiner altgewohnten Unterwürfigkeit rechnen konnten. Und als drittes paßte auch sein Versuch, Weizman um Geld anzugehen, in dieses Bild; der Grund, warum es ihm immer gelang, sich die Loyalität von Beduinen zu erkaufen, lag darin, daß er selber einer war. Doch in den 20er und 30er Jahren war es leichter, die Araber und Moslems zu ignorieren als später in den 40er Jahren, als neben anderen Thema das Palästina-Problem im Mittelpunkt stand.

1945 mußte Saudi-Arabien der Arabischen Liga beitreten, einer Organisation, die sich eine Stärkung der politischen und ökonomischen Zusammenarbeit zwischen den arabischen Ländern zum Ziel gesetzt hatte. Der Beitritt zur Liga war ein Zugeständnis an das saudische Volk und an die Araber, doch Ibn Saud setzte alles daran, daß er diese Organisation und ihre Kooperationspläne nicht zu dicht an sich heranließ. Schon bald darauf, 1947 und 1948, setzten die meisten Araber für die Lösung der Palästinafrage große Hoffnungen in diese Organisation. Die Liga entschied scheinbar auf der Basis und im Interesse der Beteiligung der Araber in Palästina. Saudi-Arabien, das zum erstenmal Mitglied in einer arabischen Organisation war, hatte nur den Auftrag, die arabischen Positionen in den Vereinten Nationen und anderen internationalen Foren zu vertreten und für die Entsendung arabischer Truppen zur Unterstützung der Palästinenser zu stimmen.

Solange Ibn Saud lebte, ging das Engagement Saudi-Arabiens bei den bedeutendsten arabischen Problemen in diesem Jahrhundert niemals über verbale Unterstützung hinaus. Mitte der dreißiger Jahre ignorierte er die Aufforderung des irakischen Königs Ghazi zur Gründung einer gemeinsamen arabischen Front, um Palästina zu verteidigen. 1948 stellte er sich ins Abseits, als er sich weigerte, Truppen für eine Befreiung Palästinas einzusetzen (sogar Philby gibt das zu) und legte saudischen Bürgern, die sich den dort kämpfenden arabischen Soldaten als Freiwillige anschließen wollten, Hindernisse in den Weg, indem er ihnen beispielsweise Transportmöglichkeiten verweigerte. Beredt hielt er es immer weiter mit den Positionen der Araber und ging darin sogar so weit, daß er seinen Sohn und saudischen Außenminister, Prinz Faisal, öffentlich anwies, die Unterstützung Amerikas für Israel anzugreifen, während er insgeheim Verhandlungen mit den USA über die Errichtung der großen amerikanischen Militärbasis in Dhahran führte. An die Stelle seines früheren Engagements für die Politik Großbritanniens war jetzt Amerika getreten, und Amerikas Haltung war eindeutig pro-israelisch.

Der arabisch-israelische Krieg von 1948 endete mit der Niederlage der Araber, und Ibn Saud ließ in der folgenden Zeit keinerlei Gewissensbisse erkennen – nur eine grundsätzliche Angst, daß die allgemeinen Empfindungen beim Thema Palästina sein Königreich beeinflussen und seine Position untergraben könnten. Er sperrte Finanzhilfen für Ägypten und Jordanien, deren Truppen noch Teile von Palästina besetzt hielten, griff jedoch etlichen Militärregimes in Syrien finanziell unter die Arme, damit sie sich nicht mit dem Irak zusammentaten und ein militärisches Gegengewicht zu Israel aufbauten. Laut Glubb Pasha hatte Ibn Saud immer Angst vor einer derartigen Verbindung, die in seinem Volk möglicherweise Interesse an einer Einheit der Araber wecken könnte. Die saudischen Freiwilligen, die es geschafft hatten, bei den arabischen Truppen in Palästina mitzukämpfen, wurden bei ihrer Heimkehr von den Sicherheitskräften schikaniert und eingesperrt. Saudi-Arabien weigerte sich, gut ausgebildeten Palästinensern Arbeitsmöglichkeiten zu geben, da man sie als mögliche politische Agitatoren fürchtete. Zum erstenmal wurden Gesetze erlassen, nach denen eine Heirat zwischen Saudis und Arabern nur mit vorheriger – selten gewährter – amtlicher Erlaubnis möglich war. Die saudische Presse wurde angewiesen, nicht mehr so deutlich im Interesse Palästinas zu schreiben und weniger über das Elend der Palästinenser zu berichten. Ibn Saud weigerte sich, das Erdöl als Druckmittel einzusetzen, um die USA zu einer weniger parteiischen Palästina-Politik zu zwingen. Der palästinensische Politiker Jamal Toukan war Mitglied einer Delegation, die Ibn Saud besuchte und ihn um seine Hilfe bat, und laut Toukals Bericht war Ibn Saud damals ziemlich beschäftigt damit, die Essensreste von dem Fest zu verbrennen, das er für seine Gäste gegeben hatte, denn sonst könnten sich ja arme Menschen daran gütlich tun und an den Genuß von Fleisch gewöhnen.

Die einzelnen, teilweise sehr geringfügigen Schritte, die Saudi-Arabien von den Auswirkungen des arabischen Niederlage frei halten sollten, wuchsen sich insgesamt zu einer Politik aus, in der ausschließlich Saudi-Arabien an erster Stelle stand. Das Volk von Saudi-Arabien hatte eine andere Einstellung, und schon damals schrieben saudische Schriftsteller und Dichter oft und bedauernd über dieses Problem. Eine derartige Politik bedeutete in Wirklichkeit, daß vor allem anderen das Haus Saud kam. Und damit war wiederum die enge finanzielle und politische Bindung an die USA gemeint, an den Erdölkonzessionär, der am eigentlichen Geldhahn saß.

Für kurze Zeit funktionierte diese Politik. Das Niveau der politischen Entwicklung in Saudi-Arabien, die Unterdrückung durch Ibn Saud und der steigende Wohlstand durch das Erdöl bewirkten, daß es nicht wie in anderen arabischen Ländern zu den eigentlich folgerichtigen Aufständen kam. Für viele Beobachter war das Bild damit vollständig. Die saudischen Versuche, den Jemen in Schwierigkeiten zu bringen, Ibn Sauds Distanz gegenüber islamischen Unabhängigkeitsbewegungen und arabischen Forderungen nach mehr Zusammenarbeit, und die Intoleranz des Königs gegen nichtwahhabitische Moslems wurden durch seine Haltung zu Palästina gekrönt. Die Positionen seines Landes zu arabischen und islamischen Fragen blieben dadurch getrübt und schwach und öffneten Amerika Tür und Tor.

*

1953 wurde der ungeeignete Saud mit den Konsequenzen der Politik, die sein Vater betrieben hatte, konfrontiert. Die unvermeidlichen internen Anforderungen, denen Ibn Saud nicht gerecht geworden war, wurden durch Gamal Abdel Nasser wieder entfacht und verstärkt, dem ägyptischen Politiker, der 1952 an die Macht kam, später für den arabischen Nationalismus eintrat und dessen führender Vertreter im zwanzigsten Jahrhundert wurde.

Nasser war ein ehemaliger Oberst der ägyptischen Armee, der in Palästina heldenhaft gekämpft hatte und 1948 nach der Niederlage der Araber in mächtige Positionen aufstieg. Seine Gruppe aus Vertretern des Militärs übernahm die Macht in Ägypten von dem korrupten König Farouk. Sie hatten sich als Ziel gesetzt, die Ursachen der Niederlage in Palästina zu beseitigen und die dafür verantwortliche herrschende Gesellschaftsschicht zu bestrafen. Nassers ursprüngliches Angriffsziel, die Königsfamilie von Ägypten und die landbesitzenden Paschas, wurde 1954 weiter gefaßt, als Nasser die Führerschaft der drei mächtigen Sphären in Ägypten beanspruchte: der arabischen, der islamischen und der afrikanischen Welt. Die Rolle Afrikas bezog sich dabei nur auf Ägypten, doch Nassers Anspruch auf die arabischen und islamischen Bereiche war, obwohl er das nur ungern zugab, eine Ausweitung der Forderung der Haschemiten auf die politische Führerschaft über alle Araber. Als Opponent dieser Forderung war Ibn Saud an die Macht gekommen. Und Nasser hörte da noch nicht auf: er nutzte Al-Azhar, die älteste Universität des Islam und anerkannt führende moslemische Ausbildungsstätte als Basis und wurde dadurch auch als Moslem zu einer Herausforderung. Da das Haus Saud nicht zugelassen hatte, daß in Mekka und Medina etwas anderes als die Lehren der Wahhabiten verbreitet wurden, war Al-Azhar eine attraktive panislamische Alternative und ihre Ulemas untermauerten ihre Position noch dadurch, daß sie sich des Themas Jerusalem annahmen.

Nassers Ansatzpunkte als Araber und Moslem rührten bei den Saudis an eine empfindliche Stelle. Ihr Selbstverständnis als Saudis war neu, und trotz der vier Jahrzehnte währenden Versuche des Herrscherhauses, dies zu stabilisieren, war es ein unbefriedigender Ersatz für ihre Identität als Araber und Moslems. Die Menschen in Saudi-Arabien mußten und wollten sich als Araber und Moslems begreifen können. Nasser drohte nicht, in Saudi-Arabien einzumarschieren, sondern zeigte eine Möglichkeit auf, wie das saudische Volk sich völlig verändern konnte, indem er an seine frostigen Identitäten und die Unzufriedenheit mit dem Haus Saud appellierte. Es ging einfach darum, daß eine von außen getragene Idee die Unterstützung von innen brauchte, und saudische politische Vereinigungen wie beispielsweise die *Arabian Peninsula Peoples' Union* unterstützten Nasser und eröffneten in Kairo eigene Büros. Nasser setzte bei seinem Versuch, das Haus Saud zu untergraben, eine neue Technik ein, und die Konfrontation nahm die Form eines Kampfes zwischen dem Alten und dem Neuen an. Ein neuer ägyptischer Sender, die *Voice of the Arabs*, spezialisierte sich darauf, den Menschen über die Untaten ihrer politischen Führer zu berichten. Saudi-Arabien lieferte in dieser Hinsicht reichlich Material. Die Anzahl der Ehefrauen und Paläste des Königs, die Spielsucht und Vielweiberei seiner Brüder gingen in einer Art Skandalberichterstattung über den Sender. Natürlich waren die Versprechungen über die Ergebnisse der arabischen Einheit und der Solidarität aller Moslems übertrieben. Die Denunziationen und Übertreibungen gipfelten in dem Slogan: »Arabisches Öl für die arabischen Völker.«

König Saud hatte sich mit einer wesentlich stärkeren Bedrohung auseinanderzusetzen als zu irgendeinem Zeitpunkt sein Vater. Die frühere sichere Position der al-Sauds war abhängig von der fehlenden Aufnahmebereitschaft der Menschen des Landes für Anregungen, die von außen herangetragen wurden und von der Schwäche der Feinde Saudi-Arabiens. Nasser verkörperte eine Veränderung dieser beiden Elemente. Die arabische Bedrohung kam jetzt von innen, und Saudi-Arabiens reduzierte Glaubwürdigkeit als Vertreter islamischer Interessen ließ ihm wenig Bewegungsfreiheit. Nun entschloß sich die saudische Regierung, um zu vermeiden, daß sie politisch, kulturell und im Bereich des Glaubens abgedrängt wurde, ihre beiden Identitäten wieder neu zu behaupten. In seinem bemerkenswerten Buch *Saudi Arabia in the 80s* meint William Quandt von The Brookings Institution in Washington: »Es ist nicht gerade innere Verbundenheit, die Saudi-Arabien in die arabische Politik hineinzieht«, und stellt damit einiges über die Reaktion des Landes auf die arabische Bedrohung seiner Sicherheit klar. Quandts Feststellung gilt auch für Saudi-Arabiens Engagement in Fragen des Islam. Die Herausforderung durch Nasser beendete die Isolation des Staates als arabisches und moslemisches Land. Die Saudis mußten sich mit Nasser entweder auseinandersetzen oder ihn beschwichtigen.

Wie auch sein Vater war König Saud von ausländischen Beratern umgeben. Doch die Amerikaner hatten Philby nicht durch eine einflußreiche Persönlichkeit bei Hof ersetzt, um den König dadurch auf ihrer Linie zu halten; seine Schwäche und die unterschiedlichen Ratschläge seiner syrischen und palästinensischen Höflinge führten zu einer ziemlich unklaren Politik. 1955 stritt sich Saud mit Nasser über dessen Annäherung an den Sozialismus, doch 1956 ging er einen dreiseitigen Bund mit Ägypten und Syrien ein, den er allerdings bald wieder auflöste. Die daraus resultierende Verschlechterung der saudischen Position verstärkte Nassers Popularität innerhalb Saudi-Arabiens; andere arabische Politiker, die nicht mit Nasser einig waren, ließen sich daraufhin nur zögernd auf freundschaftliche Beziehungen mit der saudischen Regierung ein.

Plötzlich passierte die Sache mit dem Suez-Kanal. Nasser versäumte es, sich die umfassende Rückendeckung der Amerikaner für seine Politik zu sichern. Als er dann die Kontrolle über den Nahen Osten erreichen und das ausmerzen wollte, was vom politischen Einfluß und den wirtschaftlichen Bindungen der Briten und Franzosen noch übrig war und 1956 den Suez-Kanal verstaatlichte, war die Invasion der Briten, Franzosen und Israelis in Ägypten nur folgerichtig. Es war anders als im Jahr 1948. Ihre eigene Schwäche, Nassers Popularität und die daraus folgende Bedrohung durch eine Rebellion in ihrem Land zwangen die Saudis, auf den von mehreren Staaten geführten Angriff auf Ägypten zu reagieren. Saud bot der ägyptischen Luftwaffe eine sichere Zuflucht in seinem Land, und befahl – auch dies war ein Unterschied zu seinem Vater im Jahr 1948 – die Einstellung der Öllieferungen an Großbritannien und Frankreich. Das amerikanische Erdölkonsortium ARAMCO befolgte, aufgrund der offiziellen Ablehnung der Invasion von Seiten der amerikanischen Regierung, schüchtern die Entscheidung des Hauses Saud und schuf einen Präzedenzfall, der in den frühen 70er Jahren auf die Amerikaner zurückfiel, als sie selbst zur Zielscheibe eines Ölembargos wurden.

Auf das gezielte Erdölembargo und das mutige Angebot einer abgesicherten Stationierung folgte großzügige finanzielle Hilfe für Ägypten. Eigentlich war Saud wütend über Nassers Konfrontationskurs, doch er versuchte, sich durch politisches Handeln davor zu bewahren, daß er gekippt wurde. Doch im Gegensatz zu den Erwartungen der Saudis und anderer, daß Suez das Ende von Nasser bedeuten müßte, verstärkte die Niederlage am Kanal die Popularität Nassers und seine Bedrohung der arabischen Nachbarn eher. Schließlich registrierte auch die Regierung von US-Präsident Eisenhower, wie angeschlagen das saudische Regime war, und drang auf stärkeren Schutz der amerikanischen Ölinteressen.

Amerika setzte nicht so sehr Diplomaten ein, um einen saudisch-amerikanischen Plan zu entwickeln, mit dem Nasser in die

Schranken gewiesen werden sollte, sondern appellierte an Sauds einfache Beduinen-Instinkte. 1957 wurde er in die Vereinigten Staaten eingeladen und bereits auf dem Rollfeld von niemand anderem als dem amerikanischen Präsidenten Eisenhower persönlich begrüßt. Die anschließenden Verhandlungen, denen weitere Gespräche in Saudi-Arabien folgten, endeten mit einer Deklaration der Eisenhower-Doktrin. Diese politische Linie legte die bis dahin geheimgehaltenen amerikanischen Garantien für Saudi-Arabien offen, weitete sie auf die Sicherheitsinteressen anderer Staaten aus, die den USA freundschaftlich verbunden waren und richtete sich gegen expansionistische Pläne Nassers oder der Kommunisten oder beiden. Zu guter Letzt hatte man Saud die Entscheidungsgewalt aus der Hand genommen.

Wie das nächste Kapitel zeigen wird, gab die Eisenhower-Doktrin auch der Übernahme der englisch-französischen Hegemonie über die pro-westlich eingestellten Staaten des Nahen Ostens durch Amerika eine verbindliche Form. Doch wie zuvor die Briten hatte auch Amerika keine langfristige politische Linie für Saudi-Arabien, und außer der Drohung einer militärischen Intervention leistete es nichts, um die Rolle dieses Landes in der arabischen und islamischen Welt zu definieren.

1957 entledigte sich König Hussein von Jordanien auf Anraten und mit Unterstützung der CIA seines frei gewählten Kabinetts, das Nasser unterstützte. (Im Gegensatz zur sonst üblichen Darstellung der Geschichte, laut der das Kabinett versuchte, Hussein zu stürzen, wurde der Coup in Beirut ausgeheckt. Ein ganzes Agententeam der CIA leitete die Operation vom Palast des Königs aus.) Diese Palastrevolte war Ausdruck einer Konfrontation der für und gegen Nasser eingestellten Kräfte im gesamten Nahen Osten. Die USA drängten nun König Saud, die alte Feindschaft zwischen Saudis und Haschemiten zu begraben und König Hussein zu unterstützen. Dieses Mal setzte Saudi-Arabien sein Kapital gegen Nasser ein und ging sogar so weit, saudische Truppen zur Stabilisierung Jordaniens in diesem Land zu stationieren. Es war das erste Mal, daß saudisches Militär außerhalb der eigenen Landesgrenzen in eine Auseinandersetzung zwischen arabischen Staaten eingriff.

Überall im Nahen Osten war jedoch die Bedrohung durch Nasser präsent und im Bedürfnis des arabischen Volkes nach politischer Einheit verankert. 1958 setzte Syrien, eine labile Republik ohne klare Führung und ständig am Rand eines Staatsstreichs, dieses Bedürfnis um und beschloß, sich Nasser anzuschließen und als Juniorpartner mit Ägypten die Vereinigte Arabische Republik zu begründen. Um diesen Angriff auf ihre Sicherheit abzuwehren, verbanden sich daraufhin Jordanien und der Irak ebenfalls zu einer Union. Jetzt war Wirklichkeit geworden, was Saudi-Arabien immer am meisten gefürchtet hatte: es hatte nun starke arabische Nachbarstaaten, die wie ein Magnet auf das saudische Volk wirkten und ein Ende der Herrschaft des Hauses Saud herbeiführen konnten. Die amerikanische Sicherheitsgarantie wurde als unzureichender Schutz empfunden, Saudi-Arabien sah es als zwingend notwendig, das Zustandekommen der beiden Vereinigungen zu verhindern.

Saudi-Arabiens Versuch, den Weg in die Einheit des arabischen Volkes zu unterbrechen, führte im März 1958 zu einer pennälerhaften Verschwörung mit dem Ziel, Nasser durch den Abschuß seines Flugzeugs bei der Landung in Damaskus zu ermorden. Darauf folgten noch Morde an Nasser-freundlich eingestellten syrischen Politikern, auch an Syriens Präsident Shukri Kuwatly. Die Planung entwickelte Yusuf Yassin, ein syrischer Berater von Saud, der König genehmigte alles persönlich. Nasser war vor allem ein Mensch der Öffentlichkeit, und gewann einen beträchtlichen politischen Vorsprung, als er das Komplott aufdeckte und Journalisten die Kopien des Schecks über 2 Millionen £ überreichte, die die Saudis ihrem syrischen Geheimdienstchef als Honorar gezahlt hatten. Anstatt Nasser zu beseitigen, spielte ihm diese Verschwörung voll in die Hände, und er konnte das arabische Volk – darunter viele unzufriedene Saudis – davon überzeugen, daß Saud ein Lakai des Westens war und der Westen als eigentlicher Anstifter hinter dem Anschlag steckte. (Der ägyptische Außenminister Mahmoud Riad und ein früherer palästinensischer Berater von König Saud bestehen darauf, daß der Anschlag auf das Konto der CIA ging, können jedoch keine Beweise für ihre Behauptung anbringen; andere haben auf eine Verbindung zwischen CIA und ARAMCO hingewiesen, doch ebenfalls ohne ausreichende Belege.)

Sauds Schicksal war besiegelt. Sein Bruder Faisal war zu schlau, um selbst etwas zu unternehmen, damit Saud vom Thron stieg, und gestattete anderen Familienmitgliedern, tätig zu werden. Saud hatte keine Chance, politisch zu überleben, da er eine Atmosphäre geschaffen hatte, die das saudische Volk der Regierung in einem Ausmaß entfremdete, daß die Herrschaft der Familie in Gefahr geriet. 1958 stimmte er einer Übergabe der Macht an Faisal zu und fungierte selbst nur noch als Repräsentationsfigur.

Als eines der ersten Probleme stellte sich Faisal nach seiner faktischen Machtergreifung die Frage nach dem weiteren Vorgehen gegenüber dem Irak. Ein Staatsstreich vom 14. Juli 1958 hatte die dortige Haschemitenmonarchie – die anscheinend auf Nassers Linie lag – hinweggefegt und den Plänen einer Verbindung zwischen Irak und Jordanien ein Ende bereitet. Es war schon seit langem ein Ziel des Hauses Saud, die irakische Monarchie, die immer eine gefestigtere Regentschaft als die der armen Verwandten aus Jordanien bildete, zu beseitigen. Doch das jetzt installierte revolutionäre Regime war eine wesentlich größere Bedrohung. Es dauerte einige Tage, bis Faisal die neuen Machthaber anerkannte, da er den Rückzug seiner wesentlich leichter einzuschätzenden konservativen Feinde nur schwer akzeptieren konnte.

Doch nach einiger Zeit stellte sich das neue irakische Regime gegen Nasser. Bald darauf, im Jahr 1961, entschied Syrien, die Union mit Ägypten aufzugeben. Dieses Mal bewirkte Faisals gegen die arabische Einheit gerichtete Politik, daß er die neue Regierung sofort anerkannte und finanziell unterstützte. Die politische Balance in der Region entsprach wieder der Ausgangslage, Saudi-Arabien behauptete erneut seine frühere Position und hielt die arabische Welt in Uneinigkeit.

Inzwischen war Faisal mit seiner De-facto-Position unzufrieden. Das führte zu einigen Veränderungen im Haus Saud und schließlich zu Sauds Abdankung im Jahr 1964. Nasser sah sich nun einem in sich geschlossenen saudischen Königshaus gegenüber wie auch einem ebenbürtigen Gegner, der völlig frei seine eigene Politik verfolgen konnte. König Faisal konnte von Glück reden, daß ihm das Schlachtfeld, auf dem die letzte Konfrontation zwischen Saudi-Arabien ud Ägypten ausgetragen worden war, deutliche Vorteile bot.

1962 fand wieder eine Revolution statt, die Nassers Linie folgte; dieses Mal wurde die Monarchie im Jemen abgesetzt. Ob Nasser persönlich dahinterstand, bleibt ein ungeklärtes Thema, doch mit Sicherheit waren seine Anhänger beteiligt, und seine Position als politischer Führer aller Araber ließ es nicht zu, eine antimonarchistische Revolution abzulehnen. In der ganzen arabischen Welt atmeten die an Nasser orientierten Nationalisten nach der Abspaltung Syriens nun wieder auf und wurden euphorisch; von allen Seiten wurde jetzt erwartet, daß Saudi-Arabien es dem Jemen gleichtun würde. Doch Faisal, der erst Premierminister, dann Regent und danach König geworden war, kannte Bevölkerung und Terrain der Arabischen Halbinsel besser als Nasser, reagierte daher zurückhaltend und ungerührt auf die Herausforderung in seinem Hinterhof. Unterstützung fand er in dieser Haltung bei Präsident Kennedy, der die Eisenhower-Doktrin anwandte, mit der saudischen Armee gemeinsame Manöver durchführte und Saudi-Arabien unbegrenzte materielle Hilfe gewährte.

Mit der Sicherheitsgarantie der USA nahm Faisal die jemenitischen Royalisten auf, die dem Staatsstreich entkommen waren und stattete sie mit Geld und Waffen aus, damit sie einen Bürgerkrieg gegen die pro-Nasser eingestellte republikanische Regierung anzetteln konnten. Faisal wußte, daß die neuen Führer des Jemen es allein nicht schaffen würden – nicht, wenn er die Loyalität der launischen Beduinen des Jemen mit Geldsummen erkaufte, von denen diese bisher nicht einmal zu träumen gewagt hatten. Und er wußte auch, daß Nasser sich, um politisch zu überleben, im Jemen keine Niederlage leisten konnte. Nasser würde seine Kräfte auch auf den Jemen verwenden müssen, die er dringend für seine Auseinandersetzung mit Israel benötigte. Wie zu der Zeit, als sein Vater 1925 die Haschemiten im Hijaz angriff, schlug sich Faisal jetzt zufrieden in einem Krieg, den er nicht verlieren konnte. Amerika war bereit, bei jeder von Nasser inspirierten Aktion gegen Saudi-Arabien zu intervenieren, die den jemenitischen Rebellen ihre sichere Rückzugsmöglichkeit abschneiden wollte. Der Gerechtigkeit halber muß gesagt werden, daß Präsident Kennedy von den jemenitischen Königstreuen nicht sehr begeistert war und wußte, daß die Republikaner politisch wesentlich fortschrittlicher und umgänglicher waren, doch er hatte keine Wahl. Das hier war ein Stellvertreterkrieg, ein Nebenschauplatz des Kalten Kriegs. Kennedy mußte sich so verhalten, weil Rußland Nasser unterstützte.

Ermutigt durch seinen schnellen Erfolg im Jemen weitete Faisal seinen Angriff aus, jetzt jedoch anfangs ohne die Rückendeckung durch Präsident Kennedy, der Nasser sehr bewunderte. Faisal war klar, daß Nassers Popularität bei den Arabern einen Sieg in der arabischen Arena unmöglich machte. Daher beschloß er, den Iran und einige nordafrikanische Länder zu besuchen und dort die islamische Karte seines Landes auszuspielen, indem er eine Islamische Konferenz in Mekka einberief. Das Hauptergebnis dieser Konferenz war die Gründung der von Saudi-Arabien finanzierten World Muslim League. Unter den konservativen Mitgliedern der Liga befand sich auch die Nasser-feindliche Moslem-Brüderschaft aus Ägypten. Die erste Verlautbarung der Liga ließ an ihren Zielen keinen Zweifel: »Wer den Ruf des Islam unter der Maske des Nationalismus verzerrt, zählt zu den erbittertsten Feinden all der Araber, deren Ehre eins ist mit der Ehre des Islam.« Nach langem Warten ermöglichten die Reichtümer Saudi-Arabiens doch noch, einen Keil zwischen arabisches und islamisches Bewußtsein zu treiben.

Da Nassers Haltung nicht einzuschätzen war, fand diese offene Unterordnung des arabischen Denkens unter den Islam den rückhaltlosen Beifall Amerikas. In einer anschließenden Kampagne wurde Nasser offen des anti-islamischen Verhaltens bezichtigt, danach griff man die Schutzmacht Nassers, die UdSSR, wegen ihrer Haltung gegenüber ihren Moslems an. Gleichzeitig wurde ein großzügiges saudisches Hilfsprogramm für Jordanien durchgeführt, und Faisal machte sich daran, eine besondere Beziehung zu Pakistan aufzubauen, dem einzigen islamischen Land, das in der Lage war, ihm militärische Hilfe zu geben. Die USA zögerten, ihre Truppen auf heiligem islamischen Boden zu stationieren und befürworteten stattdessen Geheimabsprachen zwischen Saudi-Arabien und Pakistan. Im Bereich der öffentlichen Meinungsbildung finanzierte Faisal nicht nur Nasser-feindliche islamische Gruppierungen mit, sondern bemühte sich, der gut ausgestatteten und effektiv arbeitenden Propagandamaschinerie Nassers etwas entgegenzusetzen, indem er Geldmittel für Zeitungen und Zeitschriften bereitstellte, die aus dem neu entstehenden Kommunikationszentrum Beirut gegen den Ägypter arbeiteten. Die Schreiberlinge aus Beirut stürzten sich auf den unislamischen Kern von Nassers Sozialismus und seiner Freundschaft mit Rußland (siehe dazu auch das Kapitel »Die letzte Verteidigungslinie«.)

In Saudi-Arabien förderte Faisal mit gehöriger Unterstützung durch die CIA – in Gestalt von Agenten, die bei der ARAMCO angestellt wurden – die Gründung antisozialistischer Moslemgruppen, besonders in der Gegend um das Erdölzentrum Dhahran. (Es gibt Anlaß zu der Annahme, daß einige der antisaudischen und antiamerikanischen islamischen Gruppen, die heute existieren, die radikalisierten Nachfolger dieser Gruppierungen sind.) Faisals Aktivitäten ergaben ein ganzes Programm, das den islamischen Charakter von Saudi-Arabien und dem gesamten Nahen Osten auf Kosten der arabischen Identität vorantrieb und die CIA benutzte, um die innere Sicherheit in einer derart offenen Art und Weise zu gewährleisten, die auch direkte Abmachungen zwischen dem König und dem arabisch sprechenden CIA-Chef vor Ort beinhalteten. Der damalige Führer der ägyptischen Moslemischen Brüderschaft, Sayed Kuttub, ein Mann, den Faisal unter Nasser gesponsort hatte, gab unverhohlen zu, daß in dieser Zeit »Amerika den Islam groß gemacht hat«.

Inzwischen zog sich der Krieg im Jemen hin, und Nassers Truppen wurden einerseits behindert, weil sie ihre Feinde nicht auf saudischem Territorium verfolgen konnten, andererseits dabei scheiterten, ein bergiges Gelände zu erobern. Nach dem Verlust von Syrien und dem entscheidend beschnittenen Irak – wo der Westen, in diesem Fall unter Führung Großbritanniens, bereit war, das ultraradikale, aber allein für den Irak konzipierte Regime gegen Nassers panarabisch orientierten Vormarsch zu unterstützen – wurde die Situation jetzt untragbar. (Sir Michael Wright, der damalige britische Botschafter in Baghdad, riet seiner Regierung sogar, gegen die ungerechtfertigte Inhaftierung einiger britischer Bürger nicht weiter aktiv zu werden.) Nassers Lager bekam die ersten Risse und Sprünge. Bezeichnenderweise war einer der Führer im neuen, gegen Nasser eingestellten Syrien der Oberst Abdel Hamid Sarraj, genau der Offizier, den König Saud bestochen hatte, sein einstiges Idol Nasser zu ermorden.

Nasser wurde schwächer, Faisal dagegen stärker. Nasser wurde von der UdSSR und den arabischen Massen unterstützt, während Faisal vom Westen abhängig war, vom Reichtum durch das Erdöl und von den Herrschern in den konservativen arabischen und islamischen Ländern. Faisal konzentrierte alles auf den Jemen und schränkte die Unterstützung für die islamischen Länder ein, während Nasser zuviel Kraft für seine Kriege im Jemen, gegen den Irak, in Jordanien und im Sudan, außerdem noch in der Hilfe für antifranzösische arabische Aufstände in Nordafrika aufwenden mußte. Nasser stöhnte unter den finanziellen Belastungen durch seine Abenteuer, und die UdSSR, die eine Auseinandersetzung mit den USA befürchtete, gab ihm nicht die Geldmittel, die er eigentlich benötigt hätte. Doch Faisal schien keinerlei Geldsorgen zu kennen. Die Araber, die auch in guten Zeiten Standfestigkeit vermissen lassen, sprangen von Nassers Zug.

Nachdem die UdSSR dem kombinierten saudisch-westlichen Angriff auf seinen arabischen Nationalismus nicht mit Entschiedenheit entgegengetreten war, und pro-westlich eingestellte arabische Regierungen ihm vorwarfen, er sei nur ein Papiertiger, fühlte sich Nasser gedrängt, seinen – wie Wilton Wynn von *Time* das nannte – »Samson-Komplex« anzuwenden. Er setzte alles auf seine arabische Karte und sprach sich für eine Konfrontation mit Israel aus. Entweder er gewann dabei und mit ihm die arabische Welt, oder das gesamte Gebäude brach über ihm und allen anderen Beteilgten zusammen.

Nasser war schlecht gerüstet, da 100 000 ägyptische Soldaten im Jemen im Einsatz waren, und er ließ die UN im geheimen wissen, daß er auf eine offene Auseinanderstezung nicht versessen war. Doch seinen Feinden schlug er ein Schnippchen. Überall forderten Araber jetzt ein Ende des Krieges im Jemen, damit Nasser freie Hand gegen Israel hatte. In Israel war man sich bewußt, daß die Zeit gegen die israelischen Interessen arbeitete, und daß Nassers militärisches Engagement im Jemen eine besondere Gelegenheit bot, die schnell vorbei sein könnte. Daher startete Israel im Juni 1967 einen Überraschungsangriff auf Ägypten und Syrien, danach auch auf Jordanien. Die arabischen Armeen waren innerhalb von sechs Tagen besiegt. Sinai, die Golanhöhen, die West Bank und Gaza wurden besetzt, die arabischen Träume lagen in Trümmern. Israel hatte einen totalen Sieg errungen, Faisal ebenso.

Nasser und Faisal beugten sich dem Druck von arabischer Seite und trafen sich bei einer Konferenz arabischer Staatsoberhäupter in Khartoum. Es gab keinen Zweifel, wem dieser Tag gehörte. Nasser verpflichtete sich zum Rückzug aus dem Jemen und bat saudische oppositionelle Gruppen sowie den früheren König Saud, Kairo zu verlassen. Dieser hatte sich in einem Versuch, seinen Thron zurückzugewinnen, auf Nassers Seite gestellt und den von Ägypten besetzten Jemen besucht, um den republikanischen Getreuen gegen sein Land Mut zuzusprechen. Im Gegenzug bot Faisal Nasser Wirtschaftshilfe an. Alles lief auf eine totale Unterwerfung hinaus.

Im Unterschied zu 1956 waren die USA – das einzige Land,

das Israel zu einem Rückzug aus den besetzten arabischen Gebieten hätte zwingen können – an einem solchen Schritt nicht interessiert. Schließlich hatte Nasser sich für die Verstaatlichung der Erdölförderung ausgesprochen und die strategische Position der Amerikaner im Nahen Osten bedroht. Dieses Mal konnte Nasser keinen Sieg für sich verbuchen. Es gab keine erniedrigte britische und französische Kolonialmacht, über die man verhandeln konnte. Für Nasser war das der Anfang vom Ende. Für das Haus Saud kündigte sich jetzt ein tiefergehendes Engagement in arabische und islamische Angelegenheiten an. Diese jüngsten Erfahrungen führten dazu, daß das Königshaus das Offenkundige akzeptierte: sie konnten nicht abseits stehen und gleichzeitig sicher bleiben. Stattdessen wollten sie versuchen, ihre neue Position zu ihrem Vorteil auszubauen, ihren Reichtum aus dem Erdöl für eine Neutralisierung aller weiteren bedrohlichen politischen Bewegungen zu verwenden.

Das Glück war Faisal in der Person von Denis Michael Rohan hold, einem verrückten christlichen Fundamentalisten aus Australien, der im Juli 1969 die Al-Aqsa-Moschee in Jerusalem anzündete. Das traf den Nerv aller Araber und Moslems, und man spekulierte wild über die Verschwörungstheorien und Israels Beteiligung daran. Die Frage, ob die Reaktion auf den Vorfall den Schwerpunkt auf den arabischen oder auf den islamischen Aspekt legen sollte, wurde zum entscheidenden Punkt. In einem kühnen Vorgriff berief Faisal die erste Konferenz moslemischer Staatsoberhäupter in der marokkanischen Stadt Rabat ein. Die Reaktion war überwältigend und bis auf die säkularisierten, sozialistischen Staaten Irak und Syrien nahmen alle arabischen Staatsoberhäupter an der Konferenz teil. Es kam zu zahlreichen Vereinbarungen über politische und wirtschaftliche Zusammenarbeit. Eine Deklaration über die Rechte der Moslems in Jerusalem wurde verabschiedet. Dieser einfache Vorgang war Ausdruck von Faisals neuer politischer Linie und bestätigte den bestimmenden Einfluß der islamisch ausgerichteten Politik seines Landes. Faisal folgte dieser Linie, indem er kontinuierlich seinen Wunsch äußerte, in Jerusalem zu beten. Er warb öffentlich für die Rechte der Moslems in dieser Stadt, sagte jedoch wenig über die Rechte der Araber. Um seine pro-sowjetischen arabischen Konkurrenten abzudrängen und seinen westlichen Hintermännern zu gefallen, stellte er den Zionismus immer mit dem Kommunismus auf eine Stufe.

Erst hatte das von Gott geschickte Problem mit dem Feuer von Jerusalem Faisal eine Chance geboten, die Welt des Islam an die Stelle vor die arabische Welt zu setzen. Dann bot ihm Jordanien eine Gelegenheit, einen schweren Schlag gegen die führende revolutionäre arabische Bewegung, die PLO, zu landen. Im September 1970 brach in Jordanien ein Bürgerkrieg zwischen der radikalen, jedoch völlig säkularisierten PLO und den Kräften von König Hussein aus. Dokumenten zufolge, die mir ein früherer Assistent von Faisal zugänglich gemacht hat, befahl der saudische König – wiederum mit dem Segen der USA – dem Kommandeur der saudischen Truppen, die noch in Jordanien stationiert waren, König Hussein mit allen zur Verfügung stehenden Mitteln zu helfen. Außerdem gab er Pakistan Geld, damit das Land einige Einheiten seiner Luftwaffe für Angriffe auf palästinensische Kräfte und ihre syrischen Helfer schicken konnte. Hussein triumphierte, die PLO wurde in den Libanon vertrieben, und Saudi-Arabien war wieder eine revolutionäre Bedrohung los. Die Unterwerfung von Nasser und der PLO reduzierte die Anziehungskraft des Palästina-Problems als Sammelpunkt arabisch-nationalistischer Kräfte und versetzte Saudi-Arabien in eine beherrschende Position in der arabischen und islamischen Welt. Anstatt durch negatives Verhalten die Pläne anderer zu stören, war Saudi-Arabien jetzt in einer starken politischen und finanziellen Position und konnte manchen von ihnen sagen, was sie zu tun hatten.

*

Nassers viel zu früher Tod im Jahr 1972 vergrößerte das Machtvakuum im Nahen Osten, das der Westen sich wünschte und das nach den Erwartungen der restlichen Welt Saudi-Arabien füllen sollte. Doch Saudi-Arabien rührte sich nicht. Im Westen übersah man einfach die grundlegende Tatsache, daß Saudi-Arabien zwar für die Führungslosigkeit verantwortlich war, sie miterzeugt hatte, jedoch selbst von der arabischen und der islamischen Welt nichts weiter wollte, als in Ruhe gelassen zu werden. Für Faisal hätte eine echte arabische oder islamische Führungsrolle bedeutet, daß Saudi-Arabien sich mit den ziemlich komplizierten Forderungen der Araber und der Moslems auseinandersetzen und entweder eine panarabische oder eine panislamische Zusammenarbeit fördern müßte. Da er gegen all das war und weil Saudi-Arabien weder von seiner politischen Struktur noch von seiner Entwicklung her eine Führungsrolle übernehmen konnte, widersetzte sich Faisal diesen Bestrebungen, die er für kontraproduktiv und zu teuer hielt. Saudi-Arabien beschloß, eine derartige Position nur vorzutäuschen und damit andere fernzuhalten. Nachdem man zuvor mit Bedacht Geld verteilt hatte, setzte man jetzt auf eine bedachte Führungsposition, ohne dafür allzuviel Geld auszugeben.

Mit leichten Modifikationen gilt das auch heute noch. Wenn es um die arabischen Belange bei den Themen Palästina und Libanon ging, hat man sich dieser Linie entsprechend verhalten, ebenso bei den Kriegen zwischen Algerien und Marokko, den verschiedenen Auseinandersetzungen zwischen Syrien und dem Irak, und, wobei es dann etwas komplizierter verlief, anläßlich der Entscheidung Ägyptens, im Oktober 1978 das Camp David-Friedensabkommen mit Israel zu unterzeichnen. Was den Islam betrifft, galt das gleiche Prinzip gegenüber Afghanistan, in geringerem Ausmaß dann bei Uganda, den Philippinen, dem Sudan, der Situation am Horn von Afrika, bei Biafra und in Saudi-Arabiens weltweitem Engagement in Angelegenheiten der Moslems. In all diesen Fällen hat das Land nur darauf abgezielt, andere Länder von der Hegemonie fernzuhalten.

Saudi-Arabien griff der von Yasser Arafat geführten Hauptfraktion der PLO mit 100 Millionen Dollar jährlich unter die Arme, damit sie sich nicht anderweitig orientierte. Doch die Angst vor einer starken PLO war so groß, daß gleichzeitig der Terrorist Abu Nidal finanziert wurde, um Arafat aus dem Gleichgewicht zu bringen. Abu Nidals blutige Referenzen stellten kein Hindernis für diese Form der Wahrung der saudischen Eigeninteressen dar. Im Libanon gab sich Saudi-Arabien als unparteiischer Anwalt des Friedens, während es zur selben Zeit die konservative, pro-westliche christliche Falange gegen den panarabisch orientierten Politiker Mourabitoun und die militanten Schi'iten von Amal und Hizbollah unterstützte. Saudi-Arabien vermittelte im algerisch-marokkanischen Konflikt, um den konservativen König Hussein von Marokko gegen dessen populistischen Nachbarn zu schützen, und vermittelte scheinbar zwischen Syrien und dem Irak, während es Syrien Finanzhilfe gab, um sich den Forderungen des Irak nach politischer Vereinigung widersetzen zu können. Sogar das relativ abgelegene Libyen entkam den saudischen Versuchen, ein Ungleichgewicht in diesem Land herzustellen, nicht. Saudi-Arabien sah in Ghaddafi mehr Bedrohung als gerechtfertigt war und unterstützte seine militanteren islamischen Gegner. Die Saudis setzten diese Spaltungsbemühungen, auch dann noch fort, als das von ihnen geschaffene Ungleichgewicht im Libanon es erforderte, die Rechte der moslemischen Mehrheit zu ignorieren, die in diesem Fall zweifellos sehr unter der rücksichtslosen Herrschaft der Christen zu leiden gehabt hatten.

Das Verhalten der Saudis in der islamischen Welt richtete sich ebenfalls nach dieser Linie. Pakistan wurde solange gefördert, wie es den Vorgaben der Saudis folgte, und nicht versuchte, unabhängig zu handeln und zu führen. Als der pakistanische Präsident Ali Bhutto sich weigerte, diese Regel weiter zu befolgen, gewährten die Saudis seiner Armee finanzielle Unterstützung und versprachen noch mehr Geld, damit das Militär ihn stürzte. Idi Amin von Uganda erhielt Geld, weil Uganda unwichtig war, und die Unterstützung für diesen Despoten Saudi-Arabien eine Gelegenheit bot, in einem bedeutungslosen Staat ein unehrliches Engagement für die dortigen Moslems auf Kosten der Christen des Landes zu zeigen. Die islamischen Rebellen auf den Philippinen erhielten aus demselben Grund Finanzmittel, ohne daß Saudi-Arabien überhaupt wußte, worum es in ihrer Revolution ging. Die afghanischen Mudjaheddin wurden in einem wesentlich größeren Ausmaß unterstützt, da deren Lage eine Chance für Saudi-Arabien war, gegen die Russen und für den Westen aufzutreten. Außerdem stellte die saudische Propaganda in einem Versuch, dem militanten Iran zuvorzukommen, den Bürgerkrieg dieses Landes als Sache auf Leben und Tod für jeden Moslem dar. Am Horn von Afrika erhielt das despotische Regime von Sayyad Bari in Somalia Unterstützungen gegen das christliche Äthiopien, obwohl man weltweit der Ansicht war, daß dieser Konflikt zu einem Chaos zwischen den Stämmen, zum Zusammenbruch der beiden Länder und großer Hungersnot führen würde.

Saudi-Arabien hat seine Ansprüche auf eine führende Rolle immer mit dem einzigen untermauert, was es besitzt: Geld. Doch mit dem Geld wurden Probleme nicht gelöst und Entwicklungsprozesse verhindert. In Wirklichkeit war dies eine Politik der »leihweise« Lösungen. Manchmal geschah das direkt in eigener Sache, manchmal als Vorposten des Westens, meistens trafen jedoch beide Aspekte zusammen. Weder die Saudis noch der Westen wußten, was dabei herauskommen würde, wenn man Arafat ausschaltete. Doch man wollte ihn unter Kontrolle haben und die Saudis konnten sich im Gegensatz zum Westen einen Terroristen leisten, der das erledigte. Sie wußten, daß sie die christliche Vorherrschaft im Libanon nicht auf ewig erhalten konnten. Da sie jedoch keine Ahnung hatten, wodurch sie sie ersetzen sollte, zahlten sie lieber, damit alles beim alten blieb. Die finanzielle Unterstützung Syriens gegen den Irak war eine kurzfristige Lösung, doch um die Länder auf Dauer voneinander fern zu halten, fiel ihnen nichts anderes als eine Destabilisierung ein, die sie selbst, Israel und den Westen bedrohte. Im Fall von Afghanistan zeigte sich besonders deutlich die klassische Situation, daß das saudische Geld den Zielen der amerikanischen Politik gegen die UdSSR diente, und dann verpaßte man der ganzen Geschichte das Etikett des Islam.

Die natürlichen Grenzen für derartige »gemietete« Lösungen

lagen in deren Begrenzung, in der Tatsache, daß die Mieten in die Höhe schnellten und in der Bereitschaft der Gegenseite, ein saudisches Angebot überhaupt anzunehmen. Die für den Nahen Osten typische Unbeständigkeit bedeutete, daß Lösungen nie dauerten. Die meisten Leute, die von Saudi-Arabien Geld bekommen hatten, besonders die libanesischen Christen, forderten immer mehr. Doch diese Hindernisse waren nichts im Vergleich zu den drei Hauptproblemen, die so nicht zu lösen waren. Die drei Themen sind: die Entscheidung Ägyptens, mit Israel ein Friedensabkommen auszuhandeln, die islamisch-fundamentalistische Revolution im Iran und der Krieg zwischen Iran und Irak. Zusätzlich tauchte das Problem auf, daß viele islamische Gruppen erst das Geld der Saudis annahmen und sich dann gegen die Sponsoren stellten.

Vor seiner Reise nach Jerusalem, wo er einen Frieden erreichen wollte, waren Sadats Beziehungen zu Saudi-Arabien gut. Anders als Nasser und Farouk war er einverstanden damit, Saudi-Arabien eine führende Rolle zuzugestehen und seine Politik mit den saudischen Herrschern abzustimmen. Er sprach sogar den Jom-Kippur-Krieg vom Oktober 1973 mit König Faisal ab und überzeugte Saudi-Arabien davon, ein vorübergehendes Ölembargo gegenüber dem Westen durchzuführen. Sowohl Ägypten wie auch Saudi-Arabien fühlten sich verpflichtet, auf die Reaktion der Araber – den Wunsch nach Rache – nach der Niederlage von 1967 einzugehen. Beide Seiten sahen in dem dann gemeinsam geplanten Oktober-Krieg ein Ventil und eine Möglichkeit, auf den Westen Druck für eine Lösung des nach wie vor gärenden Problems zwischen Arabern und Israelis zu auszuüben. Die Kooperation funktionierte für beide Seiten. Das anschließende Ölembargo wie auch die Engpässe bei Benzin und anderen Brennstoffen wirkten wie eine Schocktherapie für die Kernbereiche der westlichen Politik und führten direkt zu einer intensiveren Auseinandersetzung um eine dauerhafte Lösung des Palästinenserproblems.

Doch Sadat wollte seinen Plan zu Ende bringen, während sich Saudi-Arabien wie immer Zeit ließ. Dort wünschte man den Beginn eines Friedensprozesses, ohne die Konsequenzen tragen zu müssen. Sadat kalkulierte einen Bruch mit Saudi-Arabien ein, und handelte im Alleingang, nachdem er seine Entscheidung allerdings zuvor noch über den Chef der saudischen Staatssicherheit, Kemal Adham, an Kronprinz Fahd weitergeleitet hatte. Die Araber und die meisten arabischen Regierungen reagierten verärgert auf Sadats Reise nach Jerusalem und forderten eine Bestrafung des Verräters Ägypten. Die Saudis saßen jetzt zwischen zwei Stühlen. Sadat zu unterstützen wäre zwar im Sinne der USA gewesen, hätte jedoch möglicherweise zum Aufstieg einer neuen radikalen Führerschaft in der Region und inneren Unruhen geführt.

Nach hitzigen Debatten, in deren Verlauf der für Sadat votierende Kronprinz Fahd wütend nach Spanien in ein selbstgewähltes Exil ging, wurde im Haus Saud der Entschluß gefaßt, sich gegen Sadat zu stellen. Gleichzeitig versicherten die Saudis der Carter-Regierung ihre wirklichen Absichten und machten sich daran, die arabischen Versuche einer Bestrafung von Ägypten und seinem Staatsoberhaupt einzudämmen. (Sie gingen sogar so weit, daß sie meinen Vater, einen Journalisten, zu bestechen versuchten, damit er einen Artikel über ihre enge Bindung zum Westen schrieb.) Die Kritik der Araber an Ägypten fiel vergleichsweise milde aus, doch die Entscheidung der Saudis, dies zu unterstützen, war ein stilles Eingeständnis, daß es anders als früher inneren und äußeren Druck gab, der eine Gefolgschaft gegenüber dem Westen verhinderte.

Dieses Beispiel ihrer Hilflosigkeit zeigte die Grenzen einer Politik der kurzfristigen Lösungen auf. Diesem großen Problem folgte ein weit schwerwiegenderes, dem das Haus Saud nicht mit seiner üblichen Verstellungstaktik begegnen konnte. Der Iran – schi'itisch, unabhängig, stark und unter dem Schah prowestlich eingestellt – war das Land im Nahen Osten, in dem Saudi-Arabien am wenigsten Einfluß hatte. Als 1979 die ersten gegen den Schah gerichteten Unruhen ausbrachen, eilten ihm die Saudis zu Hilfe und stellten sie als geringfügig dar. Als sie später durch die

Stärke der Bewegung um Khomeini bereits alarmiert waren, zogen sie sich auf die Behauptung zurück, diese Strömung sei unislamisch. Sogar als der Schah schon gestürzt und durch Khomeinis islamisch-fundamentalistisches Regime ersetzt worden war, sprachen die Saudis eine Zeitlang noch von der »rechtmäßigen Regierung des Landes«, wenn sie den Schah meinten. Sie finanzierten auch einige schwache Versuche, Khomeini zu stürzen, unter anderem auch eine Wiederholung des Debakels, das sich bei dem Mordkomplott gegen Nasser ereignet hatte, und 1981 bestachen sie den iranischen Luftwaffenoberst Read Rukmi mit 10 Millionen US-Dollar für die Durchführung eines Staatsstreichs. Doch die neue Revolutionsregierung im Iran blieb bestehen und stellte sich gegen Monarchien, gegen Verbindungen mit dem ungläubigen Westen und gegen die Politik der Saudis, die niedrigen Ölpreise zu behalten. Zusätzlich zeigte die neue iranische Führung ein besonderes Interesse an der schi'itischen Minderheit in Saudi-Arabien.

Die verschiedenen Aussagen des islamischen Iran liefen auf eine politische Linie hinaus: der Westen und seine Freunde waren Feinde des Islam, und ihre Hegemonie über den Nahen Osten und die islamische Welt mußte ein Ende haben. Diese revolutionäre Sicht war das genaue Gegenteil von König Faisals Umgang mit dem Islam als konservativem, prowestlichem Gegengewicht zu säkularisierten, revolutionären Ideen. Die Fundamente der saudischen islamischen Politik begannen zu bröckeln, doch Saudi-Arabien konnte nicht hinter seine Positionen zurückgehen. Stattdessen begann es einen Wettkampf innerhalb des Islam, in dem es jetzt um eine Konfrontation zwischen der revolutionären und traditionellen Variante ging.

Wie Nasser versuchte auch der Iran das saudische Volk gegen die Regierung einzusetzen. Viele Gruppierungen von nicht-schi'itischen Moslems, die bis dahin Unterstützung durch Saudi-Arabien erhalten hatten, sympathisierten mit der Entwicklung im Iran, und der Aufstand von 1979 in Mekka wurde vom Erfolg der iranischen Ayatollahs angespornt. Die Saudis waren jetzt in ihrer eigenen islamischen Torheit gefangen. Doch da Saudi-Arabien militärisch schwach war und durch seine angebliche Führerschaft einen Krieg gegen ein anderes islamisches Land verbat, änderte es schließlich seinen Kurs und schlüpfte vorübergehend, in die arabische Identität.

Iran und Irak sind seit undenklichen Zeiten verfeindet. In der jüngeren Vergangenheit wurde diese Feindschaft durch den Westen ermutigt, der den Nahen Osten beherrschen wollte und in der dauernden Streiterei zwischen den beiden Seiten eine Möglichkeit erkannte, sie schwach und inaktiv zu halten, besonders gegenüber den Satellitenstaaten, die das Erdöl für die westlichen Industrieländer lieferten. Nachdem Khomeini an der Macht war, gab es zwischen den zwei Staaten mehrere Auseinandersetzungen um Grenzen und Wasserwege, die durch Khomeinis Überbetonung der Religion auf Kosten einer nationalen Identität noch verschärft wurden. Der von der sozialistischen und panarabisch orientierten Ba'ath-Partei regierte Irak pries den Nationalismus, und wenn auch beide Seiten irregeleitet waren, so war doch die Konfrontation zwischen einer Theokratie und einem nichtreligiösen Nationalstaat einer der wenigen Kriege in diesem Jahrhundert, die um grundlegende Prinzipien geführt wurden.

Doch der Weg des Irak in den Krieg wurde von Saudi-Arabien von den USA ermutigt und mitgetragen. Da Saudi-Arabien selbst keine militärische Auseinandersetzung mit dem Iran führen konnte, unterstützte das Land – mit beträchtlicher Rückendeckung durch Amerika – Saddam Hussein, um das zu übernehmen. Die Verhandlungen zwischen den Saudis und Saddam, um Möglichkeiten herauszufinden, wie der gemeinsamen Bedrohung durch den Iran begegnet werden konnte, nahmen viel Zeit in Anspruch. Im August 1980 wurde ein Geheimabkommen geschlossen, in dem Saudi-Arabien dem Irak garantierte, »alle erforderliche finanzielle Hilfe [zu gewähren], um die notwendigen Schritte zum Schutz seiner nationalen Ehre zu unternehmen«. Pierre Salinger, Redaktionsleiter des amerikanischen Senders *ABC* und Experte für den Nahen Osten, stellt dazu fest: »Zweifellos wollen beide Länder (Saudi-Arabien und Amerika), daß Saddam den Iran angreift.« Bevor man sich für die »irakische Lösung« entschied, hatte Präsident Carters Sicherheitsberater Brzezinski 1980 öffentlich gedroht, Gewalt gegen den Iran anzuwenden. Später zeigten die USA Satellitenaufnahmen, die irakische Vorbereitungen für einen Angriff auf den Iran belegten, unternahmen jedoch nichts, um den Ausbruch der Feindseligkeiten zu unterbinden. Die Behauptung, daß die »irakische Lösung« mit Billigung der USA gewählt wurde, wird – ohne Namen nennen zu können – von einem früheren US-Botschafter in Saudi-Arabien, einem ehemaligen Staatssekretär im Außenministerium und ganz offen von Saddam Husseins Berater Sa'ad al-Bazzaz, dem Autor des Buches *The War in the Gulf and the One After* bestätigt: »Wir haben ihnen gesagt, daß wir den Iran angreifen würden; sie wußten es.«

Einen Monat später brach der schwerbewaffnete Irak im Iran ein – in der törichten Annahme, daß ein Angriff auf den Iran zu dessen Isolierung und nicht zu verstärkter Unterstützung für Khomeini führen würde. Saudi-Arabien zahlte jetzt vier Milliarden Dollar an den Irak. Auch dies war ein Stellvertreterkrieg, mit Sicherheit ein Beispiel für eine Politik der »gemieteten« Lösungen im großen Stil und dafür, wie man im Interesse des Westens dem militanten Islam die Stirn bot.

Nach dem Ausbruch der Feindseligkeiten zwischen dem zweit- und drittgrößten Erdöllieferanten gab es gegenseitige Luftangriffen auf die Produktionsstätten, was zu einem dramatischen Rückgang der Förderquoten führte, der unter normalen Bedingungen eine Preissteigerung für Erdöl auf dem Weltmarkt mit anschießenden amerikanischen Bemühungen um die Beilegung des Konflikts ausgelöst hätte, damit die Preise wieder auf das Vorkriegsniveau sanken. Doch nichts dergleichen geschah: Saudi-Arabien war vorbereitet, es unterbrach den vorsehbaren Ablauf der Ereignisse durch eine Verdopplung seiner Förderquoten und hielt die Preise dadurch niedrig. Es gab keinen dringenden Grund, den Krieg zu beenden, und Henry Kissinger faßte die saudisch-amerikanische Haltung unverblümt so zusammen: »Zu schade, daß nicht beide Seiten verlieren können.«

1984 sah es tatsächlich so bedrohlich aus, daß die irakischen Linien unter der Überzahl ihrer Feinde aus dem Iran zusammenbrechen könnten. Saddam Hussein geriet in Panik und flehte Saudi-Arabien an, die Fördermengen zu senken, damit der Krieg beendet werden konnte. Die Saudis weigerten sich. Bazzaz sagt dazu: »Wir wußten, daß sie wollten, daß der Krieg weiterging, aber wir waren von ihrer finanziellen Unterstützung zu abhängig, um uns offen darüber beschweren zu können. Sie richteten sich nach einer Politik der Amerikaner, die auf die Schwächung beider Länder abzielte.«

Die Araber gegen die Moslems auszuspielen war keine dauerhafte Lösung für einen fürchterlichen Krieg. Und je länger er dauerte, desto größer war die Gefahr, daß sowohl Saudis wie Amerikaner schließlich als die eigentlich Schuldigen öffentlich gebrandmarkt würden. Um sich vor den unabsehbaren Konsequenzen des Krieges zu schützen, zog Saudi-Arabien 1981 Nutzen aus der Tatsache, daß Irak und Iran mit dieser Auseinandersetzung beschäftigt waren und versuchte, seine unmittelbare Umgebung gegen beide Staaten zu stärken. Mit Kuwait, Oman, Qatar, Bahrain und den Vereinigten Arabischen Emiraten wurde der »Kooperationsrat der Arabischen Golfstaaten« gegründet. Dieser Kooperationsrat war ein loser wirtschaftlicher Zusammenschluß reicher Länder, doch in Wirklichkeit befaßte man sich darin hauptsächlich mit Fragen von Verteidigung und Sicherheit. Die Gründung dieses Rates untergrub die ohnehin schon angeschlagene Arabische Liga. Von Beginn an gab es Stimmen in diesem Rat, die die Ängste der Saudis formulierten und davor warnten, daß der Sieger im Konflikt zwischen Iran und Irak sich möglichweise gegen sie und ihren Reichtum wenden könnte. Da man die Aktivitäten subversiver Kräfte mehr fürchtete als eine direkte militärische Intervention, bestand der Sicherheitsapparat dieser Staatengruppe aus sage und schreibe 100 000 Mann, im Vergleich zu insgesamt 137 000 Mann in den unkoordinierten Steitkräften.

Saudi-Arabien schuf den Kooperationsrat, während es versuchte, sein Engagement auf der Seite des Kriegsteilnehmers Irak im Sinne des Islam und der arabischen Identität zu rechtfertigen. König Fahd pries seine ständigen Kontakte mit Saddam Hussein, bezeichnete ihn als »Schwert des Islam« und teilte ihm telegrafisch mit: »Wir begleiten euch bei jedem Schritt auf diesem Weg.« Der saudische Innenminister Prinz Najef stellte fest: »Der Irak schützt die arabische Nation.« Doch als sich die anfänglichen Erfolge des Irak verflüchtigten und es zwischen 1982 und 1984 möglich schien, daß der Iran siegen könnte, versuchte Saudi-Arabien sofort, vorsichtshalber eine Annäherung zum Iran herzustellen. Fahd schraubte seine antiiranischen Phrasen etwas zurück und tauschte mit der Führung des Landes Emissäre aus, doch er half nach wie vor dem Iran.

Saudi-Arabien zahlte nicht nur große Geldsummen an den Irak, sondern gestattete ihm auch den Transport von Wirtschaftsgütern, um der Bedrohung durch die iranische Armee an der schmalen Golfküste ausweichen zu können. Außerdem halfen die Saudis den Irakern, Erdöl durch eine Pipeline zu pumpen, die durch saudisches Territorium verlief und reservierten täglich 200 000 bis 400 000 Barrel aus der neutralen Zone, um den Verbrauch des Irak abzusichern.

Schließlich wandten sie sich auch an den Westen mit der Aufforderung, den Irak militärisch zu unterstützen und die geltenden Nutzungsbeschränkungen für Waffen, die an Saudi-Arabien geliefert wurden, aufzuheben, damit Saudi-Arabien Militärflugzeuge und anderes Kriegsgerät in den Irak verlegen konnte. Saudische Bevollmächtigte, darunter Prinz Bandar, der Botschafter in Washington, Kronprinz Abdallah und Verteidigungsminister Prinz Sultan, trafen sich mit Margret Thatcher und Mitgliedern der Regierung von US-Präsident Reagan, darunter dem damaligen Vizepräsidenten George Bush, und überzeugten sie davon, einfach wegzuschauen, wenn Waffen und Elektronik, die eigentlich unter das Embargo fielen, in den Irak gelangten. Und König Fahd und sein Außenminister Prinz Faisal erklärten, daß der

Iran die größere Gefahr für die Stabilität in der Gesamtregion darstellten.

Großbritannien und Amerika gehorchten. Die Engländer lieferten dem Irak ein hochwertiges elektronisches Kommandozentrum, das Plessey hergestellt hatte, danach gestatteten sie den Verkauf von ABC-Waffen, Radarleitsystemen und weiterer umfangreicher militärischer Ausrüstung, die unter das Embargo fiel. Die Vereinigten Staaten gewährten dem Irak einen zinsfreien Kredit für den Ankauf von Weizen, verkauften ihnen Teile für ihre Fabriken für chemische Waffen und statteten sie über den Umweg Jordanien mit modernstem elektronischem Gerät aus. Dem erfahrenen *ABC*-Korrespondenten John Cooley zufolge gingen die USA sogar so weit, daß sie Einheiten ihrer Golfflotte befahlen, das iranische Radar zu stören, um Luftangriffe des Irak auf iranische Erdölterminals zu unterstützen (Cooley konnte diese Geschichte damals nicht eindeutig belegen). Da die Angst vor den möglichen Konsequenzen beim Sieg einer der beiden Seiten immer weiter zunahm – beim Sieg des Irak war damit zu rechnen, daß er die politische Führung der Araber übernahm, beim Iran waren Ansprüche auf die Führungsposition im Islam zu erwarten –, fanden in der Zwischenzeit mehrere Treffen zwischen Saudi-Arabien und dem Iran statt, 1985 besuchte sogar der saudische Außenminister Prinz Saud al-Faisal das Land. Die Vorahnung der Saudis von drohender Gefahr war richtig: es bahnte sich Ärger an.

Der acht Jahre während Krieg zwischen Iran und Irak endete 1989 mit einem Patt. Die zahlenmäßige Überlegenheit des Iran wurde von der wesentlich moderneren technischen Ausrüstung des Irak aufgewogen. Doch da der Iran wegen der Hilfe von außen, die man dem Irak gegeben hatte, um Frieden bitten mußte, reklamierte der Irak einen psychologischen Sieg. Dieser Ausgang des Krieges bewirkte eine Verschiebung in der Haltung Saudi-Arabiens. Plötzlich schien die Gefahr durch den Irak wesentlich größer als die durch den Iran. Die Ambitionen Saddam Husseins und die Stärke seiner eine Million Mann umfassenden Armee wurden das beherrschende Thema.

Das Kriegsende und die aufziehende Gefahr fielen mit einer verspäteten Erkenntnis der Saudis über ihre immer teurere, kurzlebigere und verfehlte Strategie der »gemieteten« Lösungen zusammen, dadurch wurde die Herausbildung einer neuen saudischen politischen »Mischkalkulation« erzwungen. Dabei kam eine Kombination aus der alten Taktik der Nichteinmischung und einer verbesserten, präventiven Haltung heraus. Saudi-Arabien herauszuhalten, und sich eher auf eine aktive Politik bei den großen Problemen zu verlegen. Das bedeutete, einige Länder finanziell zu unterstützen, um ungeklärte unangenehme Entwicklungen aufzufangen, anstatt bei tatsächlichen Ereignissen in anderen Ländern einzugreifen.

Außer mit dem Krieg und dem Kooperationsrat mußten sich die Saudis über ihre arabische Politik klarwerden. Wollten sie eine lose Vereinigung unterstützen oder eine Politik weiterbetreiben, die die bestehenden Trennungen zwischen den Staaten aufrechterhielt. Dieses Mal entschieden sich die Saudis aktiv und wohlüberlegt gegen Zusammenschluß oder Kooperation. Saudi-Arabien verfolgte eine Politik, die weder seine Beziehungen mit dem Westen stören noch seine Fähigkeit zum unabhängigen Handeln auch in den kleinsten Angelegenheiten beeinträchtigen würde.

Im politischen Sinn war die Reaktion der Saudis auf den Einmarsch der Israelis in den Libanon im Jahr 1982 kaum zu vernehmen. Fahd koordinierte seine Aktivitäten mehr mit Ronald Reagan als mit dem belagerten Arafat, sogar dann noch, als israelisches Militär drohte, Beirut zu zerstören und die PLO auszulöschen. Die Ära der belastenden Freundschaft mit inneren und panarabischen Überlegungen endete während der israelischen Belagerung von Beirut.

Es gab andere, weniger dramatische Anzeichen, die die saudische Verweigerung einer klaren Haltung als Araber unterstrichen. Als Saudi-Arabien es ablehnte, Hilfsgelder durch etablierte arabische Organisationen wie die Arabische Liga weiterzuschleusen, war das eine rein auf Spaltung angelegte Politik. In der Vergangenheit hatte diese ehemals aus spontanen Einzelschritten bestehende Strategie das gleiche Ergebnis gezeitigt. Jetzt wurden Spaltungen bewußt erzeugt, aufrechterhalten und sogar verstärkt, dabei ging es auch um die einfachsten Bereiche der Zusammenarbeit zwischen arabischen Ländern.

Beispielsweise unterminierte Saudi-Arabien die AACO (Organisation der arabischen Luftfahrtunternehmen), indem es sich weigerte, sich an deren gemeinsam organisierten Wartungsarbeiten oder Einkäufen von Ersatzteilen mit anderen arabischen Fluglinien zu beteiligen, was den angeschlossenen Fluglinien, auch dem landeseigenen Unternehmen *Saudia* ziemlich viel Geld gespart hätte. Diese politische Entscheidung kam dem Wunsch einiger Mitglieder des Königshauses entgegen, aus einem Monopol für das Geschäft mit saudischen Ersatzteilen und Serviceleistungen Provisionen zu beziehen. Saudi-Arabien war auch Gründungsmitglied von *Arabsat* (Arabisches Satellitenprojekt) und besaß 26 Prozent der Anteile. Doch als deutlich wurde, daß es die Programme, die ausgestrahlt werden sollten, nicht diktieren konnte, hielt es Fonds zurück, die eigentlich für dieses Projekt vorgesehen waren. Das Haus Saud erwartete, daß sogar wissenschaftliche und literarische Programme dem strengen Diktat des Landes folgen sollten, und nicht etwa einer panarabisch orientierten Linie; hier wurde gegen die arabische kulturelle Integration gestimmt. Saudi-Arabien weigerte sich, auf einen Vorschlag der Arabischen Liga zur Einrichtung eines Arabischen Obersten Gerichtshofes einzugehen, der sich mit juristischen Problemen im Zusammenhang mit der islamischen Scharia befassen sollte. Eine umfassendere arabische Interpretation der Scharia wurde nicht zugelassen, es sollte nur die engstirnige gelten, die auf dem Wahhabismus basierte. Und auch dem Wiederaufbau der Hijaz-Bahnlinie, die Saudi-Arabien mit Jordanien verbindet und bereits in der Zeit des legendären Lawrence von Arabien bestanden hatte, wurde erst zugestimmt, als damit eine gegenseitige ökonomische Abhängigkeit zwischen den beiden Ländern geschaffen werden konnte. Es gibt noch zahlreiche weitere Beispiele.

Es ist ganz klar, daß diese ständige aktive Verweigerung Fortschritte in der politischen Sphäre aufhalten sollte: die Schritte einiger Nachbarländer auf eine Demokratisierung hin. Mehrere Entscheidungen von Kuwait, Parlamentswahlen abzuhalten, wurden widerrufen, nachdem die Saudis ihr Mißfallen darüber geäußert hatten, indem sie kuwaitische Bemühungen um eine engere Zusammenarbeit in Sicherheitsfragen im Kooperationsrat vereitelten. Kuwait brauchte Saudi-Arabien mehr als vorher, da es begann, sich über den Irak Sorgen zu machen. Saudi-Arabien weigerte sich sogar, an irgendwelchen Diskussionen des Kooperationsrates teilzunehmen, bis Kuwait schließlich versöhnlich verkündete, die Wahlen aufzuschieben. Als in einer Situation keine »passende« kuwaitische Reaktion kam, verschoben die Saudis ihre Entscheidung, sich an der Bildung einer Zollunion des Kooperationsrates zu beteiligen.

Bahrain war verwundbarer als Kuwait, und um das Land von der Idee, Parlamentswahlen durchzuühren, abzubringen, drohte Saudi-Arabien damit, die lebensnotwendige Verbindungsstraße zwischen den beiden Ländern zu schließen und einige hunderttausend Saudis von Besuchen in Bahrain abzuraten. Jordanien ließ man wissen, daß die Saudis die dort gefaßten Pläne über allgemeine Wahlen mit Mißfallen verfolgten, und daß Saudi-Arabien auf alle Resultate, die ihm nicht paßten, »reagieren« würde, zum Beispiel durch die Kürzung von Wirtschaftshilfe. Es gibt Gerüchte, daß die Saudis es zwar nicht geschafft haben, die Wahlen zu verhindern, doch stattdessen dann einige »sichere« Kandidaten für das jordanische Parlament finanziell unterstützt haben. Wenn das stimmt, dann haben sie sich ins eigene Fleisch geschnitten, da die meisten Mitglieder des jordanischen Parlaments antisaudische islamische Fundamentalisten sind.

Im Sudan, für die Saudis das Tor nach Afrika, leidet die neue stabile Regierung unter den Folgen des saudischen Versuchs, das Land ökonomisch zu knebeln und politisch zu destabilisieren. Sie hatten die Rolle eines Satellitenstaats nicht akzeptiert und einen eher militanten Islam gepredigt als einen, der wie »Opium fürs Volk« wirken soll. Die Saudis haben nicht nur dringend benötigte

Wirtschaftshilfe zurückgehalten, sondern regierungsfeindliche sudanesische Rebellen auch mit 400 *Tow*-Raketen und anderen Waffen ausgerüstet. Sie unterstützen nicht nur die sudanesischen Separatistenbewegungen Kranka und Inkath Watani – wie sie es auch im Iran und in Ägypten gemacht haben –, sondern haben sich selbst an mehreren Mordversuchen beteiligt, unter anderem auch an Hassan Turabi, dem religiösen Führer des Landes. Die Politik der Saudis hat den zerstörerischen Bürgerkrieg im Sudan verlängert und es besteht die Gefahr, daß das Land dadurch zu einem neuen, von Hungersnöten zerrütteten Somalia wird.

Bei der Regierung des dichtbesiedelten und populistischen Jemen, der für das Haus Saud immer noch das einzige Land darstellt, das ihm die Hegemonie über die Arabische Halbinsel streitig machen könnte, wurde ein eindeutiger Versuch zur Destabilisierung unternommen. Saudi-Arabien zog sich anfangs auf die alte Erfolgsformel zurück und versuchte, die jemenitischen Beduinenstämme zu bestechen, um die Parlamentswahlen und die Vereinigung von Nord- und Südjemen zu verhindern. Obwohl sie sehr viel Geld bezahlt haben und es mehrere Bombenattentate gab, bei denen viele Unschuldige ums Leben kamen und einige Unruhe gestiftet wurde, fanden sowohl der Zusammenschluß der beiden Landesteile wie auch die Parlamentswahlen statt. Jetzt versucht Saudi-Arabien, die weitere Entwicklung des Jemen dadurch aufzuhalten, daß es die Separatistenbewegung Hadramout durch eine ausgefeiltere Terrorkampagne unterstützt, in der auch Briefbomben eingesetzt werden. Außerdem wurde der alte Streit um die Grenzen wieder aufgewärmt und behauptet, daß Ölfunde im Jemen auf einem Territorium liegen, das eigentlich zu Saudi-Arabien gehört. Den rund 40 im Jemen aktiven Ölgesellschaften wurde offen mit ökonomischen Repressalien gedroht, und 1987 gingen die Saudis so weit, daß sie eine militärische Operation gegen den Jemen durchführten, in dem 500 Jemeniten und Saudis starben. Der Jemen hat sich über all diese Aktionen Saudi-Arabiens beschwert, besonders gegen den vom diesem Staat unterstützten Terrorismus, doch ohne Erfolg. Die Länder, die öffentlich gegen den internationalen Terrorismus auftreten, auch die USA und Großbritannien, wollen nichts über Terrorakte hören, die von den Saudis finanziert wurden. Voller Bitterkeit sagt der Präsident des Jemen, Abdallah Ali Saleh, über die hinterhältigen, ungehinderten Angriffe auf sein Land: »Hinter all dem steht dieses Königshaus.«

Die Politik Saudi-Arabiens umfaßt mehr als die Störung der Zusammenarbeit und die Destabilisierung von arabischen Ländern, die die Demokratie anstreben. Es ist Saudi-Arabien nicht schwer gefallen, seine Unterstützung für prosaudische despotische Regimes auszuweiten. Vor dem Machtantritt der jetzigen Regierung im Sudan unterstützte es den korrupten und drogenabhängigen, nach saudischer Denkungsart jedoch »sicheren« Präsidenten Ja'afar Numeiri. Syriens Zwietracht säende Intervention im Libanon geschah mit saudischer Rückendeckung, um damit einem möglicherweise unabhängigen Libanon vorzubeugen, der nicht nach dem Geschmack der Saudis gewesen wäre. Saudi-Arabien hat sich mit Ägypten versöhnt, als dieses Land Frieden mit Israel schloß, um so insgesamt ein arabisches Gegengewicht zum Irak zu schaffen. In der Realität ist die arabische Politik Saudi-Arabiens überhaupt nicht neu. Sie ist nur eine aktivere, breitere Ausprägung der alten Strategie Ibn Sauds: gegen Einigkeit, gegen Zusammenarbeit, gegen Demokratie und gegen Fortschritt. Das Haus Saud scheint völlig unfähig zu sein, positiven Ideen zu folgen, und König Fahds 1981 entwickelter Friedensplan für das Palästinaproblem, der beträchtliche Unterstützung durch den Westen und die arabischen Länder erfahren hatte, wurde aus unerklärlichen Gründen fallengelassen.

Doch in der islamischen Welt stellte diese aktive negative Haltung eine völlige Umkehrung der alten Politik dar. Fahds mangelnde Führung trifft zusammen mit der Entstehung eines militanten islamischen Iran und der wachsenden Bedrohung der islamischen fundamentalistischen Bewegungen im Libanon, in Ägypten, Algerien, im Sudan, in Afghanistan und Pakistan. Das bedeutete, daß die bisherige Politik einer Unterstützung des Islam auf Kosten der arabischen Identität nicht mehr gangbar ist. Fahds persönliches Verhalten und sein klares Bekenntnis zu Amerika machen ihn als politischen Führer der Moslems untragbar. Zum erstenmal seit vielen Jahrhunderten hat sich ein entflammter Islam auf den Weg gemacht, um die Konfrontation mit den konservativen moslemischen Regierungen und dem Westen zu suchen.

Zur Zeit erhalten nur einige islamische Bewegungen saudische Unterstützung, die in weit entfernten Ländern aktiv sind und keine Bedrohung für die Sicherheit Saudi-Arabiens darstellen, auch wenn sie eine radikale Entwicklung vollziehen sollten. Außerdem erhalten noch ein paar Gruppierungen in größerer geografischer Nähe Geld, die die Saudis dazu benutzen, um größere Gefahren zu unterlaufen. Aus diesem Grund wird die islamisch-palästinensische Hamas-Bewegung, die eindeutig eine Bedrohung für palästinensische Christen darstellt, finanziert, denn sie soll die PLO und Yassir Arafat angreifen. Islamische Bewegungen in der Türkei werden gesponsort, damit das Land nicht stark genug wird, um eine Führungsrolle im Nahen Osten und gegenüber den neuen islamischen Republiken der alten Sowjetunion beanspruchen zu können. Gleichzeitig kann man das moslemische Bosnien und Kasachstan unterstützen, weil sie mit Problemen befaßt sind, die mit Saudi-Arabien nichts zu tun haben, sie stellen keine Gefahr dar.

Es stimmt, daß der Iran wie ein neuer Magnet auf den militanten Islam wirkt. Doch andere fundamentalistische Bewegungen, von denen viele ihre Existenz saudischen Geldern verdanken, haben sich neu orientiert und verfolgen jetzt eine militante, gegen Saudi-Arabien gerichtete Politik – ein weiterer Fehlschlag für die kurzfristige Politik. Die algerische Islamische Front, die unter ihrem französischen Initialen FIS bekannt ist, wurde mit Finanzhilfe der Saudis ausgestattet, um die zurückhaltend sozialistische Regierung des Landes auszuhöhlen. Dann wurde sie stark und militant und damit für Saudi-Arabien zu einer größeren Bedrohung als die Regierung, die sie eigentlich in Schach halten sollte.

Algerische Fundamentalisten stehen inzwischen in offener Opposition zu ihren früheren Förderern; sie finden ihre Haltungen unannehmbar und die Korruption in Saudi-Arabien untragbar. Die Moslembrüderschaft in Ägypten, eine alte, in den 20er Jahren entstandene Fundamentalistengruppe, erhielt Finanzmittel von den Saudis, um die ägyptische Regierung im Sinne der von den Saudis zugedachte Rolle zu halten. Die Bewegung hat einige militante Auswüchse hervorgebracht, die, wie die jüngsten Angriffe auf Touristen zeigen, die Stabilität Ägyptens bedrohen und den gewaltsamen Umsturz der saudischen Monarchie fordern. Das Marionettenregime des sudanesischen Präsidenten Numeiri hat in jenem Land die Hinwendung zum Islam begonnen. Inzwischen ist der Sudan ein radikal-fundamentalistischer islamischer Staat, die Saudis haben ihn nicht mehr unter Kontrolle. Islamische Bewegungen in Pakistan wie Jama'at Islamiah wurden unterstützt, um das Land an einer nichtreligiösen Politik zu hindern, die nicht im Sinne der Saudis war, doch jetzt steht es in offener und kompromißloser Gegnerschaft zu Saudi-Arabien. Die pakistanische moslemische Katze ist so weit aus dem Sack, daß die dortigen islamischen Bewegungen aktiv solche moslemische Fundamentalistengruppen in dem Land wie die Hizbollah im Hijaz unterstützen, die gegen das Haus Saud agieren. Sogar die gegen Arafat arbeitende Hamas beginnt den saudischen Politstrategen Schwierigkeiten zu machen, da sie ein Feind des Friedensprozesses im Nahen Osten ist, den Saudi-Arabien befürwortet, und jetzt ist dort Unterstützung aus dem Iran willkommen.

Der konservative Islam hat inzwischen nur noch sehr wenig übriggelassen, das man unterstützen könnte, und einer der Gründe dafür ist die von den Saudis, und von Fahd, angestrebte führende Rolle. Die meisten islamischen Gruppierungen, darunter auch solche, die Saudi-Arabien mitgegründet hat, sind zu einer militanten Haltung übergegangen, die anderen tendieren in diese Richtung. Anders als eine oberflächliche Analyse vermutet, sind die Menschenmassen, die Nasser, Ghaddafi, Saddam Hussein und andere Strömungen mitgetragen haben, nicht verschwunden.

Sie sind immer noch in Opposition zum Haus Saud, ihre Ziele wollen sie jetzt durch die Übernahme der radikalen islamischen Politik durchsetzen. Die moslemische Identität, die Faisal aufgebaut hatte, um die arabische nationalistische Bewegung von Nasser zu zerschlagen, schlägt jetzt zurück. Genaugenommen ist die neue islamische Gefahr größer und radikaler als die frühere Bedrohung durch den arabischen Nationalismus. Mit Sicherheit hat der Islam die Phantasie der Menschen innerhalb und außerhalb Saudi-Arabiens wesentlich nachhaltiger beeinflußt, und es ist wesentlich schwieriger, dem etwas entgegenzusetzen. Neben anderem war es leichter, Nasser und seine Anhänger dadurch zu diskreditieren, daß man ihren unislamischen Sozialismus hervorhob oder ihre engen Bindungen an die UdSSR betonte, als jetzt Menschen abzudrängen, die behaupten, daß sie sich doch nur nach dem Buch der Bücher richten.

Sogar jetzt, im Angesicht der Bedrohung durch den Islam, lassen die Hüter der heiligsten Stätten des Islam keinen Raum, ihre moslemische Identität und die damit verbundene Verantwortung abzugeben, und die derzeitige arabische Identität ist nicht stark genug, um sie zu übernehmen. Daher wurde Saudi-Arabien, das einstmals angeblich die Führerschaft über den ganzen Islam innehatte, zu seinem eigenen Gefangenen. Nach wie vor tut es durch kleine, unwichtige Aktionen so, als würde es die Moslems führen: außer den bereits genannten sind noch die philippinischen, die kaschmirischen und die somalischen Moslems zu nennen. Saudi-Arabien finanziert für Moslems in Rußland und China die Reise nach Mekka, gibt ihnen Geld, damit sie neue moslemische Republiken gründen können, baut Moscheen für islamische Gemeinden in weit abgelegenen Gebieten, stiftet Gelder für die Restaurierung des Felsendoms in Jerusalem und verurteilt gemeinsam mit dem Iran den Schriftsteller Salman Rushdie. Doch es ist keine führende Kraft. Die Moslems zu führen, hieße, eine Vorreiterrolle für Ägypten, Pakistan, Indonesien, Nordafrika und benachbarte Länder einzunehmen, sich einem neuen Islam zu verschreiben und die saudischen Beziehungen mit dem Westen zu überdenken. Das Haus Saud kann die moslemische Welt mit Sicherheit nicht führen, da schon seine wahhabitischen Glaubensgenossen, diejenigen, die König Fahd 1992 in einer Petition offen kritisiert haben, ihm vorwerfen, zu stark prowestlich orientiert, zu korrupt und zu wenig islamisch zu sein.

Zum Ende des Jahres 1993 wirkt die arabisch und islamisch ausgerichtete Politik Saudi-Arabiens wie ein Fehlschlag. Libyen, Algerien, Irak und Sudan, Jemen und Jordanien sind Gegner des Landes. Ägypten, Syrien und Tunesien sind mit ihrer politischen Linie immer unzufrieden, da sie von Saudi-Arabien entweder mehr Geld oder Arbeitsmöglichkeiten für ihre Staatsbürger verlangen, und Saudi-Arabien kann nicht das eine tun und das andere lassen. Kuwait und Bahrain wehren sich gegen die Einmischung Saudi-Arabiens in ihre inneren Angelegenheiten, die gegenseitigen Beziehungen sind ziemlich unterkühlt. Qatar ist empört über Versuche von Seiten der Saudis, Territorium zu annektieren (die Saudis haben sogar schon die Grenze von Qatar hinter Khufus angegriffen). Die Mehrheit der Araber findet die Herrschaftsweise des Hauses Saud widerlich und nimmt sie übel. Die einzigen guten Beziehungen bestehen mit dem weit entfernten und despotischen, unbeliebten marokkanischen König Hassan, und vielleicht auch mit Oman und den Vereinten Arabischen Emiraten, obwohl auch von dort schon Beschwerden über saudische diktatorische Ansätze laut werden. Mit den Worten James Akins: »Keiner ihrer arabischen Nachbarn kann sie leiden.«

Mit der saudischen Position als Moslems sieht es nicht viel besser aus. Der Iran steht in Opposition zu Saudi-Arabien, die nichtreligiöse, demokratische Türkei schaut auf das Land herunter, Pakistan hält Distanz, und Indonesien lehnt es wegen einer Ölpolitik ab, die die Wünsche der Konsumenten auf Kosten der Produzenten erfüllt. Sogar die afghanischen Mudjaheddins spotten jetzt, wo sie an der Macht sind, über die fortgesetzten saudischen Versuche, sie zu kaufen. Sie haben sich so deutlich gegen das Land gestellt, daß es im Oktober 1992 zu einem bewaffneten Angriff auf die saudische Botschaft in Kabul kam.

Wie man gesehen hat, ist König Fahd nicht intelligent genug, um langfristig zu denken und selbst wenn ihm das gelänge, wäre er zu faul, um daraus entsprechende Planungen zu entwickeln. Dem Versagen der saudischen Politik der »gemieteten Lösungen« folgte ein anderer Fehlschlag von gleichem Ausmaß: die Politik des aktiven Negativismus. Diese Mißgriffe beim Versuch, mit den Bedrohungen aus der arabischen und der islamischen Welt fertig zu werden und die schlechten Bedingungen im Land selbst verleihen der neuen totalen Abhängigkeit vom Westen eine größere Bedeutung. Ibn Saud gab zu Beginn dieses Jahrhunderts die Gestaltung der Außenpolitik seines Landes an die Briten ab, weil Saudi-Arabien noch nicht in der Lage war, seine außenpolitischen Angelegenheiten selbständig zu verwalten. Die derzeitige totale Abhängigkeit von Unterstützung und Schutz durch die Amerikaner legt den Schluß nahe, daß Fahd in die Fußstapfen seines Vaters getreten ist. Dadurch wird die Behauptung des Königshauses, Saudi-Arabien sei nie eine Kolonie gewesen, in höchstem Maße fragwürdig.

Die brutale Freundschaft

Ohne den Westen gäbe es kein Haus Saud. Das saudische Volk oder seine Nachbarn oder beide zusammen würden ihm ein Ende bereiten. Doch der Westen hatte immer seine Gründe, die saudische Monarchie zu unterstützen und ihre Existenz zu sichern. Der dauernde Bedarf der westlichen Industrienationen – und besonders Amerikas – an Erdöl wird diese Unterstützung in absehbarer Zeit auch noch weiter aufrechterhalten.

Amerikas Versagen beim Schutz des iranischen Schahs und die Konsequenzen aus dem Einsatz von amerikanischem Militär auf geheiligtem islamischen Boden schmälern seine Fähigkeit, das Überleben des Hauses Saud gegenüber den innenpolitischen Bedrohungen sicherzustellen. Die USA waren nicht in der Lage, ihre gegenwärtige Politik nach der Devise »lieber das bekannte Übel wählen« durch eine Strategie zu ersetzen, mit der sowohl die kontinuierliche Belieferung mit Erdöl garantiert ist, als auch ein Engagement für ein demokratischeres Saudi-Arabien erkennbar wäre. In der Zwischenzeit nehmen die Bedrohungen zu, vor allem weil das Haus Saud die amerikanische Unterstützung dafür mißbraucht, weiterhin die unerfüllten Bedürfnisse seines Volkes und der benachbarten Länder zu ignorieren. Diese Verweigerungshaltung des Königshauses hat seine inneren und äußeren Feinde gegen Amerika aufgebracht, was wiederum sowohl die Ängste der USA und auch ihre Unfähigkeit zu einem Kurswechsel verstärkt und die explosive Pattsituation festschreibt.

Amerikas Unvermögen, eine gefährliche Allianz mit einem rückständigen und unbeliebten Regime aufzugeben, ist eine gefährliche politische Realität, die das Verhältnis der beiden Staaten beherrscht. Die Lähmung auf amerikanischer Seite, die oft fälschlicherweise für eine politische Linie gehalten wird, bestimmt Amerikas Haltung gegenüber der innenpolitischen Lage in Saudi-Arabien und in der arabischen und der islamischen Welt. Die bestehende Verbindung mit dem Königshaus gewinnt eine eigene Dynamik und beinhaltet inzwischen ein stillschweigendes Einverständnis der Amerikaner sowohl mit den privaten Aktivitäten der Angehörigen des Hauses Saud und ihrer Lakaien außerhalb von Saudi-Arabien als auch mit der Verwendung saudischer Gelder für die illegale Unterstützung nicht autorisierter amerikanischer Geheimoperationen. Das Haus Saud bemüht sich erfolgreich, dem – nirgendwo verankerten – wachsenden Engagement der Amerikaner Kontinuität zu verleihen, einerseits durch eine großzügige proamerikanische Ölpolitik, andererseits durch saudische Anstrengungen, für beide Partner Unterstützung von Arabern und Moslems zu erhalten.

Großbritannien hat Ibn Saud aufgebaut, um die britischen Interessen als Kolonialmacht im Nahen Osten abzusichern und die Kräfte auszuschalten, die dabei gefährlich werden konnten. In den 40er Jahren trat Amerika an Englands Stelle auf den Plan. Sein Anliegen war, das erdölreiche Saudi-Arabien selbst zu schützen. Das hieß auch, die äußeren Bedrohungen für das Land und dessen Herrscher abzuwehren. Das Ergebnis war dasselbe wie vorher: Die Sicherheit des Hauses Saud stand an erster Stelle.

Großbritannien hatte es leichter. Von Beginn des Jahrhunderts bis zum Auftreten Amerikas verhielt es sich gemäß einem alten kolonialistischen Prinzip und manipulierte Saudi-Arabien und andere Länder des Nahen Ostens durch deren Stammesführer. England machte Saudi-Arabien, Iran und Irak zu den drei mächtigen Kernstaaten auf der arabischen Halbinsel und am Golf, brachte ihre Monarchen in Abhängigkeit von britischer Unterstützung und hielt sie in Uneinigkeit und schwach. Wenn es notwendig war – meistens wurde das gegenüber Iran und Irak praktiziert –, drängte es sie zu einer vernünftigen Innenpolitik, um Aufständen vorzubeugen, die die ganze Arbeit zunichte gemacht hätten.

Amerikas verspätetes Auftreten auf der Bühne des Nahen Ostens konfrontierte es mit neu entstandenen Problemen. Das

Erdöl und die erkennbar zunehmende Abhängigkeit davon bedeuteten, daß die USA präsent bleiben mußten. Doch ihr ausschließlich wirtschaftliches Engagement schloß eine intensivere neokolonialistische Einmischung in die politische Lage der Gesamtregion aus. Da das Erdöl die Basis bildete, konnte sich Amerika kein Zusammengehen mit Leuten leisten, die das Verhalten ihrer politischen Führung in Frage zu stellen begonnen hatten. Auch konnte es weder den Kalten Krieg und seine Gefahren richtig einschätzen noch das Palästina-Problem und seine Folgen. Diese einzelnen Elemente schufen durch ihr Zusammenwirken größere Probleme auf Nebenschauplätzen. Sie destabilisierten die Region nach und nach in einer Weise, die Amerika überforderte. Ein Beispiel: Nasser kam zwar mit Amerikas Segen (wenn nicht sogar ausgesprochener Billigung) an die Macht, doch bald darauf versuchte er, seine Revolution zu exportieren und bedrohte die amerikanischen Erdölinteressen. Die Weigerung der USA, Nassers panarabischen Ambitionen mit den amerikanischen Interessen am Rohstoff Öl und der Unterstützung für Israel in Einklang zu bringen, beendete schließlich seine kurze proamerikanische Phase und trieb ihn in die Arme der UdSSR.

Amerikas Reaktion auf Nassers Bedrohung in puncto Erdöl, die schließlich auf eine Konfrontation zwischen Nasser und dem Haus Saud hinauslief, war typisch. Die antikoloniale Geschichte der USA, seine Neigungen und die mangelnde Perspektive schlossen direkte Versuche einer Lösung der komplexen Probleme in dieser Region aus. Dem Haus Saud Ratschläge für ein geschickteres Verhalten zu erteilen – obwohl man solches andernorts bereitwillig tat und auch immer noch tut –, betrachtete man als unannehmbare Einmischung in die Innenpolitik. Da die USA also einerseits ihre Ölinteressen schützten und es andererseits ablehnten, die Rolle des Drahtziehers zu übernehmen, gewährten sie dem Haus Saud anfangs kritiklose Unterstützung, die sich nach und nach auch auf die Haltung gegenüber inneren Gefahren ausdehnte. Die Weigerung, sich um die Angelegenheiten ihrer »Schützlinge« zu kümmern, führte schließlich zu blindem Vertrauen der Amerikaner auf das Haus Saud. Im Verlauf der Zeit wurde dieses Abschieben von Verpflichtungen – und da auch alle Versuche, einen wirksamen Ersatz zu finden, bedrohlich werden konnten – zu einem Dauerzustand, den man inzwischen als politisches Konzept betrachtet.

Die zunehmende Komplexität der Probleme im Nahen Osten führte zu einer Delegation der aktiven Politik an Stellvertreter, die bestimmte Probleme und Regionen wahrnehmen sollten. Das demokratische und militärisch starke Israel bot sich wenn nötig als Stellvertreter an, um die Macht der prosowjetischen arabischen Länder auszugleichen. Zu Zeiten des Schahs hatte Iran die Aufgabe, im Interesse Amerikas ein regionales Machtvakuum auszufüllen, da vor allem die kleinen Scheichtümer nach dem Rückzug der Briten vom Golf ohne Schutz waren. Jetzt – insbesondere nach dem Golfkrieg – vertritt das Haus Saud die Belange Amerikas in der arabischen und der moslemischen Welt.

So wie früher Israel und Iran lehnen die Menschen des Nahen Ostens heute Saudi-Arabien als regionale Führungsmacht ab, und gemessen an seiner militärischen Stärke ist es dafür auch ungeeignet. Um seine Position als Vize-Sheriff zu retten, hat das Haus Saud sein Einkommen aus dem Erdöl eingesetzt. Damit täuscht es eine führende politische Rolle vor und hält gleichzeitig andere Staaten davon ab, diese Funktion zu übernehmen. Kurzfristige Lösungen sollten diesem Dauer verleihen und die wenig wirksame Rolle des Hilfssheriffs in ein dauerhaftes Instrument zur Machterhaltung der Familie umwandeln. Der Wunsch der Amerikaner, das Erdöl zu schützen, verschmolz mit dem Wunsch des Hauses Saud, seine eigene Herrschaft zu bewahren.

Amerika sitzt in der Falle. Israel taugte nur als Stellvertreter zur Abwehr der Bedrohung durch die Sowjetunion; jetzt ist es wegen der Gefahr, die Araber abzudrängen und eine Lösung des Palästina-Problems zu hintertreiben, nicht mehr akzeptabel. Der früher US-Präsident Richard Nixon bezeichnete Iran und Saudi-Arabien als »die beiden Stützpfeiler der Stabilität am Golf«. Doch Iran ist inzwischen ein fundamentalistischer, antiamerikanischer

Staat. Irak ist neurotisch und gefährlich. Ägypten, ein weiterer möglicher Statthalter, ist arm und führungsunfähig. Mangels Alternativen wurde also das Haus Saud zum einzigen Stellvertreter Amerikas, obwohl die USA in den 70er und 80er Jahren für kurze Zeit erwogen hatten, sich auf Saddam Hussein zu stützen. Ungeachtet aller amerikanischen Zweifel wegen der Rückständigkeit und fehlenden Eignung haben die USA ihre Unterstützung Saudi-Arabiens unter dem nachlässigen König Fahd und seiner Familie ausgeweitet. Das monströse Kind, das Großbritannien einst adoptiert hat, wurde inzwischen zum peinlichen Verwandten der Amerikaner.

Um es noch einmal klarzustellen: Das Haus Saud zahlt direkt und indirekt für den Schutz durch die USA. Ein dauerhaft niedrig gehaltener Ölpreis entspricht eigentlich direkt geleisteten Zahlungen, und die von Bedingungen abhängige Unterstützung für arabische und islamische Länder, um deren Abgleiten in zu amerikafeindliche Positionen zu verhindern, ist eine indirekte Leistung. Unter den Regierungen Reagan und Bush nahmen die Gegenleistungen für die Unterstützung durch Amerika derartige Ausmaße an, daß die amerikanische Außenpolitik ernsthaft gefährdet war. Saudi-Arabiens Beteiligung an zahlreichen verdeckten oder nicht abgesicherten Aktivitäten der Exekutivorgane der amerikanischen Regierung ging über die Hilfe für die nicaraguanischen Contras und die angolanischen Unita-Rebellen hinaus. Ziad Barre von Somalia erhielt indirekte militärische Hilfe, Südafrika bekam Erdöl geliefert. Diese Leistungen stehen in keinem Zusammenhang mit den nationalen Interessen Saudi-Arabiens und sind nichts anderes als Bestechung. Der Stellvertreter hat den Sheriff korrumpiert.

Die brutale Freundschaft zwischen Amerika und dem Haus Saud besteht ohne Einschränkungen weiter, da es weder von tragenden Gruppierungen in Saudi-Arabien, dem US-Kongreß oder äußeren Mächten irgendwelchen Widerspruch gibt und auch die übrigen westlichen Länder (besonders Großbritannien) sie mittragen. Die daraus resultierende allgemeine Unterstützung zeigt sich dort auf eigene Weise. Das abstoßende, häufig ignorierte oder gedeckte, skrupellose Verhalten von Mitgliedern des Hauses Saud und vieler Geschäftsleute oder Bürger aus Saudi-Arabien (als herausragende Beispiele sind hier der Lockheed- und der BCCI-Skandal zu nennen) hat das Image der Araber im Westen schwer beschädigt. Die allseits freundschaftliche Atmosphäre hat in den westlichen Industriestaaten die Bereitschaft gefördert, die offizielle Korruption der Saudis zu tolerieren, und bei den Saudis zu einer vermehrten Ausbeutung auf Kosten des Ansehens der anderen Araber geführt.

Der ursprüngliche Wunsch von Briten und Amerikanern, ihre Interessen gewahrt zu wissen, besteht unverändert, und deshalb ignorieren sie die enormen sozialen Veränderungen und politischen Verschiebungen, die in Saudi-Arabien und dem ganzen Nahen Osten stattgefunden haben, dies kommt dem Haus Saud ganz gelegen. Für die nähere Zukunft hat es folgende Konsequenzen:

- Das Haus Saud wird sich nicht an einer Absicherung der Rechte von Saudis, Arabern oder Moslems gegenüber den Interessen des Westens beteiligen. Das würde die gegenwärtige unnatürliche Abhängigkeit des Westens und dessen Unterstützung von Saudi-Arabien untergraben.
- Ergebnis davon wird eine weitere Verschlechterung der Position des Hauses Saud gegenüber seinem eigenen Volk, den Arabern und den Moslems sein.
- Aus dieser Verschlechterung im Ansehen bei den Bürgern Saudi-Arabiens, bei Arabern und Moslems heraus wird das Haus Saud verstärkt zu Repressalien und einer noch mehr auf Spaltung zwischen Arabern und Moslems orientierten Politik Zuflucht nehmen.
- Um die weitere Unterstützung der westlichen Industrieländer für seine Politik der Spaltung und Repression zu sichern, wird das Haus Saud nach wie vor den amerikanischen Exekutivorganen und Geheimdiensten seine Leistungsbereitschaft anbieten.

- Die Elemente, die zum Sturz des Schahs geführt haben, der Mißbrauch der westlichen Unterstützung als Basis für die Blindheit und Achtlosigkeit einer verhaßten herrschenden Klasse sind in vollem Umfang gegeben.

*

Einige Jahre, bevor die Briten Ibn Saud für sich entdeckten, schrieb er auf der Suche nach einem Bundesgenossen von außerhalb im Jahr 1901 an den türkischen Sultan und bot ihm an, »alle Bedingungen zu akzeptieren, die Ihr mir auferlegen wollt«. Auf die Ablehnung dieses Angebots durch die Türken bekundete Ibn Saud seine Unterwürfigkeit gegenüber den britischen Feinden: »Die Augen der Engländer sollen sich auf uns richten und in uns Eure Schützlinge erkennen.« Mit dieser an C.A. Kemball, dem britischen Residenten am Golf in den Jahren 1900 bis 1904, gerichteten Bitte diente Ibn Saud sich einmal mehr gegenüber den englischen Regierungsvertretern und Gesandten der damaligen Zeit an.

Die Folgen sind bekannt. Jacob Goldberg, der große Kenner der Anfangsphase in der saudisch-britischen Zusammenarbeit, konstatiert, daß die Engländer Ibn Saud über »Leute [gestellt haben], die unter religiösen, politischen und strategischen Gesichtspunkten wichtiger waren«. Die anschließende britisch-saudische Kooperation findet ihren treffendsten Ausdruck in der Fotografie von Ibn Saud und Sir Percy Cox bei der Unterzeichnung des Vertrags von Derea im Jahr 1915, mit dem Ibn Sauds Reich grundsätzlich auf den Status eines britischen Protektorats reduziert wurde. Auf diesem Bild sitzen die zwei Männer vor einem Zelt, das mitten in der Wüste steht. Sir Percy Cox trägt einen Zylinder, ist dem Anlaß entsprechend gekleidet. Beide Herren sitzen auf Stühlen, Ibn Saud fühlt sich sichtbar unwohl. Die Briten verursachten ihm genaugenommen noch wesentlich grundlegenderes Unwohlsein, da sie ihm unter anderem seinen Drang zum *ghazzu*, den wilden Überfällen, beschnitten haben. Außerdem verlangten sie von ihm, die Sklaverei abzuschaffen, und setzten ihn unter Druck, statt seiner religiös ausgerichteten Wahhabbiten-Herrschaft einen saudischen Staat aufzubauen. Großbritannien wußte sehr genau, daß er auf die mageren Zuwendungen und die Unterstützung durch England wesentlich stärker angewiesen war als die Briten auf ihn, denn sie hatten im Gegensatz zu ihm noch Alternativen.

Die ersten Fotos von Ibn Saud mit Amerikanern zeigen ihn mit Geschäftsleuten aus dem Öl-Business. Die Aufnahmen stammen aus den 30er Jahren – lange bevor die USA 1942 eine ständige diplomatische Vertretung einrichteten – und belegen überdeutlich den Unterschied zwischen der Haltung der Briten und der der Amerikaner. Die Amerikaner erscheinen in kompletter arabischer Ausstattung, hollywoodartig romantisierten Versionen der einheimischen Kleidung, und sie lächeln wie Schauspieler aus einem MGM-Film. Sie spielen eine Rolle, machen sich einen Spaß daraus, den lokalen Scheich zu täuschen, da er verlangt hatte, daß amerikanische Geschäftsleute in seiner Gegenwart arabische Gewänder zu tragen hätten.

Doch diese Fotografien aus den 30er Jahren erzählen eine andere, subtilere Geschichte, die diese Männer die Anwesenheit der Amerikaner im Land verkörperten. Der Geschäftsmann und Philanthrop Charles Crane, der Prospektor K.S. Twitchell und der Ölmanager Lloyd Hamilton trafen 1933 mit der »amerikanischen Invasion in Arabien« ein, lange vor den Diplomaten. Eine Dekade lang »erledigte« Amerika Saudi-Arabien über seine diplomatische Vertretung in Kairo. Das wirtschaftliche Engagement der Engländer entstand im Gefolge des britischen Kolonialismus. Doch bei den Amerikanern waren es die Erdölkonzessionäre, die das State Department 1942 zur rechtlichen Anerkennung Saudi-Arabiens zwangen; die erste diplomatische Vertretung der USA in Saudi-Arabien wurde von einem *chargé d'affaires* namens James Moose geleitet. (Es ist interessant, daß die UdSSR Saudi-Arabien 1926 anerkannte. Doch das war ein kurzes Zwischenspiel, das Ibn Saud schnell beendete, als er die Unfähigkeit der Russen erkannte, ihn finanziell zu unterstützen.)

Wenn amerikanische Politiker und Diplomaten mit Saudi-Arabien zu tun hatten, übernahmen sie die Haltung ihrer früheren Pioniere, den Männern aus dem Ölgeschäft, die den lokalen Führern Gefälligkeiten erwiesen, damit sie schließlich ihr Geld verdienen konnten. Aus diesem Grund rauchte Roosevelt nicht, als er 1945 mit Ibn Saud zusammentraf, während der herrische Churchill nicht bereit war, sich zu beugen. Die Amerikaner hatten im Umgang mit Leuten wie Ibn Saud keine Erfahrung, ihr Verhalten wurde durch wirtschaftliche Überlegungen und die sich abzeichnende Abhängigkeit von Ibn Sauds Erdöl bestimmt. Sogar in den 50er Jahren waren sie noch so verunsichert, daß sie sich um die Absichten der weitaus erfahreneren Kolonialmächte Sorgen machten und befürchteten, Saudi-Arabien könnte sich den Briten oder den Franzosen zuwenden und ihnen Förderkonzessionen erteilen.

Obwohl die Gründe für ihr Interesse am Erdöl unterschiedlich waren, bestand doch in den 40er Jahren eine enge Verbindung zwischen den Ölkonzernen und der amerikanischen Regierung. Diplomaten wurden Ölmanager und umgekehrt. Einer der ARAMCO-Präsidenten, Terry Duce, hatte vor dieser Position einen Posten in der Regierung, von der er auch seinen neuen Job übertragen bekommen hatte; William Eddy, der Minister für Saudi-Arabien, wechselte nach seinem Ausscheiden aus dem State Department zu ARAMCO. In dieser Zeit kamen der amerikanische Kriegsminister Henry Stimson und sein Kollege, Außenminister Cordell Hull, zu der Einschätzung, daß Erdöl zu wichtig sei, um es in den Händen eines »rein« privaten Sektors zu überlassen. Das Magazin *Time* gab die offizielle amerikanische Regierungsposition wieder: »Zukunft und Verfügungsgewalt über dieses bedeutende Ölreservoir sind von unermeßlicher nationaler Bedeutung.«

In den 40er Jahren verstärkten der sich entfaltende Kalte Krieg und das verschärfte Palästina-Problem die wichtige Rolle Saudi-Arabiens. Die amerikanische Regierung ließ sich von den Ölkonzernen drängen, die noch nicht genügend Öl produzierten, um selbst aktiv zu werden und wegen der Armut und Instabilität des Landes besorgt waren, sie legte die vorhandene Gesetzgebung großzügig aus und nahm Ibn Saud in ihr Programm zur Kreditvergabe auf. Sie erteilte vorbehaltlose Kredite, als Großbritannien dazu nicht in der Lage war, baute für 10 Millionen US-Dollar den damals nutzlosen Flughafen von Dhahran und erklärte das Red Line Agreement, mit dem die Aufteilung der Ölkonzessionen zwischen den internationalen Konzernen geregelt wurde und das alle anstehenden Fragen nur nach wirtschaftlichen Interessen entschied, für ungültig. Die Amerikaner »kauften« Saudi-Arabien. Doch sogar all diese offizielle Finanzhilfe der USA reichte nicht aus, um Ibn Sauds Verschwendungssucht zufriedenzustellen: 1942 erhielt seine Familie 190 Millionen US-Dollar von den 292 Millionen, die aus Amerika kamen. Philbys Kommentar dazu: »Die Ladenkasse war leer.« Ibn Saud verpfändete die Zukunft seines Landes und lieh sich unablässig Geld von den Ölkonzernen gegen die Sicherheit zukünftiger Einnahmen.

Die Briten konnten mit den vermögenden und bereitwilligen Amerikanern nicht mithalten. Gemessen an ihrer Leistungsfähigkeit waren die amerikanischen Subventionen – denn um nichts anderes handelte es sich – gigantisch, und sogar der Versuch, damit gleichzuziehen, wäre von der Bereitschaft der Amerikaner, sich auf Ibn Sauds korruptes Verhalten einzulassen, zunichte gemacht worden. Großbritannien protestierte immer wieder gegen die Weigerung der Amerikaner, von Ibn Saud Reformen und politische Veränderungen zu verlangen – auch, sparsamer zu sein –, und der große Arabist Glubb Pasha macht die amerikanische Nichteinmischungspolitik für Ibn Sauds korrupte Machenschaften verantwortlich. Der britische Gesandte in Jiddah, S. R. Jordan, brachte vor Ort unüberhörbar die gleiche Anschuldigung vor, doch die Amerikaner taten diese Proteste als Komplott oder Ausdruck von Eifersucht ab und verunglimpften Jordan. Die Briten wären nie dazu bereit gewesen, wie die Amerikaner den Anordnungen von Ibn Saud Folge zu leisten: ihm derart große Geldbeträge zu leihen, die Gehälter der ARAMCO-Angestellten zu verdoppeln, eine überflüssige Eisenbahnlinie zu bauen und an Präsident Truman die Aufforderung von Ibn Saud weiterzuleiten, er solle doch die Atombombe gegen die Sowjetunion einsetzen. Profitinteresse, die Bedeutung des saudischen Erdöls für Amerika, der Kalte Krieg, der Bedarf an Erdöl für den Wiederaufbau in Europa nach dem Zweiten Weltkrieg und die Notwendigkeit, im Lager der arabischen Staaten über eine ausgleichende Kraft zu verfügen, bestimmte alles andere.

Für Ibn Saud war Amerikas Position im Kalten Krieg ein einmaliger Glücksfall. Enthusiastisch begrüßte er die gestiegene Abhängigkeit der USA von seinem Land. Doch mit dem Palästina-Problem war es eine wesentlich diffizilere Angelegenheit. Einige amerikanische Regierungsvertreter beriefen sich auf Zahlungen an Ibn Saud und erwarteten in aller Naivität, daß er offen die amerikanische proisraelische Politik unterstützen würde. Andere, wie beispielsweise Marineminister James Forestall, wollten Ibn Saud nicht verärgern und sprachen sich dafür aus, Israel den Laufpaß zu geben, um sich der Loyalität und des Erdöls von Ibn Saud zu versichern. Präsident Truman wollte unbedingt die Präsidentschaftswahlen von 1948 gewinnen und votierte für eine sofortige Anerkennung und vorbehaltlose Unterstützung Israels, ohne auf seine Berater zu hören. Trumans Haltung bewies politischen Instinkt und entsprach einem Mann, der offen zugab, daß er auf die Wählerstimmen der amerikanischen Juden angewiesen war. Doch Ibn Sauds Versäumnis, diese gegen die Araber gerichtete Wendung zu beantworten und nach wie vor ein »herzliches Verhältnis mit Präsident Truman« zu pflegen, stellte einen wesentlich komplexeren Fall dar. So wie früher mit Großbritannien stellte Ibn Saud auch hier die Beziehung zu seinem neuen Förderer über seine Identität als Araber. (General Al-Hashimi leitete eine Delegation der Arabischen Liga, die Ibn Saud aufforderte, mit einer Einstellung der Öllieferungen zu drohen. Ibn Saud antwortete ihm dazu: »Erdöl hat mit Politik nichts zu tun.«)

Für Ibn Saud gab es verschiedene durchaus verständliche Beweggründe, die Freundschaft mit Amerika einer Beziehung mit

Großbritannien, das die Dinge selbst in die Hand genommen hätte, vorzuziehen. Sie verschaffte ihm eine stärkere Position in der Gesamtregion, und er konnte nach seinem Gutdünken mit seinem Volk und vor allem seinem Reichtum verfahren. Die amerikanischen Regierungsvertreter hatten in ihrer Angst vor einem verärgerten Ibn Saud übersehen, daß durch die diplomatische und finanzielle Unterstützung von Amerika und den Reichtum aus dem Erdöl Ibn Sauds Ideal von einem »Rentier-Staat« Wirklichkeit geworden war.

Da das Erdöl ein Einkommen ohne eigene Anstrengungen bedeutete, das Resultat einer glücklichen Fügung und nicht einer ökonomischen Entwicklung war, konnte Ibn Saud es ganz unter seiner Kontrolle halten und nach Belieben für seine eigenen Zwecke verwenden. Die einzige Seite, die diese Situation hätte verändern können, wären die Käufer gewesen, die in diesem Fall jedoch kein Interesse daran hatten. Daher ging es hier um die Loyalität Ibn Sauds gegenüber seinem Käufer und Förderer, und genau das ist das Wesen eines »Rentier-Staates« – Einkommen ohne Arbeit.

Wie Ibn Saud die arabischen Bemühungen im Palästina-Problem unterlief und die arabischen und islamischen Positionen nur scheinbar mitgetragen hat, wurde bereits im vorigen Kapitel ausgeführt. Doch da sein Status als Rentier für sein Volk nicht akzeptabel war, behandelte er dies wie ein saudisch-amerikanisches Geheimabkommen und beschwichtigte seine Kritiker durch wiederholte öffentliche Verurteilungen Amerikas. Diese Beruhigungstaktik gegenüber seinem Volk und den arabischen Kritikern war für die Exekutivorgane der amerikanischen Regierung leichter nachzuvollziehen als für die Kongreßmitglieder, die Journalisten und die jüdischen Lobbyisten. Wie sollte man diese Gruppen von Reaktionen auf die nach außen betriebene saudische Politik abbringen, die das gesamte saudisch-amerikanische Beziehungskonstrukt gefährdet hätten. Die amerikanische Regierung behandelte die Mißfallensbekundungen aus dem Kongreß und von anderen Gruppen über Äußerungen des saudischen Außenmininsters Prinz Faisal, wie Ibn Saud den Druck der arabischen Länder beim Palästina-Problem konterte: durch öffentliche Verurteilungen. Beide Seiten betrieben ein doppeltes Spiel.

Doch die US-Regierung tat noch mehr. Präsident Truman bekräftigte die Sicherheitsgarantie Präsident Roosevelts und übertrug, unter Umgehung der jüdischen Lobby und der Presse, die Pflege der Beziehungen zu Saudi-Arabien auf die Ölkonzerne. Die Sicherheitsgarantie des Präsidenten war eigentlich ein Vertrag, der nicht der Zustimmung, Überwachung und Kontrolle durch den Kongreß unterworfen war. Walter Pincas, Journalist der *Washington Post* und Autor der Dokumentation *The Secret File* sagt dazu: »Es gab ein Gespinst aus Geheimabsprachen (zwischen den USA und Saudi-Arabien), das ab 1947 aufgebaut wurde. Später wurde mit Francos Spanien ebenso verfahren.« Seltsamerweise hat sich der Kongreß mit diesem Aspekt im Verhältnis der beiden Länder nie befaßt. Im politischen Alltag haben Kongreß und jüdische Lobby zwar die Ölkonzerne angeprangert, doch ohne Wirkung, da die Unternehmen ihnen nicht direkt verpflichtet waren und Ibn Saud ohne Folgen gewähren lassen konnten.

Um den Erdölkonzernen beim richtigen Umgang mit Saudi-Arabien zu helfen, legte die amerikanische Regierung der ARAMCO in den Jahren 1947 und 1948 nahe, ihre Abteilung für Regierungskontakte zu erweitern, und schickte etliche Diplomaten und CIA-Agenten zur Verstärkung – Ellender, Elliott und Barracks –, die zusätzlich zu den hochrangigen Abgesandten Duce, Davis und Thornburgh eingesetzt wurden. Dieser Versuch der Hilfeleistung für Ibn Saud unter Umgehung des Kongresses bewirkte vor allem einen Einbruch bei den Steuern, der unter dem Namen »The Golden Gimmick« [Die goldene Masche] bekannt wurde. Im Herbst 1950 gruben die Ölmanager mit diplomatischer Mission (und umgekehrt) ein Steuergesetz von 1918 wieder aus und befreiten damit die Zahlungen an Ibn Saud von den amerikanischen Steuerauflagen. Dadurch stieg das Einkommen der Ölkonzerne und der daraus entnommene Anteil, der an Ibn Saud gezahlt wurde. Der Preis für seine Loyalität gegenüber Amerika wurde heraufgesetzt, damit seine ständig steigenden Geldforderungen erfüllt werden konnten, ohne daß man im Kongreß direkte Hilfe für ihn hätte durchsetzen müssen. Wie immer stellte er für Geld alle weitergehenden Überlegungen hintan. Er starb in einem Zustand proamerikanischer Glückseligkeit.

*

Der amerikanische Gesandte für Saudi-Arabien, William Eddy, wollte seine Gastgeber mit zweierlei erfreuen: zum einen durch deutliche anti-israelische Äußerungen, zum anderen durch die gesammelten Geschichten von Juha, dem sagenhaften arabischen Witzbold. Auch wenn das lächerlich anmutet, so war das doch die offenkundige Politik der Amerikaner, als Saud im Jahr 1953 König wurde. Washingtons widersprüchliche Interessen im Nahen Osten bestanden darin, einerseits zuverlässig mit saudischem Erdöl beliefert zu werden, andererseits Israel zu unterstützen. Um beides miteinander in Einklang zu bringen, gewährte das State Department seinen Leuten relativ viel Spielraum in ihrer Kritik an Israel, während die Regierung diesem Staat ihre uneingeschränkte Unterstützung zusicherte.

Die amerikanische Präsenz in Saudi-Arabien wuchs in den frühen 50er Jahren mit der steigenden Erdölförderung, dem Ausbau des Militärstützpunktes Dhahran und der Pipeline TAPLINE (Trans Arabian Pipeline) zum libanesischen Hafen Sidon. Sie lief durch Jordanien, Syrien und den Libanon und war Ausdruck des gewachsenen wirtschaftlichen Einflusses von Saudi-Arabien auf seine Nachbarn. Die Saudis machten inzwischen so viel Gewinne, daß sie ihn in der Gesamtregion wieder investieren konnten. Die beträchtliche militärische Präsenz der Amerikaner in Dhahran wurde von zunehmenden CIA-Aktivitäten begleitet, die sich in Organisationen wie dem interarabischen Büro von TAPLINE für Regierungskontakte und AFME, den American Friends of the Middle East, abspielten. Erfahrene CIA-Agenten wie Kim Roosevelt und Harry Kern kamen von Washington nach Saudi-Arabien und erteilten dem König Ratschläge in sämtlichen

Angelegenheiten, angefangen von der Verwendung von Fliegenfallen bis zu dem Vorschlag, die Werbeagentur Hill & Knowlton unter Vertrag zu nehmen. Um dem König den Wunsch nach namhaften Emissären zu erfüllen, setzten sie gelegentlich auch Leute wie den früheren Finanzminister Robert Anderson ein, einen engen Freund von Präsident Eisenhower. Es ist interessant, daß die Amerikaner genau in dieser Zeit damit begannen, Saudis ein Universitätsstudium in den Vereinigten Staaten zu ermöglichen. Sie sahen das als eine Möglichkeit, eine proamerikanische Haltung aufzubauen, obwohl darin unvermeidlich auch eine Gefahr lag, da gebildete Menschen eher dazu neigen, nach Unabhängigkeit zu streben. (Saudi-Arabiens erster Minister für Erdöl, der antiamerikanisch eingestellte Abdallah Tariki, hatte diese Laufbahn hinter sich, ebenso wie viele Saudis, die in den 60er Jahren in konspirativen Gruppen den Umsturz des Regimes planten.)

In dieser kritischen Phase zwischen 1953 und 1957 bezogen die Amerikaner jedoch weder die politischen Veränderungen im Nahen Osten noch den Charakter von König Saud in ihre Überlegungen mit ein. Durch die beiden Dulles-Bruder in Washington, den Außenminister John Foster Dulles und CIA-Chef Allen Dulles, wurde der Einsatz von Ölmanagern und CIA-Agenten als Geheimdiplomaten leicht gemacht und insgesamt ausgeweitet. Beide Gruppen gingen von zwei falschen Voraussetzungen aus: der Annahme, Saudi-Arabien sei gefeit vor regionalen politischen Volksbewegungen und der Überzeugung, König Saud sei ebenso interessiert und fähig wie sein Vater, die im Alleingang betriebene Politik Saudi-Arabiens beizubehalten. Juha war eben kein Ersatz für Nasser, und Saud war von seinem Instinkt her wesentlich mehr ein Araber als sein Vater. Saud akzeptierte die Ansprüche der Araber auf Saudi-Arabien.

Saud sah in Nasser einen neuen Saladin und nahm in aller Naivität an, er könne unter seinem Banner marschieren, ohne die Vorherrschaft des Hauses Saud in seinem Land oder die Quelle seines Reichtums zu gefährden. Er war ein einfacher Beduine und betrachtete den von den Briten geförderten CENTO-Pakt von

1954, die militärische Allianz zwischen Türkei, Iran und dem (haschemitischen) Iran, als Bedrohung, weil dort die traditionellen Feinde des Hauses Saud standen. Vor allem war Saud der Meinung, er könne sich Nassers Lager anschließen, ohne dadurch die besondere, auf dem Erdöl basierende Beziehung zwischen Saudi-Arabien und Amerika zu untergraben.

1955 schloß Saud einen Vertrag über die Ausbildung der saudischen Armee durch eine 200 Mann starke Truppe der Ägypter. Im folgenden Jahr reagierte er durch eine Allianz mit Ägypten und Syrien auf CENTO. Ägyptische Lehrer und Ingenieure kamen zu Tausenden ins Land, ägyptische Zeitungen und Zeitschriften wurden äußerst beliebt. Die offizielle und allgemein anerkannte Liebesaffäre zwischen Saudi-Arabien und Nasser war so intensiv, daß sich anläßlich Nassers Besuch in Riyadh im Jahr 1956 die größte Menschenmenge der saudischen Geschichte versammelte.

Dies beunruhigte Saud nicht, wohl aber Washington. Amerikas Freunde im Nahen Osten schlugen Alarm. Der irakische Premierminister Nuri Said und der libanesische Präsident Camille Chamoun machten als erste auf die Gefahr aufmerksam, die saudisches Geld in Verbindung mit Nassers darstellen würde. Anti-Nasser-Kräfte aus Syrien und Ägypten sowie das britische Außenministerium schlossen sich ihnen an. Der libanesische Präsident Chamoun war über die fehlende Reaktion der USA auf das Problem Nasser dermaßen aufgebracht, daß er die Untätigkeit Amerikas der örtlichen Botschaft anlastete und mit CIA-Agenten in Verhandlungen trat.

Die Kluft zwischen den nasserfeindlichen Briten, regionalen Politikern und den Amerikanern war das Ergebnis divergierender Linien in der Geheimdiplomatie der CIA. Wichtige Führungskräfte der CIA wie Miles Copeland, Kim Roosevelt und Jim Eichelberger, die Nasser in den Sattel geholfen hatten, hielten ihn nach wie vor für proamerikanisch und seine revolutionäre Rhetorik und das Liebäugeln mit den Russen für kontrollierbar. Getreu der amerikanischen Tradition vermieden sie es, sich als Drahtzieher aufzuspielen, und waren mißtrauisch gegenüber herkömmlichen Politikern. Ihrer Meinung nach konnte nur ein populärer arabischer Führer Frieden mit Israel schließen, also gab es zu Nasser keine Alternative. Auf der anderen Seite vertrat eine weitere Gruppe innerhalb der CIA unter Führung von William Crane Eveland die Ansicht, daß Unterstützung der USA nur eindeutig proamerikanischen Kräften zukommen solle. Eveland hielt nachdrücklich zu seinen Freunden Said aus Irak, Chamoun vom Libanon und Hussein aus Jordanien. Diese beiden Fraktionen in der CIA konkurrierten so offen miteinander, daß sie sogar das amerikanische Pressekorps im Nahen Osten spalteten: der *Time*-Korrespondent John Mecklin stand an der Spitze einer Pro-Roosevelt-Gruppe, der Korrespondent Sam Pope Brewer von der *New York Times* orientierte sich an Evelands Linie. Wichtiger ist allerdings, daß beide Gruppierungen vor dem Hintergrund der Politik des bibelfesten Außenmininsters und Antikommunisten John Foster Dulles agierten (Dulles las jedesmal in der Bibel, bevor er mit dem sowjetischen Außenminister Andrej Gromyko zusammentraf).

Warum Dulles und sein Bruder Allen sich – wie kurz auch immer – das Argument der Befürworter Nassers zu eigen machten, bleibt im Dnkeln. Mit Sicherheit waren Kim Roosevelt, der 1952 dazu beigetragen hatte, daß der Schah wieder den iranischen Thron besteigen konnte, Copeland, der Nasser »kannte«, lange bevor dieser König Farouk entmachtete, und Eichelberger als führender Intellektueller der CIA wesentlich perfektere Strategen und Machtpolitiker als Eveland. Es gelang ihnen, die beiden Dulles-Brüder davon zu überzeugen, daß ein Frieden mit Israel mit unpopulären traditionellen Führern wesentlich umfassendere Zugeständnisse erforderlich machte und ein Widerstand gegen Nasser diesen ohnehin nur in die Arme der Sowjetunion treiben würde, ihn somit zu einer noch größeren Gefahr machte.

Anfang 1956 hatten sich alle Gründe für eine Unterstützung Nassers erledigt. All die vielen verdeckten CIA-Kontakte blieben ohne Ergebnisse, außerdem war seine Volksbewegung klar antiamerikanisch ausgerichtet. Die Auflösung der Pro-Nasser-Gruppe in der CIA fand mit Unterstützung von ARAMCO und der TAPLINE-CIA statt. Diese beiden hatten 1954 gegen König Saud und gegen Nasser Position bezogen, als der König gemeinsam mit dem griechischen Großreeder Aristoteles Onassis den Aufbau einer Tankerflotte sanktionierte, um das ARAMCO-Monopol für den Transport von Erdöl zu durchbrechen. Über Nacht änderten die USA ihre Richtung und beschlossen eine direkte Auseinandersetzung mit Nasser, in dem Land, das dabei am wichtigsten war: in Saudi-Arabien. Amerika zog sein Angebot zur Finanzierung des Assuan-Staudamms, eines Lieblingsprojekts von Nasser, zurück und instruierte seine Beauftragten, darunter auch Robert Anderson, daß sie König Saud zu einer Distanzierung von Nasser bewegen sollten.

Eine der Konsequenzen des zurückgezogenen Angebots war die Verstaatlichung des Suez-Kanals, die 1956 zu dem gemeinsamen Angriff von Franzosen, Briten und Israelis auf Ägypten führte. Die Amerikaner und König Saud traf dies unvorbereitet. Saud reagierte durch eine offensive Intensivierung seiner Beziehung zu Nasser und half ihm. Die USA, die immer noch keinerlei kolonialistische Lösungen zulassen wollten, verurteilten den Angriff der drei Staaten und bemühten sich gleichzeitig mit aller Kraft, England und Frankreich vollständig zu ersetzen und die von Nasser angeführte Bewegung mit Hilfe der Eisenhower-Doktrin in Schach zu halten. Diese Doktrin forderte, befreundete Länder vor der kommunistischen Bedrohung zu schützen, die in diesem Fall durch den sowjetischen Verbündeten Nasser verkörpert wurde.

1957 reiste Saud dann in die Vereinigten Staaten und akzeptierte die Eisenhower-Doktrin. Die Machenschaften, die dem vorausgingen, enthüllten Unstimmigkeiten zwischen Amerika und seinen Verbündeten. Sie waren auch Bestätigung dafür, daß das Erdöl vor der Unterstützung für einen populären Politiker rangierte, außerdem wurde klar, daß Geheimdiplomatie kein vollwertiger Ersatz für eine langfristig angelegte Politik sein kann. Die Reise selbst war auch Beleg für die Spaltung zwischen einer gut informierten Exekutive, der öffentlichen Meinung und der des Kongresses. Als Reaktion auf die offen vertretene saudische Politik verweigerte der New Yorker Bürgermeister Robert Wagner König Saud den Empfang und beschuldigte ihn, ein Feind der Katholiken und der Juden zu sein. Neben anderen Politikern wandte sich auch Senator Wane Morris von Oregon gegen die Vergabe amerikanischer Gelder an Saudi-Arabien, gegen die rückständige Politik des Königs und das saudische Herrschaftsprinzip.

Trotz dieser Irritationen war die Reise ein oberflächlicher Erfolg. Saud erneuerte den Vertrag für den Luftwaffenstützpunkt Dhahran, akzeptierte die Eisenhower-Doktrin, klärte die Geschichte mit den Öltankern und genoß die Aufmerksamkeit, die ihm und seinem schwächlichen siebenjährigen Sohn zuteil wurde. Doch unter dieser Oberfläche war der Bankrott der amerikanischen Politik preisgegeben. Eisenhower fand Saud als politische Führerfigur ungeeignet, die Entscheidung, die traditionellen Regimes nicht zu unterstützen, galt nach wie vor, und Amerika nahm Abstand von seiner Haltung, über Nasser Frieden mit Israel zu schließen. Doch wieder einmal diktierten Amerikas Ölinteressen seine Taktik und brachten ihn zu dem verhängnisvollen Entschluß, einen unfähigen König zu stützen.

Die Versuchung, sich in die Innenpolitik Saudi-Arabiens zu verstricken – was Amerika bis dato immer zu vermeiden versucht hatte – kam, als das Haus Saud diesen König ersetzen wollte. Faisal war verfügbar und an dieser Position interessiert. Er übermittelte Eisenhower und Dulles ein Schreiben, das an Deutlichkeit nichts zu wünschen übrig ließ und in dem er sich folgendermaßen äußerte: »Ich weiß, daß die Amerikaner Saud für einen ihrer Freunde halten, doch das entspricht nicht der Wahrheit.« Faisal und die USA hatten dasselbe Ziel: Saudi-Arabien mit seinem wachsenden Reichtum zu nutzen, um Nassers arabisch-nationalistische Bewegung aus dem Gleichgewicht zu bringen und eine regionale Hegemonie zu errichten. Doch keine von beiden Seiten wußte, wie sie das umsetzen sollte.

Es stimmt, daß Mitglieder des Königshauses den Wechsel von

Saud zu Faisal bewirkten. Doch der Hintergrund dieser Aktivitäten legt eine bemerkenswerte Einigkeit zwischen der Haltung Faisals und der der USA offen. In der Zeit zwischen 1958 und 1960 begann das State Department, die kommunistische Bedrohung im Nahen Osten maßlos übertrieben darzustellen, und die CIA-Abteilungen bei ARAMCO wie auch die in Beirut und Kairo unterstützten damals islamische Fundamentalistengruppen als Gegengewicht zu Nasser. Dies war teilweise eine Fortführung von Kim Roosevelts früher erfolgreich praktizierter Arbeit mit moslemischen Kräften (Fedayihn-Islam) gegen linke Strömungen in Iran. Die gegen Nasser agierende »Moslemische Brüderschaft« wurde gegründet, religiöse Führer wurden zu Angriffen auf die UdSSR und deren antiislamische Politik angestiftet, die ägyptische Zeitschrift *Al Musawar* verfaßte eine Darstellung der Unterstützung, die ARAMCO kleinen religiösen Gruppen im östlichen Saudi-Arabien gab. (Einer der Männer, die in diesem Artikel namentlich genannt werden, der CIA-Agent James Russell Barracks, bestätigte mir das 1961 und beschrieb die Aktion als ein »sehr gut ausgearbeitetes Programm«, doch er weigerte sich, das genauer auszuführen.)

Zu diesem Zeitpunkt begann Faisal, die islamische Identität seines Landes in den Vordergrund zu stellen – als Gegenzug zu Nasser. Die religiös nicht gebundenen Araber, die in Opposition zu Nasser standen (wie beispielsweise bei dem antimonarchistischen Staatsstreich in Irak im Jahr 1958), hatten keine starke politische Basis und konnten daher nicht gegen ihn antreten. Historikern war klar, daß der Islam langfristig eine gefährliche Lösung war, doch nach dem Verständnis der Amerikaner war sie ein umfassenderer, klügerer Ansatz als in den vorausgegangenen Bemühungen der CIA-Geheimdiplomatie.

*

»Ich rate meinen Nachkommen dringend, die Freundschaft mit unseren amerikanischen Brüdern zu erhalten und dieses Abkommen zu erneuern.« Diese Empfehlung, die am Rande des ursprünglichen, 1945 zwischen Ibn Saud und Roosevelt geschlossenen Abkommens über die Luftwaffenbasis von Dhahran vermerkt ist, bestimmte die Einstellung der Saudis gegenüber Amerika. Die Söhne von Ibn Saud entfernten sich nie sehr weit davon, höchstens, um sie an ihre Überlebensstrategien anzupassen. Eigentlich war es Amerika überlassen, die Beziehung zwischen den beiden Ländern zu definieren und mit Inhalt zu füllen.

Die Machtübernahme durch Faisal, der zweifellos ein wesentlich fähigerer Mann als sein Bruder war, bot Amerika eine Gelegenheit, die Beziehung neu zu gestalten und eine politische Linie zu entwickeln. Faisals persönliches Verhalten, seine Innenpolitik und seine regionale und internationale Strategie – fehlgeleitet, aber raffiniert – erleichterten es den USA, sich auf Saudi-Arabien als Statthalter zu verlassen. Amerika befürwortete seine harte Haltung, half ihm beim Ausgleich des Staatshaushalts von 1964, benutzte ihn zwischendurch, um bedrohliche arabisch-nationalistische Bewegungen abzuwehren, und schloß sich ihm an, als er versuchte, eine antikommunistische islamische Front aufzubauen. Faisals brutale Unterdrückungspolitik im Land nahmen die Amerikaner durchaus wahr, wie auch seine Methode, Land zu verteilen, seine Weigerung, die Untaten seiner Familienmitglieder zu verfolgen, und die Art, wie er diese zu wirtschaftlichem Engagement ermunterte. Doch bei all dem ging er geschickt vor, und seine Politik bedeutete insgesamt, daß das Erdöl und Israel in sicheren Händen waren. Niemand in der amerikanischen Regierung außer John F. Kennedy sah die Konsequenzen voraus, die sich aus der Übernahme der islamischen Linie ergaben. Er wollte, getreu seinem Charakter, im Nahen Osten eine Politik nach echter amerikanischer Ideologie betreiben.

Kennedy mochte Nasser instinktiv. Sie waren gleich alt, verkörperten einen Bruch mit der Vergangenheit, und Kennedy schätzte Nassers Zugang zu den Massen der Araber. Ziemlich zu Anfang seiner Regierungszeit führte Kennedy mit Nasser einen geheimen Briefwechsel, in dem der amerikanische Präsident vor Grenzverletzungen Israels warnte, »da eine abschließende Lösung des Palästina-Problems noch aussteht«. Tatsächlich ereigneten sich in dieser Zeit sehr wenige solcher Vorfälle. Dies stärkte Kennedys positive Haltung gegenüber Nasser und führte zu einer der seltenen Situationen, in denen Amerika seine Ölinteressen mit einer vernünftigen Politik regeln wollte, die die Massenbewegungen im Nahen Osten berücksichtigte.

Während des Bürgerkriegs im Jemen, der wichtigsten Konfrontation zwischen den Kräften der Tradition und denen des Fortschritts, ergriff Kennedy mehrere Male Nassers Partei. 1962 bestätigte er nicht nur die diplomatische Anerkennung der republikanischen Regierung des Jemen, die auf Seiten Nassers stand, sondern akzeptierte in der Folge auch den Plan, den sein Botschafter, Ellsworth Bunker, 1963 zur Beilegung des Problems ausgearbeitet hatte. Dies alles war meisterhaft ausgewogen und hielt Nasser in Schach, denn derselbe Kennedy schickte 1963 amerikanische Truppen nach Saudi-Arabien, damit Nasser nicht zu weit ging.

Doch der Jemen war nicht Faisals einzige Konfrontation mit der Ideologie der Amerikaner. Kennedy war zwar unbedingt dagegen, daß Nassers Vorstellungen in Saudi-Arabien aufgenommen wurden und das Land destabilisierten, und war dafür sogar bereit, die Inhaftierung zahlreicher gebildeter Saudis hinzunehmen. Doch er war tief betroffen von den Lebensbedingungen innerhalb von Saudi-Arabien. Er weigerte sich, eine Politik des Heraushaltens zu praktizieren, und übte Druck auf Faisals Innenpolitik aus, damit Amerikas langfristige Interessen gewahrt blieben. Kennedy nutzte Faisals Besuch in Washington am 5. Oktober 1962, bei der, dieser die Politik der USA im Jemen angriff, um von seiner Seite drei Punkte klarzustellen. Er wollte die Befreiung der Sklaven, forderte die Einbeziehung von Saudis nichtköniglicher Abstammung in die Regierungsverantwortung und ging so weit, die Aufhebung der Restriktionen für amerikanische Juden zu verlangen, die in Saudi-Arabien arbeiteten. Sein Schreiben vom 20. Oktober an Faisal spricht eine deutliche Sprache: Die Vereinten Nationen würden Faisal auf der Grundlage »eines neuen

Kapitels in den Beziehungen zwischen Amerika und Saudi-Arabien [unterstützen], das auf den Rechten der Menschen auf Selbstbestimmung, Fortschritt und Freiheit beruht«.

Faisal mußte sich jetzt mit den Bedingungen der Amerikaner für ihre Unterstützung auseinandersetzen. Er gab Kennedy nach, da er von niemandem sonst Hilfe erhalten konnte und Nassers arabischen Nationalismus nicht übernehmen mochte. Im November 1962 formierte er eine neue Regierung, die ein Zehn-Punkte-Programm übernahm, in dem die Sklaverei aufgehoben und die Einberufung eines Konsultativrates aus Vertretern der Religion und der Öffentlichkeit gefordert wurde.

Leider fand diese Phase einer produktiven, offenen Spannung in den amerikanisch-saudischen Beziehungen mit dem Tod Kennedys und dem Vietnamkrieg ein Ende. Präsident Johnson machte lieber seine Witzchen über die Araber, ihre Kleidung und ihre Sitten, in der politischen Arena mußte er sich mit drängenderen internationalen Problemen auseinandersetzen. Faisal hatte freie Hand.

Die Jahre von Johnsons Präsidentschaft waren die goldenen Jahre der panislamischen Politik Saudi-Arabiens. Der Generalsekretär der Muslimischen Weltliga, Mohammad Sabbah, wurde in den Rang eines Ministers erhoben. Saudi-Arabien holte pakistanisches Militär zum Schutz der Ölfelder ins Land, und dank Johnsons unbegrenzter Unterstützung konnte die Nationalgarde aufgerüstet und ausgebildet werden, damit sie einerseits den Schutz der Familie gewährleisten, andererseits auch den kurzlebigen, 1968 gestarteten Versuch absichern konnte, eine proamerikanische islamische Allianz aus Saudi-Arabien, der Türkei, dem Iran und Pakistan zu formieren (dieses Gebilde war eine Idee des Präsidentenberaters Walt Rostow).

Da Kennedys Haltung an seine Person gebunden und daher kurzlebig war, hinterließ sie keine Spuren. Faisal konnte die 4 000 Menschen, die er in die Freiheit entlassen hatte, nicht wieder zu Sklaven machen. Doch er unternahm nichts, um die Gründung eines Konsultativrates voranzutreiben. Niemand hielt ihn in seiner

Politik gegenüber dem Jemen zurück, die im Krieg von 1967 endete, und niemand stellte seine islamischen Positionen und die konsequent betriebene Spaltungspolitik im arabischen Lager in Frage.

Innenpolitisch ging Faisal über den raffiniert praktizierten Landraub und das intensivere wirtschaftliche Engagement hinaus. Seinem Schwager und Sicherheitsberater Kemal Adham gestattete er, ganze zwei Prozent des Gewinns aus der Ölkonzession einzustreichen, die Faisal den Japanern in der neutralen Zone erteilt hatte. Die steigenden Einnahmen aus dem Erdöl ermöglichten ein derartiges Geschenk, ohne daß es zu solchen internen Problemen wie bei Saud kam.

Nassers Niederlage von 1967 rundete das Bild ab. Der Propagandakrieg von Nasser gegen Faisal war vorbei, nun lag es einzig am saudischen Volk, Faisal Einhalt zu gebieten. Zwischen 1967 und 1973 kam es folgerichtig zu den meisten Umsturzversuchen in der Geschichte des Landes. Sie schlugen fehl, weil Amerika beim Aufbau des ausgefeilten saudischen Sicherheitsapparats mit Ausrüstung und Personal geholfen hatte. Die Amerikaner übersahen diese Manifestationen innenpolitischer Unruhe, schätzten sie falsch ein und vertuschten sie, doch Faisal nahm sie ernst. Sie bestimmten die saudische Politik bis zum Krieg vom Oktober 1973.

Westliche Regierungen und auch die Bevölkerung in diesen Ländern stellen zum Ölembargo von 1973 immer wieder die Frage: »Wie konnten unsere Freunde uns das antun?« Doch angesichts der Ausgangssituation ist diese Fragestellung falsch. Sie übersieht völlig Faisals kluge Entscheidung, daß Stillhalten zu ernsthaften inneren und regionalen Erschütterungen führen würde. Treffender wäre es zu fragen, ob das Ölembargo die letzte schädliche Folge des unaufhaltsamen Wegs in den Krieg war, der 1973 ausbrach. Die Antwort lautet ja, doch die Gründe dafür sind eine genaue Analyse wert.

Bis zum Jahr 1973 hatte der ägyptische Präsident Sadat seine Verbindungen mit der UdSSR reduziert und verfolgte eine prosaudische und proamerikanische Politik. Er ging von der falschen Annahme aus, daß Amerika dadurch Druck auf Israel ausüben würde, damit dieses die 1967 besetzten ägyptischen Gebiete zurückgab. Doch die USA unternahmen nichts, und Israel ließ nicht erkennen, daß es einen Abzug von der Sinai-Halbinsel plante, sondern hatte dort den Bau von Siedlungen gestattet. Faisal wollte unbedingt verhindern, daß Ägypten wieder einen radikalen Standpunkt bezog, äußerte sich immer wieder vor der Presse und bat die USA dringend, Israel unter Druck zu setzen. Im Sommer 1973 übermittelte Faisal eine persönliche Botschaft an ARAMCO-Präsident Frank Jungers und wies auf die Gefahr hin, die das fortdauernde ägyptisch-israelische Zerwürfnis für die Erdöllieferungen bedeutete. All dies bewirkte gar nichts. Die Vereinigten Staaten waren mit Vietnam und Watergate voll ausgelastet.

Für Faisal bedeutete die Verweigerung der Hilfe für Sadat, daß der Radikalismus in der Gesamtregion wieder neue Nahrung erhielt und von neuem eine Atmosphäre der Verschwörung entstand, aus der heraus so viele Angriffe auf ihn selbst in seinem Land stattgefunden hatten. Als seine Versuche, Amerika zum Handeln zu bewegen, fehlschlugen, akzeptierte er Sadats Entscheidung, in den Krieg zu ziehen, und versprach, ihm über das Mittel des Erdöls zu helfen.

In der Folge kam die westliche Wirtschaft fast zum Erliegen, doch war das eher das Ergebnis einer Serie von Pannen als einer eindeutigen, darauf angelegten saudischen Politik. Ein totales Ölembargo war das letzte, was Faisal plante. Der Krieg begann am 6. Oktober, und Faisal bot Ägypten sofort 200 Millionen US-Dollar als Hilfe an. In der Hoffnung, Amerika von weiterer Unterstützung für Israel abzuhalten, kündigten Faisal und andere arabische erdölproduzierende Länder am 12. eine fünfprozentige Reduzierung ihrer Förderungsquote an. Am 16. Oktober wurde diese Kürzung auf 10 Prozent erhöht, jeden Monat sollten es danach fünf Prozent mehr werden. Bis zu diesem Punkt war Saudi-Arabien die treibende Kraft hinter diesen Einschränkungen, und es kann kein Zweifel daran bestehen, daß die Ankündigung weiterer Reduzierungen eher eine Drohung als eine feststehende Entscheidung war.

In der Zwischenzeit empfing Präsident Nixon am 18. Oktober den Sonderbeauftragten von Faisal, Botschafter Omar Saqqaf, der Nixon aufforderte, sich im Sinne der Araber zu äußern und so die Konfrontation zu beenden. Nixon stand mehrfach in Bedrängnis: Watergate, seine gefährdete Präsidentschaft, der wegen Korruptionsvorwürfen erzwungene Rücktritt von Vizepräsident Agnew. Er brauchte dringend Unterstützung im eigenen Land und reagierte nicht auf die Forderung der Saudis. Statt dessen sprach er sich dafür aus, Israel mit Waffen im Wert von 2,2 Milliarden Dollar auszurüsten, und wollte sich damit die jüdischen Wählerstimmen sichern. Faisal wurde der nächste Zug aufgezwungen: Scheich Zayyed von Abu Dhabi reagierte auf Nixons Schritt mit der Ankündigung eines totalen Ölembargos. König Faisals schrittweise vorgebrachte Forderungen waren beendet; er hatte keine andere Wahl, als sich Zayyeds Entscheidung anzuschließen.

Nachdem das Embargo in Kraft getreten war, machte sich Saudi-Arabien unverzüglich daran, es so bald wie möglich wieder aufzuheben. Die Aufzeichnungen der Treffen zwischen Faisal und Henry Kissinger in den folgenden drei Monaten belegen ganz eindeutig, wie sehr den Saudis daran gelegen war, so aus dieser Sackgasse herauszukommen, daß sie ihr Gesicht wahren konnten. Im Februar 1974 versuchten die USA, Saudi-Arabien mit der Zustimmung zum Verkauf von mehr Panzern, Flugzeugen und Kriegsschiffen als jemals zu bestechen, doch es wurde klar, daß darüber hinaus nichts möglich war. Im selben Monat nahm Faisal an einer islamischen Konferenz in Pakistan teil und wurde dort als Held empfangen. Er begriff, daß das Embargo seinen Absichten in der islamischen Welt gute Dienste geleistet hatte und er keinen weiteren Nutzen daraus ziehen konnte. Daher ließ er es am 19. März 1974 aufheben.

Faisal erhielt von den Amerikanern keine Konzessionen an die Ägypter oder an die Palästinenser. Er erzielte eine Vervierfachung des Ölpreises – im Grunde blieb der Preis aufgrund der Lieferbeschränkungen gleich –, seine Position in der arabischen und moslemischen Welt wurde unverdient gestärkt, und Amerika lieferte Waffen zum Schutz seines Landes. Diejenigen, die wissen möchten, wie »ihnen ein Freund dies antun konnte«, sollten sich fragen, warum die US-Regierung ihm – wenn er in Wirklichkeit ein Feind war – Waffen lieferte? Die Unbequemlichkeiten der westlichen Konsumenten und der deutliche Hinweis, wie es unter einem eindeutig gegen den Westen eingestellten saudischen Politiker aussehen würde, hatten mehr mit Richard Nixons Politik zu tun als mit dem, was Faisal bin-Abdelaziz wollte. Sogar Henry Kissinger teilt diese Meinung und spricht offen davon, daß die Situation ungeschickt und mit mangelnder Sorgfalt gehandhabt wurde. Die Nixon-Regierung wußte mit Sicherheit über alle Vorgänge genau Bescheid und setzte ihre Beziehungen mit Saudi-Arabien fort, ohne die grundlegenden Veränderungen vorzunehmen, die das Embargo eines Feindes erfordert hätte. Präsident Nixon reiste 1974 persönlich nach Saudi-Arabien und wurde von niemand anderem als Faisal selbst wie ein Freund empfangen.

Als Faisal im März 1975 ermordet wurde, hatte die saudische Propagandamaschine seine Ankündigungen, daß er in einem moslemischen Jerusalem beten wollte, und seinen Mut bei der Durchsetzung des Ölembargos soweit ausgeschlachtet, daß das Haus Saud ihn mühelos als Märtyrer hinstellen konnte. Die Mehrheit der Araber ging noch einen Schritt weiter und sah im Zionismus und in Amerika die eigentlichen Hintergründe für den Mord. Doch Tatsache ist, daß Amerika einen zuverlässigen Verbündeten verlor und am meisten zu befürchten hatte, obwohl die Einnahmen aus den hohen Ölpreisen eine ruhige Machtübernahme durch Khalid und wirtschaftliche Stabilität ermöglichten.

Obwohl es in Saudi-Arabien keine Bars gibt, war die Zeit von 1975 bis 1979 mit Sicherheit so etwas wie eine Happy-hour. König Khalid herrschte über ein Land, in dem das Bruttoinlandsprodukt dank des Erdöls um 85 Prozent stieg und das Gesamteinkommen des Landes schneller wuchs, als es ausgegeben werden konnte, und jährliche Überschüsse zwischen 6 und 32 Milliarden

Dollar ausgewiesen wurden. Sämtliche saudischen Studienabsolventen wurden in hochdotierte Stellen übernommen. Die Privatwirtschaft florierte, die Anzahl ausländischer Arbeiter stieg um mehr als das Doppelte. Es gab Lieferschwierigkeiten bei Chevrolet-Pick-ups, Engpässe bei Hotelzimmern für ausländische Geschäftsleute und bei Bauzement. In den Häfen von Jiddah und Dhahran lagen so viele Schiffe, daß manchmal Bestechungsgelder in Höhe des Warenwertes einzelner Güter bezahlt wurden, nur um die Zollformalitäten schneller erledigen zu können.

Die Saudis gewöhnten sich daran, ihre Außenpolitik mit »geliehenen« Lösungen und Politikern zu betreiben. Meistens ging es dabei darum, saudisch-amerikanische Probleme nicht zu groß werden zu lassen, wobei Amerika Saudi-Arabien die Front machen ließ. Yassir Arafat war ein häufiger Gast und erhielt von Mal zu Mal mehr Geld. Man wies ihn an, ruhig zu bleiben und nicht zu radikal zu werden. Der Syrer Assad wurde mit saudischem Geld zufriedengestellt, und Saudi-Arabien erreichte, daß Amerika Druck auf Israel ausübte, damit es seine Vorherrschaft im Libanon akzeptierte und keine weitere Radikalisierung stattfand. Barre aus Somalia warf für einen Scheck über 200 Millionen Dollar die Sowjets aus seinem Seehafen Barbera, auch für ihn persönlich sprang natürlich immer auch ein saudischer Scheck heraus. Mobutu von Zaire konnte mit 50 Millionen Dollar die prosowjetischen angolanischen Rebellen bekämpfen, und die moslemischen Rebellen von den Philippinen vergaßen bei einem aufwendigen Leben in Hotelsuiten in Jiddah den Grund ihrer Reise nach Saudi-Arabien. Zahlungen in der Währung Riyal wurden zum Kern der saudischen Diplomatie. (Zu dieser Zeit begann auch die weltweite wirtschaftliche Invasion der Saudis, ihr offen zur Schau gestellter Reichtum wurde überall zum Tagesgespräch.)

Damals gab es auch sehr wenige interne Aktionen gegen die saudische Monarchie. Jimmy Carters Bekenntnis zu den Menschenrechten galt zwar noch, jedoch nur in einem sehr allgemeinen Sinn. Insgesamt waren nur relativ wenige Saudis als Politiker oder Agitatoren aktiv, und sie richteten sich nach der bewährten alten Maxime, daß Menschen mit vollen Bäuchen keine Revolutionen anfangen. Der frühere Sicherheitsberater Robert Komer meint dazu: »Wenn man etwas unternommen hätte, so wäre damit eine Situation gestört worden, die gar nicht so schlecht war.«

Sogar das ägyptisch-israelische Abkommen von Camp David von 1978 konnte die innere und äußere Glückseligkeit der Saudis nicht stören. Zwar gab es in der Tat eine familieninterne Auseinandersetzung, und der damalige Kronprinz Fahd wollte Sadat und Amerika unterstützen, doch die Entscheidung der Saudis für einen Boykott Ägyptens hätte man vorhersehen können. Eine Unterstützung von Camp David brachte die Gefahr einer bedrohlichen innenpolitischen Entwicklung, da auch die übrigen Araber und Moslems damit unzufrieden waren und von außen Gefahr drohte. Sich gegen Camp David zu stellen, kostete vergleichsweise wenig. Jimmy Carter schreibt in seinen Memoiren, daß ihm sowohl König Khalid wie auch Kronprinz Fahd »ihre aufrichtige Unterstützung für Sadat« zugesichert hätten, jedoch nicht darüber hinausgehen wollten, zumindest nicht offen. Hätten sich die Saudis auf Carters Wunsch eingelassen, so hätten sie eine Führungsposition einnehmen und sich im Interesse Amerikas Gefährdungen aussetzen müssen. Die Geschichte Saudi-Arabiens zeigt, daß man sich für andere nur einsetzte, wenn das ohne Gefahr für das Haus Saud möglich war oder als Aufwand zugunsten der islamischen oder arabischen Welt dargestellt werden konnte. Die Saudis trafen die weise Entscheidung, andere von einer radikalen Opposition gegenüber Sadat abzuhalten und ansonsten so weiterzumachen, als ob nichts geschehen wäre. Sämtliche stets bedürftigen Gegner Sadats wurden bestochen.

Diese wunderbare Zeit fand 1979 in jähes Ende. Im Januar kam im Iran Khomeini an die Macht, im November wurde die Moschee in Mekka besetzt, und im Dezember marschierte die Sowjetunion in Afghanistan ein, um Barbak Kemals Marionettenregierung zu helfen. Der Schock für das Haus Saud war unfaßbar. Plötzlich waren König Khalid und Kronprinz Fahd mit inneren und äußeren Gefahren konfrontiert, die mit Geld nicht zu bewältigen waren. Sie konnten nicht verstehen, daß Amerika nicht in der Lage war, den Schah zu retten. In Verbindung mit der dürftigen Reaktion der USA auf Afghanistan und der Hilflosigkeit der Amerikaner bei der Besetzung der Moschee von Mekka unterstrich dies die begrenzte Macht der USA. Amerika wirkte wie ein unzuverlässiger Verbündeter. Die Besetzung der Moschee war ein Signal, daß die interne Opposition gegen das Haus Saud nicht mehr unter arabischen, sondern unter islamischen Vorzeichen stand. Das Königshaus räumte widerstrebend ein, daß die Jahre der Prosperität nicht alle interne Gegnerschaft ausgeräumt hatten. Es spielte den politischen Charakter der Erhebung herunter und deklarierte sie als das Werk eines fanatischen islamischen Mönchs, um es Außenseitern gleichzutun. Das war angesichts dessen, was im Iran und in Afghanistan geschah, ein unbeabsichtigtes Eingeständnis, daß die von Faisal begonnene islamisch ausgerichtete Politik gescheitert war. Das alles wurde noch schlimmer, als eine Gruppe von Faisals Söhnen König Khalid ein 33 Seiten umfassendes Papier vorlegte, in dem umfassende Reformen der Innenpolitik und der außenpolitischen Beziehungen des Landes gefordert wurden. Zusätzlich gestattete Sadat, der über den fehlenden Beistand der Saudis verärgert war, der Gruppierung *Islamische Revolution in Arabien*, über Radio Kairo Sendungen gegen das Haus Saud auszustrahlen.

Die USA versuchten, den Saudis ihre Ängste zu nehmen, und versicherten dem König und dem Kronprinz in persönlichen Botschaften ihre Unterstützung, doch das reichte nicht. Schließlich verkündete ein Sprecher des State Department am 13. September 1980, daß die USA bereit seien, Saudi-Arabien »gegen alle inneren und äußeren Versuche der Destabilisierung in Schutz zu nehmen«. Darauf folgten ausgedehnte Manöver der in Dhahran stationierten Einheiten der US-Luftwaffe und Drohungen der Amerikaner gegen Iran. Als Saddam Hussein im September 1980 den Iran angriff, war Saudi-Arabien in Panik, und die USA hatten offen ihre Absicht erklärt, das Land zu schützen. Da die Beziehungen mit Ägypten wegen Camp David noch auf Eis lagen, war

Saddam Hussein die einzige verfügbare arabische Karte, die Saudi-Arabien gegen den wieder erstarkenden Islam ausspielen konnte. Die Vereinigten Staaten – sie waren auf eine Auseinandersetzung mit diesen neuen Gefahren nicht vorbereitet – akzeptierten diese Sichtweise und übernahmen sie.

Außer der Tatsache, daß der Irak zur vordersten Verteidigungslinie Saudi-Arabiens erklärt wurde, läßt nichts sonst erkennen, daß jemals eine saudische, amerikanische oder gemeinsame Strategie entwickelt wurde, wie mit den Folgen des Krieges zwischen Iran und Irak umzugehen wäre. Es gab einige kleinere Versuche: zum einen als negativen Schritt die Gründung des »Kooperationsrates der Arabischen Golfstaaten«, zum zweiten erhielt Jordanien 200 Millionen Dollar, damit es ausreichend Militär aufstellen konnte, um Saudi-Arabien im innenpolitischen Ernstfall zu helfen, und zum dritten wurde das Verhältnis zu Ägypten wieder normalisiert. Doch weder Fahd noch Reagan – was viel schlimmer war – hatten Vorstellungen darüber, wie es mit einem siegreichen Nachbarn Irak oder Iran weitergehen sollte.

1980 waren die Vereinigten Staaten der Hauptimporteur von saudischem Erdöl (1970 standen sie noch an zehnter Stelle). Das begriff Reagan, mehr jedoch nicht. Die anschließende Partnerschaft zwischen Fahd und Reagan (Fahd war auch schon vor Khalids Tod im Jahr 1982 der starke Mann) war eine der unheilvollsten Verbindungen des 20. Jahrhunderts, unter deren Konsequenzen wir noch viele Jahre zu leiden haben werden. Die gemeinsam betriebene und sich ergänzende Politik der beiden Staatsmänner lief auf eine Unterstützung für die saudische Linie des aktiven Negativismus hinaus. Die USA brauchten Saudi-Arabien, um die Abenteuer ihrer Exekutivorgane finanzieren zu können, und begrüßte daher eine Entscheidung der Saudis, den größten Teil ihrer mehr als 100 Milliarden Dollar plus Überschüsse in amerikanischen Banken und Depotscheinen anzulegen. Als Gegenleistung bekundeten die Amerikaner ihre Bereitschaft, bei regionalen und von Moslems getragenen Auseinandersetzungen einzuschreiten, die außerhalb der Reichweite Saudi-Arabiens passierten oder sein Kräfte überstiegen.

Der islamische Iran und der arabische Irak gingen einander nun an die Kehle, und das war eine Blütezeit illegaler Aktivitäten in Nicaragua und Angola, bei der Unterstützung von Spaltungen innerhalb der Palästinenser, der »Kooperationsrat« wurde gegründet, Despoten wie Ziad Barre erhielten Gelder, Südafrika lieferte man Erdöl. Die USA wiederum versuchten 1982 erfolglos, die israelische Invasion im Libanon zu verhindern, hielten Ghaddafi in Libyien in Schach, lieferten Waffen an den Irak. Außerdem bewahrten sie ein Gleichgewicht zwischen Ägypten und Israel und verweigerten beiden, Saudi-Arabien als Statthalter zu ersetzen.

Inzwischen wurde das saudische Geld in Amerika verwaltet, Saudi-Arabien kaufte immer mehr Waffen, und es entwickelte sich eine saudische Allianz mit der amerikanischen Wirtschaft. In den amerikanischen Banken lag so viel Geld aus Saudi-Arabien, daß laut Anthony Sampson und anderen plötzlich unglaublich viel Geld an Staaten der Dritten Welt verliehen werden konnte und damit unter anderem die Schuldenkrise ausgelöst wurde. Einige US-Banken wie Irving Trust Company und Morgan Guarantee Trust Company lehnten im Gegensatz zu anderen Banken die immens hohen Geldangebote aus Saudi-Arabien ab.

Saudi-Arabien kaufte *F-15*-Flugzeuge, *Stinger*-Raketen, *C-130*-Transportflugzeuge, *M-60*-Panzer, übernahm *AWACS*-Flugzeuge leihweise, verlängerte und erweiterte die Verträge mit dem Ingenieurskorps und den Ausbildungseinheiten der US-Armee. Doch das Engagement der Saudis im amerikanischen Geschäftsleben ging noch tiefer. AT&T lieh sich 650 Millionen Dollar, IBM, Procter and Gamble, TWA, FMC Corporation und United Airlines waren derart abhängig von der saudischen Wirtschaft, daß ihre Lobbyisten die US-Regierung zu einer Zustimmung für weitere Rüstungsverträge mit dem Land drängten. Amerikas große Liebe für die Saudis öffnete Vertretern der saudischen Interessen Tür und Tor, um gemeinsam oder als Einzelpersonen Einfluß auf das öffentliche Leben in den USA auszuüben. Die Saudis spendeten für Reagans zweite Präsidentschaftskampagne, auch einige Senatoren und Kongreßabgeordnete erhielten Geld. Der frühere Verteidigungsminister Clark Clifford arbeitete mit ihnen zusammen, ebenso der ehemalige Vizepräsident Spiro Agnew, der einstige CIA-Chef Richard Helms, der Superspion Miles Copeland und ein ganzer Haufen ehemaliger US-Botschafter in Saudi-Arabien und anderen Ländern.

Das Haus Saud und die Amerikaner hatten viel Spaß miteinander, während sich die Iraner und Iraker gegenseitig umbrachten. Niemand achtete auf die saudische Bevölkerung. Inzwischen wurden verschiedene warnende Stimmen laut. Der frühere Botschafter James Akins griff zum wiederholten Male die Korruption im Land an, der ehemalige stellvertretende Außenminister William Quandt wies nachdrücklich auf die mögliche Gefährdung Kuwaits durch den Irak hin. Ex-Präsident Jimmy Carter sprach sich für eine Beteiligung der armen Nachbarländer am Reichtum Saudi-Arabiens aus. Doch nichts konnte die Lawine aufhalten, die durch die ignorante Freundschaft zwischen Fahd und Reagan ausgelöst worden war. (In Großbritannien sah es nicht sehr viel besser aus, wie die Verwicklungen um Mark Thatcher zeigen. Außenminister Jonathan Aitken pflegte mit König Fahds Sohn Muhammad enge geschäftliche Kontakte, bei denen es möglicherweise auch um Waffengeschäfte ging.)

Zwischen 1981 und 1987 gab es zwar keine Berichte über die innenpolitische Lage in Saudi-Arabien – nicht einmal von Menschenrechtsorganisationen –, doch die 500 000 US-Dollar teure Party von Prinz Bandar, dem saudischen Botschafter in den Vereinigten Staaten, wurde in den Medien ausgiebig gewürdigt. Das Unternehmen Boeing prahlte mit dem fliegenden Palast von König Fahd, der saudische Geschäftsmann Gaith Pharoan erregte Aufsehen, als er den Springbrunnen eines Pariser Nachtclubs mit Champagner füllen ließ, und 52 Journalisten weilten als Gäste bei der millionenschweren Krönung des Waffenhändlers Adnan Kashoggi zu König Adnan I. Durch das saudische Geld, auch wenn es für solchen Blödsinn ausgegeben wurde, entstand der Eindruck, daß im Nahen Osten alles in Ordnung war.

Doch das stimmte nicht: Die politische Lage in Saudi-Arabien, in der arabischen und in der islamischen Welt hatte sich entweder gar nicht oder zum Schlechteren verändert. Das Verhalten der saudischen Königsfamilie war mit Sicherheit nicht mehr unter Kontrolle. Ein wichtiger Punkt, der sich verändert hatte, blieb unbemerkt: So wie Fahd sich weigerte, die Palästinenser im Libanon zu unterstützen, war er auch nicht länger bereit, sein Volk oder die übrigen Araber dadurch zu beschwichtigen, daß er gelegentlich antiwestliche Positionen bezog. Sowohl Fahd als auch Reagan waren von recht einfachem Wesen, und in ihrer Allianz ignorierten die beiden Politiker auf törichte Weise die übrigen mächtigen Kräfte in Saudi-Arabien. Sie ließen das Land in der totalen und äußerst gefährlichen Abhängigkeit von Amerika.

Der Krieg im Golf

Unter der scheinbar ruhigen Oberfläche, die Ronald Reagan hinterlassen hatte, lauerte der Ärger. George Bush blieb es überlassen, mit den drohenden Problemen im Nahen Osten fertigzuwerden, die Fahd und Reagan mit ihrer kurzsichtigen Politik des aktiven Negativismus geschaffen hatten. Nachdem der Krieg zwischen Iran und Irak im August 1988 beendet war, hatte es der Nahe Osten mit einem militärisch starken, ökonomisch jedoch angeschlagenen Irak und einem wütenden Iran zu tun, den seine militärische Niederlage verstärkt auf die vorige expansionistische Politik eines militanten Islam zurückwarf. Saudi-Arabiens aktiver Negativismus hatte versagt, das Gebet des Hauses Saud, »Allah möge Khomeini vernichten, ohne Saddam zum Sieger zu machen«, war nicht erhört worden.

All dies fiel mit dauerhaft schwachen Preisen für Rohöl zusammen, einer Entwicklung, die 1982 eingesetzt hatte und das saudische Prinzip einer durch Geld gefestigten Vorherrschaft zu stören begann. Zwischen 1982 und 1988 wies der Staatshaushalt Saudi-Arabiens beträchtliche Defizite auf, und das Land mußte inländische Schuldverschreibungen aufnehmen. Dies hatte unweigerlich Auswirkungen auf die Möglichkeiten, dem Irak im zugesagten Umfang helfen zu können. Daneben äußerte Ägypten, das wieder in die Reihen der arabischen Länder aufgenommen war, großes Interesse an einer führenden Rolle; Syrien fürchtete Saddams steigende Beliebtheit bei großen Teilen der arabischen Bevölkerung, und Israel beobachtete mißtrauisch die hochgerüstete Armee des Irak.

Da der Iran mit eigenen Problemen befaßt war, bestand die Gefahr für den Golf im Irak und dessen neuen Plänen in der Region. Im Unterschied zur Situation in Großbritannien nach dem Zweiten Weltkrieg war der Irak kein Staat, dessen Gesellschaft in sich so stabil gewesen wäre, daß sie die Vorstellung einer bankrotten Siegermacht hätte akzeptieren können (die Schulden zu Kriegsende beliefen sich auf 40 Milliarden Dollar). Saddam stellte sich selbst eine Falle, als er den militärischen Sieg für ein Volk deklarierte, das eigentlich dessen positive Ergebnisse sehen wollte. Zudem gab es ein bedenkliches Anzeichen für weiteren Ärger, das Amerika und Saudi-Arabien nicht beachteten: Anders als der Iran ordnete Saddam nicht die Demobilisierung seiner eine Million Mann zählenden Armee an.

Jedem durchschnittlichen Außenseiter erschien Saddam Hussein als ein unbeschriebenes Blatt. Doch die informierten Leute in den USA, in England, Saudi-Arabien und anderen Staaten kannten ihn als einen Mann, der für das politische Gleichgewicht im Nahen Osten bereits eine wichtige Rolle gespielt hatte. Ein kurzer Blick auf die Beziehungen zwischen Irak und den USA vor dem Hintergrund der saudisch-amerikanischen Verbindungen ist hier angebracht.

Als die USA den Irak zum Angriff auf den Iran ermutigten, waren geheimgehaltene Annäherungen in den 70er Jahren vorausgegangen, denen zwischen 1981 und 1984 noch geheimere Kontakte zwischen den beiden Ländern folgten. In beiden Phasen hatte Saudi-Arabien seinen Segen zu dieser Politik gegeben.

Die erste Phase dieser Geheimdiplomatie zielte darauf ab, den Irak aus dem Klammergriff der UdSSR zu lösen, nachdem das Land Technologie aus den USA und den westlichen Industriestaaten bezogen hatte. Mit der zweiten Phase wurde in großem Ausmaß direkte amerikanische Hilfe gegen den Iran ermöglicht. Dazu gehörte auch, daß dem Irak geheime Daten, die saudische *AWACS*-Flugzeuge »gesammelt« hatten, zur Verfügung gestellt wurden. (Ich selbst war an beiden Phasen dieser Annäherung beteiligt. Im Auftrag des Irak führte ich Verhandlungen über die Eröffnung einer Filiale einer großen amerikanischen Bank in Bagdad. Mitten im Krieg mit dem Iran habe ich dann eine Botschaft der Amerikaner überbracht, die dem Irak mitteilten, daß die UdSSR dem Iran Satellitenbilder übergab. Zu einem späteren Zeitpunkt ging es dann um ein Angebot der USA, dem Irak durch

die Ausrüstung mit hochmodernen *Harpoon*-Raketen eine Beibe-
haltung seines technologischen Standards zu ermöglichen.)

Der Irangate-Skandal von 1986, als der Iran mit Beteiligung
Saudi-Arabiens Waffen erhalten hatte, war eine Belastungsprobe
für die irakisch-amerikanischen Beziehungen. 1987 kamen bei
einem irrtümlichen Angriff eines irakischen Militärflugzeugs auf
den amerikanischen Zerstörer *Stark* 32 Soldaten ums Leben.
Doch diese schwerwiegenden Zwischenfälle führten nicht zu
langfristigen Störungen, da beide Seiten kein Interesse an derartigen Verwicklungen hatten. Gegen Ende des Jahres 1987 wurden
wirtschaftliche und technologische Vereinbarungen getroffen,
unter anderem auch über den Verkauf von amerikanischem Weizen an den Irak im Wert von mehreren Milliarden US-Dollar.
1988 protestierten die USA gegen den irakischen Giftgaseinsatz
gegen die Kurden, klagten den Staat erneut der Unterstützung von
Terroristen an und blockierten daraufhin den Verkauf landwirt-
schaftlicher Produkte an den Irak. US-Außenminister George
Shultz traf sich dennoch in freundschaftlicher Atmosphäre mit
seinem irakischen Amtskollegen Tariq Aziz. Die gegenseitigen
Besuche der Diplomaten beider Staaten im Jahr 1989 sollten eine
beginnende Verschlechterung in den Beziehungen aufhalten, und
1990 reiste dann eine Delegation von Mitgliedern des US-Kon-
gresses unter Leitung von Senator Robert Dole in den Irak.

Einen Monat nach Doles Besuch griff Sadat während eines
Aufenthalts im jordanischen Amman die amerikanische Politik
im Nahen Osten an und forderte den Abzug der US-Flotte aus
dem Golf. Die Flotte war und ist dort zum Schutz der Ölfelder –
vor allem in Saudi-Arabien – stationiert. Saddam Hussein machte
nun seinen ersten Schachzug: er warf den Saudis ihre besonderen
Beziehungen mit den USA vor.

All diese Vorgänge waren Ausdruck eines über zwei Jahrzehnte unausgewogenen Verhältnisses zwischen Irak und den Vereinigten Staaten und ereigneten sich innerhalb eines Netzwerks
strategischer Überlegungen für die gesamte Region. In deren Verlauf vollzog sich eine Distanzierung Saddams von der UdSSR,

außerdem gelang es, den Vormarsch von Khomeinis fundamentalistischem Islam aufzuhalten. Saddam jedoch blieben die unkonventionellen Waffensysteme, mit denen er den Golf und Israel bedrohen konnte. (Die Blaupausen für die erste irakische Chemiewaffenfabrik kamen von Pfaulder Corporation in Rochester, New York.)

Das Ende des Golfkrieges hätte notwendigerweise die gigantische Komplizenschaft des Westens – gebilligt von Saudi-Arabien – bei der Aufrüstung Saddam Husseins enthüllt, die ihn erst zu einer regionalen Bedrohung werden ließ. Doch dieser voraussehbare Ablauf wurde von Kuwait durchkreuzt. Einige Tage nach dem Ende des Krieges zwischen Irak und Iran beschloß Kuwait – unter Verletzung der OPEC-Vereinbarungen –, seine Ölförderquoten zu erhöhen, und pumpte Öl aus dem umstrittenen Ölfeld von Rumailla, das zwar auch in Kuwait, zum größeren Teil jedoch im Irak liegt. Das war der Gipfel der Zumutungen durch andere OPEC-Mitgliedsstaaten und ließ den Preis für ein Barrel Rohöl daher von 22 auf 16 Dollar fallen, zeitweise lag er kurzfristig sogar noch darunter. Der Irak ist jedoch zu 90 Prozent von den Einnahmen aus dem Erdöl abhängig, außerdem mußte er dringend die Forderungen seiner Bevölkerung erfüllen und den Wiederaufbau des Landes finanzieren. Kuwaits Schritt wurde also als Eingriff in die Souveränität des Irak angesehen und hätte das Staatseinkommen um runde 4 Milliarden Dollar jährlich reduziert. Eine derartige Entwicklung hätte den finanziellen Zusammenbruch für das Land bedeutet und untergrub das Ansehen von Saddam Hussein bei seinem Volk.

Waren die Entscheidung Kuwaits und der dafür gewählte Zeitpunkt tatsächlich so seltsam, wie man es hingestellt hat? Hat Saudi-Arabien deshalb nicht gegen das Vorpreschen Kuwaits protestiert, weil es von seiner eigenen unrühmlichen Rolle in der Vergangenheit ablenken und Saddam schaden wollte? Eines ist klar: Kuwait war nicht auf das Geld angewiesen, das es aus der Steigerung der Ölförderung erzielt hatte. Dieses Land mit einer Bevölkerung von einer Million Menschen – ausländische Arbeitskräfte eingeschlossen – hatte Reserven von mehr als 90 Milliarden Dollar, die Förderquoten entsprechend den OPEC-Vereinbarungen brachten mehr als genug ein, um alle Wünsche zu erfüllen. Da Kuwait kurz darauf der irakischen Zivilluftfahrt das Überfliegen seines Staatsgebietes untersagte, dem Irak ziemlich verspätet zu seinem »Sieg« gratulierte, die Beziehungen zu Amerika sich verschlechterten und die Saudis sich weigerten, dem Irak mehr Geld zu leihen, mußte Saddam zu dem Schluß kommen, daß eine Verschwörung zu seinem Sturz im Gang war.

Kuwait war noch nicht fertig. Es verlangte die sofortige Rückzahlung der acht Milliarden Dollar, die es dem Irak während des Konflikts mit dem Iran geliehen hatte. Außerdem wurde zum einen der iranische Außenminister Vilayatti heimlich zu einem Besuch in Kuwait eingeladen, zum anderen knüpfte man einige seltsame, unerklärliche Kontakte mit der CIA an (in den ersten fünf Monaten des Jahres 1990 stattete der CIA-Chef William Webster dem Emir von Kuwait drei Geheimbesuche ab, deren Hintergründe immer noch nicht bekannt sind). Nachdem der Irak die ersten Zahlungsaufforderungen als reine Formalitäten fehlinterpretiert hatte, reagierte er auf eine mit äußerstem Nachdruck vorgebrachte weitere Aufforderung mit der ehrlichen Auskunft, daß kein Geld vorhanden war. Daraufhin setzte sich Kuwait mit der Lloyds Bank PLC in London in Verbindung, um die irakischen Schuldverschreibungen in großer Höhe zu einzulösen. Hätte das stattgefunden, so wären die Zahlungsschwierigkeiten des Irak noch größer geworden, und es wäre dem Land fast unmöglich geworden, dringend benötigte Geldmittel auf dem internationalen Markt aufzutreiben.

Sechzehn Monate lang sah man die Auseinandersetzung zwischen Irak und Kuwait trotz ihrer ernsthaften Implikationen für die Stabilität des Nahen Ostens als kleinere regionalen Konflikt. Die Iraker versuchten erst einen Monat nach der Einstellung der irakisch-iranischen Feindseligkeiten in Casablanca, dann beim Besuch des irakischen Außenministers Saadoun Hammadi in Kuwait und schließlich bei der Konferenz arabischer Staatsoberhäupter im Mai 1990 in Bagdad ihre Grenzstreitigkeiten mit Kuwait zu diskutieren – ohne Erfolg. Obwohl international schon lange klar war, daß die staatliche Zugehörigkeit des Ölfelds von Rumailla und seiner Umgebung nicht geregelt war, wollten die Kuwaitis nicht von der Stelle weichen. Im Juni 1990 versuchten die Iraker erfolglos, die Unnachgiebigkeit Kuwaits zu überwinden, und beriefen eine Konferenz der Regierungschefs von Irak, Kuwait, Qatar, den VAE und Saudi-Arabien ein, doch Kuwait empfing statt dessen den Besuch des iranischen Außenministers. Höhepunkt der irakischen Bemühungen war am 17. Juli 1990 im saudi-arabischen Jiddah eine regionale Vereinbarung zur Senkung der Förderquoten und Anhebung der Preise. Eine Stunde nach dieser »Regelung« erklärte der kuwaitische Vertreter überraschend, daß Kuwait sich nur für drei Monate daran halten werde. Daraufhin erlebte der iranische Dinar einen Kursverfall um 50 Prozent. Kuwait hatte dem Irak praktisch einen Wirtschaftskrieg erklärt.

Der Irak behandelte das Problem mit Kuwait zweifellos lange Zeit deshalb als ausschließlich arabisches Thema, weil er den USA mißtraute. Doch es ist unverständlich, warum die Vereinigten Staaten trotz regelmäßiger Treffen mit irakischen Politikern zur Klärung zahlreicher offener Fragen diese Ausschließlichkeit akzeptierten, obwohl es offene Drohungen des Irak gegen die Souveränität Kuwaits gab. Amerikas seltsame Inaktivität wurde durch den gleichfalls nicht erklärlichen Wunsch Saudi-Arabiens, nicht mit hineingezogen zu werden, noch verschärft.

Einige Analytiker sind der Meinung, daß Saudi-Arabien vor einer Beteiligung an diesem Territorialstreit zurückgeschreckt ist, weil dieser Konflikt zwischen den beiden Ländern auf einer historischen Forderung des Irak beruhte und Saudi-Arabiens gesamte Existenz dadurch in Frage gestellt werden könnte. Auch wenn dem so wäre, so wären diese beiden Faktoren doch nicht so wichtig wie die Überzeugung der Saudis, daß Saddam Hussein leiden und seine Macht eingeschränkt werden sollte. Auch wenn man die angespannte Lage des Landes in Betracht zieht, so verstieß das

Scheitern des Versuchs der Saudis, den Irak durch Bestechung zum Schweigen zu bringen, mit Sicherheit gegen die Tradition. Da der Irak nun keinen Spielraum mehr hatte, bedrohte er in aller Offenheit Kuwait. Diese Drohungen schufen eine Krisenstimmung, die die USA unter anderen Umständen nicht ignoriert hätten.

Inzwischen liegt der Bericht über das Treffen vom 25. Juli 1990 zwischen Saddam Hussein und der amerikanischen Botschafterin im Irak, April Glaspie, vor. Die Initiative zu diesem Treffen ging von Saddam aus, Glaspie war der Meinung, sie würde mit dem irakischen Außenminister Tariq Aziz zusammentreffen. Trotzdem gab Glaspie dem irakischen Regierungschef etwas, womit er nicht gerechnet hatte. Sie sagte ihm in klaren Worten, daß die USA nichts dagegen hatten, wenn er den Ölpreis auf einen Betrag knapp über 20 Dollar pro Barrel erhöhen wollte, und stellte den irakisch-kuwaitischen Grenzstreit als eine Angelegenheit dar, die ausschließlich zwischen den arabischen Staaten zu regeln sei und in die sich Amerika nicht einmischen möchte.

Auf die Begegnung zwischen Glaspie und Saddam folgten intensive Aktivitäten zwischen den arabischen Staaten, als deren Höhepunkt am 31. Juli 1990 in Riyadh ein Treffen zwischen Kuwait, Irak und Saudi-Arabien stattfand. Der Irak war durch das grüne Licht, das April Glaspie gegeben hatte, und einen freundlichen Brief vom 27. Juli 1990 von George Bush an Saddam ermutigt und machte ziemlich viel Aufhebens von der Gefahr, wirtschaftlich auszubluten. Kurz nach den wohlwollenden Äußerungen der Amerikaner fingen die Iraker ein an den Emir von Kuwait gerichtetes Schreiben von der britischen Premierministerin Margaret Thatcher ab, in dem sie ihm mitteilte, er sollte die »irakischen Forderungen abwehren, wir werden Ihnen beistehen«.

Saddams Gespür für Heimlichtuereien trog ihn, und er interpretierte das Verhalten Kuwaits im Zusammenhang mit dem Thatcher-Brief. Er meinte, der Irak würde vom kolonialistischen Großbritannien unterminiert, nicht von Amerika, und um Amerika ging es eigentlich. Für ihn war jetzt die Zeit gekommen zu handeln.

Beim Treffen vom 31. Juli 1990 im Hamra-Palast in Riyadh, der letzten Chance, um eine Invasion zu verhindern, standen vier Dinge einem Erfolg der Verhandlungen entgegen: die zustimmende Haltung von Glaspie und Bush, die Aggressivität des Irak, die Verbohrtheit von Kuwait und König Fahds mangelndes Interesse. Die Iraker forderten etliche Milliarden Dollar Schadenersatz für das Erdöl aus Rumailla und eine dauerhafte Regelung der Grenzziehung. Die Kuwaitis wollten bei keinem Punkt einlenken, und Fahd war so unhöflich und verbrachte eine halbe Stunde mit den Delegationen, dann mußte sein Bruder, der freundliche, aber inkompetente Prinz Abdallah, als Vermittler einspringen. Als Fahd erfuhr, daß die kuwaitischen und irakischen Positionen offenbar unversöhnlich gegeneinander standen, bestand sein einziger Rettungsversuch in einer Geste, die die Iraker mit voraussehbarer Gewißheit ablehnen würden: Er bot ihnen eine Milliarde Dollar als Unterstützung an. Die Iraker waren inzwischen noch wütender über die Weigerung Kuwaits, und sie litten unter der Gleichgültigkeit Fahds und seinem eindeutig beleidigenden Angebot. Sie lehnten es ab und verließen das Treffen. Jetzt waren es nur noch 36 Stunden bis zum Kriegsbeginn.

Einige Stunden, nachdem der Irak am 2. August 1990 in Kuwait einmarschiert war, erhielt König Hussein von Jordanien einen Anruf von König Fahd. Der Hüter der heiligen Stätten des Islam war aufgebracht und stellte immer wieder die gleiche Frage: Warum hatte Saddam Hussein dies getan, ohne die Ergebnisse der arabischen Vermittlungsbemühungen abzuwarten? Erstaunlich war nur, daß Fahd nichts Konkretes vorzuweisen hatte, nicht einmal die übliche saudische Methode der Bestechung. König Hussein und Yassir Arafat waren die beiden arabischen Politiker, die wiederholt versucht hatten, den Streit beizulegen, obwohl sie selbst sehr wenig anzubieten hatten. Ihrer Meinung nach stellte jetzt die falsche Person die falsche Frage. Niemand hatte von den verqueren Kuwaitis etwas erwartet. Doch Saudi-Arabien war das einzige Land, das Kuwait zu einer Kursänderung hätte zwingen können und auch imstande gewesen wäre, bei den Ölpreisen etwas zu unternehmen. Fahd hatte für beides eineinhalb Jahre Zeit gehabt. Die arabischen Länder waren jetzt zutiefst gespalten: Saudi-Arabien und die reichen Scheichtümer bezogen gegen Saddam Partei, Arafat und Hussein akzeptierten zwar die Besetzung Kuwaits nicht, fanden Saddams Verhalten angesichts der gegebenen Umstände jedoch verständlich. Der Jemen unterstützte den Irak aufgrund seiner Feindschaft mit Saudi-Arabien, und die übrigen arabischen Länder einschließlich Ägyptens hielten sich im politischen Mittelfeld. Doch aufgrund seiner geographischen Position, seines Ölreichtums und der besonderen Beziehung mit den USA war Saudi-Arabien am wichtigsten, und die Entscheidung über das weitere Geschehen war ebenso von Fahd abhängig wie von Saddam Hussein und George Bush.

Zwischen der Invasion vom 2. August und der Konferenz arabischer Regierungschefs am 10. August trafen sich König Hussein von Jordanien, Yassir Arafat von der PLO und der ägyptische Präsident Husni Mubarak untereinander und mit König Fahd und Saddam. Als Zeichen seiner Bereitschaft, seine Truppen aus Kuwait zurückzuziehen, akzeptierte Saddam eine Zusage von König Hussein für eine arabische Lösung, die vorbereitet werde. Am 6. und am 7. August zogen sich jeweils 10 000 irakische Soldaten an die Grenze bzw. in den Irak zurück. Arafat erreichte eine erste Vereinbarung, daß Saddam und Fahd sich irgendwo an der irakisch-saudischen Grenze treffen sollten, ebenfalls sollte auf seine Initiative ein Treffen zwischen Irak, Kuwait, Ägypten, der PLO und Saudi-Arabien stattfinden. Fahd stimmte anfangs beidem zu, lehnte danach jedoch ohne Erklärungen ab. Inzwischen bestand Mubarak darauf, daß vor jeglichen weiteren Aktivitäten der Irak seinen Rückzug zusichern müßte, und bereitete eine arabische Lösung auf dieser Grundlage vor.

Niemand hatte mit den Ergebnissen der Gespräche zwischen dem amerikanischen Verteidigungsminister Dick Cheney und König Fahd gerechnet, die am 6. August stattfanden. Cheney reiste in Begleitung von General Norman Schwarzkopf und drei Experten für Spionage und Nahostpolitik nach Saudi-Arabien, außerdem war noch der saudische Botschafter in den USA, Prinz Bandar, dabei, der Sohn des saudischen Verteidigungsministers und ein Favorit seines Onkels Fahd. Der amerikanische Botschafter in Saudi-Arabien, Charles Freeman, stieß noch zu der Gruppe dazu. Der König traf sich mit Cheney und seinen Begleitern gemeinsam mit Kronprinz Abdallah, Verteidigungsminister Sultan und mehreren Mitgliedern des Königshauses.

Es gab keine Diskussion über mögliche Initiativen, um den kurz bevorstehenden Krieg zu verhindern, und weder die Amerikaner noch Fahd waren an den Ergebnissen der arabischen Vermittler interessiert. Mit Satellitenbildern erklärte Cheney König Fahd, daß 200 000 irakische Soldaten bereit stünden, um Saudi-Arabien anzugreifen. Cheney sagte nichts über den äußerst bedeutsamen, bereits erfolgten Rückzug der kleinen Kontingente und dem Rückmarsch weiterer irakischer Einheiten von der saudischen Grenze. Er bat Fahd, amerikanisches Militär nach Saudi-Arabien zu holen, »um unsere Freunde zu schützen«, und der König nickte zustimmend. Doch Kronprinz Abdallah wollte mehr über die Aufstellung der irakischen Truppen wissen, über den geplanten Einsatz der amerikanischen Soldaten nach ihrer Ankunft und die Bedingungen, unter denen sie das Land wieder verlassen würden.

Cheney machte nur vage Angaben zu den Fragen von Prinz Abdallah. Anstatt sich direkt an ihn zu richten, hat er sich angeblich an Fahd gewandt und diesem mitgeteilt, mit großer Wahrscheinlichkeit wäre die irakische Invasion in Kuwait Teil eines Komplotts von Irak, Jemen und PLO, um die arabische Halbinsel zu destabilisieren und politisch zu spalten. Er fügte hinzu, daß es in diesem Moment keine Möglichkat gäbe, den Vormarsch der Iraker auf Riyadh zu stoppen. Cheney setzte dann noch nach, man könne schwer feststellen, ob nicht auch König Hussein Teil dieses finsteren Spaltungsplanes sei.

Diese unglaubliche Geschichte habe ich von zwei ehemaligen

Botschaftern in Saudi-Arabien erfahren, einem früheren tglied des Sicherheitsrates und einem abtrünnig gewordenen itglied des Hauses Saud. Im Moment gibt es keine Dokumente, die all dies belegen könnten, und es ist unmöglich herauszufinden, ob der offizielle amerikanische Bericht über das Treffen Hinweise darauf enthält. Doch es besteht kaum ein Zweifel, daß Cheneys gesamte Darstellung der Intention der Amerikaner entsprach, Saddam zu vernichten. Auch wenn die Satellitenfotos den irakischen Rückzug und die Tatsache, daß der Irak nur noch 80 000 Soldaten in Kuwait hatte, nicht sichtbar gemacht hätten, so wußte Washington zumindest durch König Hussein darüber Bescheid. Dieser hatte Präsident Bush persönlich darüber informiert, um dessen Befürchtungen über einen irakischen Einmarsch in Saudi-Arabien zu zerstreuen. Vor dem Hintergrund des Treffens mit April Glaspie und dem Brief von Präsident Bush vom 27. Juli haben die Amerikaner aus einer Situation Kapital geschlagen, die sie selbst miterzeugt hatten, und es stellt sich zwingend die Frage, ob Saddam nicht in eine Falle gelockt wurde und der ganze Krieg nichts anderes war als ein Plan, um die einzige Macht im Nahen Osten auszuschalten, die Amerikas Hegemonie über die arabische Welt in Frage stellen konnte. Mit Sicherheit hätte Saddams Forderung, die amerikanischen Flottenverbände aus dem Golf abzuziehen, etwas anderes als den freundlichen Brief von George Bush und Fahds Angebot über eine Milliarde Dollar bewirkt – eine Reaktion, die der Bedrohung entsprochen hätte.

Fahd fällte die Entscheidung, US-Truppen ins Land zu holen, ohne mit Kronprinz Fahd, anderen wichtigen Familienmitgliedern, den Ulemas oder anderen Rücksprache zu halten. Die konstruktiven Kontakte zu König Hussein und Arafat brachen ab, und er hatte auch keine Lust mehr, auf die beiden Politiker zu hören. Daher kam auch kein weiteres Treffen zustande, an dem Fahd und Saddam teilgenommen hätten.

Als sich die arabischen Staatsoberhäupter am 10. August in Kairo trafen, hatte König Fahd nicht sehr viel zu sagen und weigerte sich, mit Taha Yassin Ramadan zusammenzutreffen, der an

Stelle Saddams die irakische Delegation leitete. Die überraschende Entscheidung der Arabischen Liga gegen weitere Vermittlungen und für die Anwendung von Gewalt gegen den Irak geht auf den ägyptischen Präsidenten Mubarak zurück, und sie wurde durch eine einfache Mehrheit gefällt, was ungewöhnlich ist für eine Situation, in der eine einmütige Haltung gefordert ist. Als König Hussein gegen Mubarak protestierte und einwandte, daß hierdurch eine telefonisch zwischen ihnen erzielte Übereinkunft über einen friedlichen Rückzug des Irak zunichte gemacht würde, brachte Mubarak ohne weitere Erläuterungen vor, daß ihm »jemand eine Pistole an den Kopf gesetzt« hatte. Diese namenlose Pistole war mit Sicherheit eine Drohung, Hilfsgelder aus Saudi-Arabien oder Amerika oder aus beiden Staaten zu kürzen, und hatte ihn zu diesem eigenartigen Verhalten gedrängt. Die irakische Delegation hatte er in dem kleinen Hotel *Andalus Guest House* untergebracht, über dessen ungesicherte Telefonanlage die Unterhändler nicht mit anderen Delegierten Kontakt aufnehmen konnten. Als der irakische Delegationsleiter eine Erklärung abgeben wollte, in der er die Sicherheit Saudi-Arabiens garantierte und die Stationierung arabischer Streitkräfte auf saudischem Boden akzeptierte, schaltete Mubarak das Mikrofon aus. Doch Mubarak hätte das alles nicht ohne Zustimmung Fahds getan, und vor, während und nach der Unterredung mit Cheney hatte Fahd sich verhalten, als ob er wußte, was kommen würde.

Außerhalb des Nahen Ostens folgten nun zahlreiche UN-Resolutionen und Vermittlungsversuche. Die erste Aufforderung der UN an den Irak, sich aus Kuwait zurückzuziehen, wurde erweitert. Es gab Beschwerden über die dumme Aktion der Iraker, westliche Geiseln gefangenzuhalten, ein Embargo gegen den Irak hielt man für unzureichend und wartete nicht lange genug, bis es voll wirksam geworden wäre. König Hussein, die UdSSR, Frankreich und UN-Generalsekretär Perez de Cuelhar wie auch der ehemalige britische Premierminister Edward Heath machten Dutzende Verhandlungsangebote, der frühere Gouverneur von Texas, John Connolly, und Jesse Jackson boten sich selbst als Vermittler an.

Doch die Würfel waren gefallen. Der Irak war von einer Verschwörung aus USA, Saudis und Mubarak überzeugt und blieb unerbittlich. Die USA und ihre Alliierten starteten angesichts der irakischen Verbohrtheit immer neue strafende UN-Resolutionen, die Saddam wenig Handlungsspielraum ließen. Fahd unternahm überhaupt nichts, ein heißer Krieg war eine ausgemachte Sache.

Das Vorspiel des Golfkriegs führte zu einem Propagandakrieg, wie ihn die Welt seit dem Ersten Weltkrieg nicht erlebt hatte. Die Stimmung, die einem irrsinnigen Karneval ähnelte, wurde vor allem von George Bush geschürt, einem der Architekten der irakisch-amerikanischen Freundschaft noch unter Reagan und einem Mann, der Saddam Husseins Namen nie richtig auszusprechen lernte. Doch derjenige, dessen Verhalten den Krieg endgültig heraufbeschwor, war Fahd bin-Abdelaziz.

Durch ihre Zustimmung hatten die Saudis bald Tausende ausländischer Soldaten im Land. Der Rat der saudischen Ulemas hatte der Entscheidung unter Druck und mit beträchtlichen Vorbehalten zugestimmt und auch, ohne ihr Ausmaß zu kennen. Für die Unterstützung des Heiligen Krieges gegen Saddam gab König Fahd zahlreiche Schuldverschreibungen an die Türkei, an Syrien, Ägypten, Pakistan, Bangladesh, Großbritannien, Frankreich, die Vereinigten Staaten und andere aus. Das kostete ihn zwischen 55 und 62 Milliarden Dollar, doch in diesem Fall akzeptierte er die Kosten dafür, daß er den Kopf hinhielt, ohne sichtbares Bedauern.

Die wenigen Stimmen, die den Krieg und die Übertreibungen bei der Schilderung von Saddams militärischer Überlegenheit als ungerechtfertigt ansahen, verhallten in dieser fast weltweiten Kriegshysterie ungehört. (Ich stellte meine Fernsehauftritte ein, nachdem Freunde mir gesagt hatten, daß das jetzt nicht gut sei und meine Anwesenheit in England gefährdete.) Am 16. Januar 1991 begannen Luftangriffe von bisher ungeahnter Heftigkeit auf die irakische Armee und auf zivile Ziele, die ein gemeinsames Oberkommando der Alliierten ohne Rücksprache mit Fahd oder seinen Kommandeuren befahl. Einen Monat lang wurde der Irak regelrecht zusammengeschossen, seine Luftwaffe und Luftabwehr konnten keinen Widerstand leisten. Saddam gelang mit einigen *Scud*-Raketen ein Schlag gegen Israel und Saudi-Arabien, doch ihre Wirkung war eher psychologisch und ansonsten ziemlich gering.

Außer einigen selbstgebauten/zusammengezimmerten Militärbunkern gab es nur für Fahd als einzigem Saudi einen richtigen unterirdischen Bunker, der wie derjenige von Saddam in Bagdad sämtlichen Komfort aufwies, den man für Geld kaufen kann. King Fahd tauchte am 27. Februar 1991 wieder auf, dem Tag, als der Irak ein Waffenstillstandsabkommen unterzeichnete und sich ergab. In weniger als einem Jahr hatten sich der ganze Nahe Osten und sein eigenes Land bis zur Unkenntlichkeit gewandelt.

Der Golfkrieg erreichte sein wahres Ziel: Das Erdöl wurde geschützt, der Irak als regionale Macht ausgeschaltet, die dem Öl und der Sicherheit der Förderländer hätte gefährlich werden können. Doch durch die Zerstörung der einzigen säkularen Kraft in der Gesamtregion entstand ein ideologisches Vakuum, das nur der islamische Fundamentalismus füllen kann. Da die saudische Spezialmischung aus einem finanziell unterstützten konservativem Fundamentalismus nicht länger verfängt, wird das gesamte Gebiet jetzt von einem radikalen Fundamentalismus überschwemmt. In Algerien, Jordanien, Kuwait und dem Sudan haben diese Richtungen bereits Wahlen gewonnen und bedrohen nun Ägypten, Tunesien, Marokko und andere Länder. Natürlich spielt der islamische Iran als regionale Macht und Magnet für die Unzufriedenen eine große Rolle. Es wäre durchaus möglich, daß man in einer dramatischen Kehrtwendung wieder zu einer kurzsichtigen Politik zurückkehrt und Saddam als Gegner für die neue islamische Herausforderung aufbaut.

Saudi-Arabien kann sich nicht länger die Unterstützung von Ländern wie Ägypten, Syrien und der Türkei leisten, da es nach dem Golfkrieg bankrott ist und die fälligen Gelder nicht mehr aufbringen kann. Seit zwölf Jahren häuft sich ein Haushaltsdefizit an (siehe die Kapitel »OPEC« und »Zu spät?«). Aufgrund der völlig aufgebrauchten Reserven und der 60 Milliarden Dollar weit übersteigenden Schuldenlast kann es diese Politik nicht einmal als Notbremse wieder aufnehmen. Auch Saudi-Arabien wurde als regionale Führungsmacht ausgeschaltet.

Die Soldaten aus den USA und anderen Ländern haben Saudi-Arabien gemäß den während der Krise gemachten Zusagen wieder verlassen, doch ihr kurzer Aufenthalt hat Probleme erzeugt, die sich nicht lösen lassen. Man ärgert sich nicht nur über die Entscheidung der Regierung, daß weibliche GI's kurze Hosen tragen durften. Alle Saudis ziehen inzwischen die steigenden Ausgaben für weitere nutzlose Waffensysteme in Zweifel, die Ulemas haben dem König dringend nahegelegt, »nie mehr fremde Truppen auf heiligen moslemischen Boden zu holen«. Doch vor allem sind islamische Fundamentalisten im Land, Menschen, die den Irak als islamisches Land sehen, das ihre Loyalität und Zuneigung verdient, stärker geworden und verlangen weitreichende Reformen.

Fahd muß sich angesichts all dessen nach wie vor an Amerika als Schutzmacht klammern. Notwendigerweise fühlt er sich den USA mehr als je zuvor verbunden, und er hat ja noch sein günstiges Öl anzubieten. Da niemand versucht hat, seine Haltung zu verändern, wird Amerika eher früher als später Fahd und seine Familie verteidigen müssen – oder das wird Saddams Aufgabe. Eine neue militärische Eskalation oder ein Krieg, nach dem sich der Nahe Osten in noch verheerenderem Zustand befinden wird, ist abzusehen – und dieses Mal werden die Ölquellen nicht unbedingt sicher sein.

Große Geschäfte und gefährliche Spiele

Obwohl Präsident Bush, der englische Premierminister John Major und zahlreiche andere westliche Politiker während der Krise und des anschließenden Golfkriegs oft genug eine Kontrolle des Waffenhandels in den Nahen Osten zugesagt hatten, wurde die ohnehin schon massive Aufrüstung Saudi-Arbiens jetzt noch intensiver betrieben. Dabei entsteht der Anschein, daß Saudi-Arabien eine starke Armee aufbaut, um sich vor zukünftigen Eventualitäten zu schützen. Doch das stimmt so nicht; mit den Waffenkäufen der letzten Zeit führen die Saudis nur eine alte Politik fort, die sich in der Unfähigkeit einer allein durchgestandenen Auseinandersetzung mit dem Irak als wirkungslos erwiesen hatte.

Auch vor dem August 1990 besaß Saudi-Arabien mehr Waffen, als seine kleine Armee einsetzen oder beherrschen konnte. Dies wußten zwar sowohl die Saudis wie auch ihre Waffenlieferanten – die USA haben schließlich ein militärisches Trainingslager im Land –, doch vor den Nachbarländern und potentiellen Feinden wurde das geheimgehalten, um sie irrezuführen. Das Haus Saud tat so, als könnte es die Waffen einsetzen und wollte damit seine militärische Abhängigkeit vom Westen verbergen. Das saudische Volk, vor allem die strenggläubigen islamischen Fundamentalisten, hätten sich gegen eine zu große Abhängigkeit vom ungläubigen Westen gewehrt, die Araber und Moslems hätten sie als Neokolonialismus angesehen und versucht, im Land und in der Region dagegen aktiv zu werden.

Die westlichen Schutzmächte Saudi-Arabiens teilten die Besorgnis des Hauses Saud, daß die Wahrheit herauskommen könnte. Aber der Westen war am Verkauf von Rüstungsgütern interessiert, auch wenn bekannt war, daß Waffen allein noch keine starke Armee ausmachen. So wurde der Westen zu einem Komplizen des Täuschungsmanövers. Eine einflußreiche Gruppe von Prinzen und Waffenhändlern verdiente etliche Milliarden Dollar mit Provisionen aus dem immensen militärischen Beschaffungsprogramm und trug zur Aufrechterhaltung dieser Chimäre und ihrer Anerkennung als regelrechte Verteidigungspolitik bei. Meist waren es auch genau die gleichen Leute, die über die verlogene Militärpolitik des Landes entschieden.

Vor dem Hintergrund des Golfkriegs kann das Haus Saud alle Gründe für eine starke Armee leichter belegen. Anstatt jetzt eine besser abgestimmte Verteidigungspolitik zu entwickeln, wird die Täuschung nach wie vor aufrechterhalten. Gleichzeitig hat der Waffenhandel mit Saudi-Arabien durch die Kürzungen der Verteidigungshaushalte der westlichen Länder noch mehr Bedeutung als früher bekommen, und anstatt diesen Handel zu stoppen oder einzuschränken, versuchen die Regierungen ganz offen, noch mehr Rüstungsgüter an den Mann zu bringen. Daher kauft Saudi-Arabien mehr Waffen als zuvor. Der Westen hat nicht nur sein Versprechen über eine Kontrolle des Waffenhandels mit dem Nahen Osten gebrochen, sondern es ist auch die bisherige Zurückhaltung beim Verkauf ultramoderner Waffensysteme an das Haus Saud verschwunden. Das Spiel geht weiter, trotz allem, was die Golfkrise und die bittere Lektion des Iran gezeigt haben, der zu Zeiten des Schah das Land war, in dem eigentlich für Entwicklungsprojekte benötigte Gelder für überzogene Waffenkäufe verwendet wurden.

*

Saudi-Arabien hat über 7 000 km ungeschützte Grenzen, und außer einigen Scheichtümern und Emiraten mit geringer Bevölkerung und unbedeutenden Armeen hat es keine freundlich gesonnenen Nachbarn. Aus unterschiedlichen Gründen sind Iran, Irak, Jemen, Jordanien und der Sudan antisaudisch eingestellt; zusammen haben sie eine Bevölkerung von 100 Millionen Menschen, rund zwei Millionen Soldaten stehen unter Waffen. Ihre Auseinandersetzungen mit Saudi-Arabien lassen sich in einen allgemeinen Wunsch nach einem Wechsel des Regierungssystems übersetzen, nach einer Beteiligung am Ölreichtum und nach einer Beseitigung der politischen Auswirkungen, die die Allianz zwischen Westen und Saudi-Arabien auf den Nahen Osten hat. Dazu kommt noch Israel, das das saudische Militärpotential immer wieder übertrieben darstellt und die »besondere Beziehung« zwischen Saudi-Arabien und dem Westen ablehnt. (Verschiedene israelische Untersuchungen, unter anderem auch aus dem renommierten Dyan-Zentrum, zeigen Saudi-Arabien als ernsthafte militärische Bedrohung für Israel und argumentieren für eine ausschließliche Bindung des Westens an Israel, um den Nahen Osten unter Kontrolle zu halten.)

Daher fühlt sich Saudi-Arabien auch nach dem Ende der kommunistischen Bedrohung verletzlich und unsicher, braucht die Fassade einer kostspieligen, hochgerüsteten Armee, Luftwaffe und Marine. Dieses »Enagement« für ein starkes Militär, das mit den modernsten Waffen ausgerüstet ist, hat das Land zum weltweit größten Rüstungsimporteur gemacht und die Aktionsmöglichkeit für einige der international bekanntesten Lobbyisten und Waffenhändler geschaffen. Diese beiden Aspekte sind allgemein besser bekannt als die militärische Leistungsfähigkeit des Landes, weil sie ihren Niederschlag in den Schlagzeilen finden, und überschatten den eigentlichen Anlaß, nämlich den offenkundigen Wunsch der Saudis, sich gegen Übergriffe und Druck seiner habsüchtigen Nachbarn zur Wehr zu setzen. Obwohl manche Journalisten die Versäumnisse der Saudis erkannten und darüber berichtet haben, wußten sie doch bis zum Golfkrieg nicht, wie schlimm es wirklich aussah. Die meisten glaubten, was ihnen vorgegaukelt wurde.

Aufgrund der Umstände muß man sich jetzt mit dem grundsätzlichen Problem der militärischen Kraft des Landes auseinandersetzen. Die Journalisten suchen nun gern ausschließlich über den Golfkrieg nach ihren Antworten. Doch wie bei so vielem, was über den Nahen Osten in den Medien erscheint, sind diese Antworten oberflächlich und unbefriedigend. Zuallererst bleibt festzuhalten, daß es keine Invasion in Saudi-Arabien gab, und es ist völlig ungewiß, ob Saddam Hussein das jemals vorhatte. (Ich bin im Besitz von Dokumenten aus dem Irak, die eine derartige Invasion als ziemlich unwahrscheinliche Idee darstellen. Auch Pierre Salingers hervorragende Dokumentation *The Dossier of the Gulf War* und andere zuverlässige Berichte stützen diese Sichtweise.) Eine Invasionsarmee aus einem Nachbarland zu vertreiben oder dabei behilflich zu sein, ist etwas anderes, als sich selbst zu verteidigen. Das gilt besonders, wenn das Nachbarland bei der eigenen Bevölkerung derart unbeliebt ist wie Kuwait, dessen Bewohner von den Saudis wie auch von den anderen Arabern immer als zügellose, arrogante, raffgierige Unruhestifter angesehen werden. Auch wurden den Einwohnern Saudi-Arabiens die Hintergründe des Golfkrieges nie so deutlich gemacht, wie die westliche Presse behauptet. Viele Saudis, vor allem gläubige Moslems, empfanden erhebliches Unbehagen dabei, als Außenstehende zum Kampf gegen andere Araber herangezogen wurden. Andere konnten nur schwer glauben, daß mit den in die Verteidigung investierten Milliardenbeträgen nur eine Armee entstanden war, die das eigene Land bloß mit beträchtlicher Hilfe von außen verteidigen konnte. Andererseits schlug Saudi-Arabien blinden Alarm oder wurde von US-Verteidigungsminister Richard Cheney dazu gebracht. Jedenfalls hat es in einer Situation, die der Täuschungspolitik ein Ende hätte bereiten sollen, in aller Deutlichkeit eingestanden, daß es dem Irak allein oder nur mit arabischer und islamischer Militärhilfe nicht gewachsen sei.

Ein weiterer Aspekt läßt es fragwürdig erscheinen, Antworten aus dem Golfkrieg zu beziehen. Militärisch betrachtet war der Irak Saudi-Arabiens stärkster Nachbar. Das Land hatte Milliarden für den Kauf und die Ausbildung an modernen Waffen einschließlich unkonventioneller Systeme ausgegeben, eine Million kampferprobte Soldaten waren mobilisiert und hatten sich in dem acht Jahre dauernden Krieg mit Iran relativ gut gehalten, wenn auch mit direkter oder verdeckter westlicher Hilfe. Irak war ein Sonderfall.

Jede vernünftige Einschätzung der militärischen Stärke Saudi-Arabiens muß von einer gründlichen Analyse der saudischen Verteidigungsziele, dem Wesen des Rüstungskonzepts des Landes und den Ergebnissen dieser beiden Faktoren ausgehen. Glücklicherweise gibt es genügend Informationen, um dies zu beurteilen. Doch bevor man sich den Fakten und Zahlen zuwendet, ist noch ein warnender Hinweis angebracht. Das Rüstungskonzept könnte Überlegungen widerspiegeln, die nicht in der offiziellen Verteidigungspolitik des Landes enthalten sind.

Die offene Reaktion der Saudis auf Gefahren besteht in den Plänen zur Bewaffnung des Landes und zum Schutz des Reichtums vor gierigen Wilderern. Da Saudi-Arabien und das Haus Saud bis heute ein und dasselbe sind, ist der von allen Regenten formulierte Überlebenswille gleichbedeutend mit dem Erhalt des Königshauses als absoluter Herrscher über ein persönliches Lehen. Die entrechtete Bevölkerung des Landes hat keine Auseinandersetzungen mit ihren Nachbarn und hält eine gewisse Teilhabe dieser Länder am saudischen Reichtum für angebracht. Doch wie bereits gezeigt, kann man sich auf die saudische Armee und Luftwaffe nicht verlassen, und ihre Bindung an das Haus Saud bleibt zweifelhaft. Daher stellt sich eine wichtige Zwischenfrage: Versucht Saudi-Arabien tatsächlich zum Schutz vor seinen Nachbarn eine starke Armee zu schaffen, wenn diese doch eher in der Lage wäre, das Königshaus zu stürzen – und sich das Haus Saud dadurch also selbst in Gefahr bringt? Die Antwort auf diese Frage bringt Experten wie Rosie Hollis vom United Services Institute zu der Feststellung: »Was sie tun, hat mit einer planvollen Verteidigungspolitik wenig zu tun.« Dieses Urteil verstehe ich als klares Nein. Saudi-Arabien gibt vor, eine starke Armee aufzubauen. Das Haus Saud will zwar seinen eigenen Status wahren, jedoch keine Armee haben, die ihm gefährlich werden könnte.

Die Existenz der Nationalgarde und ihre zunehmende Bedeutung belegen, daß man der saudischen Armee nie getraut hat. Die Soldaten – offiziell zwischen 40 000 und 60 000, was jedoch übertrieben ist – sind Männer aus den Städten, denen das von Beduinen abstammende Haus Saud nie viel Sympathie entgegengebracht hat. Daneben besteht die Nationalgarde mit jetzt 32 000 Mann aus Beduinen und wahhabitischen Glaubensbrüdern, auf die mehr Verlaß ist und deren Loyalität man wie zu Ibn Sauds Zeiten kaufen kann. Die Beduinen und Wahhabiten sind weniger verdächtig, nationalistischen Ideen und fremden Ideologien anzuhängen. Ihre personenbezogene und tribalistische Loyalität gegenüber dem Haus Saud schließt die Vorstellung von einem Land oder, noch umfassender, einem Nationalstaat aus.

Ein weiterer Beleg für die Haltung des Königshauses zu Armee und Nationalgarde findet sich in deren Stellung innerhalb des Landes. Die Armee ist in Lagern weit außerhalb der Städte untergebracht, wo kein *coup d'état* mit dem Versuch der Kontrolle über die Regierungszentren initiiert werden kann. Doch die Nationalgarde ist in den Städten, auch in Riyadh, Jiddah und Dhahran, ihre Aufgabe ist der Schutz der Königsfamilie. Es ist politisch nur folgerichtig, die Nationalgarde als Gegengewicht zur verdächtigen regulären Armee zu sehen, daher wurde sie zahlenmäßig verstärkt und militärisch aufgerüstet, um mit dem jeweils neuesten Standard des normalen Militärs Schritt zu halten. Inzwischen besitzt die Nationalgarde Panzerfahrzeuge und Hubschrauber, die Anschaffung schwerer Panzer ist geplant. 1975 war die Nationalgarde noch 22 000 Mann stark und ist im Gegensatz zur Armee in den letzten Jahren vergrößert worden. Die Nationalgarde ist quantitativ und qualitativ also auf dem Vormarsch. (Verschiedene Experten wie Rosie Hollis stimmen der Einschätzung saudischer oppositioneller Gruppen zu, daß die Größe der Armee zu hoch angegeben wird. Doch anders als die Opposition gehen sie nicht davon aus, daß die tatsächliche Stärke des Militärs nicht mehr als 25 000 Mann beträgt und daß die der Nationalgarde untertrieben würde.)

Doch vielleicht hat die mangelnde Zuverlässigkeit der Luftwaffe die meisten Befürchtungen unter den Mitgliedern des Hauses Saud ausgelöst. Wie erwähnt haben die Mannschaften bereits mehrfach rebelliert, daher bleiben die Flugzeuge der Luftwaffe unbewaffnet, und 70 Prozent der Piloten stammen inzwischen aus dem Haus Saud, aus verwandten oder »zuverlässigen« Familien. Wegen ihrer Geschichte war die Luftwaffe auch ein besonderes Objekt für den saudischen Geheimdienst: Ein hoher Anteil nicht-königlicher Rekruten sind Geheimdienstagenten. Eigenartigerweise hat all dies die Probleme des Dienstes nicht gelöst, wie die (vertuschte) Tatsache zeigt, daß während des Golfkriegs sechs nicht-königliche Piloten übergelaufen sind – vier nach Jordanien, zwei in den Sudan.

Doch die beste Bestätigung für den Entschluß des Hauses Saud, eben keine starke Armee und Luftwaffe aufzubauen, bietet die Organisation dieser Streitkräfte. In Saudi-Arabien gibt es keine Einberufung, und die sogenannten Reservisten sind eher ein Witz, da Beduinenscheichs einige ihrer Gefolgsleute als Reservisten melden können, diese jedoch nie trainiert werden, manche auch zu alt, zu jung oder gar nicht vorhanden sind. Beispielsweise sollen dem Scheich der Wablah 4000 Reservisten unterstehen, von denen jedoch viele schon lange tot sind. In den kritischen Jahren zwischen 1975 und 1982 wiesen sogar die offiziellen Zahlen einen Rückgang in der Mannschaftsstärke der Armee auf – wo man angesichts solcher schwerwiegenden Probleme wie dem Krieg zwischen Iran und Irak und der Besetzung der Moschee in Mekka eigentlich ein gegenteiliges Resultat erwarten könnte. Nach dem Golfkrieg entstanden Familienstreitigkeiten über Größe und Charakter der Streitkräfte, als General Prinz Khalid bin-Sultan ohne Rücksprache mit König Fahd erklärte, er wolle die Armee doppelt so groß machen und mit der Nationalgarde verbinden. Es gibt immer noch Gerüchte, daß dies der Grund für Khalids Rücktritt oder Entlassung war (die Bezeichnung ändert sich immer wieder). König Fahd blieb der Familienpolitik treu, derzufolge die Armee klein, separiert und schwach bleiben soll. Dies steht den Vorstellungen des bestrenommierten arabischen Kommandeurs entgegen, der als Mann des Militärs erkannt hat, daß ein Land mit einer langen, ungeschützten Grenze und vielen Feinden eine große, gut integrierte Armee braucht. (Die offiziellen Zahlen zeigen, daß die saudische Armee nicht mehr als

0,7 Prozent der Bevölkerung ausmacht, im Gegensatz zu 5 Prozent im Irak, 6,5 Prozent in Syrien und 7,5 Prozent in Israel.)

Es besteht also auch hier, in einem überlebenswichtigen Bereich des Landes, ein Widerspruch zwischen der Behauptung, Saudi-Arabien würde eine starke Armee aufbauen, und der tatsächlichen Situation. Doch in diesem Fall ist die Übertreibung sehr viel gravierender und kostspieliger, das Rüstungsprogramm wird in vollem Umfang weiterbetrieben. Diese anscheinend endlosen Waffenkäufe erzeugen die Illusion eines militärisch starken Saudi-Arabien, daher sollte man diese Aktivität genauer analysieren.

Am 18. Mai 1987 behauptete der *Washington Star*, daß die Saudis nur eines der fünf von den USA geliehenen *AWACS*-Flugzeuge einsetzen können. Die Senatoren und Kongreßabgeordneten, die über diesen Leihvertrag sehr hitzig im Kongreß diskutiert hatten, berücksichtigten diese Möglichkeit nicht in dem Maße, wie es angebracht gewesen wäre. Am 12. Juli 1988 stellte die *Financial Times* fest, daß den Saudis das Personal für ihre neuerworbenen Waffen fehle, doch ihre Pläne für weitere Rüstungskäufe wurden unverändert weiterverfolgt. Dann meldete der *Economist* am 18. Juli 1988, daß Saudi-Arabien keine Mannschaften für die 1000 *Osario*-Panzer habe, die es von Brasilien kaufen wollte. Fast zur selben Zeit verglich David Wood von der *International Herald Tribune* die saudische Armee mit einer goldenen Uhr, der wichtige Teile fehlten. 1989 lieferte das angesehene Institute for International Strategic Studies ein abschließendes Urteil: »Die saudische Armee nimmt nicht im richtigen Verhältnis zu der Ausrüstung zu, die ihr zur Verfügung steht.« Doch diese Berichte haben die allgemeine Fehleinschätzung der Lage nicht korrigiert. Verursacht hat dies eine meistens prosaudisch eingestellte westliche Presse, die das Offenkundige ignoriert und nach wie vor von dem »legitimen Wunsch des Landes nach Selbstverteidigung« spricht.

Auch nach dem Golfkrieg wird die militärische Ausrüstung, die die saudischen Streitkräfte erwerben, ihre Möglichkeiten, sie einzusetzen, immer weiter übersteigen. Saudi-Arabien hat Kaufverträge über amerikanische *Patriot*-Raketen abgeschlossen, über *F-15*-Jäger, Laserbomben, ein *Hughes*-System zur Verteidigung des Luftraumes, kanadische *Halifax*-Fregatten, französische *Helec*-Torpedoschiffe und britische Flugzeuge, Helikopter und Schiffe von British Aerospace, Westland-Helikopter und Vospers Thorneycraft. Allein im ersten Halbjahr 1992 unterzeichnete Saudi-Arabien Rüstungsverträge im Wert von 17 Milliarden Dollar. Im August 1992 folgte der Vertrag über sechs Milliarden Dollar für 72 *F-15*, dem aufgrund der Lage in der Rüstungsindustrie die Zustimmung nicht verweigert werden konnte. Im Unterschied zu 1985 gab es keine Opposition im amerikanischen Kongreß, und der Handel wurde fast ohne Widerspruch abgeschlossen. Dazu kamen noch die Pläne für den Bau ganzer Militärkomplexe einschließlich eines zwölf Milliarden Dollar teuren, 600 km großen Areals im Süden von Riyadh.

Dieses besondere ökonomische Problem, Ergebnis der saudischen Verstellung, zieht sich nun schon über lange Zeit hin. In den vergangenen 15 Jahren belief sich das saudische Rüstungsbeschaffungsprogramm immer auf 12 bis 18 Milliarden Dollar pro Jahr, mit steigender Tendenz. Auch wenn man davon ausgeht, daß die Regierung die Wahrheit sagt, beträgt die Anzahl der Männer in der Armee und den paramilitärischen Einheiten des Landes nach wie vor rund 105 000 (50 000 im Heer, 32 000 in der Nationalgarde, 15 000 in der Luftwaffe, 4 500 in der Marine und 6 500 bei den Grenztruppen). Das bedeutet pro Soldat jährliche – offizielle – Ausgaben von 113 000 bis 150 000 Dollar für Rüstungsgüter. Diese immensen Beträge werden durch die nichtveröffentlichten Summen in die richtige Perspektive gebracht: den Wert des Rohöls, das Saudi-Arabien im Tausch für Waffen liefert. Die *AWACS-*, *Ligthning-* und British Aerospace Yamama-1-Deals sind Beispiele für derartige Tauschgeschäfte mit unglaublichen Mengen Rohöl gegen Waffenlieferungen. Der Preis für dieses Öl ist in den offiziellen Zahlen des Verteidigungshaushalts nicht enthalten. Diese Zahlungsmethode ist ein Hauptbestandteil des riesigen Yamama-2-Vertrags mit Großbritannien, der später noch behandelt wird. Die Zahlen für 1982 sind zwar ungewöhnlich hoch, doch auch die »normalen« Beträge liegen noch immer deutlich über den entsprechenden Ausgaben anderer Länder, das saudische Verteidigungsbudget ist zwischen dem sechst- und dem achthöchsten der Welt. Wenn man den nicht ausgewiesenen Preis des Rohöls bei diesen Zahlungen dazurechnet, ergibt sich in den Jahren von 1982 bis 1990 ein Mindestbetrag von 1,5 Millionen Dollar Rüstungsausgaben pro Soldat. Zweifellos ist die Luftwaffe immer der teuerste Teil der Streitkräfte eines Landes. Wenn man also von den 543 000 Angehörigen der US-Luftwaffe ausgeht und die saudischen Ausgaben auf sie umrechnet, käme man auf eine Summe von 65 bis 86 Milliarden Dollar für den Neuerwerb von Rüstungsgütern. Die tatsächlichen Ausgaben schwanken zwar, lagen jedoch immer niedriger als bei der Hälfte.

Doch die Geschichte ist viel schlimmer als das, was eine einfache Analyse der Investitionen in Waffenkäufe offenlegt. Die saudische Armee verfügt über 2 600 Panzerfahrzeuge (französische *AMX*, deutsche *Leopard*, amerikanische *M60* und *M60AI*, britische *Scorpion* und brasilianische *Osario*, dazu Panzerfahrzeuge aus verschiedenen Ländern) – ausgenommen die noch nicht gelieferten. Außerdem hat es 800 Mörser, Feldhaubitzen und andere Artilleriewaffen.

Aber all das funktioniert einfach nicht. Die saudischen Streitkräfte haben nicht genug Personal für die ganze Ausrüstung – nicht einmal, um alles einzurichten. 1984 wurde die Akademie der Luftwaffe gebaut, die 50 000 Kadetten, Instruktoren und andere aufnehmen sollte. Es haben jedoch nie mehr als 6 000 Leute dort gelebt. Im Stützpunkt Hafr al-Batin für 14 000 Menschen sind gerade einmal 2000, die 15 Flughäfen in Qutaif sind völlig unterbelegt – in einem leben nur drei Männer –, und die 8 Milliarden Dollar teure King-Khalid-Militärbasis für 80 000 Bewohner und drei Brigaden mit Ausrüstung ist zu weniger als 20 Prozent belegt. Zwischen 1982 und 1985 errichteten die koreanischen Bauunternehmen Kean Nam Enterprises und Sambo wie auch Vertragsfirmen aus anderen Ländern mehr als 7 000 Villen für Angehörige der Nationalgarde und statteten sie vollständig aus, auch mit Videorecordern – die meisten sind bis jetzt unbewohnt.

Ein Beispiel aus der Region: Wenn man die Daten der saudischen Rüstungshardware auf die irakische Armee im Zustand vor dem Golfkrieg hochrechnet, ergäben das für den Irak 61 000 Panzer und Panzerfahrzeuge, dazu 16 000 Artilleriewaffen. Und wir dachten, daß die 3 700 Panzer von Saddam eigentlich schon reichten.

Bei der saudischen Luftwaffe sieht es genauso aus. Sie hat 400 Kampfflugzeuge, 320 Helikopter, 260 andere Flugzeuge und 15 000 Soldaten. Das ist mit Sicherheit weltweit das höchste Verhältnis zwischen Fluggerät und Personal. Natürlich hat Saudi-Arabien bereits einen Vertrag über den Kauf von weiteren 72 amerikanischen *F-15* unterzeichnet und verhandelt über neue britische *Tornados*, noch bevor die bereits bestellten überhaupt geliefert sind.

Die Situation der Marine Saudi-Arabiens ist noch absurder. Sie verfügt über 190 Schiffe, darunter vier Fregatten, vier Korvetten und neun *Peterson*-Patrouillenboote. Das ergibt 21,6 Männer pro Schiff – ziemlich unglaublich, auch ohne Rücksicht auf die Größe der Schiffe.

Manchmal kaufen die Saudis etwas in absolut unsinnigen Mengen, wie beispielsweise eine Million ABC-Kampfanzüge. Das ergibt zehn solcher Anzüge für jeden Soldaten, Flieger oder Matrosen. Ein ABC-Anzug mit Helm und Stiefeln kostet ungefähr 450 Dollar, also wurden 450 Millionen Dollar fast ganz verschwendet, privat eingesteckt oder beides.

In den meisten der oben genannten Fälle wird bei der Analyse des Verhältnisses zwischen Gerät und Personal der technische Standard der Hardware außer acht gelassen. Doch da die Zahlen immer dasselbe aussagen, ist es egal, ob das fragliche Gerät hochtechnisiert oder eher einfach, ob es groß oder klein ist. Wenn man davon ausgeht, daß die grundlegende Ineffektivität der saudischen Streitkräfte zu einem höheren Personalbedarf pro einzelnem Kriegsgerät führt als in den USA, in Großbritannien oder in

Deutschland, dann werden die Fakten noch erbärmlicher. Der früher US-Botschafter in Saudi-Arabien, James Akins, klagt: »Sie sollten nicht mehr bekommen, als sie auch verwenden können ... so ist es nicht akzeptabel.«

Während des Golfkriegs gab es einige Situationen, in denen die Verschwendung von Kriegsmaterial eindeutig wurde. Robert Fisk vom Londoner *Independent* berichtet, daß irgendwo in der Wildnis einige hundert Lastwagen gefunden wurden, die die Saudis einfach vergessen hatten. Ein arabischer Journalist bestätigte der *BBC* lachend: »Ich zweifle nicht daran, daß sie mehr Lastwagen als Fahrer hatten – das habe ich selbst gesehen.« Und ein *CBS*-Reporter geht – anonym – noch weiter: »Was das Material angeht, haben sie schon eine Armee – wenn man sich die Soldaten anschaut, dann haben sie keine.«

Die Auswirkungen der zu kurzen Personaldecke werden durch den bereits erwähnten Faktor der Ineffizienz noch verstärkt. Den Saudis fehlt eine ausreichende Ausbildung an den hochspezialisierten Waffensystemen; die seit 1951 im Land stationierten US-Militärberater haben es nicht geschafft, das zu beheben. Wenn eine Gesellschaft nur zu 55 Prozent alphabetisiert ist, dann gibt es dort nur wenige, die mit Langstreckenwaffen wie den chinesischen *Deng Fo (Ostwind)*-Boden-Boden-Raketen mit einer Reichweite von 1 200 Meilen umgehen können oder die Handhabung der supersensiblen Elektronik eines *F-15*-Jägers beherrschen oder das von der texanischen Firma E-Systems entwickelte Radarsystem zur Freund-Feind-Identifizierung. Diese Schwäche zeigte sich deutlich bei dem tragischen Zwischenfall im Golfkrieg, als Saudis zwei Flugzeuge des befreundeten Bahrain abschossen, da sie sie nicht von feindlichen irakischen Fliegern sowjetischer Herkunft unterscheiden konnten. (Die zuvor bereits ausgezeichneten Piloten konnten ihre Orden behalten, der Fehler wurde zwar aufgedeckt, dann jedoch vertuscht.)

Das Problem liegt aber nicht nur in einer gesellschaftlich immanenten Unfähigkeit, mit hochentwickelten Waffen umzugehen. Die Saudis sind absolut nicht in der Lage, die unterschiedlichen Hardware-Systeme, die sie in verschiedenen Ländern zusammenkaufen, miteinander zu verbinden. Mit ihrer bunt gemischten Sammlung amerikanischer, französischer und britischer Waffen haben sie – neben anderen Schwierigkeiten – jetzt eine Armee, die nicht mehr zu koordinieren ist und wirkungslos bleibt. Der amerikanische Rüstungsexperte für den Nahen Osten, Anthony Cordesman, führt aus, daß die Westmächte sich inzwischen der saudischen Unfähigkeit gefügt haben, eine effektive Streitmacht aufzubauen. Sie richten sich nur noch nach ihren wirtschaftlichen Interessen und versuchen nicht, ihre Verkäufe an Saudi-Arabien oder zwischen Saudi-Arabien und seinen kleinen Verbündeten im Golf zu koordinieren. Tatsächlich ist das ganze nicht mehr zu integrierende Equipment im Besitz der Saudis das Hauptargument gegen die oft aktzeptierte Theorie, daß die Hardware dort unten im Ernstfall von den Amerikaner benützt werden könnte.

Und es gibt noch einen weiteren grundlegenden Faktor: Die Saudis in den Streitkräften sind Menschen, die es nicht einmal in einem derart reichen Land als Zivilpersonen zu etwas gebracht haben. Sie sind eher leistungsschwach und lassen sich von der Aussicht auf luxuriöse Villen mit Dienerschaft und kostenlosen Telefonen verführen. Doch selbst wenn sie etwas leisten wollten, muß man sich ansehen, wie es nach ihrer Anwerbung mit ihrer Moral weitergeht. Die einfache Tatsache, daß die Schicht der Offiziere mehr und mehr aus Mitgliedern des Königshauses, seiner verwandten und befreundeten Familien besteht, muß den *esprit de corps* der Streitkräfte zweifelhaft erscheinen lassen. In der Kommandostruktur gibt es überall Vetternwirtschaft. Überdeutlich wird das in den verschiedenen Entscheidungsposten, an deren Spitze immer ein Prinz steht, der seine Vorgesetzten mittels seiner direkten Verbindungen zum Verteidigungsminister übergeht. Die Verbindung aus Begünstigungen dieser Art und fehlender technischer Kompetenz wird als derart schädlich angesehen, daß mir ein Mitglied einer Strategiekommission aus Washington DC einmal sagte: »Das ist alles nur ein Spiel. In den kommenden

50 Jahren werden sie mit keinem ihrer größeren Nachbarn mithalten können.«

Es gibt also mehr militärische Güter als Menschen, die sie bedienen können, mehr Unterbringungsmöglichkeiten als Bewohner, und die vorhandenen Leute können nicht kompetent mit dem Material, das sie haben, umgehen. Und zu all dem kommt noch die Vetternwirtschaft. Die saudische Armee wird dadurch noch schwächer, als sie es zahlenmäßig ohnehin schon ist, und völlig unfähig, das Land gegen andere Staaten zu verteidigen, die große, professionellere Armeen einsetzen können – Iran und Irak beispielsweise. Doch das Spiel geht weiter, und König Fahd spricht davon, »die Streitkräfte aufzubauen und zu stärken«. Gleichzeitig wehrt er sich dagegen, mehr Soldaten aufzunehmen, und der Verteidigungsminister Prinz Sultan redet über zukünftige Kriege, die eine spezialisiertere Technik erfordern, und meint, daß Technologietransfer über den einfachen Einkauf neuer Waffen zu erledigen sei. Er läßt nicht erkennen, daß der Kaufrausch einmal ein Ende haben soll, angeblich stehen jetzt sogar acht U-Boote auf der Wunschliste. Rosie Hollies spricht das aus, was auch andere Experten darüber denken: »Sie finden immer eine vernünftige Begründung für das, was gekauft wurde oder werden soll.« Saudische Oppositionelle im Exil gehen natürlich noch weiter. Einer von ihnen meint, daß der König und sein Bruder, der Verteidigungsminister Prinz Sultan, »die verrückte Verschwendung von 100 Milliarden Dollar begründen müssen, die sie nach dem Golfkrieg für Waffen ausgegeben haben«.

Diese bizarre Situation sollte man noch genauer untersuchen. Saudi-Arabien kann sich in Wahrheit nicht selbst schützen und muß sich dafür Verbündete im Ausland suchen. Befreundete arabische Länder wie Ägypten oder Syrien können das nicht leisten, da ihre Streitkräfte nicht unbedingt zuverlässig sind und beide Staaten noch nie lange genug eine echte Freundschaft bewiesen haben. Saudi-Arabien hat nach dem Golfkrieg nicht lange gezögert und die in ihrer Haltung schwer abschätzbaren arabischen und syrischen Truppen gleich aufgefordert, wieder in ihre Heimatländer abzuziehen. Auch die islamischen Länder sind trotz der zuvor von Pakistan zum Schutz der saudischen Ölfelder entsandten Truppenkontingente keine zuverlässigen Bündnispartner. Der Aufstieg des radikalen islamischen Fundamentalismus steht der Entwicklung eines tieferen Vertrauensverhältnisses mit ihnen im Wege. Da Saudi-Arabien religiös motivierte Unruhen befürchtete, forderte es Pakistan auf, seine schi'itischen Soldaten aus den in Saudi-Arabien stationierten Einheiten abzuziehen – Pakistan zog darauf seine gesamten Truppen zurück. Daher muß Saudi-Arabien auf den Westen bauen, insbesondere auf die USA, und daher wird diese Abhängigkeit angesichts der zunehmenden inneren und äußeren Bedrohungen wahrscheinlich größer werden.

Eher als in der Vergangenheit ist Saudi-Arabien inzwischen in der Lage, diese Bindung zuzugeben. Doch kann es darin nicht allzu offen sein, ohne sich selbst durch die eigenen islamischen Fundamentalisten und seine arabischen und moslemischen Nachbarn zu gefährden. Doch auch wenn die inneren und äußeren Widrigkeiten mit ihren Bedrohungen einmal gelöst sein sollten, können die USA immer noch kein offenes Militärbündnis mit Saudi-Arabien eingehen. Der frühere US-Sicherheitsberater Robert Komer dazu: »Ein Teil des Problems besteht darin, daß die israelische Lobby nie einen Militärpakt zwischen den beiden Ländern (USA und Saudi-Arabien) dulden würde. Das zwingt die Saudis zu ihrer gegenwärtigen Haltung.«

Die eben angerissene Spekulation kann man leicht weiterführen und über eine Verschwörung zwischen dem Haus Saud und seinen Verteidigern im Westen nachdenken. Beide Seiten haben ein ganz eigenes Interesse daran, diese Abhängigkeit zu verschleiern, und aus diesem Grund kauft Saudi-Arabien immer mehr Waffen, um nicht abhängig zu erscheinen. In jüngster Zeit wurde die gestiegene Bedeutung der saudischen Rüstungskäufe für die amerikanische Wirtschaft zu einem neuen, äußerst wichtigen Faktor. Die Vereinigten Staaten tun wie die westlichen Industrieländer nicht nur so, als würden sie den Saudis Waffen zu deren eigenem Schutz verkaufen, sondern die überaus hohe Arbeitslosigkeit in der Rüstungsindustrie in Amerika, Großbritannien, Frankreich und Brasilien hat in diesen Ländern auch zu einer noch nie erlebten Jagd nach Rüstungsaufträgen geführt. Das Vertrauen auf die Kaufwut der Saudis ist so groß, daß der französische Waffenfabrikant Matra eigens die auf die saudischen Bedürfnisse zugeschnittene *Shahine*-Rakete entwickelt hat. Brasilien hat einen über fünf Jahre laufenden Entwicklungsvertrag mit den Saudis abgeschlossen, und laut Jonathan Aitkin, dem britischen Verteidigungsminister, hofft Großbritannien auf eine saudische Finanzierung des *Euro-Fighter*. Dieses hochentwickelte Jagdflugzeug soll den Bedarf der Europäer bis in das nächste Jahrtausend decken.

Die USA stehen da nicht zurück. 1978 dauerte es eineinhalb Jahre, bis der Verkauf der *F-15*-Flugzeuge an Saudi-Arabien abgeschlossen war. Jetzt heißt es gerüchteweise, daß amerikanische Rüstungsunternehmer sowie US-Senatoren und Kongreßabgeordnete aus Bundesstaaten, in denen die jeweiligen Firmen ansässig sind, aus Gründen der internationalen Konkurrenzfähigkeit die US-Regierung auffordern, ihnen die Übermittlung von Angeboten der neuesten Waffensysteme an die Saudis zu gestatten. Wegen der Entwicklungs- und Herstellungskosten für die in Frage kommenden Rüstungsgüter würde das Interesse von Saudi-Arabien, etwas noch Ausgereifteres als die bereits vorhandenen McDonnell Douglas *F-15*-Flugzeuge zu erwerben, die Verschleuderung und Hinterziehung riesiger Geldbeträge bedeuten. Und wenn dies in einem Land geschieht, in dem – wie bereits gezeigt – Entscheidungsträger und Zwischenhändler in Personalunion existieren, dann käme genau das deren Geldbeuteln und politischen Vorstellungen gerade recht.

Am geheimnisvollsten bei dieser Interessensübereinstimmung, die zu einer unwirtschaftlichen Art der Rüstungsbeschaffung führt, ist die Rolle der Mittelsleute. Das ungenaue und unvollständige Bild des arabischen »Händlers«, das die westliche Presse massenhaft verbreitet hat, ist das eines aalglatten Burschen, immer auf der Jagd nach blonden Frauen, ständig im Spielkasino, internationaler Jetsetter mit unerschöpflichen Reichtümern, um sich jedes Vergnügen leisten zu können. Doch obwohl solche Schilderungen fleißig lanciert werden, wird nur undeutlich erkennbar, welche wesentliche Rolle solche Zwischenhändler in Ländern wie Saudi-Arabien spielen.

Ausgangspunkt ist, daß er – oder in sehr seltenen Fällen sie – in der Lage ist, einem ausländischen Unternehmen bei der Abwicklung seiner Geschäfte in diesem ölreichen Land behilflich sein kann. Auch wenn der Geschäftsbetrieb schon läuft und das Unternehmen alles geregelt hat, ist ein solcher »Händler« notwendig. Für die meisten westlichen Unternehmen ist der Weg bis zur Unterzeichnung eines Vertrages eine ordentliche, legale Transaktion, die den daran Beteiligten Vorteile verschaffen soll. In Saudi-Arabien ist so etwas kein geschäftlicher Vorgang, sondern eine Art Handel, und vor allem ist es eine ausgesprochen private Angelegenheit, die sich oft in einem außergesetzlichen Rahmen abspielt. Die Höhe eines Gewinns und die Art und Weise, wie er erzielt wird, hängt daher mehr von persönlichen Launen und der eigenen Gier ab als von eingespielten Geschäftspraktiken. Beispielsweise wird sogar ein anerkannter Bedarf, wie Medikamente oder Armeejeeps, erst dann erfüllt, wenn genau festgelegt ist, wie der Vermittler an seinen Anteil kommt. Der Vermittler schlägt die Brücke zwischen den beiden Seiten, indem er die Vorstellungen der einen Seite der jeweils anderen nahebringt und so ein *modus vivendi* gefunden wird, der für alle Beteiligten akzeptabel ist.

Aber was ist ein Vermittler? Die Verwirrung um diese Position wird durch die zahlreichen Bezeichnungen nur noch vergrößert. Ich meine Begriffe wie »Zwischenhändler«, »Mittelsmann«, »Verbindungsmann«, »Kuppler« und »Förderer«. »Organisator eines Vertrags« oder »Vermittler eines Vertrags« kommen der Wahrheit zwar näher als alle anderen Beschreibungen, sind jedoch umständlich. Am besten geeignet ist das allgemein übliche »Vermittler«.

Der Vermittler stimmt nicht nur die Geschäftsmethoden östlicher und westlicher Unternehmen aufeinander ab, sondern hat auch die Aufgabe, einer Firma, die in Saudi-Arabien tätig werden möchte, Vorteile vor ihren Mitbewerbern zu verschaffen und aus diesen Vorteilen den größtmöglichen Gewinn herauszuholen. Das schafft er, indem er einen Prinzen aus dem Haus Saud als Interessenten für die Pläne dieses Unternehmens im Gegensatz zu denen der Konkurrenz gewinnt – gegen eine Provision, die sich Vermittler und dessen Ratgeber teilen. Wenn man über Vermittler spricht, denkt man immer gleich an Rüstungsgeschäfte, weil dort die Provisionen höher sind. Seit mehreren Jahren beläuft sich der Verteidigungshaushalt auf mehr als 30 Prozent des Gesamtbudgets Saudi-Arabiens, und einzeln Kaufverträge über Rüstungsgüter sind besonders hoch. Zur Zeit gibt es 22 Verträge mit einem Volumen von jeweils mehr als 500 Millionen US-Dollar. Da manche Produkte nur von einem Hersteller zu beziehen sind und es keinen Konkurrenzdruck gibt, können die Vermittler sehr hohe Prozentsätze für die Provisionen veranschlagen. Doch noch einmal: Dies ist nur ein Teil des Hintergrunds der saudischen Waffenkäufe, obwohl gerade dieser Aspekt weltweites Aufsehen erregt hat, da man über diese Provisionen und Skandale leicht schreiben und sprechen kann.

Die Arbeit eines Vermittlers beginnt bereits dann, wenn er in seine Rolle schlüpft. Zuerst muß er sich mit einem saudischen Prinzen zusammentun, der weiß, wo es Verträge »zu holen« gibt, und der ihre Vergabe beeinflussen kann. Nachdem er so zum verlängerten Arm des Prinzen geworden ist, sucht der Vermittler entsprechende Unternehmen für die Abschlüsse, die sein Mentor »liefern« kann: die richtige Firma für den richtigen Vertrag, mit dem größtmöglichen Verdienst, den sie für ihn und seinen Chef akzeptieren kann. Während die Vermittler meistens kompetente Vertragspartner für Rüstungsgüter und dazugehörige Dienstleistungen auftreiben, sind ihnen in politischen Fragen schon Fehler unterlaufen, und es gab Verträge mit den falschen Ländern oder mit nicht ausreichend befähigten Unternehmern. Baufirmen mit zu geringer entsprechender Erfahrung haben Verträge über Waffendepots bekommen (Fotenhauer Enterprises of Florida, beispielsweise), und es wurden LKWs von Ford und

Chevrolet gekauft, die für die brutalen Anforderungen bei einem Einsatz in der Wüste nicht geeignet sind. (In anderen Bereichen hat man sich an die falschen Ausrüster für Schullaboratorien gewendet, und die Saudis haben Material mit Maßen gekauft, die nicht mit den üblichen Standards in Saudi-Arabien zusammenpaßten.)

Dieses Spiel, die passenden Partner zu finden, zeigt zwar, ob der Vermittler etwas von seinem Geschäft versteht oder nicht, doch er muß noch mehr zustande bringen. Zuerst einmal muß er einem Unternehmen klarmachen, daß es mit ihm zusammenarbeiten sollte, was sehr oft von seinen bisherigen Erfolgen und dem Einfluß seines prinzlichen Sponsors abhängt. Adnan Kashoggi beispielsweise ist als enger Freund von König Fahd und Verteidigungsminister Prinz Sultan ein Supervermittler. Er ist auch ein welterfahrener Mann, der sich in den westlichen Gepflogenheiten bestens auskennt, seine Erfolgsbilanz weist Abschlüsse für große Unternehmen wie Lockheed, Rolls Royce, Grueman und andere auf. Man kann sich nur schwer vorstellen, daß jemand so viel aufzuweisen haben könnte wie er. (Ich muß erst noch ein Unternehmen finden, das die Zusammenarbeit mit ihm ablehnt, weil er ein so ausschweifendes Leben führt, in mehrere Skandale verwickelt ist oder weil er im Gefängnis war.)

Natürlich kommt es bei 7 000 Prinzen, von denen die Mehrzahl auf irgendeine Art Einfluß nehmen kann, immer wieder zu Verwicklungen, wenn dieser Einfluß im Einzelfall bei einem Projekt nicht ausreicht. Ein Prinz aus dem Osten des Landes, Neffe des Königs und Luftwaffenoberst, ließ seinen Vermittler eine Firma für den Bau eines riesigen Munitionsdepots suchen und mußte feststellen, daß ein anderer Prinz, der als stellvertretender Minister und ebenfalls Neffe des Königs bessere Karten hatte, auch an diesem Projekt dran war. Natürlich war der Oberst nicht in der Position, den Auftrag zu erteilen. Wenn sich zwei Prinzen um denselben Vertrag bemühen, sieht das zwar wie Konkurrenz aus. Doch das Getue um Einflußbereiche ist eine ausschließliche Domäne der Königsfamilie, ein Ausdruck ihrer absoluten Macht, daher findet diese Konkurrenz nur zwischen wichtigeren oder unwichtigeren Prinzen statt.

Nach dem Vermittler ist noch eine wenig bekannte, jedoch wesentlich wichtigere Figur an Geschäftsabschlüssen in Saudi-Arabien beteiligt: der Mittelsmann oder »Einstreicher«. Der Mittelsmann ist der direkte Vorgesetzte des Vermittlers oder jemand aus noch höheren Etagen. Er ist der mächtige Prinz, dessen Forderungen erfüllt werden müssen, der über die endgültige Vergabe des Auftrags entscheidet, ein königliches Mitglied des Kabinetts, der Emir einer Provinz, der Oberbefehlshaber eines Bereichs der Streitkräfte oder der Vorsitzende einer königlichen Kommission, die mit der Aufsicht über ein bestimmtes Entwicklungsprojekt befaßt ist (der Bau der beiden Ölhäfen und Städte Jubeil und Yanbu wurde von einer königlichen Kommission geleitet). Einige Mittelsmänner haben ihre eigenen Vermittler, andere arbeiten mit Familienmitgliedern zusammen, die Vermittler einsetzen. Im ersten Fall wird die Provision zweimal geteilt, im zweiten teilen sich der Vermittler und sein Chef die Provision mit dem Mittelsmann. Weil dieser nicht verlieren kann, sind der Vermittler und sein Chef immer darauf aus, sich gut mit ihm zu stellen.

Prinz Sultan bin-Abdelaziz, saudischer Verteidigungsminister und offiziell die Nummer zwei in der Thronfolge, ist international sicher das beste Beispiel für einen Mittelsmann und mit Sicherheit einer der reichsten Männer der Welt. Er ist politischer Entscheidungsträger und Mittelsmann in einer Person, befindet über den Bedarf des Landes, und seine Ansprüche müssen erfüllt werden, egal wer der Vertragspartner im Endeffekt wird. Angesichts des gewaltigen Finanzvolumens, das durch sein Ministerium bewegt wird, ergibt sich der Rest von selbst, außer in solchen Fällen, wo der Ertrag aus dem Geschäft unter seiner Würde wäre. Als sich Großbritannien und die USA gleichzeitig um die weitere Ausrüstung Saudi-Arabiens entweder mit *F-15*-Maschinen oder mit *Tornados* bemühten – das ging dann schließlich zugunsten der USA aus –, hatte Sultan diese Konkurrenzsituation ständig unter seiner Kontrolle. Wie man weiter unten sehen wird, bedeutete das nicht, daß die Hersteller dieser Flugzeuge direkte Zahlungen anboten. Sultan kann seine Ansprüche so einlösen, daß die in den jeweiligen Ländern gültigen Auflagen für solche Rüstungsgeschäfte gewahrt bleiben. Bei großen Verträgen wie denen über Flugzeuge erhält der »Einstreicher« am meisten Geld, da einige hundert Millionen Dollar Provisionsgelder vorgesehen sind. Der Vermittler und sein Chef sind mit einem »normalen« Anteil zufrieden. (Es ist von vornherein klar, daß der Vermittler bei einem Auftrag wie dem über die britischen *Tornados* - als Yamama-2 bekannt − nur einen geringen Prozentsatz bekommt, während der für die in Amerika hergestellten Uniformen einen wesentlich größeren Anteil erhält.)

Die Provisionen, die die Mitglieder des Königshauses einstreichen, sind der Anteil des Hauses Saud am ganzen Geschäftsleben in Saudi-Arabien. Doch wenn man sie nur als korrupten Mißbrauch riesiger Summen Geldes verurteilt, so übersieht man die zusätzliche zerstörerische Wirkung auf die saudischen Geschäftsleute. Wenn sich der Mittelsmann erst spät einschaltet, wenn er verspätet zu der Einsicht kommt, daß das Volumen eines Vertrages doch seine Aufmerksamkeit verdient, kann er die ganze Abwicklung platzen lassen. Ein Beispiel: ein schwedisches Bauunternehmen erhielt den Auftrag, den Hafen von Jiddah zu bauen. Der saudische Agent der Schweden hatte zwei Prozent Provision akzeptiert und sich mit allen einschlägigen Personen von Einfluß abgestimmt. Der Prinz und Gouverneur der Provinz erfuhr danach davon und verlangte drei Prozent. Da das Unternehmen nicht noch mehr bezahlen wollte, stand der saudische Agent vor der Wahl, entweder einen großen Teil des geforderten Betrags aus der eigenen Tasche zu zahlen oder sich den Zorn des Prinzen zuzuziehen. Er zahlte. Im Bereich der Landesverteidigung wurde der Vertrag über die Lieferung von einer Million ABC-Anzügen ohne Mittelsmann abgewickelt, da die anfängliche Bestellung nur auf 20 000 Stück lautete. Der Mittelsmann tauchte erst auf, als die Stückzahl auf eine Million erhöht wurde. Da das Produkt nur von einem Hersteller zu beziehen und eine hohe Provision vereinbart war, konnte der Vermittler die Provision des Mittelsmannes übernehmen und immer noch sehr viel Geld verdienen.

Doch die Funktion der saudischen Vermittler und Mittelsmänner und ihre Tätigkeit sind nicht das einzige, was schwer zu bestimmen und mißverständlich ist. Die Höhe der Provisionen und die Zahlungsweisen liegen ebenfalls in einer Grauzone. In den bezahlten Beträgen zeigt sich eigentlich, warum politische Entscheidungsträger und Mittelsmänner ein und dasselbe sind.

Die Budgets von Saudi-Arabien haben sich durch die ständig variierenden Ölpreise und Exporte zwar immer wieder verändert, doch man kann getrost davon ausgehen, daß 70 Prozent des Wirtschaftsvolumens des Landes über Provisionsgeschäfte abgewickelt werden (gelegentlich wird auch von 90 Prozent ausgegangen). Beläuft sich der Gesamthaushalt eines Jahres also auf 50 Milliarden Dollar, so beträgt der Anteil über Provisionsgeschäfte 34 Milliarden. Geht man vorsichtig geschätzt von 10 Prozent Provision aus, so ergibt das insgesamt 3,4 Milliarden Dollar. Doch die Geldverschwendung oder Wertminderung des Geldes durch diese Transaktionen ist damit noch nicht beendet. Sie setzt sich in vertikaler Richtung fort, weil sich die Provisionen bei jedem weiteren Schritt in Richtung eines Vertragsabschlusses über die einzelnen Stufen der Hierarchie anhäufen.

Das will ich an zwei Beispielen erklären. Wenn der König einen neuen Palast bauen lassen will, eine Angelegenheit von gerade mal zwei Milliarden Dollar, die von der Regierung bezahlt wird, so funktioniert das über das Provisionssystem. Der Vertragspartner für die Bauarbeiten stimmt einer Vereinbarung über 15 Prozent Provision zu – das sind 300 Millionen Dollar. Doch Subunternehmer, die ein Auftragsvolumen von 1,2 Milliarden Dollar abdecken, zahlen dem Hauptvertragspartner eine Provision von 15 Prozent: 180 Millionen Dollar. Und davor noch zahlen wiederum andere Unternehmer, die Material, Maschinen etc. liefern, den ersten Subunternehmern 15 Prozent von 500 Millionen Dollar oder 75 Millionen. Ohne die Zahlen aufzuaddieren, belaufen sich die Provisionen insgesamt auf 555 Millionen Dollar, in der Realität wahrscheinlich wesentlich mehr – das ergibt eine Rate von 25 Prozent. Ein britisches Unternehmen, das ein elektronisches Verteidigungssystem liefern sollte, hatte einen Agenten in Saudi-Arabien, der jedoch keinen Vermittler zu den obersten Kreisen hatte. Das Produkt war aber nur von diesem Hersteller zu beziehen und wurde unbedingt benötigt. In diesem Fall übernahm der Vermittler, nachdem er den Agenten ausgezahlt hatte. Die Leute, die in diesem Geschäft Ansprüche geltend machten, waren der Agent, der Vermittler, der Chef des Vermittlers und der Mittelsmann. Die Abhängigkeit vom Hersteller für dieses Produkt rechtfertigte den erforderlichen Anstieg der Provisionen. In diesem Fall kann man dafür wieder von rund 25 Prozent ausgehen. Wenn man das auf das ganze Budget umrechnet, das in Provisionsgeschäften abgewickelt wird, ergeben sich neun Milliarden Dollar pro Jahr. Das ist bedeutend mehr als in den meisten Entwicklungsländern, einschließlich so notleidender Länder wie Ägypten und Jemen und entspricht dem gesamten Budget für Entwicklungshilfe der USA. Deshalb gibt es so viele Milliardäre aus dem Haus Saud.

Doch eine direkte Auszahlung einer Provision – wenn das überhaupt so abläuft – beinhaltet nicht mehr das ganze Geld, das über die Verträge vereinbart wurde. Direkte Auszahlungen kann man zurückverfolgen, daraus können sich Skandale wie die Lockheed-Geschichte entwickeln. Besonders die USA haben Antikorruptionsgesetze gegen solche Geschäfte erlassen. Und angesichts der umfangreichen Berichterstattung im Vorfeld der *Tornado*- und *F-15*-Deals kann man davon ausgehen, daß die Presse in den westlichen Ländern ein waches Auge auf so etwas hat. Um Antikorruptionsgesetze zu umgehen und Skandale zu vermeiden, hat man ausgeklügelte und schwer aufzuspürende Provisionsmodelle entwickelt, die den geübten Prüfern und Regierungsbeamten nicht mehr so leicht auffallen. Wenn sowohl der Lieferant wie auch der Käufer daran interessiert sind, die Zahlungen verdeckt abzuwickeln, werden sie legale Mittel und Wege dafür finden.

Im wesentlichen geht es dabei um vier Methoden, die gewöhnlich angewandt werden, um Provisionen indirekt weiterzuleiten, sie also zu verbergen. Die erste besteht darin, die Dienste des Mittelsmannes unter einer anderen Bezeichnung zu bezahlen. Beispielsweise enthalten in den USA die meisten Verträge zwischen Saudi-Arabien und amerikanischen Firmen Honorare für »Berater«. Diese Honorare sind zwar ausgewiesen, können jedoch sehr hoch und oberflächlich betrachtet völlig gerechtfertigt sein. Manche Unternehmen behaupten, daß ihre saudischen »Berater« Büros in Saudi-Arabien unterhalten, in denen einige Dutzend Leute arbeiten, um sie bei ihren Bemühungen zu unterstützen – in Wirklichkeit existiert das alles nur auf dem Papier. Wenn der Mittelsmann gebraucht wird, setzt er seinen Einfluß bei der Regierung ein, um den Papierkram zu erledigen. Natürlich vollzieht sich diese Verdopplung oder Verdreifachung der Kosten mit dem vollen Wissen des Vertragspartners. Man kann auch andere Dienstleistungen vor Ort aufführen, die gar nicht in Anspruch genommen werden – beispielsweise unzählige Rechtsanwälte und Übersetzer.

Die Lieblingsverwandten von König Fahd, die Ibraims, haben diese Methode angewendet, als sie bei einem bereits eingefädelten Geschäft mit einem amerikanischen Unternehmen für Rüstungselektronik als Mittelsleute ansetzen wollten. Die in Texas ansässige Firma hatte Saudi-Arabien bereits seit Jahren mit Radarsystemen beliefert und jedes Jahr über einen Agenten aus Riyadh einen Umsatz von 50 Millionen Dollar getätigt, ohne Provisionen an Mittelsmänner zu zahlen.

Fahds Verwandte nahmen Kontakt zu der Firma auf und forderten eine Provision für die weiteren Verträge. Das Unternehmen protestierte und argumentierte, daß es bereits seinem Agenten das nach den amerikanischen Gesetzen zulässige Honorar zahlte und höhere Zahlungen den Gewinn der ganzen Sache gefährden würden. Die Mittelsleute waren davon nicht beeindruckt. Ein Vizepräsident des Unternehmens formulierte die Situation – anonym – so: »Es war, als ob man zu einer Wand sprach.« Um vielleicht doch noch bei den Saudis durchzudringen, brachte das Unternehmen das zutreffende Argument vor, daß es einer von weltweit insgesamt zwei Herstellern für diese Art von Radarsysteme war, das für die Sicherheit des Landes dringend benötigt wurde. Die Reaktion auf die Bedrohung der saudischen Sicherheitsinteressen durch die mögliche Kündigung des Vertrages durch die Amerikaner war eine offene Drohung, daß man dem Unternehmen und seinem Agenten ja auch das Leben recht schwer machen könne. Nach langen »Unterredungen« unterwarf sich das Unternehmen und erklärte die Saudis zu Beratern vor Ort, die für ein voll ausgestattetes, nichtexistentes Büro einige Millionen Dollar erhalten. Mein Informant klagte: »Weder in Saudi-Arabien noch in den USA gab es irgend jemanden, der uns hätte schützen können. Wir waren Leuten ausgeliefert, die nicht davor zurückschrecken, die Sicherheit ihres Landes zu gefährden und unsaubere Methoden anwenden.« Es hätte ihnen frei gestanden, sich an die Macht hinter den Ibrahims zu wenden.

Eine zweite Möglichkeit, um indirekte Provisionen zu kassieren, ergibt sich bei Tauschgeschäften mit Rohöl. Das war bei den Ankäufen der englischen *Lightning*-Flugzeuge in den 60er Jahren so, ebenfalls bei den *Boeing 747*-Maschinen in den 80ern und auch bei den Leihverträgen für die *AWACS*.

Das Öl wurde verwendet, um die Flugzeuge zu kaufen. Doch das spielt sich indirekt ab, und die beteiligten Unternehmen sind möglicherweise unschuldig daran; zumindest haben sie nichts davon gehabt. In diesen Fällen war die Übermittlung der Provision eine interne Buchungsangelegenheit. In Saudi-Arabien wurde jedes Flugzeug mit einem wesentlich höheren Wert verbucht – beispielsweise nicht für zehn, sondern für elf Barrels Rohöl. Dann wurde das Öl nach Rotterdam verschifft und auf dem freien Markt verkauft. Die Einnahmen aus zehn Barrels gingen an das Unternehmen, die aus dem elften blieben bei den Vermittlern. Die *Lightning*-Geschichte lief ohne Schwierigkeiten ab. Doch zugunsten des saudischen Ministers für Erdöl und Ressourcen, Yamani, muß man sagen, daß er befürchtete, die Förderquoten und Preisabsprachen der OPEC zu unterlaufen, und erfolglos versuchte, den Deal über die *Boeing 747* zu stoppen.

Das liefernde Land hat keine Möglichkeit, solche Situationen zu kontrollieren. Es ist nicht nur unmöglich, an die saudischen Abrechnungen zu kommen und sie ohne mögliche Verletzung der Souveränität des Landes zu prüfen. Die Inspekteure würden dort sowieso nur unverdächtige Auskünfte finden, die von offizieller Seite gestützt werden. Die Unterlagen, die Fahds Verwandte verwendet haben, führten die Namen von 40 rund um die Uhr beschäftigten Angestellten auf, und den Ibrahims und Fahd ist es jederzeit möglich, 40 derartige Saudis vorzuführen.

Eine dritte ganz und gar legale Methode, Provisionen zu vertuschen, besteht in der Bezahlung von Subunternehmern. Die Gruppe der Vermittler tut einen Subunternehmer auf, der die 30 Prozent der Arbeit an einem Projekt übernehmen soll, die laut einer Festlegung des Leiters dieser Gruppe an inländische Vertragspartner vergeben werden soll. Die initiative Vermittlergruppe legt dem Unternehmen nahe, dem Subunternehmer überhöhte Honorare in Höhe von 40 Prozent zu zahlen, die überschüssigen zehn Prozent sind für die Provisionen. Der Hauptunternehmer muß nur den Preis des Subunternehmers akzeptieren und ansonsten die Augen zudrücken. Aus diesem Grund sind in Saudi-Arabien die Baukosten für Objekte wie Armeebaracken oder einen Palast im Vergleich zu den Kosten im Westen völlig irrwitzig. Auch die großen Sportzentren in Jiddah, Riyadh und Dhahran, die Prinz Faisal bin-Fahd bauen ließ, sind als Beispiele für diese Form der Übertreibung geeignet; sie fassen meist mehr Menschen als jemals in Saudi-Arabien Sportveranstaltungen besucht haben. Dasselbe gilt für den 3,4 Milliarden Dollar teuren King Khalid International Airport von Riyadh, den Bechtel gebaut hat. (»Für die Kosten von diesem einen kann ich fünf Flughäfen hinstellen«, beklagte sich ein amerikanischer Vertragspartner.) In jüngster Vergangenheit gab es beispielsweise dramatische Unterschiede bei den Kosten für die Verpflegung der US-Truppen während der Golfkrise. Einmal wurden 133 Dollar pro Tag pro Soldat veranschlagt, ein anderes Mal 70 Dollar. Beides war in jedem Fall deutlich mehr als die 30 Dollar, die das Essen für die französischen Soldaten gekostet hat.

Eine vierte, relativ neue Form der Subverträge sind die Kompensationsgeschäfte, bei denen die saudische Regierung darauf besteht, daß ein Vertragspartner einen Teil des Auftragsvolumens über saudische Firmen abwickelt. Diese sollen dadurch offensichtlich anregt werden, sich mit neuen Bereichen auseinanderzusetzen. Bei Verträgen, in denen es um einen hohen Anteil an Technologie geht, die unter die Kompetenz des Verteidigungsministeriums fallen und als Kompensationsgeschäft laufen, gründen die Vermittler eine eigene Firma für diese Abwicklung, da die bestehenden das nicht leisten können.

1986 bot der Verkauf eines Luftverteidigungssystems aus den USA an Saudi-Arabien ein Beispiel für diese neue Politik, um Geld zu verdienen. Die neugegründete saudische Firma Al Salem sollte den Hauptteil des Vertrags überwachen, der 35 Prozent von 2,1 Milliarden Dollar ausmachte. Boeing, ITT und Westinghouse, die Vertragspartner, die Aussagen zu diesem Geschäft verweigern, erledigten den jeweils auf sie bezogenen Teil des Vertrags. Sie finanzierten die Gründung von Al Salem mit 4,5 Millionen Dollar, die saudischen Partner übernahmen denselben Betrag, und die saudische Regierung gab über einen Fonds zur Industrieentwicklung noch einmal 21,5 Millionen Dollar dazu, von Banken kamen dann 10,75 Millionen Dollar. Anders ausgedrückt: Die Kontrolle über das Unternehmen ging in die Hände der saudischen Partner über, die nur 4,5 Millionen Dollar der insgesamt erforderlichen 43 Millionen zur Kapitalbildung bezahlten.

Die Mitglieder, aus denen die Gruppe besteht, die die 4,5 Millionen Dollar beisteuerten, stehen der Königsfamilie und der bin-Laden Contracting Company sehr nahe, die in Saudi-Arabien als die »privaten Auftragsvermittler des Königs« bekannt sind. Al Salem hatte keinen Konkurrenten, da kein inländisches Unternehmen die notwendige Kompetenz aufweisen konnte, und sogar der derzeitige amerikanische Präsident des Unternehmens,

Larry Warfield, räumt ein, daß die von Al Salem erzielte Rentabilität in den USA nicht realisiert werden könnte. Selbstverständlich wurde durch den Golfkrieg die Betreuung von seiten des Unternehmens noch wichtiger, auch dabei gab es wieder keine Konkurrenz, die in anderen Ländern eine maßvollere Rentabilität gewährleistet. Der Vertrag, um den es in der ganzen Geschichte ging, war einer von vielen, die im Rahmen des *Desert Shield*-Programms, einem umfangreichen und offenkundig erfolglosen, Milliarden Dollar schweren Programm, das Saudi-Arabien die Ausrüstung verschaffen sollte, um sich gegen Luftangriffe zu wehren.

Diese unterschiedlichen Methoden, um eine Provision zu erzielen, sollte man nicht so verstehen, als ob sie sich gegenseitig ausschlössen. Meistens kommen bei einem Vertrag mehrere zur Anwendung. Es kann bei einem größeren Abschluß sowohl direkte Zahlungen geben (in Ländern, wo dies gestattet ist), Tauschgeschäfte, Unterverträge, Kompensationsgeschäfte, Beraterhonorare und indirekte Leistungen wie Universitätsstipendien für die Kinder von Beteiligten oder wohltätige Spenden in ihrem Namen.

Ausgangspunkt ist immer, daß das Haus Saud die Art der Vermittlung von Aufträgen für Saudi-Arabien steuert und seinen Angehörigen gestattet, sie in einer Weise abzuwickeln, die durch die erzielten Prozentanteile der Provisionen direkte Auswirkungen auf die Anschaffungen hat. Die Mitglieder des Hauses Saud schließen die Verträge ab, die ihnen diese Politik ermöglicht, denn Aufträge einzuholen bedeutet Macht auszuüben, und alle Macht ist in allen Bereichen in ihren Händen. Das heißt, daß es für Kommissionen, Unternehmen und Regierungen keine Kontrollmöglichkeit gibt, auch wenn sie nur widerwillig zahlen wollen, dies jedoch nicht vermeiden können. Dazu noch eine Aussage des bereits zitierten Vizepräsidenten des in Texas ansässigen Unternehmens für Rüstungselektronik: »Ich sehe das so, daß das alles mit uns nichts zu tun hat – auch wenn sie den Preis um 100 Prozent erhöhen. Sie wischen nicht Uncle Sam oder unserer Firma eins aus, sondern ihrem eigenen Staatshaushalt.« Das ist die schlagfertige Unmoral, die inzwischen die Haltung der Unternehmen und Regierungen in den westlichen Industrieländern bestimmt.

*

Wenn ein großes Rüstungsgeschäft mit Saudi-Arabien bekannt wird, setzt immer dieselbe Reaktion ein: Presse und Öffentlichkeit spekulieren, wer wie wieviel daran verdienen wird. Leider wird sehr viel mehr über die Zahlungen, Provisionen oder Bestechungsgelder geschrieben als über den Nutzen des jeweiligen Geschäfts für die Verteidigung Saudi-Arabiens – von der Unmoral des Ganzen überhaupt zu schweigen. Die Regierungen und Vertragspartner hinter den Abschlüssen befassen sich nicht einmal mit dem Offensichtlichen: Für sie bedeutet ein Rüstungsvertrag mit Saudi-Arabien klingelnde Kassen und gesicherte Arbeitsplätze.

Dies trifft besonders auf den Yamama-2-Vertrag zwischen Saudi-Arabien und Großbritannien zu. In diesem Fall schrumpfte alles andere angesichts des geschätzten Finanzvolumens und der entsprechenden Provisionen; Berichterstattung und Gerede über diesen Deal waren beträchtlich. »Gibt's was Neues über Yamama-2?« und »Geht das Geld direkt an ihn persönlich?« waren Fragen, die oft gestellt wurden. Doch um wieviel Geld es letztendlich tatsächlich ging, ist nicht bekannt geworden, in den Zeitungen sprach man von Beträgen zwischen 60 und 150 Milliarden Dollar. Bisher wurde eine Summe von rund 35 bis 40 Milliarden Dollar zugegeben (die Zahlen sind nicht genau; das liegt an den Schwankungen in den Wechselkursen und den Rohölkontingenten aus den Bartergeschäften).

Eigentlich ist die Verwirrung über den Umfang des Yamama-2-Deals nicht schwer zu verstehen. Es ist kein Waffengeschäft im konventionellen Sinn, eher ein umfassendes Rüstungsprogramm, bei dem Großbritannien die Bedürfnisse Saudi-Arabiens erfüllen und eine moderne Luftwaffe aufbauen sowie ein Luftverteidigungssystem entwickeln soll. Doch unklar ist, wie man diese Bedürfnisse der Saudis feststellen will, und angesichts ihrer bekannten Unfähigkeit, sich gedanklich mit neuen Waffensystemen auseinanderzusetzen, mutet das alles eher so an, als ob ein Verkäufer einem Interessenten einen Rolls Royce andreht, wenn ein Chevrolet auch ausreichen würde. Im Unterschied zu den USA gab es in Großbritannien keine effektive pro-israelische Lobby, die sich diesem Abkommen in den Weg hätte stellen und verhindern können, daß ein Vertrag vereinbart wird, der Ausrüstung auf dem höchsten Stand der Technik einschließt. Außerdem sind die englischen Gesetze, mit denen Provisionszahlungen geregelt werden, vergleichsweise lasch. England hat sich also mit Saudi-Arabien auf einen Waffenhandel nach dem Baukastenprinzip eingelassen, eine Situation, die der eines Unternehmens ähnelt, das die topaktuellste Datentechnik mit allem Drum und Dran an jemanden verkauft, der nur einen PC braucht. Ob die neue tolerante Haltung in den USA dazu führt, daß die amerikanischen Vertragspartner im saudischen Rüstungsgeschäft versuchen, diesen Handel wieder rückgängig zu machen, bleibt dahingestellt.

Der erste Yamama-Vertrag wurde im September 1985 unterzeichnet und beinhaltete den Kauf von 72 *Tornados* verschiedener Bauart, Übungsflugzeuge vom Typ *Hawk*, Verbesserungen an den saudischen Luftwaffenstützpunkten, Lieferungen von Ersatzteilen und die Bereitstellung von technischem Personal. Der Gesamtwert des Vertrags belief sich auf rund 10 Milliarden Dollar. Es gab dabei auch einen Teil »Öl-gegen-Waffen«, was bedeutete, daß einige Zahlungen an den Hauptvertragspartner British Aerospace in Rohöl abgegolten werden sollten bzw. durch den Verkauf von Öl, das speziell dafür bereitgestellt wurde.

Für den riesigen Yamama-2-Handel, für Anthony Sampson, den Autor von *The Arms Bazaar*, »der Waffenhandel des Jahrhunderts«, bekam Großbritannien erst nach einer englisch-französischen Auseinandersetzung den Zuschlag. Die britischen Verteidigungsminister Michael Heseltine und sein Nachfolger George Younger sowie der Feldmarschall der Luftwaffe Sir Peter Huntington bemühten sich nach Saudi-Arabien, um ihr Anliegen bei dem saudischen Verteidigungsminister Prinz Sultan vorzubringen, der eine Einladung nach Großbritannien annahm. Der französische Verteidigungsminister Charles Hernu traf sich in Südfrankreich mit König Fahd und schilderte ihm die Vorzüge der französischen *Mirage 200*. Einflußreiche Waffenhändler wurden zu Parties von Premierministerin Margaret Thatcher eingeladen, die Franzosen nahmen Akram Oje, einem Waffenhändler und Freund von Prinz Sultan, in die *Légion d'honneur* auf. Sowohl in England wie in Frankreich sprach die Presse von offizieller Zuhälterei.

Angesichts Yamama-2 wirkte der erste Vertrag über 10 Milliarden Dollar wie die Bestellung eines Gebrauchsmusters. Bei Yamama-2 ging es nach dem Abschluß im Juli 1988 erst einmal um 50 *Tornado*-Kampfflugzeuge, 60 *Hawk*-Maschinen, 50 *Westland Black Hawk*-Helikopter, die unter der Lizenz der amerikanischen United Technologies Corporation gebaut wurden, vier Minensuchboote und den Bau von mindestens einem Militärflughafen. Diese Order war Teil eines auf 20 Jahre angelegten Programms. Die folgenden Bestellungen sollten sich an den zukünftigen »Bedürfnissen« der saudischen Landesverteidigung und an der verfügbaren neuen, entsprechend geeigneten Hardware wie beispielsweise dem *Euro-Fighter* orientieren. Wie beim ersten Yamama-Deal gab es auch hier Öl-gegen-Waffen-Abmachungen.

Ob Saudi-Arabien mit all dem Gerät aus dem ersten oder dem zweiten Yamama-Vertrag überhaupt etwas anfangen konnte, wurde nie überprüft. Noch einmal: Es steht nicht genau fest, wie der Verkauf der einzelnen Posten abgewickelt wurde, obwohl das aller Wahrscheinlichkeit nach über ein aus den Verkäufern und den politischen Entscheidungsträgern/Vermittlern zusammengesetztes Komitee geschah. Einige wenige Kommentatoren und Analytiker der Denk-Fabriken fragten sich, ob das saudische Militär nicht an einer Materialverstopfung leiden müsse, doch diese Meinungen interessierten niemanden. Die britische Regierung, angefangen mit Margaret Thatcher, stellte beide Vereinbarungen als großen Triumph für die britische Wirtschaft dar und sprach über die Anzahl der Arbeitsplätze, die in der Rüstungsindustrie damit gesichert wurden. Sogar die simplen Fragen nach dem weiteren Schicksal der ausrangierten Waffen und der Spezifizierung des möglichen Feindes wurden übergangen.

Wie es jetzt aussieht, enthält dieser Vertrag mit seinen Optionen auf die Zukunft alle Elemente, die Provisionszahlungen erleichtern – wenn das Programm tatsächlich ganz ausgeschöpft wird, sind das vielleicht die umfangreichsten Zahlungen, die es in der Geschichte jemals gegeben hat. British Aerospace hat als Hauptvertragspartner und Organisator des ganzen Deals keine Probleme, Agenten für Provisionszahlungen einzusetzen. Wie bereits ausgeführt, erleichtert das Bartergeschäft mit Rohöl solche Zahlungen, und umfangreiche Unterverträge werden an solche saudische Firmen vergeben werden, die erfahren sind im Aufblähen ihrer Kosten. Die saudische Regierung hat auch etliche verdächtige Kompensationsgeschäfte mit abgeschlossen.

British Aerospace hat nie geleugnet, daß die Firma Agenten einsetzt und Provisionen zahlt. Ich bin im Besitz von Kopien von Verträgen, mit denen das Unternehmen seine Bereitschaft erklärt, in Verbindung mit dem Verkauf von *Jaguar*-Kampfbombern und dem Bau von Militärflughäfen hohe Provisionen zu bezahlen. Im Zusammenhang mit Yamama-2 hat die Zeitung *The Observer* behauptet, daß bereits in den Frühphasen des Programms 300 Millionen Dollar als direkte Provisionen bezahlt wurden. British Aerospace hat diesen Bericht weder dementiert noch bestätigt. Ungeachtet dessen sind die indirekten Provisionen vermutlich höher.

Anfangs stellten die Saudis täglich 400 000 Barrels Rohöl als Teilzahlung für diesen Handel bereit, doch diese Quote wurde vor zwei Jahren um täglich 100 000 Barrels heraufgesetzt. Je nach dem Stand des Preises für ein Barrel Rohöl ergibt das 2,7 und 3,5 Milliarden Dollar pro Jahr. Die Einzelheiten darüber, wie die Saudis dieses Öl umschlagen, sind nicht bekannt. British Aerospace hat eine Tochtergesellschaft, die es selbst verkaufen oder beim

Verkauf behilflich sein kann; das Unternehmen selbst verweigert jeden Kommentar zu den beiden Möglichkeiten.

Die Subverträge über die Unterbringung und Verpflegung des von British Aerospace in Saudi-Arabien stationierten Personals, zwischen 3 500 und 5 000 Ingenieure und Techniker, die vor Ort für die entsprechenden Leistungen zuständig sind, müssen laut den Vereinbarungen von Yamama-2 an saudische Unternehmen vergeben werden. Das Finanzvolumen dieser Verträge ist nicht bekannt, liegt jedoch zwischen 175 000 und 500 000 Dollar pro Tag. Der inländische saudische Vertragspartner hat zahlreiche Möglichkeiten, diese Verträge zu manipulieren, und wie bereits gezeigt gibt es für British Aerospace keine geschäftlichen Gründe, eine überhöhte Zahl nicht zu akzeptieren. Auch dies ist ein Weg, um Provisionen einzulösen.

Eine weitere indirekte Möglichkeit liegt in den Kompensationsprogrammen. In Yamama-2 gibt es Vereinbarungen, die die Vergabe verschiedener Wartungs- und Personalverträge an saudische Firmen verlangen. Darunter ist ein Joint-venture für den Unterhalt der Luft-Luft-Raketenbasis. Dieses Joint-venture wird vom Saudi Arab Offset Investment Committee unter Vorsitz von Prinz Fahd bin-Abdallah fundiert. Wenn das gesamte Programm im Lauf von 20 Jahren, wie der Vorsitzende von British Aerospace, John Cahill, meint, ein Volumen von 150 Milliarden Dollar erreicht, dann setzen zurückhaltende Schätzungen den Wert der Unterverträge, Kompensationsgeschäfte und Barterdeals mit Rohöl auf eine Summe zwischen 55 und 75 Milliarden Dollar an. Obwohl mit diesen hohen Werten nicht leicht umzugehen ist, geht es dabei um Provisionen von rund 12 bis 20 Milliarden Dollar.

Yamama-2 ist nicht nur ein außergewöhnlich umfassender Vertrag, sondern er bezieht auch die meisten britischen Rüstungsproduzenten mit ein: British Aerospace, Westland Helicopters, GEC, Vospers, Plessey, Rolls Royce und viele andere. Der ganze Handel findet statt vor dem Hintergrund des wachsenden Bewußtseins über die Unfähigkeit der Saudis, mit der Hardware umzugehen, die sie bereits erworben haben, und ernsthafter Fragen über die Lage der Menschenrechte in diesem Land. Die britische Presse hat mehr als einmal in Frage gestellt, ob Yamama-2 in diesem Ausmaß gerechtfertigt sei, doch die Regierung scheint völlig unzugänglich für jede Kritik zu sein.

Britische Journalisten haben nicht nur die positiven Ergebnisse des Vertrags recherchiert, sondern auch die Provisionsempfänger und den Umfang der Zahlungen. Es wurde dabei gezielt gefragt, inwieweit Engländer daran beteiligt sind; insbesondere ob Regierungsangehörige oder der Sohn der früheren Premierministerin Thatcher zu der Gruppe der Vermittler dazugehörten. Ihr Engagement wäre zu dem Zweck erfolgt, den Lieferanten, den Unternehmen und der Regierung problemlose Provisionszahlungen zu ermöglichen. Da einige Zeitungen behaupteten, der Reingewinn betrage 30 Prozent des Gesamtwerts, also rund 45 Milliarden Dollar, wurde der Druck der Presse auf die britische Regierung so stark, daß das National Audit Office amtliche Nachforschungen einleitete. Obwohl der Bericht dieses Wachhunds der Regierung nie veröffentlicht wurde, besteht die Regierung darauf, daß darin nichts Ungesetzliches aufgedeckt wurde. Auf überaus erstaunliche und verdächtige Weise setzte sie sich auch über das übliche Procedere hinweg und weigerte sich, Kopien des sie angeblich nicht belastenden Berichts an das Parliamentary Public Account Committee zu überstellen, die Kontrollinstanz des Unterhauses für solche Angelegenheiten.

Der Streit zwischen Presse und Regierung geht immer noch weiter. Die Presse argumentiert unerbittlich, daß die Öffentlichkeit ein Recht darauf habe, informiert zu werden, während die Regierung darauf besteht, daß Yamama-2 ein Vertrag auf Regierungsebene sei, der als solcher Bestechungsgelder ausschließe. Die Verteidigungsminister Michael Heseltine und George Younger verraten eine arrogante Wut gegenüber einer Presse, der Moral wichtiger ist als Arbeitsplätze.

So plötzlich, wie es oft geschieht, wurden von einem Insider Anschuldigungen gegen die britische Regierung und die Lieferfirmen erhoben. Sie kamen aus einer Ecke, wo man es nicht erwartet hatte. Ein Rechtsstreit, der im Distriktsgericht des District of Columbia im Oktober 1991 begonnen hatte, brachte nach und nach Licht in die Vorgehensweise bei den Provisionszahlungen von Yamama-2. Der ungewöhnliche Fall wurde von einem Oberleutnant i.R. namens Thomas Dooley gegen United Technologies Corporation ins Rollen gebracht. Dooley verlangt 130 Millionen Dollar Schadenersatz.

Seine Vorwürfe lauten auf ungerechtfertigte Kündigung, Verweigerung einer Möglichkeit zur Stellungnahme, Verletzung der Privatsphäre, Verweigerung des Rechts, Firmenaktien zu beziehen, Diffamierung, Verursachung von großem Druck und Verlust des inneren Friedens. Deutlicher formuliert: Dooley bringt vor, daß United Technologies Corporation ihn entlassen hat, weil er bei einer Bestechungsgeschichte um Westland Helicopters Alarm geschlagen hatte. Westland gehört zu 15 Prozent der UTC und stellt in Lizenz die *Black Hawk*-Helikopter her, von denen durch den Yamama-2-Vertrag 78 Stück an Saudi-Arabien verkauft werden sollen.

Der Amerikaner behauptet, Westland hätte mit Wissen der UTC der Gründung von zwei saudischen Firmen zugestimmt, die Betreuung und Personal für diesen Deal sicherstellen sollten. Diese beiden saudischen Firmen gehören gemeinsam dem UTC-Unternehmen Sikorsky Aircraft Division und eng mit dem Königshaus verbundenen Saudis, die Anteile betragen jeweils 45 und 55 Prozent. Laut Dooley haben die saudischen Firmen namens Thimar Aviation und Thimar al-Jazzira Group unter Leitung eines gewissen Ibrahim al-Namla einen Vertrag »ausgeführt«, wobei sie als Stellvertreter für andere, die die eigentliche Arbeit geleistet haben, fungiert hätten. Anders ausgedrückt: Diese Scheinfirmen nutzen das Personal anderer Unternehmen und streichen die Differenz zwischen den realen und den überhöhten Kosten ein, die sie nach dieser Vorgehensweise herausholen und in Rechnung stellen können.

Dooley hält daran fest, daß man ihm deswegen Ärger gemacht

hat, weil er sich gegen dieses verlogene System gewehrt hat, dessen einziger Zweck in der Aufstellung überhöhter Rechnungen lag, die zum Vorteil des Königshauses für von Sikorsky erbrachte Leistungen geschrieben wurden. Sein Verhalten soll der Anlaß für seine Entlassung, Bestrafung und für Drohungen gegen seine Person gewesen sein.

Der Fall Dooley gegen UTC wurde in dem Moment wichtiger und gravierender, als der Kläger seine Beweise aktenkundig machte. Laut den Dooley-Papieren, die im Distriktsgericht von Washington vorliegen, existieren angeblich mafia-ähnliche internationale Gruppen, die den im Untergrund agierenden Waffenhandel in der Hand haben. Die Gruppe, die den Handel unter Ausschluß der USA bearbeitet, heißt Global Enterprise Group, während die weltweit operierende – einschließlich USA – Enterprise Group heißt. Zu den Gruppen gehören mehrere Angehörige des Hauses Saud, Vorstandsmitglieder aus den USA und Großbritannien und Regierungsangehörige. Außer der Existenz dieser finsteren Gruppierungen legen die Dooley-Papiere folgende Schlußfolgerungen nahe:

- Westland hat zugestimmt und war dabei behilflich, daß saudische Scheinfirmen gegründet wurden, die bekanntermaßen nicht in der Lage waren, die ihnen übertragenen Aufgaben zu erfüllen.
- Fünf Mitglieder des saudischen Königshauses sind angeklagt, diesen Deal mit eingefädelt zu haben. Darunter sind auch Prinz Bandar, der saudische Botschafter in Washington und eng befreundet mit dem früheren US-Präsidenten Bush, und General Prinz Khalid, sein Bruder und ehemaliger Kommandeur der saudischen Luftwaffe und der arabischen Streitkräfte während des Golfkriegs.
- Allem Anschein nach werden durch dieses Abkommen amerikanische Gesetze verletzt, einschließlich das zur Kontrolle des Waffenexports, das die Zahlung von Provisionen für Waffenkäufe untersagt.

- Ebenfalls verletzt wird vermutlich RICO, der Racketeering Influence Corruption Act (Gesetz gegen Korruption durch organisierte Kriminalität).
- Folgt man Dooleys Ausführungen, so drehten sich die Diskussionen über die Ausrüstung der *Black Hawk*-Helikopter mit Raketen mehr darum, welcher Lieferant vermutlich die höchsten Provisionen zahlen würde, als welche Raketen am besten geeignet wären.

Da sie sehr weit gefaßt sind, lassen Dooleys Anschuldigungen zwei wesentliche Fragen ungeklärt. UTC ist eine Firma, die einmal durchaus dazu imstande war, 20 000 Telegramme zu verschicken, um die Genehmigung des *AWACS*-Deals mit Saudi-Arabien voranzutreiben. Hat dieses Unternehmen einen Teil von Westland einzig zu dem Zweck gekauft und autorisiert, in Lizenz den *Black Hawk*-Helicopter zu bauen und zu verkaufen, um auf diese Weise die amerikanischen Gesetze zu umgehen, die US-Unternehmen die Zahlung von Bestechungsgeldern untersagen? Eines der Dokumente von Dooley (Reisebericht Königreich Saudi-Arabien 18.-27. April 1989), die bei Gericht vorliegen, erwähnt in Zusammenhang mit dem Deal »Mrs. Thatchers Sohn«. Obwohl dies ein deutlicher Hinweis auf Mark Thatcher ist, hat sich Dooley geweigert, genauer auszuführen, was gemeint ist.

Die Reaktion von UTC auf diesen gerichtlichen Streitfall zeigt bisher nichts anderes als das phantasielose Denken einer Firma. Das Unternehmen fordert, das Verfahren nach der act of state-Doktrin abzuweisen, und fordert damit, daß das Gesetz, das den US-Gerichten Grenzen auferlegt beim Umgang mit Firmen, die der Rechtssprechung eines anderen Staates unterliegen, auf Westland angewendet wird. Außerdem wurde gefordert, das Verfahren nach Connecticut zu verlegen, wo sich der Hauptsitz der Firma befindet. Beide Anträge wurden abgewiesen, das Verfahren läuft noch.

Hier handelt es sich wieder um Bausteine einer Situation, die das Gesamtbild preisgibt. Dooleys Gerichtsverfahren bestätigt, daß britische Unternehmen vor nichts haltmachen, um ihre saudischen Kunden zufriedenzustellen. Man kann kaum anderes annehmen, als daß der gesamte Yamama-2-Vertrag vor diesem gedanklichen Hintergrund abgewickelt wird. Das beinhaltet, daß amerikanische Firmen Mittel und Wege gefunden haben, um die Gesetze ihres Landes zu umgehen, damit sie an die Mitglieder der saudischen Königsfamilie und deren Günstlinge Bestechungsgelder auszahlen können.

Stellt man dann noch in Rechnung, daß Margaret Thatcher international bekannte Waffenhändler in die Downing Street Nummer 10 in London eingeladen hat und George Bush eng mit Prinz Bandar befreundet ist, dann ist Dooleys Behauptung, daß beide Regierungen in der ganzen Provisionsschieberei gemeinsame Sache machen, nicht mehr besonders überraschend. Aus den Haltungen der Staatsregierungen der USA, von Großbritannien, Frankreich und anderen beteiligten Ländern ist eine schmutzige Verschwörung des Schweigens entstanden, in der Saudi-Arabien dazu benutzt wird, damit die jeweilige einheimische Rüstungsindustrie weiter produzieren kann. Auch dies ist ein Grund, warum der Westen das Haus Saud stärker als jemals zuvor zu stützen scheint.

Dieses symbiotische Verhältnis zwischen den westlichen Industriestaaten und Saudi-Arabien, das in letzter Zeit an Eigendynamik gewinnt, setzt auf der höchsten politischen Ebene ein und will angeblich ein starkes Saudi-Arabien schaffen. Es endet mit bereitwillig gewährten Provisionszahlungen und immer neuem Antrieb für die westlichen Rüstungsunternehmen. Die Gegebenheiten dieser Industrie lassen die Situation im Westen der in Saudi-Arabien ähnlich erscheinen: Die Verkäufer und die politischen Entscheidungsträger sind ein und dieselben Personen.

In all dem gibt es noch weitere Implikationen. Als die Saudis während der amerikanischen Präsidentschaftswahlen 72 *F-15*-Jäger gekauft haben, sollte das die Wahlchancen für George Bush erhöhen. Es gab dabei nicht nur etliche untergeordnete Kompensationsgeschäfte, die möglicherweise zu einer Untersuchung durch einen Kongreßausschuß führen, um die Frage nach eventuell gezahlten Provisionen zu klären. Dieser Deal war auch ein wegweisender Versuch der Saudis, um die Politik der USA zu beeinflussen. Saudi-Arabien hat einen neuen Grund gefunden, um einen Bedarf an Waffen vorzutäuschen.

In dieser Abfolge aus Täuschungen, die sich vervielfachen, da sie sich immer weiter fortsetzen, liegen viele Gefahren. Die Beschleunigung bei den saudischen Waffenkäufen, die die politische Unterstützung des Westens sichern sollen, ist der Aufmerksamkeit der saudischen Opposition – sowohl der liberalen Schicht der neuen Reichen wie auch den islamischen Fundamentalisten – nicht entgangen. Die zuletzt an König Fahd gerichtete Petition, die 124 Ulemas unterzeichnet haben, fordert die sofortige Durchführung einer beträchtlichen Anzahl von Reformen, unter anderem auch eine unmittelbare Einschränkung der Waffenkäufe und die Rückführung der entsprechenden Gelder in die Bereiche Gesundheitsfürsorge und Erziehung. In diesen Anliegen hat die religiöse Opposition die Unterstützung der neuen Klasse. Ein reicher saudischer Automobilhändler formuliert es so: »Irgend jemand sollte dem Westen mal beibringen, daß sie das beenden sollten. Sogar die Taxifahrer in meinem Land wissen, daß man uns verschaukelt.« Je mehr Waffen der Westen an Saudi-Arabien verkauft, desto weniger Freunde hat er in diesem Land.

Die letzte Verteidigungslinie

Ibn Saud engagierte den libanesischen Schriftsteller Amin Rihani, damit er Artikeln über ihn schreibe. König Saud war Analphabet. König Faisal führte eine strenge Pressezensur in seinem Land ein und verbot, daß Einzelpersonen, Familien oder Gruppen Eigentümer von Zeitungen oder Zeitschriften wurden. König Khalid konnte keine Reden halten, die man für ihn vorbereitet hatte. König Fahd gibt abermillionen Dollar dafür aus, nichtsaudische arabische Zeitungen zu kaufen oder arabische Regierungen mit den Mitteln der Bestechung oder durch Druck dazu zu bewegen, daß sie ihre Presse zum Schweigen bringen und die Pressefreiheit beschneiden.

Auch noch 90 Jahre nach dem Beginn seiner Herrschaft bezieht das Haus Saud ganz selbstverständlich gegen das geschriebene Wort Position – ausgenommen sind allerdings Schmeicheleien. Es wehrt sich heftig dagegen, in Saudi-Arabien irgendeine Art von Pressefreiheit zuzulassen, versucht, die Reichweite der Presse in der übrigen arabischen Welt einzudämmen, und hat in jüngster Zeit in ziemlich dümmlicher Manier probiert, seinen Einfluß gegen die traditionellen Aufgaben der Journalisten in anderen Ländern, sogar in den Vereinigten Staaten und in Großbritannien, geltend zu machen.

Auch hier ist der im Westen verbreitete Eindruck, daß dieses unfreiheitliche Denken eine übliche arabische Haltung sei, nicht richtig. Dieser Versuch, die Presse zu kontrollieren oder zu beugen, ist neu und hat mit dem Wesen der Araber oder Saudis nichts zu tun. In Saudi-Arabien gab es bereits 1908 unabhängige Zeitungen, die die Öffentlichkeit informierten und ihre Interessen wahrnahmen. *Al Hijaz* wurde in Mekka herausgegeben, 1909 folgten dann *Al Rakid* und *Al Kibla*. Im übrigen arabischen Raum existierten schon davor solche Zeitungen, seitdem Napoleon 1785 eine Druckerpresse nach Ägypten brachte. Im 19. Jahrhundert gab es in Ägypten, in Irak und Syrien einen aktiven Journalismus.

Als die saudischen Bemühungen, arabische Journalisten und Unternehmen aus dem Pressewesen zu »kaufen« oder zu kontrollieren, Anfang der 60er Jahre nachdrücklicher betrieben wurden, gab es in Beirut eine Presse, die ihre Verantwortung ernst nahm, und in anderen arabischen Ländern wurden immer mehr Freiheiten für die Journalisten durchgesetzt. König Faisal versuchte mit seinen Anstrengungen, die Presse »umzudrehen«, Nassers erfolgreicher Propagandamaschine und seiner Akzeptanz bei der Mehrheit der Araber etwas entgegenzusetzen. Heute, da es in Fragen der arabischen Identität kein klares ideologisches Gegengewicht zu Saudi-Arabien mehr gibt, übt das Haus Saud inzwischen nicht mehr nur totale Kontrolle über seine inländische Presse aus und manipuliert durch Geld die der anderen arabischen Länder. Es möchte sämtliche arabischen Medien unter seine Kontrolle bringen und arabische Regierungen dazu zwingen, eine ähnlich strenge Pressezensur einzuführen wie in Saudi-Arabien. Diese Bemühungen der Saudis hatten beachtlichen Erfolg – und dies ist ein äußerst ernstzunehmender Rückschritt. Wenn kein Parlament oder andere entsprechende Möglichkeiten vorhanden sind, hatten die Medien versucht, die Rollen von selbstverständlichen Diskussionszentren zu übernehmen und das Recht der Menschen auf Information zu schützen. Die letzte Verteidigungslinie vor der Tyrannei wurde damit durchbrochen, wir befinden uns mitten in einem finsteren, vom Haus Saud finanzierten arabischen Zeitalter.

Um die Jahrhundertwende verfolgten *Al Hijaz*, *Al Kibla*, *Al Rakid* und andere arabische Publikationen eine aufgeklärte Politik, trugen zu wichtigen Auseinandersetzungen bei und veröffentlichten Arbeiten von Autoren aus dem gesamten arabischen Raum. Kurz nachdem Ibn Saud im Jahr 1925 den Hijaz erobert hatte, wurden sie zur Schließung ihrer Publikationen gezwungen. Er befahl den Herausgebern, seine rückschrittliche Politik zu unterstützen, und als sie diese Unterwerfung verweigerten, ordnete er an, daß »Komitee«-Mitglieder diejenigen verhaften sollten, die diese Zeitungen in der Öffentlichkeit lasen. Als dies nicht zu zufriedenstellenden Resultaten führte, konfiszierte er die Druckerpressen. Zwischen 1925 und 1927 gab es in Saudi-Arabien keine einzige Zeitung oder Zeitschrift. Da die Wahhabiten keine andere Lektüre außer dem Koran und prowahhabitischen religiösen Traktaten zuließen und weil Ibn Saud anordnete, daß Schriftsteller vor Beginn der Arbeit an einem Gedicht, Artikel oder Roman die Erlaubnis der Regierung einholen mußten, gab es im ganzen Königreich nichts zu lesen, nicht einmal die gängigsten islamischen Bücher, die seit Jahrhunderten bekannt waren.

Überraschenderweise reagierte Ibn Saud auf die Tatsache, daß sein Wahhabismus auf so viel Ablehnung stieß, 1927 durch die Gründung einer offiziellen Zeitung mit dem Titel *Umm al-Khura (Mutter der Dörfer)*. Das Blatt war ein kümmerlicher, monatlich erscheinender Ersatz für das, was es vorher gegeben hatte, da es vor allem von Nichtsaudis verfaßt wurde, deren Sichtweise nicht viel mit dem Land zu tun hatte und die sich wenig für das Wohlergehen der Menschen interessierten. Man fand darin alle möglichen Antworten auf Kritik am Wahhabismus und eine völlig neue Darstellung der arabischen Geschichte, die die Ruhmestaten der neuen Monarchie verkündete. *Umm al-Khura* versuchte nicht nur, der islamischen Mehrheit den Wahhabismus nahezubringen, sondern begann auch als erste, die von Ibn Saud kontrollierten Gebiete als Königreiche darzustellen, statt sie einfach als normale Territorien oder Regionen zu bezeichnen; Ibn Saud stand dadurch natürlich als der große Befreier und Einiger der Araber da.

Trotz seiner offenen Gegnerschaft zu allem Geschriebenen und allen Schreibenden war Ibn Saud von seinem Image besessen – das ist heute noch bei allen Mitgliedern des Hauses Saud nicht anders. Er kontrollierte nicht nur den gesamten Inhalt von *Umm al-Khura*, sondern ließ dort auch unter seinem eigenen Namen Lobartikel über sich drucken. Sie wurden von dem gekauften libanesischen christlichen Autor Amin Rihani verfaßt, und obwohl es in einigen um die Lehre und die Ansichten des Islam ging,

teilten sie der Welt doch vor allem mit, welch ein herrlicher Herrscher Ibn Saud war. Daß Ibn Saud die Dienste Rihanis als
Ghostwriter in Anspruch nahm, paßt zu seiner sonstigen Abhängigkeit von nichtislamischen Ratgebern, obwohl es einzigartig ist,
daß islamische Themen von einem Nichtmoslem behandelt werden. Darin zeigt sich die Angst dieses Herrschers davor, daß ein
Moslem wohl Schwierigkeiten mit dem gehabt hätte, was er vertreten sollte. In der Tat hätten sich vermutlich die meisten geweigert, die Shi'iten anzugreifen oder die wahhbitische Kritik am
mehrheitlich praktizierten sunnitischen Islam mitzutragen.

Nach Rihani kamen noch weitere derart verpflichtete Nichtsaudis, Nichtmoslems und Moslems. Unter ihnen waren George
Antonius, Verfasser von *The Arab Awakening,* und Yussuf Yassin,
ein Berater und Autor, der ein schreckliches Buch mit dem Titel
Ibn Saud, The Unifier of the Arabs geschrieben hat. Diese drei
Männer ließen sich von Ibn Saud bezahlen, und sie waren typisch
für das, was sich in den 60er Jahren entwickelte, als die Versuche
der Saudis, die Kontrolle über die arabische Presse zu gewinnen,
langsam organisierte Formen annahmen. Rihani und Yassin waren wirkliche Verräter; ohne zu zögern oder moralische Zurückhaltung schrieben sie, was Ibn Saud ihnen auftrug. Antonius dagegen nahm das Geld und gab vor, Ibn Sauds Auftrag zu erfüllen,
dann jedoch kritisierte er ohne Einschränkung die Geschichtsdar-
stellung, das Verhalten und die Politik seines Wohltäters.

Ibn Saud sah aus triftigen Gründen wie auch aus politischer
Kurzsichtigkeit keine Bedrohung in der Presse anderer arabischer
Länder. Logistische Probleme verhinderten die Verbreitung der
Publikationen aus dem arabischen Raum in Saudi-Arabien, und
Ibn Saud glaubte nicht, daß diese Medien sein Volk beeinflussen
könnten; er interessierte sich auch kaum für das, was sie über ihre
eigenen Länder berichteten. Sogar als in Ägypten, Irak und Palästina im Jahr 1930 der arabische Rundfunk seine ersten Sendungen ausstrahlte, hatte das nur geringe Auswirkungen in Saudi-
Arabien. Die Sendequalität war sehr schlecht, und als das dann
besser wurde, besaßen in Saudi-Arabien immer noch nur wenige

Menschen ein Radiogerät. Die meisten von ihnen waren noch dazu vermögende Leute, die sowieso nicht gefährlich waren, da sie durch ihren Reichtum dem Thron sehr nahestanden.

In den 50er Jahren wurden die arabische Presse und ihr möglicher Einfluß auf die Angelegenheiten Saudi-Arabiens wichtiger, als Nasser den Sender *Voice of the Arabs* sowie die ägyptische und die libanesische Presse einsetzte, um das Haus Saud und dessen Haltung anzugreifen. Diese Angriffe waren wie die Beziehungen zwischen Saud und Nasser mal mehr oder weniger intensiv. Doch Nassers Popularität und das schlechte Image des Hauses Saud, das durch diese Attacken entstand, belegten zweifelsfrei, daß das saudische Volk durch Propaganda beeinflußt werden konnte und daß die Macht der Presse eine Gefahr darstellte, mit der sich das Haus Saud befassen mußte.

König Sauds legendäre Einfachheit und Offenheit waren auch darin zu spüren, wie er versuchte, die inländische Presse zu ignorieren, ihr einige Freiheiten zuzugestehen und arabische Journalisten zu bestechen. Meistens gestattete er der saudischen Presse, sich selbst zu zensieren. Das hatte einige ganz gute Entwicklungen zur Folge, unter anderem gab es Diskussionen über Außenpolitik und Kritik an einzelnen Abteilungen und Beamten der Regierung. Als arabische Journalisten Saud besuchten, gab er ihnen Geld, ohne irgendeine Gegenleistung zu erwarten, und bei einem offiziellen Besuch in Beirut im Jahr 1953 ließ er allen Journalisten, die über die Reise berichteten, geldgefüllte Umschläge überreichen.

Bei König Faisal gab es keine Geschenke, doch er erwartete genau das gleiche. Er benutzte die arabische Presse in anderen Ländern, um seine Politik und das Bild des Hauses Saud in einem vorteilhaften Licht darzustellen. Anfang der 60er Jahre war aufgrund der diktatorischen Art Nassers Beirut anstelle von Kairo zum Zentrum einer freien arabischen Presse geworden. Es gab dort mehrere hundert Zeitungen und Zeitschriften, und viele libanesische Journalisten unterstützten Nasser ideologisch oder für eine geringe Bezahlung. Faisal setzte saudisches Geld ein, um sie aus Nassers Umklammerung herauszureißen, und sie erwiesen sich als empfänglich für die Verführungskraft ansehnlicher saudischer Zahlungen. Der frühere Herausgeber der führenden libanesischen Wochenzeitung *Al Hawadess*, Selim Louzi, teilte die libanesischen Journalisten, die – damals wie heute – Geld von den Saudis nahmen, ein in »Piraten und Bettler: die ersteren drohten den Saudis, bis diese sie großzügig bezahlt hatten, die zweiten bettelten einfach um Geld, damit sie ihre schmutzige Arbeit tun konnten«. (Louzi war ein Pirat, der den Saudis einige Millionen Dollar abnahm, wie auch der Kolumnist Alexander Riyashi, der an Faisal schrieb: »Zahle, oder ich sage die Wahrheit.«) Es gab jedenfalls genügend libanesische Journalisten, die sich von Faisal kaufen ließen. Einige, darunter auch ein paar christlich-maronitische Journalisten, unterstützten Faisal in seiner betont islamischen Position gegenüber dem arabischen Nationalismus. Andere griffen Nassers enge Beziehung zur UdSSR an, und eine dritte Gruppe widmete sich der positiven Schilderung des saudischen Monarchen, indem sie übertriebene Geschichten über gute Taten von ihm und seiner Familie veröffentlichten.

Gleichzeitig befaßte sich Faisal mit der Organisation seiner inländischen Presse. 1963 erließ er einige Gesetze, die die Kontrolle der Regierung über das saudische Pressewesen systematisierten. Es sollte nicht zu groß werden und auch nicht, seiner natürlichen Tendenz folgend, die traditionelle Rolle eines Hüters der öffentlichen Interessen übernehmen. Da Faisal befürchtete, daß eine freie Presse Macht bedeuten könnte, strich er für Einzelpersonen oder Familien das Recht, Eigentümer von Presseerzeugnissen zu sein. Statt dessen wurden alle Zeitungen und Zeitschriften in Aktiengesellschaften umgewandelt, deren Lizenzen in periodischen Abständen nach Faisals persönlicher Befürwortung erneuert wurden. Er erließ auch Gesetze darüber, wer Journalist werden konnte, schränkte den Inhalt der Publikationen ein und setzte hohe Geld- und Gefängnisstrafen für alle fest, die diesen Gesetzen zuwiderhandelten.

Faisals Vorstoß aus den 60er Jahren, die Presse der arabischen Länder zu kontrollieren, war eine direkte Reaktion auf Nasser und andere arabisch-nationalistische Herausforderungen an die traditionellen Regimes. Er lieh sich die Loyalität der libanesischen Journalisten nicht nur, um der propagandistischen Bedrohung des Hauses Saud zu begegnen, sondern auch, um seine Position in der islamischen Welt voranzutreiben und die öffentliche Meinung im arabischen Raum auf seine Seite zu bekommen. Doch Faisal wußte, daß er nicht alles unter seine Kontrolle bringen konnte. Damals hatten libanesische Journalisten durchaus auch andere Sponsoren, und ihre Unterstützung für das Haus Saud war nicht nur einmal völlig unlogisch und klang ziemlich lächerlich. Sie akzeptierten die Vorgaben der Saudis, doch blinde Unterwürfigkeit und tägliche Eingriffe in die redaktionelle Arbeit gingen ihnen gegen den Strich.

Außer Piraten und Bettler waren sie im Grunde Gegner von Nasser, Ba'ath-Partei und anderen Vertretern einer panarabischen Linie – das war die Gruppe der ideologischen Bettgenossen Faisals; oder sie waren richtiggehende Lohnschreiber, die nur am saudischen Geld interessiert waren. Der wichtigste Journalist und Herausgeber im damaligen Beirut, Kamel Mroeh von *Al Hayat*, kooperierte mit Faisal, weil er aus ideologischen Gründen gegen Nasser war, und das Geld gestattete ihm, seinen gut durchdachten, elegant formulierten Standpunkt zu veröffentlichen. Als es Nasser nicht gelang, ihn einzuschüchtern, ließ er den mutigen Mroeh ermorden. Dadurch brachte er allerdings eine Stimme der Mäßigung und Vernunft zum Schweigen, und seine Tat fiel damit auf ihn zurück, da sie weniger fähigen und intelligenten Leuten die Turen öffnete.

Für Mroeh gab es keinen Ersatz, niemand war so ehrlich und in seinen Angriffen auf Nasser so überlegt wie er. Einige Piraten waren noch da, darunter Selim Louzi, doch obwohl das Wort »Pirat« so interessant klingt, waren die meisten doch nur Erpresser. Jemand, der sich so erniedrigt, wird für Geld alles tun, und genau das geschah auch. Anhand der Intensität ihrer Attacken auf die Feinde Saudi-Arabiens konnte man immer genau sagen, wie gut es einem Piraten mit dem saudischen Geld ging. Bekam er alles, was er wollte, so war Nasser beispielsweise nichts als ein sowjetischer Handlanger, aber wenn die Saudis nicht ausreichend bezahlten, galt er einfach als ein Vertreter eines anderen Standpunkts.

Die Bettler kannten in ihrer Unterstützung keine Zurückhaltung oder Mäßigung. Auf zu geringe finanzielle Zuwendungen reagierten sie, indem sie sich durch noch heftigere Attacken auf die Feinde bei ihren saudischen Herren beliebter machen wollten. Als Nassers Ehefrau ihren Mann einmal zu einem Treffen mit dem jugoslawischen Präsidenten Tito begleitete, schrieb einer dieser Bettler einen kritischen Artikel darüber und bezeichnete das als unislamisch, obwohl jeder wußte, daß sie eine Hausfrau und liebevolle Mutter war, die nie viel unterwegs war. Ein anderer betonte, daß in der Leitung der Ba'ath-Partei auch einige Christen waren, was sie gleich verdächtig machte.

In den 60er Jahren konzentrierten sich die Bemühungen der Saudis um Kontrolle über die arabische Presse auf Beirut, weil sich dort der Sitz zahlreicher panarabischer Zeitungen befand, vor allem solcher, die auch jenseits der Grenzen des kleinen Landes verkauft wurden. Doch erstreckte sich diese Kampagne nicht nur auf den Libanon. Auch in Syrien, Jordanien und Marokko gelang es den Saudis, die Herausgeber ausschließlich auf diese Länder konzentrierter Zeitungen zu bestechen; ihr Ziel war dabei, bei den einfachen Leuten einen Meinungsumschwung zu erreichen. Durch die Pressefreiheit im Libanon waren dort alle möglichen Meinungen vertreten, doch in anderen Staaten war für die Saudis die Einwilligung der jeweiligen Diktatoren notwendig. Bis auf eine Regierung in Syrien, die freundliche Beziehungen zu Ägypten unterhielt oder ihre eigenen Gründe für einen Widerstand gegen die Politik der Saudis hatte, zeigten sich alle Regierungen der anderen Länder entgegenkommend, da Jordanien und Marokko den Panarabismus ebenso fürchteten wie die Saudis. Eine der Auswirkungen der Niederlage von Nasser im Sechs-Tage-Krieg von 1967 war sein schwindender Einfluß auf die arabische Presse außerhalb Ägyptens. Auch die Anhänger seiner Ideologie waren damals geschlagen worden, und die Subventionen für seine ihm ergebenen Unterstützer wurden gekürzt. Viele Beiruter Zeitungen wechselten auf die andere Seite und schlossen sich dem Lager Saudi-Arabiens an. Als Nasser 1972 starb, hatte Saudi-Arabien bei der Finanzierung der meisten arabischen Zeitungen und Zeitschriften, die im Libanon, in Marokko, Jordanien und in Syrien in Privatbesitz waren, die Stelle von Ägypten eingenommen.

Als nach Faisal die große Zeit der OPEC anbrach und ein Barrel Rohöl für 40 Dollar verkauft wurde, teilte Saudi-Arabien mit vollen Händen aus, und es wurde schwierig, einen arabischen Journalisten zu finden, der kein »Geschenk« erhielt. Für eine kurze Zeit unterstützte der Irak Zeitungen und Magazine, die eher eine panarabische als eine saudische Linie propagierten. Die pro-irakische Presse zeigte durchaus Wirkung und förderte einen konstruktiven Austausch zwischen den progressiven säkularistischen Kräften der Region und der von den Saudis kontrollierten Presse. Doch sie konnte weder mit dem stetigen Dollarzufluß durch die Saudis mithalten, noch hatte sie ein Individuum an der Spitze als Zugpferd aufzuweisen (Saddam Hussein war nie eine derart charismatische Gestalt wie Nasser). In der abschließenden Analyse stellt sich der Kampf zwischen Irak und Saudi-Arabien um die Kontrolle über das arabische Pressewesen als Streit zwischen zwei absoluten Diktaturen mit wenig Unterstützung durch die Bevölkerung dar – ein Kampf, der auf Kosten der Wahrheit geführt wurde.

*

Die Saudis hatten 1979 alle verfügbaren käuflichen Talente für sich gesichert. Doch sie waren immer noch unzufrieden über jedes restliche bißchen Opposition, das sich gegen sie stellte, und wollten sich doch nicht auf Außenstehende verlassen. Zu dieser Zeit begannen sie, ihre Kontrolle der arabischen Zeitungslandschaft durch direkte Eigentumsrechte auszudehnen sowie durch die Übernahme ihrer restriktiven Innenpolitik in anderen Staaten und durch Versuche, ihre Feinde auszuschalten. Sie gingen darin über die indirekte Kontrolle hinaus, die sie in Ländern wie dem Libanon bereits ausgeübt hatten. Die übrigen Länder des Kooperationsrates der Golfstaaten, in denen es teilweise liberale Pressegesetze gab, wurden gezwungen, das saudische Modell zu übernehmen.

Im Jahr 1979 begannen die Saudis mit der Zeitung *Al Sharq al-Awsat* Eigentum an Zeitungen zu erwerben. Das Blatt wurde in London herausgegeben und per Fax an Druckereien in der ganzen arabischen Welt verschickt. Dann kauften sie die alteingesessene libanesische Zeitung *Al Hayat*, die ebenfalls in London herauskam. Es folgten wöchentlich in London, Paris und Beirut erscheinende Zeitschriften für Frauen, Sport, Wirtschaft und Politik. Der finanzielle Rückhalt durch das Haus Saud gab diesen Blättern einen Vorsprung gegenüber der Konkurrenz, die sich keine Nachrichtenredaktion oder moderne Druckereien leisten konnte, und machte es den Saudis leicht, die anderen dazu zu zwingen, sich gegen entsprechende Finanzhilfen mit ihnen zusammenzutun. Man hatte die Wahl, entweder auf die Linie der Saudis einzuschwenken oder zugrundezugehen, und die saudische Linie bedeutete dieses Mal, daß der gesamte Inhalt eines Blattes auf die Belange Saudi-Arabiens zurechtgeschnitten wurde.

Saudi-Arabiens Entscheidung, eigene panarabische Publikationen zu erwerben, war mit einem Versuch der Einflußnahme durch finanziellen und anderen Druck auf die Presse in nichtarabischen Ländern verbunden. Die Saudis weigerten sich dann beispielsweise, Visa für Auslandskorrespondenten auszustellen oder die Journalisten zu Konferenzen des Kooperationsrates und anderer Gremien einzuladen, sie drohten mit der Rücknahme ihres Abonnements bei einer Nachrichtenagentur oder von Verbundanzeigen in verschiedenen Zeitungen und Zeitschriften; die Loyalität mancher britischer oder amerikanischer Nahostkorrespondenten erkauften sie sich regelrecht. (Ich will zwar nicht unterstellen, daß es jemals passiert ist, doch fällt es mir schon schwer zu glauben, daß die Nachrichtenagenturen Reuter, Agence France Press oder Associated Press ihre Basis in Saudi-Arabien gefährden, wenn Sie einmal eine Geschichte gegen das Haus Saud veröffentlichen würden.) Bei ihren unheilvollen, meistens heimlich betriebenen Aktivitäten zur Beeinflussung der westlichen Presse waren die Saudis relativ erfolgreich. Wenn die Untaten des Regimes von Saudi-Arabien nicht die Beachtung in den westlichen Medien gefunden haben, die eigentlich angebracht wäre, so liegt es teilweise daran, daß große neue Organisationen die saudische Regierung nicht vor den Kopf stoßen wollen, und weil sich auch einige westliche Korrespondenten im Nahen Osten bestechen lassen.

Nach dem Ende des Golfkriegs und da der Irak sich an den Fragen der arabischen Politik überhaupt nicht mehr aktiv beteiligt, hat Saudi-Arabien nun freie Hand, um der arabischen Presse seine eigenen Vorgaben zu diktieren. Das gilt sowohl für die in Privatbesitz befindlichen Publikationen aus London, Paris und dem Libanon wie auch für die staatlichen in Ländern, die von finanzieller Unterstützung durch Saudi-Arabien abhängig sind: Ägypten, Syrien, Marokko und andere. Zur Zeit teilt sich das arabische Pressewesen in verschiedene Gruppen: eine im Besitz der Saudis, eine von den Saudis kontrollierte, eine unter der Kontrolle des Kooperationsrates der Golfstaaten und anderer Länder mit freundschaftlichen Beziehungen zu Saudi-Arabien, die es sich nicht mit diesem Staat verderben wollen, und eine kleine Gruppe von Zeitungen, die gegen Saudi-Arabien arbeiten und mit großen Schwierigkeiten zu kämpfen haben. Und die Saudis selbst kaufen sich immer noch weiter die Loyalität westlicher Journalisten.

Doch das ist noch nicht alles. Ihr Zugriff erstreckt sich inzwischen auch auf den Besitz an technologischen Entwicklungen, mit denen sie ihr Vorhaben nach allseitiger Präsenz abdecken können. Ihnen gehört Middle East Broadcasting Corporation, MBC, ein arabischsprachiger Fernsehsender in London, der die im Ausland lebenden Araber versorgt und via Satellit nach Nahost ausgestrahlt wird. Dazu kommen noch: ANA, der arabische Radiosender in Washington DC, und Radio Orient, das arabischsprachige Hörfunkprogramm in Frankreich. 1981 haben einige Freunde der Saudis in einer ziemlich umständlichen Finanzaktion 14,9 Prozent von Londons TV-Sender AM gekauft, und Geschäftsleute, die dem Haus Saud verbunden sind, haben sich Anteile an den wichtigsten Londoner Zeitungen erworben und wollen dies noch weiter ausdehnen. Vor kurzem haben sie für vier Millionen Dollar die Nachrichtenagentur United Press International gekauft.

Doch auch die Kontrolle über die Presse und Sender reicht dem Haus Saud noch nicht. Sie haben Interesse an der Kontrolle über Buchverlage erkennen lassen (mindestens zwei Londoner Verleger von Büchern über den Nahen Osten sind von ihnen abhängig). Für einige meiner Bücher fand sich aus Angst vor saudischen Repressalien kein arabischer Verleger. Eines wurde von einem Verleger herausgegeben, der – ohne daß ich es wußte – für die Saudis arbeitete, er zahlte viel Geld für die gesamten Rechte für den arabischsprachigen Raum und veröffentlichte das Buch dann nicht. Ernstzunehmender ist, daß die Saudis 1982 etwas gegen ein Buch über die Rebellion in der Moschee von Mekka einzuwenden hatten, das der ägyptische Autor Ahmad al-Sayyed geschrieben hatte, sowie gegen ein anderes über den Golfkrieg, verfaßt von Dr. Safra al-Hamadi, und dabei sogar mit der Kürzung von Hilfsgeldern für Ägypten drohten, damit die ägyptischen Behörden beide Bücher konfiszierten.

Die Saudis bestraften Verleger von antisaudischen Büchern mit einem Verbot all ihrer Publikationen in Saudi-Arabien und setzen das ebenfalls bei den Mitgliedern des Kooperationsrates durch. Kein Verleger kann es sich leisten, als antisaudisch eingestuft zu werden, und der Verlag *Quartet Books* wurde für die Veröffentlichung eines Buches über den Einmarsch der Israelis in Beirut mit dem Titel *God Cried* zur Rechenschaft gezogen, da Gott nach Ansicht der Saudis nicht weint.

Der bekannte ägyptische Schriftsteller Muhammad Haikal, der libanesische Herausgeber Ghassan Tweini und der palästinensische Publizist Abdel Barri Attwan und andere Autoren haben sich gegen die Kontrolle der arabischen Presse durch die Saudis gewandt und vor ihren Folgen gewarnt. Diese Männer sind zwar berühmt und einflußreich, können jedoch gegen die Macht des

...lischen Geldes nichts ausrichten; es ist bekannt, daß die Saudis
...n arabische Journalisten dadurch gekauft haben, daß sie ihnen
...s Zehnfache ihrer vorigen Einkünfte angeboten haben. Der
libanesische Journalist und Medienhistoriker Jean Diah meint dazu: »Das arabische Pressewesen ist in einem so miserablen Zustand wie zuletzt unter Hidikat al-Akhbar im Jahr 1858.« Wie um ihm recht zu geben, verfaßte der Herausgeber der saudi-eigenen Zeitung *Al Hayat*, Jihad al-Khazen, vor kurzem einen Leitartikel, in dem er einige Gegner der Kontrolle Saudi-Arabiens über die arabische Presse beschuldigte, frustrierte Agenten des Mossad oder der CIA zu sein. Das las sich so, als ob er vorführen wollte, wie tief der Journalismus in den arabischen Ländern bereits gesunken ist.

Der Zugriff der Saudis auf die arabische Presse ist in den vergangenen 50 Jahren eine der gefährlichsten Entwicklungen in der arabischen Welt. Die Saudis haben den weiteren Aufbau demokratischer Institutionen aufgehalten, Nassers Panarabismus zerstört und den Irak als Basis eines zwar in dieser Form üblen, jedoch notwendigen Säkularismus ausgeschaltet. Mit der Kontrolle über das Pressewesen zielen sie jetzt darauf ab, die Fähigkeit der Araber zu zerstören, zu lernen, Veränderungen umzusetzen und weiterzukommen. Doch das ist nicht allein ihr Werk. Bei jedem Schritt auf diesem Weg hatten sie die Unterstützung arabischer Journalisten, vor allem von Libanesen und Palästinensern, denen das Geld wichtiger war als ihre Verbundenheit mit Prinzipien und dem Wohl der arabischen Völker. Nichts konnte die Vorstellung der Saudis über das, was die Presse eigentlich berichten sollte, besser illustrieren als diese Meldung, die 1991 in sechs saudischen Zeitungen erschien: »*Der Ministerrat ist zusammengetreten, hat mehrere Themen behandelt und entsprechende Beschlüsse gefaßt.*«

*

Turkki al-Suddeiri, ein Verwandter von König Fahd, königlicher Prinz und Chefredakteur der Tageszeitung *Al Riyad*, benannte 1981 das saudische Informationsministerium in Verleugnungsministerium um. Das erschien in einem Artikel auf der ersten Seite der Zeitung, in dem er die Rolle des Ministeriums brandmarkte, das sämtliche Nachrichten abstritt, die nicht zuvor von der Regierung bestätigt worden waren. Suddeiri kam gut davon: er wurde gekündigt und dann wieder eingestellt.

Doch daß er diesen Zornesausbruch überlebte, hatte mehr mit seinem Namen zu tun als damit, daß die Regierung mit Kritik offen umgehen konnte. Hamir Ghuyarfi, Herausgeber der Tageszeitung *Al Youm*, wurde im selben Jahr ebenfalls entlassen und nicht wieder eingestellt. 1982 wurde Muhammad al-Ali, ein Reporter von *Al Youm*, eingesperrt und zwei Jahre lang festgehalten. Zuheir Issa Safrawey von der Zeitschrift *Al Majallah*, die den Saudis gehört, wurde eingesperrt; die Literaturbeilage von *Al Youm* mußte ihr Erscheinen einstellen. Einen Monat nach der Festnahme von Muhammad al-Ali berichtete eine saudische Tageszeitung mit folgenen Worten über eine Rede, die König Fahd gehalten hatte: »Mehr noch als seine sprachliche Eleganz, Direktheit und sein Wissen beeindruckten die Zuhörer sein Witz und seine Bescheidenheit.«

Die saudischen Pressegesetze sind ein eklatanter Versuch, die Wahrheit zu unterdrücken, sie so lange zu leugnen oder zu verdrehen, bis ein halber Analphabet, heimlichtuerischer, ignoranter, humorloser und arroganter Mann als das genaue Gegenteil erscheint. Doch Zensur und Verdrehungen durch das »Verleugnungsministerium« hören nicht bei der Neuerschaffung der Person des Königs und seiner Familienmitglieder auf, sondern betreffen auch die Darstellung der Minister, Generäle, Botschafter und anderer Würdenträger der Regierung. Gleichzeitig werden die Gesetze und Verordnungen des Ministeriums scheinbar endlos in alle Richtungen gedehnt. Über Religion kann man nur dann diskutieren, wenn der Standpunkt des wahhabitischen Rats der Ulemas dargestellt wird – und seit kurzem wurde sogar das zum Problem. Über die Streitkräfte kann man nicht schreiben, da jede Information über sie als Staatsgeheimnis gilt. Befreundete Staatsoberhäupter darf man nicht kritisieren, da die Außenpolitik

Saudi-Arabiens dadurch gestört werden könnte. Es ist strikt verboten, jemanden zu diffamieren – und Informationen über einige der Freunde des Königs, die mit zweifelhaften Geschäften viel Geld verdienen, fallen unter dieses Stichwort. Der Hinweis über die Zunahme von Diebstählen ist gleichbedeutend damit, zu solchen Taten zu animieren, und daher verboten; schreibt man über die Erfolge von politischen Bewegungen, die dem Haus Saud nicht genehm sind, wie beispielsweise die islamischen Fundamentalisten in Algerien, so ist es dasselbe, wie für eine destruktive Ideologie zu werben. Wer für die Rechte der Frauen eintritt, verletzt die Heimchen-am-Herd-Maxime des Ministeriums. Beschwerden der Bürger über die Wasser- und Telefonversorgung stören die öffentliche Ordnung. Dieser Würgegriff, in dem sich die Presse befindet, erklärt, warum zwei Tage lang keine Berichte über den Golfkrieg erschienen – bis offizielle Stellungnahmen der Regierung abgegeben wurden, und bis König Fahd persönlich die Kontrolle der Presse übernommen hatte und sich außer seinen anderen Titeln auch noch Zensor nannte. Durch Letzteres wird klar, warum die Kontrolle der Presse in Saudi-Arabien strenger als in Iran, China und sogar als in Irak ist (die irakische Presse tritt für die Rechte der Frauen ein und veröffentlicht mit Sicherheit Beschwerden über Regierungsstellen).

Es gibt in Saudi-Arabien 13 Tageszeitungen und sieben wöchentlich erscheinende Magazine. Ihre Lizenzen und die Genehmigungen der Texte, die sie drucken dürfen, unterstehen dem Presseinformationsrat unter Leitung des Innenministers, Prinz Naif, die beiden anderen Mitglieder des Rates sind der Außenminister, Prinz Saud al-Faisal, und der Informationsminister, Ali al-Shaer. Die Zusammensetzung dieses Rates zeigt ziemlich deutlich, welche Bedeutung ihm beigemessen wird und wie das Haus Saud seine Funktion einschätzt. Genaugenommen bedeutet die Berufung desjenigen zum Vorsitzenden, dem das »Komitee« und die normale Polizei unterstehen, eine Gleichsetzung der Gefahren durch die Presse mit Kriminalität und Volksverhetzung. Natürlich ist Naif ein leiblicher Bruder von König Fahd. Aus diesem Grund ist er auch besser als der Informationsminister für die wichtige Aufgabe geeignet, das Image des Hauses Saud zu schützen.

Die Kontrolle des Obersten Informationsrates über Presseerzeugnisse beginnt mit der Erteilung der Lizenzen. Will man etwas publizieren, so muß man eine besondere Genehmigung beim Informationsminister einholen, der den Hintergrund der Bewerber überprüft und sich ihrer Loyalität gegenüber dem Haus Saud vergewissert. Angehende Verleger werden entsprechend ihrer Haltung zum Königshaus handverlesen, und ich kenne selbst einige Leute, die dieser Überprüfung nicht standhielten, da man urteilte, sie seien »nicht geneigt, Befehle entgegenzunehmen«. (Ihre Namen bleiben hier zu ihrem Schutz ungenannt.) Auch die Namen der Redakteure müssen dem Ministerium vorgelegt und einzeln genehmigt werden. Danach kann eine Herausgeberlizenz erteilt werden, doch bei einer Zeitung muß jeder Reporter später politisch auf Herz und Nieren geprüft werden, auch wenn er bereits seit längerem bekannt ist und die fragliche Publikation schon lange Zeit existiert. Das ist noch nicht alles: Zeitungs- und Zeitschriftenhändler müssen eine spezielle Lizenz haben und saudische Staatsbürger sein, der Verkauf des geschriebenen Wortes ist zu wichtig, um Ausländern überlassen zu werden.

Der anfänglichen Überprüfung der politischen Zuverlässigkeit folgt eine ständige weitere Überwachung. Die Herausgeber sämtlicher Presseorgane müssen einmal im Monat mit Prinz Naif zusammentreffen, um die neuesten Instruktionen über »zulässige« und »wünschenswerte« Veröffentlichungen entgegenzunehmen. Naif hat derart weitreichende Befugnisse, daß er auch den Preis einer Publikation festsetzen und über den Anteil an Werbeanzeigen entscheiden kann. Nach der Invasion des Irak mußte er wörtlich Satz für Satz die Beschreibungen von Saddam Hussein und dessen Verbündeten, Yassir Arafat und König Hussein von Jordanien, genehmigen. Doch darüber hinaus hat er auch die Entscheidungsvollmacht über die zur Veröffentlichung vorgesehenen Fotos des Königs und anderer Mitglieder des Königshauses, wie auch über die Schilderung schwerer Regenfälle, der Ankunft offizieller Gäste, des Wettbewerbs um die »Miß World« in Atlanta. Muhammad Alawi von der Wochenzeitung *Al Yamama* forderte voller Bitterkeit in einem entrüsteten Leitartikel – die in dieser Art unter den saudischen Redakteuren seit einiger Zeit häufiger werden –, man möge »den Journalisten eine verläßliche Liste der verbotenen Wörter und Sätze geben, mit der sie arbeiten könnten«.

Das Ergebnis dieser Situation beschreibt der amerikanische Schriftsteller und Kenner des arabischen Pressewesens William Rugh als eine loyalistische Presse, die weder den König noch das Regime kritisiert und ein völlig optimistisches Bild von der Lage im Land zeichnet. In diesem Fall ist die loyalistische Presse auch ein durch Bevollmächtigte ausgeübtes staatliches Monopol. Jeder Versuch einer Publikation, die von der Regierung gesetzten Grenzen zu überschreiten, wird durch Geldstrafen, Verhaftung des Journalisten und/oder Herausgebers oder, wenn die Loyalität des ganzen Unternehmens suspekt erscheint, den Entzug der Presselizenz geahndet. Natürlich erzählen Gesetze und ihre Anwendung nicht die ganze Geschichte. Die Regierung setzt direkte Subventionen, Abonnements und Anzeigen als Druckmittel ein und hat damit einen Zugriff, lange bevor das Gesetz bemüht werden muß.

Die Rebellion in der Moschee von Mekka im Jahr 1979, ein ernstzunehmender, äußerst gewalttätiger Aufstand gegen das Haus Saud, ist eine gute Fallstudie für das Vorgehen des Informationsministeriums. Da das Ereignis unerwartet passierte, warteten die Presseleute 24 Stunden darauf, daß das Ministerium kundtat, was sie sagen sollten. Da das Ministerium jedoch keine Ahnung hatte, wer die Aufständischen waren, konnte es sich ebenfalls nur aufs Rätselraten verlegen. Anfangs beschuldigte es Khomeini als Anstifter der Aufrührer, dann wechselte es die Richtung und klagte Sadat an, mit dem die Saudis wegen Camp David Streit hatten. Dann deutete es auf Libyen und die PLO, und gleich darauf wurde aus der ganzen Sache eine zionistische Verschwörung.

Nichts ließ man über die Ankunft jordanischer, britischer und schließlich auch französischer Truppen verlauten, die die Rebellion niederschlagen sollten, nachdem dies den saudischen Soldaten nicht gelungen war. Nichts wurde über den wichtigen Aspekt gesagt, daß die nichtmoslemischen französischen Soldaten einen Sonderdispens erhalten hatten, damit sie die heilige Stadt Mekka überhaupt betreten durften. Und nachdem man die Identität der Rebellen festgestellt hatte, veränderte man ihre Nationalität und beschrieb sie als »fehlgeleitete ausländische Elemente«, obwohl bis auf fünf alle saudische Bürger waren. Man muß nicht erst hervorheben, daß die Anzahl der Toten und Verwundeten untertrieben wurden.

Der schi'itische Aufstand, der aus Sympathie zwei Tage nach dem Beginn der Rebellion von Mekka ausbrach, wurde verschwiegen, obwohl 200 Menschen dabei umkamen. Verschwiegen wurde auch, daß die Streitkräfte in ganz Saudi-Arabien in höchste Alarmbereitschaft versetzt worden und ungewöhnlich viele amerikanische Militärflugzeuge in Dhahran gelandet waren. Doch die Reaktionen auf die Rebellion von Mekka konnte man nicht verschweigen, da wichtige Angehörige des Hauses Saud ihren *majlis* ausfallen ließen, kugelsichere Westen trugen und sich mit Dutzenden von Leibwächtern umgaben.

Nach der Niederschlagung der Rebellion von Mekka entschied das Haus Saud, daß dieses ausgesprochen wichtige Ereignis als das Werk verrückter religiöser Fanatiker hingestellt werden sollte. Niemand erwähnte, daß der Anführer ein Wahhabit war, ein ehemaliger Student der Islamischen Universität von Medina, wo einer seiner Lehrer niemand geringerer war als Abdelaziz bin-Baz, der Vorsitzende des Rates der Ulemas. Auch über die politischen Reformen, die er und seine Gefolgsleute gefordert hatten, wurde nichts mitgeteilt.

Die Aufenthaltsorte und die Anzahl der Rebellen wurden nie veröffentlicht, die Entscheidung, alle beteiligten Männer hinrichten zu lassen, wurde erst am Tag der Exekution bekannt gegeben. Nach der Hinrichtung äußerte sich die Presse kein einziges Mal mehr über eine der wichtigsten Episoden in der Zeitgeschichte dieses Landes. Das Haus Saud tat so, als wäre das alles, einschließlich des schi'itischen Aufstandes, nie geschehen. Sie vertuschten das alles so dumm und oberflächlich, daß das *Wallstreet Journal* und die *Washington Post* berechtigten Anlaß zu Zweifeln an der Version der Saudis über die Ereignisse hatten und die Widersprüche in diesen Schilderungen aufdeckten.

Kein Mensch in Saudi-Arabien glaubte die offizielle, in der Presse verbreitete Darstellung der Rebellion in der Moschee, und jeder wußte über den schi'itischen Aufstand Bescheid. Mit all dem Leugnen und den Versuchen, die Wahrheit zu unterdrücken, erreichte man nur, daß die ohnehin nur geringe Glaubwürdigkeit der saudischen Regierung bei ihrer Bevölkerung weiter ausgehöhlt wurde und überall Gerüchte auftauchten. Die wahre Geschichte verbreitete sich über Flüsterpropaganda und wurde bei jeder neuen »Station« noch etwas mehr übertrieben. Die Redakteure in Zeitungen und Magazinen wußten, daß die Wahrheit weniger Schaden angerichtet hätte als all das Gerede, doch sie behielten ihre Meinung – und damit auch ihre Arbeitsplätze – für sich.

Es überrascht wohl niemanden, daß die Episode mit dem Film *Death of a Princess*, der Tod der iranischen Pilger, die Deportation von Hunderttausenden jemenitischer Arbeiter und die Anwesenheit einiger hundert weiblicher GI's in Saudi-Arabien widersprüchlich und ziemlich dümmlich abgehandelt wurden. Wenn es keinen Unterschied zwischen Nachrichten und redaktionellen Artikeln gibt, entsteht eine eigenartige Situation. Die Geschichten zum Lobe des Hauses Saud, die von Adjektiven nur so strotzen, sind verdeckte Artikel. Es gibt keinerlei Recherchen oder intensivere journalistische Nachforschungen – in keinem Artikel wird jemals erwähnt, wie ein Dieb in ein Haus gelangt ist oder welche Auswirkungen der Reichtum aus dem Erdöl auf die Gesellschaft hat. Die saudische Presse kann man durchaus als eine Ansammlung von Klatschblättern sehen, die sich auf die Glücksbotschaften aus dem Haus Saud spezialisiert haben. Eine Ausgabe von *al Riyad* aus neuerer Zeit enthielt 32 frohe Botschaften aus

dem königlichen Haushalt: Hochzeiten, Geburten, angekomme-
ne oder abgereiste Besucher, die Eröffnung von Gebäuden oder
Mitwirkung an öffentlichen Veranstaltungen. Es versteht sich von
selbst, daß die Äußerungen oder Taten Seiner Hoheit viel Raum
einnehmen und in allen schillernden Einzelheiten ausführlich geschildert werden müssen.

Außer der Presse und der besonderen Situation beim Radio-
und Fernsehsender ARAMCO in Dhahran gibt es noch die regie-
rungseigenen Radio- und TV-Sender, die 1949 bzw. 1965 gegründet wurden. Wie man bei der Begebenheit merkt, als Fahd den
indischen Spielfilm abgesetzt haben wollte, unterliegen Radio-
und Fernsehprogramme dem Diktat des Hauses Saud. Ungefähr
vierzig Prozent der Programme befassen sich mit Religion – Le-
sungen des Koran und der Weisheiten des Propheten, dazu dann
wahhabitische Interpretationen –, der Rest sind Nachrichten und
Kultur. Es gibt wenig Unterhaltung aus Saudi-Arabien oder arabischen Ländern. Es gibt Filme, die gemäß den von Prinz Naif
erlassenen Vorschriften keine Gewalt, keinen Sex und keine engen
Hosen zeigen, keine Kreuze, Nonnen oder Priester. Weder dürfen
Staaten, zu denen keine freundlichen Beziehungen bestehen, erwähnt werden noch Israel, der Kommunismus oder Geschlechts-
krankheiten. Natürlich kann kein Film die Lebensgeschichte von
Jesus oder Moses zeigen, obwohl beide für Moslems als Propheten
gelten und als solche verehrt werden müssen.

Die Kontrolle über die Bücherproduktion fällt irgendwo zwischen den Zeitungsjournalismus und Radio und Fernsehen. Bücher von saudischen Staatsbürgern müssen immer noch genehmigt werden, bevor man zu schreiben beginnt, und ein saudischer
Schriftsteller muß sich auch dann an diese Vorschrift halten, wenn
er für einen ausländischen Verleger arbeitet. Die hervorragendsten
zeitgenössischen Autoren sind aus diesem Grund ins Exil gezwungen worden – der Romanautor Abdelrahman Munif, der
Historiker Osama Abdelrahman und der Gelehrte Abdallah
Ghoseim. Inzwischen läßt die Regierung ziemlich viele Bücher
und Schulbücher drucken, die die Geschichte in der Version des

Hauses Saud wiedergeben. Darin sind die Schi'iten Ketzer, König Saud hat nie gelebt, die Haschemiten haben nie im Hijaz regiert. Die Evolutionstheorie von Charles Darwin wird unterschlagen, Karl Marx war ein jüdischer Verschwörer, und Ayatollah Khomeini wird nicht erwähnt. Vor einiger Zeit mußte man etliche Bücher neu bearbeiten, um Saddam Hussein wieder aufzunehmen, und die Rolle der saudischen Armee im Golfkrieg wird derart übertrieben, daß man meinen könnte, es wäre sonst niemand daran beteiligt gewesen.

Es gibt auch einige Privatverlage, doch die fallen nicht ins Gewicht und haben nur Autoren, die das Haus Saud voll unterstützen. In den meisten Gedichtbänden geht es nur um die Lobpreisung des Königs, Romane handeln von den Helden der königlichen Familie oder historischen Figuren, die ihr genehm sind, und einige Journalisten verbreiten gegen königliches Honorar ihre eigene Interpretation der Geschichte in dicken Büchern. Ein vor kurzem erschienenes Buch über den Krieg zwischen Saudi-Arabien und Jemen von 1969 erwähnt nicht ein einziges Mal, daß die Bevölkerung von Asir Schi'iten und ihren jemenitischen Glaubensbrüdern und -schwestern verbunden sind. In anderen Büchern findet sich kein Hinweis auf die Sklaverei, auf die amerikanische Luftwaffenbasis in Dhahran oder die grundlegenden Vereinbarungen zwischen Saudi-Arabien und ARAMCO. Sogar frühere Könige werden zu Randfiguren gemacht, und inzwischen gilt Fahd als derjenige, der für Faisal und Khalid alles erledigt hat, die selbst nur vorgeschobene Gestalten waren.

Diese allumfassende Kontrolle wird durch Gesetze über den Import von Medien ergänzt. Saudi-Arabien hat strenge Vorschriften über die Einfuhr von Zeitungen, Magazinen, Ton- und Videokassetten. Neue Bücher werden selten durchgelassen, da es länger dauert, bis man sich über ihren Inhalt klar geworden ist, Audio- und Videokassetten müssen zuvor genehmigt werden. Die Regierung stört nicht nur den Empfang von Radio- und Fernsehsendungen aus »nicht befreundeten« Ländern, sondern es wurden sogar schon Leute eingesperrt, weil sie solche Sendungen gehört oder gesehen haben. Meistens werden solche Maßnahmen von »Komitee«-Mitgliedern durchgeführt, die teilweise dafür bekannt sind, daß sie jemanden beschuldigen, Vergnügen an ausländischen Sendungen mit gegen das Haus Saud zielendem Inhalt gefunden zu haben, und dann diese Menschen verhaften und ihr Radio- oder TV-Gerät zerstören.

Das Direktorium für Publikationen kontrolliert die Importe von Presseerzeugnissen und ermächtigt alle Zollbeamten an sämtlichen Grenzübergängen in das Königreich, ausländische Publikationen zu zensieren und zu konfiszieren. Die Zuständigkeit dieser Behörde betrifft sowohl Medien, die im Land verbreitet werden sollen, wie auch solche, die Einzelpersonen dabei haben. Oft werden ganze Seiten mit nicht akzeptablen oder verdächtigen Artikeln und Anzeigen herausgerissen, Zeitungen wie *Economist*, *Newsweek*, *Time* und andere, auch arabischsprachige, die in London erscheinen und dem Haus Saud verbunden sind, haben dieses Schicksal häufig erleiden müssen. Wenn Zollbeamte der Meinung sind, daß es zuviel Mühe macht, etliche Seiten mit einem Artikel oder eine ganze Passage herauszureißen, verbieten sie die ganze Ausgabe, und wenn der Publikation die Verbreitung von gegen das Haus Saud gerichteten Ansichten vorgeworfen wird, darf sie gar nicht erst eingeführt werden. (Zur Zeit befinden sich *Independent* und *Washington Post* unter den Printmedien, die seit dem Golfkrieg »auf der Liste stehen«.)

Von *Newsweek* wurde die Ausgabe mit einer Titelgeschichte über AIDS verboten, bei *Time* war es dasselbe wegen eines Artikels, in dem die Faulheit des Königs erwähnt wurde, die Pariser Zeitung *Libération* wurde wegen eines Interviews mit Yassir Arafat mit dem Bann belegt, der *Economist* machte den Fehler und überschrieb einen Artikel mit »Arabien hat seine Pracht verloren«, die Zeitung *Al Hayat*, die den Saudis gehört, brachte einen belanglosen Text über die PLO, und Robert Fisk vom *Independent* beging den schwersten aller Fehler: Er schilderte detailliert den Tod der iranischen Pilger während der Hajj und die dabei zutage getretene Unfähigkeit der saudischen Behörden.

Büchern ergeht es wesentlich schlimmer, und die Strafe auf Bücherschmuggel ist wesentlich höher als für den Schmuggel von Haschisch oder Kokain. Bücher in englischer Sprache sind verdächtig, da die meisten Zollbeamten kein Englisch lesen können. Die »degenerierten« Franzosen haben ebenfalls keine Chance, und Bücher in anderen Sprachen, die man an den saudischen Grenzen nicht versteht, werden automatisch abgewiesen. Wer die Bibel oder ein christliches Gebetbuch dabei hat, muß mit Strafen bis zu fünf Jahren Gefängnis rechnen. Richter lesen die Bücher nie, die sie mit dem Bann belegen, denn schließlich sind das gottlose Dinge, und manche sind sogar Teufelszeug.

Einige Besucher oder Heimkehrer nach Saudi-Arabien, die Bücher schmuggeln wollen, verstecken sie unter einem für die Behörden akzeptablen Umschlag. Andere haben zwei Exemplare dabei und bestechen mit einem davon die Zollbeamten. Einige Leute mit Verbindungen zur Königsfamilie benutzen die Büros eines Prinzen, um alles ins Land zu bringen, was sie wollen. Ein reicher saudischer Kaufmann ließ sich mein Buch *Payoff* per Fax schicken, kopierte es dann einige Male und verschenkte es an Freunde. Eine einzige Ausgabe des *Playboy*, der grundsätzlich verboten ist, kann bis zu 100 Dollar wert sein, und es gibt *Playboy*- und *Penthouse*-Parties von Leuten, die im Besitz mehrerer Hefte sind.

Für Ton- und Videokassetten gilt dasselbe wie für Printmedien. Doch es ist viel einfacher, ein neues Etikett auf eine Kassette zu kleben, und viel schwerer, den Inhalt zu prüfen. Aus diesem Grund ist in Saudi-Arabien ein »Kassettenkrieg« ausgebrochen: Mitgebrachte oder eingeschmuggelte Kassetten werden vervielfältigt und unter die Leute gebracht, da dies leichter ist, als Bücher zu drucken, obwohl in letzter Zeit auch in großer Anzahl Bücher kopiert und verbreitet wurden. Es gibt wesentlich mehr im Land aufgenommene Kassetten gegen das Haus Saud, weil es einfacher ist, Leerkassetten zu importierten, als Papier für den Druck von Büchern einzuführen.

Zeit und Technik arbeiten gegen den Versuch der saudischen Regierung, ihrer Bevölkerung nur das zugänglich zu machen, was der offiziellen Linie des Hauses Saud entspricht. Obwohl man immer noch die Radio- und TV-Sendungen aus »unfreundlichen« Ländern stört, wird es immer schwieriger, sie ganz aufzuhalten. Satellitenfunk ist für die Behörden zum Problem geworden, während des Golfkriegs haben die Leute CNN eingeschaltet, um zu erfahren, was überhaupt los war. Während ich an diesem Buch schreibe, befaßt sich die saudische Regierung mit einem Vorschlag von Prinz Salman, dem Vorsitzenden des Familienrates und auch Propagandachef, der eine Genehmigungspflicht für Satellitenschüsseln vorsieht. »Komitee«-Mitglieder haben bereits einige dieser Geräte zerstört. Es gibt über vier Millionen Fernsehgeräte, vor denen – wie in anderen Ländern auch – mehr Menschen sitzen, als Menschen Bücher lesen.

Doch die Menschen lesen auch noch, und wie bei allem anderen gibt es auf sämtlichen Ebenen Widerstand gegen den Versuch des Königshauses, den Lesestoff und die Texte seiner Untertanen zu kontrollieren. Für diesen Widerstand entwickeln die Menschen immer mehr Phantasie. Trotz aller Hemmnisse und der drohenden Todesstrafe gibt es eine Untergrundpresse. Manche Publikationen sind nur kurzlebig, doch *Rai al-Nas* (Meinung des Volkes) und *Rai al-Masjid* (Meinung der Moschee) erscheinen inzwischen schon seit längerer Zeit und sind in zehntausendfachen Kopien in Umlauf, die der Regierung ziemlich viel Ärger bereiten. Die handverlesenen Redakteure und Autoren der offiziellen Presseorgane lassen erkennen, daß sie angesichts des wachsenden und unverkennbaren Informationsbedürfnisses der Menschen von ihrem niedrigen Status und den zunehmenden Beschränkungen nicht sehr viel halten. Für ein Land mit derart hoher Analphabetenquote ist es alarmierend, daß *BBC* und *Voice of America* immer mehr Nachrichten bringen, die dem Haus Saud alles andere als angenehm sind. Gleichzeitig sehen immer mehr Zuschauer Satellitenfernsehen, die Sendungen von *CNN* zu sehen wird zu einer Manie (»Das habe ich von *CNN*«, flüstern die Saudis einander immer wieder zu). Saudische Oppositionsgruppen haben Mittel und Wege gefunden, um Flugblätter, Pamphlete und kleine Bücher zu verteilen, in denen die Wahrheit über viele Ereignisse berichtet wird, unmittelbar nachdem sie vorgefallen sind. Die zahlreichen Saudis, die ins Ausland reisen, bringen Informationen mit, die sich über Mundpropaganda schnell verbreiten. Die Moscheen werden zunehmend zu Umschlagplätzen für Nachrichten und Meinungen der islamisch-fundamentalistischen Opposition, und sogar das Haus Saud kann diese Gebetshäuser nicht schließen.

Auf das Bedürfnis der Menschen nach mehr Freiheit und Information hat das Königshaus mit vermehrter Unterdrückung reagiert. Außer den bereits erwähnten Journalisten wurde Ahmad Mahmoud von *Al Madina* gefeuert, weil er sich über die Zensur beklagt hat; Muhammad Salluheddine von demselben Blatt wurde gekündigt, da er geschrieben hatte, daß George Bush die Präsidentschaftswahlen deshalb verloren hat, weil er nicht auf die Wünsche der Leute eingegangen ist. Der Herausgeber von *Al Nadwa*, Yussuf Hussein Hamanhouri, wurde wegen eines Artikels über islamischen Fundamentalismus von seinen Pflichten entbunden. Auch der Literaturredakteur von *Al Jazira* wurde entlassen, weil er über verbotene Bücher geschrieben hatte, desgleichen Fawzia Bakr, der Redakteur für Soziales bei *Al Riyadh*. Der Dichter Fatmeh Kamal Ahmad Yussuf wurde eingesperrt und gefoltert, weil er Gedichte ohne Genehmigung geschrieben hatte. Die Schriftsteller und Dichter Abdallah Sarh, Badr Schehadeh, Abdallah al-Schaikh, Ali al-Darroura, Ali Ibrahim Hussein und Ahmad Muhammad Mtawea wurden schikaniert, verhaftet und auch gefoltert. Während des Golfkriegs hat man Intellektuelle wie Aid Karmi, Salam Mahdi, Ali Kamal Awa, Taher Shamimi, Hassan Makki, Ja'afar Mubarark, Jawad Jathr und Abdeil Karim Hubeil verhaftet, wie auch einige Scheichs, die Moscheen zur Verbreitung von Informationen genutzt hatten (Safr Hawil, Muhammad Masamin und Mansur Turki). Alle, die in Saudi-Arabien der Literatur irgendwie verbunden sind, waren gegen den Golfkrieg und den Einsatz ausländischer Soldaten im eigenen Land.

Auch viele einfache Menschen haben unter Repressionen zu leiden, wurden verhaftet und gefoltert, weil sie verbotene Kassetten besaßen, verbotene Bücher gelesen haben, während der Gebetsstunden auf den Straßen unterwegs waren, ausländische Sender gehört oder Saddam Hussein erwähnt oder Gespräche mit ausländischen Journalisten geführt haben, den Namen Gottes mißbraucht oder – natürlich – den Namen des Königs ohne respektvolle Titel verwendet haben. Viele wurden wie der 17jährige Abdel Karim Nima zu Tode gefoltert, weil sie ein verbotenes Buch besaßen.

Wenn Propaganda und Unterdrückung von Informationen nichts nützen – und die Lügen von Diktaturen haben doch immer wieder kurze Beine –, dann sorgt regelmäßig die Beschränktheit ihrer »Märchen« dafür, daß sie früher oder später auffliegen. Am 6. Januar 1993 gab König Fahd persönlich die Zahlen des Staatshaushaltes für dieses Jahr bekannt. Demzufolge würde sich das Budgetdefizit für 1993 auf 8,5 Milliarden Dollar belaufen. Doch eine oberflächliche Prüfung der einzelnen Posten im Budget zeigt schon, daß das Einkommen des Landes auf einem angenommenen Preis für ein Barrel Rohöl von 21 Dollar beruht. So hoch war der Preis für ein Barrel schon seit einiger Zeit nicht mehr, er liegt eher bei rund 17 Dollar. Seine Majestät hat das Staatseinkommen einfach um 20 Prozent zu hoch angesetzt. Fahd hatte Angst, daß die Bekanntgabe des wahren Defizits zu Fragen führen würde, warum das Land so viel Geld für Rüstungsgüter ausgibt, und mehr noch dazu, wie lange sich Saudi-Arabien derart hohe Defizite noch leisten kann. Diese Lüge war so offenkundig, daß die saudische Opposition sie wenige Stunden nach der Bekanntgabe der Zahlen veröffentlicht hat. Fahd ist nicht nur ein Betrüger und Lügner, sondern sein Täuschungsversuch hat die Forderungen der Opposition nach Kürzungen der Einkünfte des Königshauses und der Rüstungsausgaben nur noch glaubwürdiger gemacht.

*

Der libanesische Präsident Charles Hellou schaute auf die versammelten Journalisten in Beirut, mußte dann einfach lächeln und begrüßte sie mit dem Satz »Willkommen in Ihrer zweiten

Heimat«. Das war im Jahr 1966, und der Präsident machte ein Witzchen darüber, daß die Loyalität dieser Herrschaften zuerst ihren Finanziers galt, die mit wenigen Ausnahmen aus Saudi-Arabien kamen.

1992 brachte der *Guardian* eine Geschichte über die zunehmende Kontrolle der ausländischen Presse durch die Saudis. Kathy Evans, die offensichtlich schockierte Autorin, schrieb: »Die Saudis pumpen immer mehr Geld hinein und sind gleichgültig gegenüber finanziellen Verlusten, da sie die politischen Erträge dieser Einflußnahme als wesentlich höher einschätzen.« Die Korrespondentin bezog sich auf die kontinuierliche Finanzierung panarabischer Publikationen in London, Paris und Beirut durch Saudi-Arabien, die alle in den roten Zahlen standen.

Der Herausgeber der in London ansässigen Tageszeitung *Al Quds*, Abdel Barri Attwan, ist einer der wenigen mutigen Standhaften gegen die totale Hegemonie der Saudis über die panarabische Presse. Er überblickt den Zustand der arabischen Medien genau: »Jeden einzelnen Journalisten, Autor oder unabhängig Denkenden in der arabischen Welt haben die Saudis bereits gekauft oder versuchen dies.« Attwan hat dabei vergessen zu erwähnen, daß 42 der insgesamt 48 Zeitungen, Magazine und Bulletins in arabischer Sprache mit Sitz in London eine finanzielle Verbindung mit Saudi-Arabien haben, die sie dazu verwenden, um arabische Journalisten und Autoren zu bezahlen.

Die Journalisten Suleiman al-Firzli und Farid al-Khatib, ehrenwerte Menschen mit gutem Ruf, stehen auf der schwarzen Liste der prosaudischen panarabischen Presse. Sie haben Schwierigkeiten, ihrem Können entsprechende Aufgaben zu bekommen, da es nur noch wenige selbständige panarabische Blätter gibt. Der namhafte palästinensische Schriftsteller Edward Said wurde gebeten, seine Kolumne im saudi-eigenen Magazin *Al Majallah* abzubrechen. Edward Said gilt als unzuverlässig, da er sich seine eigenen Gedanken macht.

Die Antwort der Saudis auf die Beschwerden gegen ihre Monopolisierung der arabischen Presse außerhalb ihres Landes, durch die sie jede Diskussion abwürgen, ist so derb wie ihre sonstige Politik. Othman al-Omair, Redakteur bei der Tageszeitung *Sharq al-Awsat* (im Besitz von Saudis), entgegnet: »Jetzt sind wir an der Reihe, die Saudis sind der Trend.«

Al-Omair hat zweifelsohne recht, doch es ist eine ganz andere Frage, ob eine ausschließlich den Interessen Saudi-Arabiens dienende Haltung bei der panarabischen Presse in Beirut, London, Paris, Athen und an anderen Orten wünschenswert ist. Seine Feststellung ignoriert die offensichtlichen Gefahren einer äußerst ernsten Entwicklung, die sich noch deutlicher zeigen, wenn man sich ihren Ursprung und die einzelnen Schritte anschaut.

Ende der 60er Jahre kauften die Saudis mit ihrem Geld nicht mehr nur Journalisten und Publikationen, um ihre Politik im Nahen Osten zu unterstützen, sondern sie begannen auch, die arabische Presse indirekt zu beeinflussen. Die Hilfe für Jordanien, Libanon und andere Länder umfaßte auch einige ungeschriebene Gesetze, die die Regierungen dieser Staaten von Seiten Saudi-Arabiens akzeptieren mußten. Eines dieser »Gesetze« bedeutete, die Kritik an Saudi-Arabien einzuschränken. So entstanden unfreiwillige Restriktionen für die Pressefreiheit in anderen arabischen Ländern, und es wurde dadurch fast unnötig, Zeitungsleute zu bestechen. In Beirut gab es mehr Freiheiten als anderswo, und es hatte mehr zu verlieren. In den späten 60er und frühen 70er Jahren baten der libanesische Informationsminister und der Premierminister mehrfach Redakteure darum, sich im Tonfall ihrer Attacken auf Saudi-Arabien zu mäßigen und keine antisaudischen Nachrichten zu veröffentlichen.

1971 ereignete sich dann ein Testfall für den Entschluß der libanesischen Regierung, die Angriffe auf Saudi-Arabien zu verhindern. Ali Ballout, Redakteur bei der Beiruter Wochenzeitung *Al Distour*, weigerte sich, den Warnungen seiner Regierung Folge zu leisten, und kritisierte König Faisal. In diesem Fall liegt der Verdacht nahe, daß die Regierung nicht nur eine reine Selbstzensur praktizierte und Saudi-Arabien aufgefordert hat, den Journalisten zum Schweigen zu bringen. Der libanesische Premierminister Saeb Salam wischte die Neutralität und traditionelle Pressefreiheit seines Landes beiseite, inhaftierte Ballout 17 Tage lang und ließ ihn erst wieder frei, nachdem die Journalistengewerkschaft und zahlreiche libanesische Politiker Protest eingelegt hatten, da Salam ihrer Meinung nach zu weit gegangen war.

Da Ballout eine offen pro-irakische Haltung vertrat, war seine Inhaftierung aus einem anderen Grund bedeutsam: Sie signalisierte ebenfalls, daß Saudi-Arabien im ganzen arabischen Sprachraum hochoffiziell wichtiger war als die anderen Länder. Libanesische Journalisten haben den Vorfall nie vergessen, denn dadurch entstand eine Situation, in der das Lob Saudi-Arabiens möglich war, Kritik jedoch wurde kontrolliert. Die libanesische Presse war nicht mehr frei.

Nach dem Tod von Nasser und Faisal und dem Ölboom der 70er Jahre wurde eine schlechte Situation noch viel schlimmer. Die antisaudische Presse verlor ihren Magneten, der prosaudischen Presse fehlte die Besonnenheit und klare Stoßrichtung Faisals, und es wurde für arabische Journalisten äußerst schwer, den Bestechungsangeboten zu widerstehen. *Al Tadamun, Al Distour, Kul al-Arab* und *Al Wattan* versuchten, dem saudischen Großreinemachen standzuhalten, doch das war zwecklos. Ghassan Zakkaria, Herausgeber der Londoner Wochenzeitung *Sourakia*, bezeichnet diese Periode als »die Zeit, in der arabische Journalisten mit Öl anstatt mit Tinte zu schreiben begannen«. Ein anderer libanesischer Redakteur ist in seiner Verurteilung genauer: »Libanesische Autoren, die für die wahhabitische Presse schreiben, lassen sich auf deren Niveau herab und heben es dabei nicht an, da es weder für Zivilisiertheit noch für Kultur oder Gedankenfreiheit steht.«

Die Qualität des arabischen Journalismus wurde bald schlechter. Wer Fremdsprachen beherrschte, wechselte sehr schnell zu englischen und französischen Blättern. Wie lächerlich der Inhalt der prosaudischen Presse wurde, zeigt das Beispiel einer Extrakolumne, die sich der Redakteur eines libanesischen Wochenblattes einfallen ließ und in der er ausschließlich die guten Taten des

Haus Saud pries. Andere wetteiferten mit ihm, ohne für ihre Bemühungen eine feste Form zu entwickeln. Ich kenne derzeit nicht weniger als zwanzig arabische Journalisten, die Geld vom Haus Saud bekommen, und jeder einzelne von ihnen pflegt einen Standard, den er sich mit normaler journalistischer Arbeit nicht leisten könnte. Meistens sind es Libanesen und Palästinenser, denen das Geld derart wichtig geworden ist, daß sie nicht nur jedes Interesse am Libanon und an Palästina, sondern auch an ihrem Beruf verloren haben. In einer Besprechung des Films *Love Story* von einem bekannten prosaudischen palästinensischen Autor waren die Namen des Hauptdarstellers, der Hauptdarstellerin und des Regisseurs, falsch und man merkte, daß der Journalist den Film überhaupt nicht gesehen hatte. Eine angeblich selbst recherchierte Geschichte über die amerikanische Rüstungsindustrie war wortwörtlich aus der *Los Angeles Times* abgeschrieben. Ein Journalist übernahm fünf Seiten aus meinem Buch *Payoff*, ohne meinen Namen zu nennen, und einige Redakteure haben ihre eigenen Schreiberlinge und Übersetzer, die ihnen ihre Arbeit erledigen. Selbstverständlich verfassen einige auch Bücher über Fahd und seine Familie. Ähnlichkeit mit der Realität sind nicht beabsichtigt.

Doch degeneriert ist bei den prosaudischen Journalisten nicht nur die Qualität ihrer professionellen Arbeit, sie haben sich noch auf ganz andere peinliche Geschichten eingelassen. Zahlreiche Journalisten in Diensten des Hauses Saud arbeiten auch noch als Spione für Prinz Fahd bin-Faisal, den Chef des saudischen Geheimdienstes, und bespitzeln ihre Freunde und Kollegen. Andere agieren als etwas feinere Zuhälter, und einige Ehefrauen bringen den Frauen des Hauses Saud etwas Koketterie und Weltläufigkeit bei.

1979 tat sich durch die Gründung des Kooperationsrates der Golfstaaten noch eine weitere Möglichkeit für Saudi-Arabien auf, um Einfluß auf die arabische Presse zu nehmen. Plötzlich kam es in der Golfregion massenweise zu Schließungen bei Zeitungen und Magazinen, dazu gab es auch noch sehr viele Publikationsverbote.

Die *Arab Times* der Vereinigten Arabischen Republik wurde mehrfach eingestellt, da einige ihrer Artikel dem Haus Saud nicht paßten. *Al Tahia* aus Kuwait mußte den Betrieb ganz einstellen, *Al Qabas* und andere wurden zeitweise suspendiert. Der kuwaitische Autor Khaldoun Hassan Nakib wurde verhaftet, weil er ein hervorragendes Buch über die Gesellschaft am Golf geschrieben hatte. Natürlich übten die Saudis ihren Druck an anderen Orten mit anderen Methoden aus. Die in Paris ansässige Zeitung *Al Distour* hat sich inzwischen dem saudischen Lager angeschlossen, während das ägyptische Blatt *Sawt al-Arab* ganz aufgeben mußte.

Die im Kooperationsrat zusammengeschlossenen Staaten dehnten die Zensur Saudi-Arabiens über Autoren und Publikationen auf andere arabische Länder und den Rest der Welt aus. Das bedeutet, daß ein in Saudi-Arabien verbotener Schriftsteller meist – auch in sämtlichen Ländern des Kooperationsrats – verboten ist; dasselbe gilt auch für Kassetten, Filme, Fernsehprogramm, Schauspieler, Schauspielerinnen und Maler. Aus dieser Anmaßung entwickelte sich ein Skandal, der die gesamte ägyptische Medienwelt erschütterte und den grenzenlosen Ehrgeiz des Hauses Saud offenlegte.

Ein Geheimdokument des Kooperationsrates, das der Londoner Presse zugespielt wurde, enthielt die Namen von 48 ägyptischen Schriftstellern, Künstlern, Schauspielern und Schauspielerinnen, deren Arbeit auf Betreiben Saudi-Arabiens verboten waren. Außer bekannten Journalisten wie Muhammad Heikal waren auch die Namen von so berühmten Schauspielerinnen wie Nur al-Sherrif und Nadia Lutfi aufgeführt. Ein Bann des Kooperationsrates für irgendeinen arabischen Künstler würde dessen Markt erheblich einschränken und vielen ihre Existenzgrundlage entziehen, da es unwirtschaftlich wäre, Bücher von verbotenen Schriftstellern zu veröffentlichen oder Filme mit verbotenen Schauspielern zu produzieren. Obwohl dieser Fall viel Staub aufgewirbelt hat, wird das vermutlich nicht der letzte Versuch der Saudis sein, arabische Schriftsteller und Künstler einzuschüchtern und in die Knie zu zwingen.

Als ob diese Art Druck noch nicht genug wäre, hat das Haus Saud auch zu Gewalt gegriffen. Ich habe bereits erwähnt, daß der saudische Schriftsteller Nasser al-Said in Beirut entführt worden ist, doch sechs Jahre später finanzierten die Saudis die Ermordung des kritischen Journalisten Muhammad Mirri von *Al Nashua* in Athen. Ein Jahr später griffen Gangster, die die Saudis bezahlt hatten, einen syrischen Journalisten, der nicht genannt werden möchte, während eines Urlaub in Marbella an und brachen ihm beide Arme. 1991 setzten die Saudis in Jordanien die Deportation des Politikers und Schriftstellers Muhammad al-Fassi durch. In letzter Zeit ziehen die Saudis ausgefeiltere Methoden zur Einschüchterung ihrer Feinde vor, da gewalttätige Aktionen doch immer wieder für erhebliches Aufsehen in der Presse sorgten.

Die in London erscheinende Wochenzeitung *Sourakia* ist auf Skandale hochgestellter Persönlichkeiten spezialisiert, sie ist gewissermaßen das Gegenstück zum amerikanischen *Rampart* oder zum britischen *Private Eye*. Seit seinem ersten Erscheinen vor neun Jahren hat das Blatt zwar einige Male die Seite und die politische Einstellung gewechselt, sich jedoch immer für eine engere Zusammenarbeit der arabischen Länder ausgesprochen und die Rechte der Palästinenser vertreten. 1992 erschienen dort eigenartigerweise sieben Titelgeschichten hintereinander über das Haus Saud und seine Untaten. Am Wahrheitsgehalt dieser Artikel besteht kein Zweifel, sie zeigen, daß das Königshaus in wesentlich größeren Schwierigkeiten steckt, als man allgemein vermutet.

Die Reaktion der Saudis auf die Angriffe von *Sourakia* bestand in altbewährter Manier in einem Versuch, das Blatt durch Geld zugrunde zu richten. Im August 1992 begann eine Serie von seltsamen kostspieligen Vorfällen, die *Sourakia* sehr zu schaffen machten. In London tauchte ein arabischsprachiges Blatt mit dem Titel *Al Maskhara* (Der Marktschreier) auf, in dem der Herausgeber von *Sourakia*, Ghassan Zakkaria, seine Frau und seine Töchter mit Begriffen wie »Lügner«, »Betrüger«, »Kuppler«, »Nutte« und ähnlichem beleidigt wurden. Zakkaria schaltete die Polizei und seinen Rechtsanwalt ein, die herausfanden, daß die Publikation in den USA gedruckt und dann auf verschlungenen Wegen nach Großbritannien gebracht wurde, man jedoch sehr wenig dagegen unternehmen könne. Im September wurde zweimal in die Redaktionsräume von *Sourakia* eingebrochen, dabei machte sich jemand am Computersystem und an den Papieren zu schaffen. Wieder zwei Monate später erschienen in der *International Herald Tribune* Inserate, die Leute mit Informationen aufforderten, sich an eine bestimmte Telefonnumer oder ein Postfach zu wenden; später stellte sich heraus, daß dieselben Inserate bei verschiedenen anderen Zeitungen abgelehnt worden waren. Die Spur dieser Inserate ließ sich bis zu einem Sicherheitsdienst im Besitz der Hambros Financial Services zurückverfolgen. Frühere und derzeitige Mitarbeiter von *Sourakia* wurden angesprochen, und für Informationen über die Zeitung und ihren Herausgeber versprach man ihnen Geld. Die beiden Banken der Zeitschrift, die Arab Bank und die Midland Bank, erhielten gefälschte Briefe mit der Bitte um Kopien von Erklärungen und anderen Informationen.

Es ist offenkundig, daß hinter den Aktionen gegen *Sourakia* eine Menge Geld steckt und sie auf den finanziellen Ruin der Zeitschrift abzielten. Die Gestalt im Hintergrund scheint ein bestimmter, mit dem Haus Saud befreundeter saudischer Geschäftsmann zu sein. Doch da es keine schriftlichen Beweise gibt, die diesen Geschäftsmann mit konkreten Vorfällen in Verbindung bringen, können Zakkaria und *Sourakia* sehr wenig tun, und auch wenn solche Beweise vorlägen, wäre der Herausgeber vermutlich nicht in der Lage, einen Rechtsstreit gegen einen sehr reichen Mann durchzustellen. Da die Anfechtungen der Zeitschrift inzwischen groß und zeitaufwendig geworden sind, ist die Wahrscheinlichkeit sehr groß, daß es den Saudis gelingen wird, sie ins Abseits zu drängen.

In einem ähnlichen und bis jetzt nicht ganz so derben Stil hat die Nachricht, daß dieses Buch verfaßt wurde (was wegen der großen Anzahl von Menschen, die ich interviewt habe, nicht zu verheimlichen war), eine Verleumdungskampgane gegen mich in Gang gesetzt. Zwei arabische Autoren und ein früherer Kolumnist einer Londoner Wochenzeitung haben zwei Geschichten in Umlauf gebracht. Die erste ist so dumm, daß sie sich praktisch von selbst erledigt: Man beschuldigt mich zu Unrecht, daß ich siebenmal verheiratet gewesen sei (Tatsache ist, daß ich einmal verwitwet und einmal geschieden bin). Die zweite, gravierendere Anschuldigung lautet, ich sei ein Mossad-Agent, der den Ruf der Araber schädigen soll. Zwar stehen die Geschichte und das Leid meiner Familie wie auch meine eigene Arbeit sehr deutlich dagegen, doch einige Leute, die dies alles nicht wissen, haben diesen Vorwurf bereits aufgegriffen. Doch vermutlich wird es noch mehr Ärger geben, und laut ziemlich zuverlässigen Insiderinformationen präparieren die Saudis einige ihnen loyal gesinnte Journalisten, mein Buch nach dem Erscheinen anzugreifen, vielleicht durch vernichtende Kritiken. Während dieser Vorgänge trat ein libanesischer Journalist an mich heran und erzählte mir, daß die Saudis möglicherweise daran interessiert sein könnten, mir Geld zu bezahlen, wenn ich das Buch nicht veröffentliche. Sollten sie mir tatsächlich ein derartiges Angebot machen, werde ich es annehmen, das Geld einer wohltätigen Organisation spenden und das Buch trotzdem herausbringen.

*

Philby war mit seinen Büchern der erste, der im Westen an einem positiven Bild des Hauses Saud gezimmert hat – und er war nicht der letzte. Doch seine Gründe hatten mit Politik und dem Romantizismus eines Orientalisten zu tun, und obwohl er ein Lügner war, der die Araber mit den Augen des Kolonialisten sah, war er doch ein gebildeter Mann, der schreiben konnte. Die westlichen Autoren, die das Haus Saud heute fördern, haben nur wenig Anerkennenswertes aufzuweisen. Die Gier nach Geld hat sie verdorben, sie sind ein Haufen halbgebildeter Speichellecker, die bereitwillig die Wahrheit verdrehen und verfälschen. Darin leisten sie den Saudis, den Arabern und den Moslems – und auch dem Westen – einen schlechten Dienst und tragen gleichermaßen zu dem bevorstehenden Desaster bei.

In den 50er Jahren schrieb der damalige amerikanische Gesandte für Saudi-Arabien, William Eddy, sein Buch *The Oil People*, in dem ein Weißer die einfachen, gastfreundlichen Eingeborenen des Landes schildert. Der CIA-Agent Kim Roosevelt verfaßte ein Buch mit dem pompösen Titel *Arab Oil and History*. Es beruht auf einer zweimonatigen Reise durch den Nahen Osten, ist voller überheblicher Kommentare und liest sich wie ein Buch über dumme Leute für dumme Leute. Ebenfalls in den 50er Jahren erschien von Karl Twitchell, dem ersten Ingenieur, den Charles Crane auf der Suche nach Öl nach Saudi-Arabien geschickt hatte, das Buch *Saudi Arabia*. Es sollte ein abgelegenes, romantisches Land schildern, doch Twitchells Vorstellung von einem gerechten König, der die Araber regieren könnte, bestand im wesentlichen aus der Geschichte des Besuchs von Ibn Saud bei ihm, als er gerade nichts weiter als ein Handtuch trug. Gegen Ende des Jahrzehnts folgte dann noch H.C. Armstrongs *Lord of Arabia*, eine schülerhafte Darstellung von Ibn Sauds Leben, noch für einen Fünfjährigen zu süßlich. In den 60er Jahren kam Gerald de Gaurys Lobgesang auf einen Helden, *Faisal*, in dem Faisal als der perfekte, unfehlbare Araber gezeigt wurde. Anfang der 80er Jahre erschienen Robert Laceys *The Kingdom* und *The House of Saud* von David Holden und Richard Johns. Beide Bücher gehen zwar auf einige Verfehlungen der saudischen Royals ein, erwähnen einige wichtige Dinge – absichtlich oder nicht – jedoch nur nebenbei und übertreiben andere (Lacey geht so gut wie gar nicht auf die Episode um den Film *Death of a Princess* und Fahds Spielsucht ein). Die grundlegende Frage, ob die Saudis, Araber und Moslems möglicherweise etwas Besseres als ihre Beduinenkönige verdient hätten, stellen sie überhaupt nicht. Trotzdem wurden beide Bücher in Saudi-Arabien verboten, da das Haus Saud sich weigert, etwas Geringeres als eine totale Unterstützung zu akzeptieren.

Weitere kritische Bücher über das Haus Saud, die vor allem in den 80er Jahren auf den Markt kamen, sind beispielsweise *Arab Reach* und *The American House of Saud*, die das Elend und die

Charakterschwäche des Königshauses jedoch interessanterweise auf die arabische Abstammung zurückführen. Das Haus Saud wurde dabei als Vehikel benutzt, um die Araber insgesamt zu kritisieren. Und natürlich gab es dann noch Sandra Mackeys *The Saudis* und Linda Blandfords *The Oil Sheikhs*, beides sehr leicht verständliche Bücher, die Schlagzeilen machten und deren Haltung man auf den Satz »Ich erzähl' euch was über diese verrückten Typen, diese Araber, die soviel Öl wie Geld haben«, reduzieren könnte.

Bis auf wenige Ausnahmen, zu denen mit Sicherheit David Howarts bemerkenswerte Arbeit *The Desert King* gehört, kann man die Buchproduktion zum Thema Saudi-Arabien in zwei große Komplexe unterteilen. Entweder ist das Haus Saud das beste für die Araber, weil diese Könige gute Menschen sind, oder es ist schlecht, weil die Araber schlecht sind und nichts Besseres verdient haben. Also haben die Araber in jedem Fall zu leiden.

Das Bild, das verschiedene Buchautoren im Westen anfangs vom Haus Saud zeichneten, wurde in den 50er und 60er Jahren durch Presseberichte noch verstärkt. Das Palästinaproblem war darin ein Thema, doch das westliche Interesse am Nahen Osten traf mit Nassers neuer Rolle als weithin beliebter Führerfigur in der arabischen Welt und seiner Bedrohung der Interessen des Westens zusammen. Es ging um Erdöl, strategische Überlegungen und den Suez-Kanal, und die Gegnerschaft des Hauses Saud zu Nasser garantierte Saudi-Arabien wohlwollende Artikel in der Presse. Auch hier bin ich auf keine Verurteilung der Haltungen des Königshauses gestoßen. Damals wurde mit Sicherheit wenig über seine Regierungstätigkeit oder so rückschrittliche Verhaltensweisen wie die Geldverschwendung seiner Mitglieder gesagt. Öffentliche Hinrichtungen, Auspeitschungen, die Mißhandlung von Frauen und widerliches Verhalten von Einzelpersonen wurden eher als arabische denn als für das Haus Saud typische Charakteristika dargestellt. Sogar politisch motivierte Exekutionen erhielten den Stempel »typisch arabisch«, und ich erinnere mich noch daran, wie Joe Alex Morris Jr., Korrespondent der *New York*

Herald Tribune, mich 1959 fragte: »Ist das denn dort anders als sonst im Nahen Osten?«

Als der *Time*-Korrespondent John Mecklin aus der Zunft ausbrach und einen kritischen Artikel über König Faisal verfaßte (als dieser Kronprinz und Premierminister war), kabelte ihm sein Redaktionsleiter zurück, ihm sei »wohl nicht ganz klar, was er da tue«. Insgesamt ignorierte die westliche Presse die Scheußlichkeiten des saudischen Königshauses, da es »auf unserer Seite« stand.

In den 70er Jahren war diese Presse mit Artikeln über den Reichtum der Saudis und seine Verwendung hurtig dabei. 1975 brachte die biedere *New York Times* 25 Geschichten über Adnan Kashoggi, den Mann, der in der ganzen Welt saudischen Reichtum verkörperte. Gelegentlich gab es Bemerkungen über die möglichen Auswirkungen dieses Reichtums auf den sozialen Zusammenhalt in Saudi-Arabien, doch die meisten Artikel waren mit weit weniger Gedankenarbeit zufrieden. Es wurde wesentlich mehr über den Glücksspieler und Schürzenjäger Fahd geschrieben als über die soziale Sprengkraft, die in diesem Land steckte, und bedeutend mehr auch über den verschwenderischen Umgang mit Geld bei der Blondinenjagd als über die Vorgänge in Saudi-Arabien – noch nicht einmal über die zahlreichen Putschversuche.

Ich habe ungefähr 30 000 Seiten mit Artikeln gelesen, die im Westen in den 70er Jahren über Saudi-Arabien und den Nahen Osten erschienen sind. Auf die Anzahl der Ehefrauen des Königs wurde darin zwanzigmal so oft hingewiesen wie auf die Analphabetenquote des Landes, und äußerst wenig war über die tödlichen Krankheiten zu lesen, die man mit einem geringen Teil des königlichen Vermögens hätte besiegen können. Sogar die wichtigste politische Entwicklung aus dieser Phase, die Förderung des Islams auf Kosten der Identität als Araber, entging der Neugier der Presse, und man übersah die Gefahr der islamischen Bewegung, die gut informierte Araber sehr wohl erkannten und vor der sie ausdrücklich warnten. (Da sich das Fernsehen nur mit wichtigen internationalen Ereignissen befaßt, ist es als Gradmesser besser geeignet. 1976 brachte das amerikanische Fernsehen ganze neun

Minuten über Saudi-Arabien, ein Drittel der Zeit, die man für Albanien aufgewendet hat.)

Natürlich wurde das Ölembargo in der westlichen Presse mit äußerster Ablehnung aufgenommen. Doch anstatt sich mit dem Grundanliegen dieses Schrittes auseinanderzusetzen, wehrte sich die Presse nur dagegen, daß die Araber die Kontrolle über diesen wertvollen Rohstoff hatten. Dies paßte außerdem in das Bild von den bösen Arabern, die sich nicht benehmen können, und nach 1973 galten diese bösen Menschen auch noch als gefährlich. Wenn danach über die OPEC berichtet wurde, so vergaß man einfach, daß auch Indonesien, Iran, Nigeria, Venezuela und kleinere nichtarabische Staaten Mitglieder dieser Organisation sind; bei Preiserhöhungen traf die Schuld immer die Araber, auch wenn die Initiative dazu von Außenseitern ausging.

In den 80er Jahren war das Haus Saud, obwohl es jahrzehntelang von einer ernsthaften Kritik durch die westliche Presse verschont geblieben war, doch nicht mehr zufrieden mit dieser Situation der Abhängigkeit von der grundsätzlich freundlichen Einstellung. Jetzt wollte es die Vorgänge beeinflussen. Diktaturen überlassen ihre Darstellung in den Medien generell nicht dem Zufall und sind Kritik gegenüber intolerant. Für die saudische Diktatur trifft das ganz besonders zu.

Man kann unmöglich in Erfahrung bringen, ob der Versuch zur Einflußnahme auf die westliche Presse geplant oder einfach Ausdruck einer inneren Haltung war, doch es besteht kein Zweifel daran, daß man dabei gezielt vorgegangen ist. Wenn sich einzelne Prinzen darum bemüht haben, westliche Journalisten »einzukaufen«, so mag das vielleicht nicht mit direkter Zustimmung des Königs geschehen sein, war aber doch als Gefallen ihm gegenüber gedacht, und aus demselben Grund legten vermögende saudische Geschäftsleute ihren westlichen Handelspartnern nahe, sich ihrerseits um die westlichen Medien zu kümmern.

Anfangs machten die Saudis keinen großen Aufwand bei diesem Vorhaben. Visa für Auslandskorrespondenten, die Saudi-Arabien besuchen wollten, wurden nicht oft ausgestellt, und es dauerte auch immer sehr lange, da man erst herausfinden wollte, ob der Besucher eine positive Einstellung zu dem Land habe. Bevorzugt wurden die »Freunde«, Journalisten, die den Vorteil zu schätzen wußten, den ihnen ein saudisches Visum gegenüber unliebsamen Kollegen verschaffte. Bis auf wenige Ausnahmen honorierten diese Freunde das Entgegenkommen dadurch, daß sie viele kleine Geschichten nicht beachteten und so eine wiederholte Besuchsmöglichkeit sicherstellten. Für Interviews mit dem König und seinen Brüdern galten strengere Regeln – berichtenswert war eher das Zusammentreffen selbst als die Inhalte. Diejenigen, denen diese Gunst zuteil wurde, widmeten den größten Teil des Platzes, der ihnen zur Verfügung stand, den Schilderungen der näheren Umstände und des Ablaufs solcher Gespräche, des Diwans und des Humors, den der König an den Tag legte. Reich beschenkt zogen sie von dannen, als kleines Dankeschön erhielten sie beispielsweise ein massiv goldenes Weihrauchfaß, das mit wertvollen Steinen besetzt war. Auch in diesen Situationen versuchten Korrespondenten, ihre bevorzugte Stellung zu bewahren: Es gab keine scharfen Fragen zu politischen Themen, und persönliche Angelegenheiten wie Glücksspiel oder Vielweiberei waren völlig tabu. Yamani, der saudische Minister für Erdöl, war ein meisterhafter Manipulator dieses Spiels mit Vergünstigungen und Gönnerschaft, und er wußte immer genau, wen er in welcher Umgebung treffen wollte. Während der heißen Zeit der OPEC war es den Journalisten wichtiger, gute Beziehungen zu Yamani zu unterhalten, als Artikel über seine Unbeliebtheit bei den anderen OPEC-Mitgliedsstaaten oder eine längst fällige Geschichte gegen das Haus Saud zu recherchieren.

Das saudische System der Patronage unterscheidet sich immer noch von dem, was in anderen Ländern üblich ist. Wenn man davon ausgeht, daß eine Berichterstattung über den Nahen Osten auch die Möglichkeit zur Berichterstattung über Saudi-Arabien und die OPEC einschließen mußte, so sah sich ein Journalist damals mit der Situation konfrontiert, daß er über den Nahen Osten nur etwas vermitteln konnte, wenn er nach Ansicht des

Hauses Saud zu den »Guten« gehörte. Um das in seiner Tragweite wirklich einschätzen zu können, müßte man sich vorstellen, der Präsident der Vereinigten Staaten würde anordnen, daß unliebsame Journalisten nicht zu seinen Pressekonferenzen zugelassen werden.

Die Kombination aus Patronage und Zensur war genau das, was die Saudis zur Einflußnahme auf die Medien brauchten. Doch sie wollten mehr Fürsprecher ihrer Ideen und ihrer Position als Hilfssheriff. Finanziellen Druck auszuüben fiel dem Haus Saud nicht schwer. Die Regierung hatte Erfahrung beim Einsatz von Geld, um damit sowohl der landeseigenen Presse wie den panarabischen Publikationen aus Beirut, London, Paris und anderen Städten ihre Erwartungen zu diktieren. Was die westliche Presse anbelangt, so können die Saudis durchsetzen, daß eine Publikation in allen Mitgliedsländern des Kooperationsrates verboten wird. Da diese Länder als Märkte wichtig sind, sind alle Nachrichten- und Bildagenturen sowie alle Verbundsysteme verwundbar und müssen die Haltung der Saudis immer in Betracht ziehen.

Während ich an diesem Buch hier schreibe, wird der Artikeldienst des Londoner *Observer* von keiner einzigen durch die Saudis kontrollierten Publikation bezogen. Der *Observer* gibt die Kosten dieses Boykotts nur widerwillig bekannt, doch sie sind ziemlich gravierend, und die Zeitung mußte sich entscheiden, ob ihr die verschiedenen Berichte über das Yamama-2-Rüstungsprogramm soviel »wert waren«. Vor kurzem wurde dieselbe Strafe – ohne offizielle Bekanntgabe durch Saudi-Arabien – auch der *Washington Post* auferlegt. Ihr Korrespondent Caryle Murphy, Pulitzer Preisträger, hatte einige Artikel geschrieben, die dem saudischen Königshaus nicht angenehm waren. Doch die *Post* läßt sich ebenfalls nicht beirren. Aber die Mehrzahl der Nachrichtenagenturen und Artikeldienste ist schuldig durch Unterlassung: sie geben zwar an ihre Korrespondenten keine Direktiven heraus, daß sie Saudi-Arabien und das Haus Saud nicht kritiseren dürften, doch ziehen sowohl Management wie auch die Reporter vor Ort die möglichen Konsequenzen in Betracht, wenn man das Haus Saud verärgern würde. Das läuft de facto auf eine Selbstzensur hinaus.

Am besten kann man sich diesem schwer greifbaren Bereich vielleicht annähern – die Menschen weigern sich, darüber zu sprechen –, wenn man sich die Sonderbeilagen über Saudi-Arabien anschaut, die beispielsweise in der *Financial Times*, der *International Herald Tribune* und der *Times* erscheinen. Sonderbeilagen sind – wie der Name sagt – eine besondere Art von Reportagen und enthalten ziemlich viel Werbung für saudische Unternehmen und solche Firmen, die geschäftlich in Saudi-Arabien aktiv sind. Man hat keine Chance, solche Anzeigen für eine kritische Veröffentlichung zu bekommen. In dem Bewußtsein werden diese Sonderbeilagen gemacht, und in den acht derartigen Beilagen, die ich analysieren konnte, hat keine die Situation in dem Land wahrheitsgemäß geschildert.

Auch ganz normale Anzeigen beeinflussen den redaktionellen Teil in westlichen Zeitungen. Die Hersteller für teure Uhren und Schmuck werden wohl kaum in solchen Ausgaben von *Time*, *Newsweek*, *Economist* und *International Herald Tribune* inserieren, wenn diese Publikationen wegen ihres redaktionellen Teils in den Mitgliedsstaaten des Kooperationsrates verboten werden. Die Menschen in diesen ölreichen Ländern kaufen pro Kopf unverhältnismäßig mehr solche Produkte als irgendwo sonst auf der Welt.

Doch die Kritik auszuschalten ist nur ein erster Schritt. Eine neue Entwicklung hat eingesetzt, als saudische Interessensvertreter vergeblich versucht haben, sich Anfang der 80er Jahre in den Londoner Channel 4 einzukaufen. Der saudische Geschäftsmann Wafiq al-Said ist ein enger Freund von König Fahd und Prinz Salman und ziemlich einflußreich, und der Nahostexperte Anthony Cordesman ist der Ansicht, daß Al Said den Yamama-2-Deal für Großbritannien positiv beeinflußt hat. 1986 hat Al Said 35 Prozent der Londoner Zeitung *Sunday Correspondent* gekauft. Das Blatt ist inzwischen eingestellt, und es gibt keinen Beweis dafür, daß Said sich direkt in irgend etwas eingemischt hätte, doch für die Journalisten der Zeitung wäre es unmöglich gewesen, über den Yamama-2-Vertrag angemessen zu berichten. Der saudische Geschäftsmann Sulayman Olayan ist unabhängig und besitzt fünf Prozent der Anteile von *The Independent* und *Sunday Independent*. Bis jetzt haben diese Zeitungen noch keinen Einfluß von seiner Seite erkennen lassen, doch jeder kann sich die Konsequenzen ausmalen für den Fall, daß Olayman noch weitere Anteile an dem finanziell unsicheren Unternehmen erwerben würde.

Das eklatanteste Beispiel für das Vorhaben der Saudis, westliche Medien nicht aus unternehmerischen Gründen, sondern für eigene Propagandazwecke zu erwerben, ist der Kauf der Verluste schreibenden Nachrichtenagentur United Press International im Jahr 1986 durch Middle East Broadcasting Service in London. Die Fernsehgesellschaft gehört dem 31jährigen Walid Ibrahim, einem angeheirateten Verwandten von König Fahd. Danach gab es das Angebot von Prinz Khalid bin-Sultan, den *Observer* zu kaufen, die Zeitung, die am meisten für die Aufdeckung der ganzen Korruption bei Yamama-2 geleistet hat, in die Khalids Vater, der saudische Verteidigungsminister, verwickelt ist.

Die folgenschwerste Entwicklung in der zunehmenden Einflußnahme der Saudis auf die Berichterstattung im Westen über den Nahen Osten ist mit Sicherheit die Bestechung von westlichen Journalisten und Autoren. In London waren sie dabei äußerst erfolgreich. Ich habe in Erfahrung gebracht, daß sechs bekannte Journalisten, die für größere Londoner Publikationen den Bereich Nahost bearbeiten, entweder direkt oder indirekt auf der Gehaltsliste der saudischen Botschaft stehen. Damit meine ich Leute, die Schecks bekommen und geschäftlich mit Saudi-Arabien in Verbindung stehen, nicht unbedingt solche, die sich Freiflüge und goldene Uhren schenken lassen. Ich habe nicht nur die offizielle Liste gesehen, auf denen die Zahlungen an diese Personen vermerkt sind – obwohl ich sie nicht kopieren durfte –, sondern diese Leute haben offenbar auch kein Interesse daran, ihre enge Verbindung zu Saudi-Arabien zu vertuschen. Hier geht es wieder um einen Fall, in dem Korruption durch die Saudis als Facette des Lebens in der westlichen Gesellschaft akzeptiert wird.

Vor kurzem wurde die *Sunday Times*-Korrespondentin Marie Calvin zu einem offiziellen Mittagessen mit dem saudischen Botschafter in Großbritannien eingeladen. Die Einladung überbrachte ein bekannter Autor zu Nahostthemen. Als Marie wegen eines Aufenthalts in Baghdad erst recht spät auf die Einladung antworten konnte, hakte jemand, der für eine respektable britische Tageszeitung regelmäßig Artikel über den Nahen Osten schreibt, noch einmal telefonisch bei ihr nach. Marie faßte die Situation so zusammen: »Was zum Teufel geht hier vor? Ich dachte, diese Typen sind Autoren und Journalisten, und jetzt führen sie sich auf wie die Laufburschen des Botschafters.«

Um wieviel es dabei geht, zeigt besser als jeder andere Vorfall das Angebot an den amerikanischen Journalisten Charles Glass. Für fünf Millionen Dollar sollte er eine Biographie von Prinz Khalid bin-Sultan schreiben, den Kommandeur der arabischen Streitkräfte im Golfkrieg. Glass war der Meinung, das Ganze wäre ein Witz, und lehnte den Vorschlag der beiden Emissäre von Prinz Khalid ab. Doch er beging den Fehler, das alles dem Kolumnisten Alexander Walker zu erzählen, der darüber einen Bericht verfaßte. Eine Woche darauf erhielt Glass von einem bekannten britischen Journalisten einen bösen Brief, in dem dieser gegen seine Indiskretion protestierte. Hier war offenbar ein anderer Nahostexperte angeheuert worden, um die Biographie zu verfassen, die Glass so ehrenhaft abgelehnt hatte. Doch als der erstaunte Glass den Verfasser des Briefes anrief und ihn danach fragte, bestand der Mann darauf, daß er ein Buch über arabische Kommandeure im Golfkrieg schreibe. Glass, der im Golfkrieg dabei gewesen war, hatte erhebliche Mühe, sich an diese Kommandeure zu erinnern.

Obwohl die Saudis die Nachrichtenagentur United Press International gekauft haben, erweist es sich als schwieriger, amerikanische Medien und Journalisten zu »kaufen«, als das in London zu tun. Die amerikanische Öffentlichkeit würde das nie mittragen, ihr geht das mehr gegen den Strich als in einem Land mit einer kolonialen Vergangenheit, in dem die Bestechung Außenstehender eine lange Tradition hat. Doch die Saudis könnten ihr Ziel auf indirektem Wege erreichen, denn vor kurzem haben Rüstungsunternehmen, die Saudi-Arabien mit Hardware versorgen, sich gegen einige Artikel verwahrt, in denen darüber geschrieben wurde, daß das alles eigentlich vergeudet wäre. Zwei dieser Firmen überlegen gemeinsam mit einigen Ölkonzernen, ob sie ihre Anzeigen aus Publikationen zurückziehen sollen, die die saudische Rüstungspolitik kritisieren.

Es gibt noch eine weitere Form der Einflußnahme, die eher etwas mit der Arbeit der Lobbyisten zu tun hat und akzeptiert ist, und in den Vereinigten Staaten haben die Saudis diesen indirekten Weg eingeschlagen. Eine kurze Auflistung von Personen mit geschäftlichen Verbindungen zu Saudi-Arabien führt u. a. auf: die früheren CIA-Direktoren John McCone, William Colby und Richard Helms, die ehemaligen amerikanischen Botschafter in verschiedenen Ländern des Nahen Ostens Andrew Kilgore, Parker Hunt, Talcot Seelye und Harold Cutler, die ehemaligen amerikanischen Vizepräsidenten Spiro Agnew und Edward Muskie, den früheren Senator James Abu Rizk und Dutzende weniger bekannte Namen. Zwar nicht alle, aber die meisten dieser Leute haben Positives über das Haus Saud gesagt und geschrieben. Der ehemalige CIA-Agent Miles Copeland hat eine Idee entwickelt, derzufolge Birmingham, Alabama und Jiddah zu Schwesterstädten wurden, und im Handumdrehen erhielten in Alabama ansässige Unternehmen umfangreiche Exportzusagen und begannen, in höchsten Tönen das Lob des Hauses Saud zu singen.

Außer einigen hundert Einzelpersonen und Unternehmen, die für das Image von Saudi-Arabien werben, sind auch Universitäten und Studienzentren nicht unempfänglich für das Geld der Saudis geblieben. Die Universitäten von Südkalifornien, Georgetown und Duke und das Aspen Institute haben saudische Zuwendungen angenommen und dafür einen Verzicht auf Kritik am Haus Saud zugestanden. Viele Nahostexperten von amerikanischen Universitäten arbeiten in Abteilungen, die mit saudischem Geld finanziert werden. Während des Golfkriegs wurden viele dieser Fachleute von NBC, ABC und CBS, von Zeitungen und Magazinen interviewt und vertraten Ansichten, die der Haltung des Hauses Saud entsprachen oder ihm gegenüber unkritisch waren.

Insgesamt betrachtet stehen wir vor folgender Situation: Die westliche Presse wird behindert, über Saudi-Arabien zu berichten, weil die Saudis, den Zugang der Journalisten zu ihrem Land kontrollieren und Medienunternehmen indirekt finanziell unter Druck setzen. Da die Saudis in der Lage sind, sich in westliche Pressemedien einzukaufen, Journalisten zu bestechen und die Presse wie auch akademische Kontakte auszunutzen, wird es darüber hinaus leicht gemacht, Berichte unterzubringen, die die Belange des Hauses Saud unterstützen und es akzeptieren.

Der Einfluß auf die westliche Presse ergänzt die totale Kontrolle über die Presse in Saudi-Arabien und die Ausschaltung jeder Opposition in panarabischen Medien. Die Kombination dieser drei Faktoren führt zu einem verzerrten Bild, das überall die Verfehlungen der Mitglieder des saudischen Königshauses übersieht, außer acht läßt oder verdreht. Irgendwann wird die Welt aufwachen und ein Land sehen, das in Flammen steht, und sich fragen, wie es so weit kommen konnte, ohne daß irgend jemand etwas davon gemerkt hat.

Diener der Krone

Diktatoren handeln nicht alleine. Sie stützen sich auf andere, um bei ihrem Volk ihren Willen und ihre Vorschriften durchzusetzen und oft auch, um sie auf internationalen Foren der Welt vorzustellen. Obwohl seine Bücher den Wunsch verraten, mit Boswell zu wetteifern, war Philby für Ibn Saud in Wirklichkeit das, was Goebbels für Hitler und Tarek Aziz für Saddam Hussein war. Diese drei Männer sind hervorragende Beispiele dafür, wie Menschen als Instrumente eines Diktators funktionieren.

Einige Menschen, die an der Verschwörung eines Diktators teilhaben, glauben vielleicht wirklich an seine Ideologie oder sehen in ihm das Wesen, das das Land am besten regieren kann, oder vielleicht beides. Andere erkennen die Schwächen der Situation und versuchen, konstruktiv damit umzugehen. Ihre Arbeit könnte man als »Schadensbegrenzung« bezeichnen. Eine dritte Gruppe sind diejenigen, denen es offenkundig um Profit oder Macht oder um beides geht. Und als vierte kommen die Ja-Sager, die sich zufällig in Schlüsselpositionen befinden, ohne viel Zeit oder Lust mit Nachdenken darüber verschwendet zu haben, warum sie was dort überhaupt tun. Die einzelnen Beweggründe schließen sich nicht aus, sondern greifen ineinander und existieren in unzähligen Variationen, die den inneren Kreis um einen Diktator zu einer schwer durchschaubaren Gruppe machen. Daher hat die Welt so unterschiedliche Urteile über Hitlers Handlanger gefällt: Einige wurden gehängt, andere zu Gefängnisstrafen verurteilt oder freigesprochen.

Was auch immer die Motivationen der einzelnen Menschen in einer solchen Gruppe sein mögen – der innere Kreis der Getreuen um einen Diktator teilt eine ganze Menge über die Haltungen und Absichten dieses Menschen mit und zeigt die im Inneren wirkenden korrupten Mechanismen seiner Regierung. Eine Diktatur ist ihrem Wesen nach von den Launen des Diktators abhängiger als eine Demokratie von den privaten Ansichten der Persönlichkeit an ihrer Spitze. Deshalb ist eine Auseinandersetzung mit den Charakteren, die ein Diktator für seine Zwecke benutzt, und mit der Art, wie er dies tut, meistens aussagekräftiger, als wenn man sich die Gesetze und Verordnungen anschaut, die er erläßt, ignoriert oder verdreht. Dies bewahrheitet sich besonders, wenn man die Neigung der meisten Diktatoren in Betracht zieht, hinter verschlossenen Türen zu agieren, sich hinter Mitgliedern ihres Komplotts zu verstecken und durch sie zu handeln. Wie auch andere haben uns weder Hitler noch Stalin vollständige Aufzeichnungen ihrer Gedanken und Motivationen hinterlassen, und die Historiker mußten die Tagebücher ihrer Kumpane wie Goebbels, Speer, Chrustschow und Tschukow heranziehen, um Einsichten in ihr Denken und ihre Entscheidungsfindung zu gewinnen.

Bei Saudi-Arabien sind die Bücher von Harry Philby und Hafez Wahbbah, so fragwürdig und irreführend sie auch sind, unverzichtbare Quellen für das Studium der Beduinendiktatur von Ibn Saud. Ohne es zu wollen, berichten beide Bücher eine Menge über seine instinktive Trickserei, seine kriminellen Methoden und seine Lieblingsbeschäftigung Sex. Beide Autoren gehörten zu seinem Hofstaat, beide waren Sprecher ihres Herrn und führten ihn in internationalen Kreisen ein. Sie haben ihre Bücher verfaßt, um eine Ibn Saud-freundliche Version der Geschichte zu präsentieren, doch während ihrer Arbeit mußten sie sie begründen, und wenn man sich die Begründungen und absichtlichen Auslassungen näher anschaut, so erzählen sie die wahre Geschichte ihres Herrn und Meisters.

Die meisten Menschen im Dienst eines saudischen Königs standen (wie Philby und Wahbeh waren sie in der Mehrzahl käufliche Ausländer), hielten ihren jeweiligen Herrn für ausgesprochen geeignet, das Landes zu regieren. Für diese Leute gaben der fehlende soziale Zusammenhalt in Saudi-Arabien und das zerstörerische Tempo der Veränderungen eine bessere Begründung für ein diktatorisches Regierungssystem ab, als dies in Ländern mit einer gefestigten Sozialstruktur der Fall ist. Die saudischen Könige brachten die dringend benötigte Einheit und Kontinuität gegenüber unerwünschten Alternativen. Dazu kommt als weiterer Grund in jüngster Zeit, das Land gegen seine gierigen Nachbarn zu verteidigen. Außerdem waren die vorgebliche Rückständigkeit der saudischen Bevölkerung und eine fehlende Alternative immer Bestandteile einer solchen Argumentation.

Ergänzt werden diese Gründe durch einen eher zynischen, jedoch selten ausgesprochenen Gedanken. Einige Diener der saudischen Monarchie sind der Ansicht, daß das Haus Saud so lange überleben wird, wie es die Unterstützung des Westens erhält. Eine Opposition dagegen sei also gleichbedeutend mit einem unproduktiven Bruch, der nur etwas Ähnliches oder Schlimmeres hervorbringen würde. Daher nehmen Diener der saudischen Krone ihre Instruktionen von »Seiner Majestät« entgegen und beziehen sich auf »die Regierung von Saudi-Arabien« und »unsere Interessen«, ohne jemals die Bevölkerung des Landes und deren Bedürfnisse zu erwähnen. Wir stehen immer noch dort, wo Edward Said uns verlassen hat: Für die Diener des saudischen Thrones sind die Araber ein einfaches und naives Volk, das unbedingt der starken Hand eines Führers bedarf.

Überraschenderweise unterscheiden sich die saudischen Gefolgsleute des Königshauses von ihren Pendants in anderen Ländern durch eine höhere geistige Differenziertheit, als ihre Herrschaften sie haben. Alle saudischen Könige mußten sich mangels eigener Begabungen immer auf Menschen stützen, die wesentlich kompetenter waren als sie selbst. Philby hat anstelle von Ibn Saud die Abmachungen mit Großbritannien und den Ölgesellschaften durchgefochten, da er die Schule von Westminster, Cambridge und des Außenministeriums durchlaufen hatte. Saud brauchte ihn, damit er ihm den geheimnisvollen Westen erklärte und für ihn verhandelte. Jamal Husseini, ein palästinensischer Politiker, war Berater von König Saud, als dieser sich intensiv mit innerarabischen politischen Problemen auseinandersetzen mußte. Husseini kannte die arabische Welt und schätzte ihre politischen Antriebskräfte unglaublich besser ein als Saud. Der Erdölminister Yamani wußte mehr über den Rohstoffmarkt als Faisal und stellte sein Wissen zur Verfügung. Kashoggi kennt sich besser als König Fahd damit aus, wie man den größtmöglichen Gewinn aus Rüstungsgeschäften ziehen kann – das kommt beiden zugute. Die saudischen Könige haben solche Männer benutzt, wenn es ihren Überlebensinteressen und ihrem Image dienlich war, ließen sie jedoch fallen und verzichteten völlig auf ihre Fähigkeiten, wenn sie nicht mehr benötigt wurden. Dies geschah, wenn ein Diener der Krone vergaß, daß seine Aufgabe die Erhöhung des Königs war. Für Saudi-Arabien bedeutete das, den König reicher zu machen oder sein Bild aufzupolieren oder beides.

Es gibt noch einen weiteren Unterschied zu anderen Diktaturen. Das Haus Saud hat seine Mitverschworenen nie in die Regierungsgeschäfte miteinbezogen. Sie sind fähige Spezialisten, und ihre Kompetenz wird am besten unter Kontrolle gehalten, indem man ihnen für die Ausübung ihrer Geschäfte Schranken setzt. Man vertraut ihnen mehr als Fachleuten, als Einzelpersonen, die keine zusammenhängende, politisch reaktionsfähige Gruppe repräsentieren. Je kompetenter sie sind, desto mehr muß man sie aus den politischen Entscheidungsprozessen raushalten, da ihr Mitwirken die Inkompetenz ihrer Chefs offenlegen würde. Fahd muß sich Kashoggi gewogen halten, damit dieser nicht eigenständig im Rüstungsgeschäft mitmischt, und Yamanis Kenntnis des internationalen Rohölmarktes machte ihn zu einem perfekten Frontmann für Faisal, der alle wichtigen Entscheidungen selbst traf.

Saudische Handlanger des Königs stehen im Gegensatz zu denen anderer Länder nicht in Konkurrenz zueinander. Sie sind keine südamerikanischen Militärs, deren Unterstützung gebraucht wird, oder sunnitische Moslems in Irak, die Saddam eine Basis für die Unterdrückung der Schi'iten und Kurden geben. Die Mitglieder des saudischen Komplotts sind Außenseiter, die einen jeweils anderen Hintergrund haben und auf unterschiedlichen Wegen zu ihrer Position gekommen sind. Dieser Hintergrund und ihre sehr verschiedenen Spezialisierungen mit spezifischen

Funktionen halten sie auf Abstand voneinander. Yamani und Kashoggi waren gleich alt, gehörten zur selben Gruppe, die sich in den 60er und 70er Jahren um den saudischen Thron geschart hatte. Doch sie hatten sehr wenig gemeinsam, außer ihrem Glauben an die Oberhoheit des Königs, und sie handelten jeder für sich. Ihre Funktion und ihre Persönlichkeit bestimmten die Art, wie sich dieser Glauben äußerte. Kashoggi ist immer noch ein Drahtzieher hinter den Kulissen, den nur das Interesse am Geld antreibt, während Yamani im internationalen Rahmen im Interesse der Krone agierte.

Die Gemeinschaft, die derzeit König Fahd zu Diensten ist, unterscheidet sich von all dem in nichts. Sogar die persönlichen Fähigkeiten der einzelnen Mitglieder werden unweigerlich durch die Inkompetenz des Königs behindert. Die nachfolgenden Porträts zeigen indirekt eine der großen Unzulänglichkeiten einer Diktatur: Ein absoluter Diktator kennt nur Loyalität seiner Person gegenüber, wehe dem, der das vergißt.

Ghaith Pharoan ist untersetzt, etwas übergewichtig und hat eine für Saudis nicht gerade typische, leicht rötliche Gesichtsfarbe. Er bekommt langsam eine Glatze, hat einen Spitzbart, spricht ein Arabisch mit deutlich syrischem Akzent und ist ein hartgesottener, Zigarren qualmender zwielichtiger Typ wie die saudischen Geschäftsleute, die international aktiv sind. Zur Zeit soll er in Großbritannien und den Vereinigten Staaten vor Gericht aussagen, *in absentia* wurde gegen ihn die Anklage erhoben, einige hundert Millionen Dollar der Bank of Commerce and Credit International (BCCI) veruntreut zu haben. Im Unterschied zu anderen Saudis, die auf solche Veruntreuungsklagen reagiert haben, indem sie Geld zurückzahlten, hat er durch nichts erkennen lassen, daß er seinen Namen reinwaschen will. Doch internationale Gesetze können ihm nichts anhaben. Wie die einheimischen Gauner im Falle Bamieh und anderer derartiger Geschichten lebt er in Saudi-Arabien und wird vom Haus Saud geschützt, das dafür überraschenderweise nicht vom Westen kritisiert wird, obwohl das bei Ländern, die Kriminelle beherbergen, sonst immer der Fall ist. Vielleicht hat er im Auftrag des Königshauses gehandelt, mit Sicherheit würde ein Verhör Pharoans einige wenig anziehende Züge seiner Herrschaften ans Tageslicht bringen.

Pharoan war Schüler am International College von Beirut, hat an der Colorado School of Mines, in Stanford und an Harvards Graduate School of Business studiert – er ist also zweifelsohne ein intelligenter Mann. Doch sein Erfolg oder seine traurige Berühmtheit haben ebensoviel mit den Leistungen seines Vaters zu tun wie mit seinen eigenen Verdiensten und Fähigkeiten. Sein Vater war Dr. Rashad Pharoan, ein früherer Berater von Ibn Saud und Leiter des Beratergremiums von Faisal, Khalid und Fahd. Der ältere Pharoan war ein seltenes Beispiel für die Strukturen im saudischen Hofstaat: ein Ausländer, dem es gelang, den unterschiedlichen Anforderungen von vier Königen zu genügen – und das ist der einzige Gradmesser für Erfolg im gehobenen Dienst in Saudi-Arabien.

Rashad Pharoan wurde ein prominenter Mann, weil er einer der Ärzte von Ibn Saud war. Wie bereits gezeigt, hatten Ärzte immer damit zu tun, dem König Potenzmittel zu verschreiben, und mußten sich um seine Hypochondrie kümmern, und wie so viele politischen Führer in unterentwickelten Gesellschaften hatte Ibn Saud absolutes Vertrauen in seine Ärzte und hielt sie für Männer mit unbegrenzten Fähigkeiten. Pharoan der Ältere hatte in Damskus studiert und war 1936 nach Saudi-Arabien gekommen, um dort sein Glück zu machen. Er ging von der richtigen Annahme aus, daß die Dinge gut für ihn standen und er viel Geld machen konnte, wenn er Ibn Saud kennenlernte und ihn behandelte, und wie auch andere Ärzte widmete er sich ganz seinem Gebieter. Die Medizin stellte er bald hintan und wurde ein Mitglied in der ersten Kollektion von Günstlingen, denen der König vertraute.

Der gebildete Pharoan sorgte dafür, daß seine vier Söhne eine gute Ausbildung bekamen und Geschäftsleute wurden. Nachdem sie an einigen der führenden Universitäten der Welt ihre Abschlüsse gemacht hatten, riet er seinen Jungs gescheiterweise, zwei getrennte Geschäftspartnerschaften aufzubauen, eine mit Ghaith und Wabbel, eine andere mit Mazen und Hattan. Diese Trennung ließ den Umfang der gemeinsam getätigten Geschäfte kleiner erscheinen, denn das Königshaus hätte gezögert, einem einzigen, starken Pharoan-Unternehmen zu viele Aufträge zu geben. Er riet ihnen auch, mit verschiedenen Prinzen des Königreichs zusammenzuarbeiten und nicht zu viele Aufträge in einem Bereich anzunehmen. Natürlich stellte Rashad Pharoan den Kontakt zwischen seinen Kindern, dem König und den wichtigsten Prinzen her, mit dem derzeitigen König Fahd, dem Verteidigungsminister Prinz Salman, dem früheren stellvertretenden Verteidigungsminister Prinz Turki, Innenminister Prinz Naif und auch weniger wichtigeren Gestalten. Das war leicht zu bewerkstelligen, da Pharoan den König und dessen Brüder regelmäßig traf, und aufgrund seiner Position war klar, daß seine Kinder diskret und zuverlässig waren – also exzellente Frontmänner.

Ghaith Pharoan wuchs als privilegierter, nicht-eingeborener Saudi auf, Abkömmling eines Vaters, der das höchste Amt im Land innehatte, das jemand von nichtköniglicher Abstammung erreichen konnte. Als ich in den 50er Jahren mit ihm im International College in Beirut zusammen war, beschrieb er sich selbst immer gern als »Damaszener mit saudischem Paß«. Doch da viele saudische Studenten am International College, die dort auf Kosten der saudischen Regierung studierten, die Söhne von Ibn Sauds ausländischen Kumpels waren, litten viele unter dieser doppelten Identität. Die leicht angespannte Beziehung, die diese Gruppe zu den gleichaltrigen saudischen Studenten hatte, zu den Sudeiris, Ghoseibis, Muhtassibs und Bassams, ergab erst im Rückblick einen Sinn. Pharoan wurde nie als Saudi akzeptiert, und die echten Saudis betrachteten ihn mit Befremden und Verachtung, besonders wenn er die Position seines Vaters erwähnte, von seiner Identität sprach und schicke nichtsaudische Ausdrücke verwendete, wie beispielsweise seine Tanten französisch als »tantes« zu bezeichnen.

Ghaith Pharoan wurde nie ein echter Saudi. Wie sein Vater hatte er nicht – wie jeder echte Saudi – das Handicap zweifelhafter politischer Herkunft oder ein Gespür für soziale Bedingungen, er sah Saudi-Arabien nicht als Land, sondern nur als einen Ort, wo man Geld verdienen konnte. Wenn jemand, der in Saudi-Arabien geboren und aufgewachsen ist, einen nichtsaudischen Akzent beibehält, so ist das ein Ausdruck für eine grundsätzliche Einstellung. Er hat nie wie ein Saudi gelebt, und mit der Ausnahme von Mitgliedern des Hauses Saud, verbindet die Leute, mit denen er arbeitet, sogar innerhalb Saudi-Arabiens ein ganz anderer Lebensstil, zu dem *au courant* französische Phrasen gehören, eingekauft wird in Europa, und man ißt die Speisen, die in der Levante gebräuchlich sind. Die meisten Männer, die für Pharoans saudische Research and Development Corporation (REDEC) in leitenden Positionen arbeiten, sind keine Saudis, sondern vor allem Syrer, zu denen er sowohl persönlich wie als Geschäftskollegen größere Sympathie empfindet. Sie finden wie er, daß die Saudis weit unter ihnen stehen, und würden nie eine saudische Frau heiraten, sondern heiraten Syrerinnen, Frauen aus dem Libanon und anderen arabischen Ländern.

Pharoans Vater hat aus Ibn Sauds mangelnder persönlicher Bildung Kapital geschlagen, und als Ghaith Pharoan Anfang der 60er Jahre seine Laufbahn begann, hat er sich auf denselben Mangel konzentriert, in diesem Fall in der Königsfamilie und im ganzen Land. Er ist nicht einfach ein Geschäftsmann in Saudi-Arabien geworden, sondern hat sich als weltläufiger, dreisprachig geschulter Vermittler zwischen Saudi-Arabien und dem Rest der Welt aufgebaut. Er handelte in der Tradition des Ölmagnaten Gulbenkian und der Leute, die in Afrika und Indien die Handelsgesellschaften aufgebaut haben, ein Mensch, der seine Fähigkeiten dafür einsetzte, um riesige Reichtümer durch die Ausbeutung der Unwissenheit der Landesbewohner aufzuhäufen. So wie er die richtigen Leute um sich haben mußte, war für seine Abenteuer auch der passende Hintergrund vonnöten. Der Beginn seiner Karriere fiel mit dem einsetzenden Ölboom der 60er und 70er Jahre, mit den daraus erwachsenen Bedürfnissen und kommerziellen Möglichkeiten zusammen.

Pharoan konzentrierte sich auf Geschäfte, die völlig neu waren und die im Land vorhandenen Kompetenzen überforderten. Er importierte Lebensmittel, besonders Fleisch und neuartige Delikatessen, und reagierte damit auf die wechselnden Eßgewohnheiten. Er eröffnete Hotels, in denen die Geschäftsleute unterkommen konnten, die jetzt zu Tausenden nach Saudi-Arabien kamen; er führte das Versicherungswesen ein und kam damit den gestiegenen Anforderungen der inzwischen veränderten Geschäftswelt entgegen und schloß mit westlichen Unternehmen Joint-venture-Verträge für den Bau der Kanalisation von Jiddah und Riyadh. Für die Firmen aus dem Westen, die ihn als Agenten oder Repräsentanten einsetzten oder ein Joint-venture-Geschäft mit ihm abschlossen, war er genau der richtige Mann, da er sich im modernen Geschäftsleben auskannte und gleichzeitig die primitiven Machtspiele dieses ölreichen Landes beherrschte. Sein Harvard-Examen, Sprachkenntnisse und andere Aspekte von Welterfahrenheit halfen ihm im Westen, und seine enge familiäre Verbindung mit dem Königshaus erleichterte die Aktivitäten in Saudi-Arabien.

Mit Mitgliedern des Hauses Saud, einschließlich König Fahd und Verteidigungsminister Prinz Sultan, ging er in einer direkten und leichten Weise um, die ihnen gefiel. Er machte Geld für sie. Er wußte, wie er sie bestechen konnte, und da er dies ohne Umwege tun konnte, war es ihm möglich, mehr Geld als andere zu verdienen, die erst einen ganzen Reigen anderer Leute hinter sich bringen mußten. Das gefiel seinen königlichen Förderern. In den 60er Jahren brauchten Angehörige des Hauses Saud eher viel Geld von außerhalb, als daß sie Pharoan als Problemlöser ansahen. Das war der Grund, warum sie damals seine Partner wurden. Sie garantierten ihm nicht nur die Lizenzen für den Import von Lebensmitteln, sondern regelten auch, daß Regierungsstellen diese Lebensmittel kauften. Sie wischten islamische Lehren vom Tisch, die besagen, daß alles in Allahs Händen liegt, und unterstützen Pharoan beim Aufbau des Versicherungswesens in Saudi-Arabien. Sie erklärten die Betonfirma, in der er der Hauptanteilseigner war, die Saudi Kuwaiti Cement Company, zu einer strategisch wichtigen Institution und verschafften ihr hohe Subventionen, bedeutend mehr, als sie anderen Unternehmen gaben, die eigentlich mehr gebraucht hätten. Im Gegenzug vermittelte ihnen Pharoan, was das Land brauchte, und machte sie zu stillen Teilhabern in seinen Unternehmungen, einschließlich seiner Hotelkette (mehrere Hyatt-Hotels).

In den 70er Jahren steuerte Pharoan die REDEC in das Baugeschäft. Die Königsfamilie beauftragte ihn und seine Partner mit dem Aufbau von immensen infrastrukturellen Einrichtungen; diese Verträge waren einige hundert Millionen Dollar wert. (Einen Vertrag über 500 Millionen Dollar erhielt er gemeinsam mit dem amerikanischen Unternehmen Parsons und war so am Bau der Militärstadt Al Assard beteiligt, einem der größten Militärbauwerke in der Geschichte.) Pharoan machte so viel Geld, daß er bei einigen Prinzen einen wesentlichen Anteil ihres Einkommens beitrug. Genaue Zahlen darüber sind schwer zu erhalten, doch es gab Jahre, in denen er mehr als 50 Millionen Dollar Schmiergelder auszahlte.

Mitte der 70er Jahre schwamm Pharoan im Geld und wurde einer der ersten saudischen Großunternehmer, die auf dem internationalen Markt tätig wurden. Er erkaufte sich die Kontrolle über die National Bank of Georgia und sieben Prozent Beteiligung an der Hyatt Corporation. Bei beiden Investitionen zahlte er mehr als genug, doch zweifellos machten Pharoan und REDEC genug Geld in Saudi-Arabien, um sich das leisten zu können. Seine wirtschaftlichen Aktivitäten auf einer internationalen Basis ließen ihn in den Augen seiner Herren noch interessanter erscheinen, und einige von ihnen schlossen sich ihm bei ihren Investitionen in denselben Unternehmen an. Doch dann überzog er.

Pharoan behielt den ehemaligen texanischen Gouverneur John Connolly und den früheren amerikanischen Direktor des Staatshaushalts, Bert Lance, als seine amerikanischen Spürhunde, verschaffte sich die Kontrolle über die Commonwealth Bank of Detroit und die National Bank of Georgia und investierte in andere Banken. Er erwarb einen beträchtlichen Anteil an Occidental

Petroleum, bildete ein Joint-venture mit der norwegischen Concordia Schiffahrtsgesellschaft, ging dann noch weiter und kaufte einen Teil des französischen Lebensmittelkonzerns Gervais Danone, gründete ein Spezialunternehmen für die Versicherung von Rohöl, das nach Pakistan verschifft wurde, und investierte in ein Unternehmen zur Herstellung von Palmöl in Sabah in Malaysia.

Gleichzeitig begannen sich seine geschäftlichen Abenteuer auf sein persönliches Verhalten auszuwirken. Er holte hochbezahlte Mitarbeiter in seine Unternehmen, vertraute auf zweifelhafte amerikanische Wichtigtuer, veranstaltete Parties, die Zehntausende Dollars kosteten, kaufte für 15 Millionen Dollar ein Appartement in Cannes, dann Henry Fords Plantagen in Georgia und schließlich noch ein Privatflugzeug. Seine Beziehungen beschränkten sich nicht mehr nur auf Connolly und Lance: Er wagte sich in andere Bereiche vor und spendete 150 000 Dollar für Andrew Youngs Wahlkampagne als Bürgermeister von Atlanta und verbrachte viel Zeit mit Präsident Carter und dessen Familie (die National Bank war einer der größten Geldgeber für die Geschäfte der Familie Carter). Er besuchte sogar Präsident Mobutu von Zaire, um in seinem Land Konzessionen zu erhalten, und versuchte, ihn davon zu überzeugen, daß REDEC sämtliche Investitionen in seinem Land durchführen sollte. Die Legende um Ghaith Pharoan nahm solche Ausmaße an, daß die italienische Regierung sich bei ihm durch eine Ordensverleihung beliebt machen wollte und ihn zum Commendatore der Republik Italien ernannte.

Die Gewinne, die ihm seine saudischen Unternehmen brachten, trugen seinen Beutezug in der internationalen Arena und verschafften ihm die nötigen finanziellen Mittel, um die riesige Zinssumme für die Kredite aufzubringen. Doch die in den Jahren 1982 bis 1984 sinkenden Ölpreise, eine rezessive Wirtschaft, hohe Zinsen und eine Auseinandersetzung mit König Fahd beeinträchtigten Pharoans finanzielle Situation plötzlich sehr. Er konnte einigen seiner Schuldverpflichtungen nicht mehr nachkommen. Zu diesem Zeitpunkt begann er, Unternehmen und Firmenanteile mit unglaublichem Tempo zu verkaufen und zu kaufen, um einer genauen Prüfung durch die Geschäftswelt und die amerikanischen Finanzbehörden zu entgehen. Doch das alles nützte nichts, denn einige seiner Investitionen hatten deutlich an Wert verloren, und es gab etliche Berichte, in denen behauptet wurde, sein Wert hätte sich zum Negativen gewendet.

Wie ein von Allah geschickter Retter tauchte BCCI am Horizont auf. Diese Bank war als einzige bereit, auf Pharoans Verbindung zum saudischen Königshaus hin schier unbegrenzte Summen zu setzen. Man lieh ihm 300 Millionen Dollar gegen ungenügende Sicherheiten in Saudi-Arabien. BCCI versuchte schon lange, näher an das Haus Saud heranzukommen, und bemühte sich deshalb, sich bei Angehörigen des inneren Kreises beliebt zu machen (wie Pharoan liehen sich auch Kemal Adham und Khalid bin-Mahfouz viel Geld aufgrund gefälschter Bilanzposten oder manipulierten an den Besitzanteilen der Bank). Als die Bank schließlich zusammenbrach und in den Vereinigten Staaten, in Großbritannien und anderen Ländern gigantische Verluste und die Unfähigkeit der Niederlassungen zu Tage traten, schuldete ihr Pharoan immer noch 285 Millionen Dollar, die er nicht hat.

Hier geht es jedoch nicht um den zu Boden gegangenen internationalen Geschäftsmann Ghaith Pharoan, sondern um eben diesen Mann als Geschöpf des Hauses Saud und Mitglied des innersten Kreises im Königshaus. Was war und ist er für diese Leute? War er ein im Innersten korrupter Mensch, oder kommt seine Korruptheit von ihrer? Inwieweit ist er ein Repräsentant des Komplotts, das das Haus Saud in der Geschäftswelt darstellt? Die Antwort auf die erste Frage gibt die Richtung für die Antworten auf die übrigen Fragen vor, und ich weiß keinen besseren Weg, um Pharoans Beziehung mit dem Haus Saud herauszuarbeiten, als eine Geschichte über ihn und den derzeitigen König Fahd zu erzählen. Diese Geschichte wurde bisher noch nie erzählt und enthüllt bedeutend mehr als alles andere, was die beiden zusammen getan haben und wie sich Pharoan im internationalen Geschäftsleben bewegt hat.

Ende der 70er Jahre begann Fahd, in Marbella Sommerferien zu machen. Er war damals Kronprinz, der mächtige Mann hinter dem Thron. Die spanische Regierung war gastfreundlicher als andere, das Wetter besser als im übrigen Europa, und Fahd genoß die private Atmosphäre, die dort geboten wurde. Während seiner zahlreichen Aufenthalte in dieser Zeit scheint sich eine persönliche Freundschaft zwischen Fahd und dem spanischen König Juan Carlos entwickelt zu haben. Der König kümmerte sich darum, daß der Prinz den größtmöglichen Komfort und Schutz erhielt, wie beispielsweise eine Sondererlaubnis bei den Landerechten für seinen Jet bis hin zu Lammfleisch von Tieren, die entsprechend den islamischen Vorschriften geschlachtet wurden. Juan Carlos besuchte Fahd, so oft sich die Gelegenheit dazu bot.

1980 schnellte der Preis für ein Barrel Rohöl auf 35 bis 40 Dollar hoch. Der Direktor von Hispanoil, der spanischen staatlichen Ölgesellschaft, wollte die entstandene Beziehung zwischen den beiden königlichen Herrschaften nutzen und wandte sich über Premierminister Suarez an Juan Carlos mit der Bitte, ob dieser Verhandlungen mit Prinz Fahd zum Direktbezug von saudischem Öl anregen könnte. Diese Umgehung der großen Ölgesellschaften würde Spanien 5 bis 7 Dollar pro Barrel ersparen, das wären pro Tag 800 000 Dollar.

Juan Carlos erkannte die Bedeutung dieser wirtschaftlichen Überlegung für sein Land, willigte in den Vorschlag ein, und ein halbes Jahr lang wurde mehrfach darüber diskutiert. Bei drei dieser Treffen mit Fahd war Pharaon dabei, zwar nur zufällig, doch die Spanier hätten das bedenken können. Pharaon hatte dafür gesorgt, daß er zur gleichen Zeit wie Fahd in Spanien war, da er dort leichter mit ihm über einige große Projekte in Saudi-Arabien sprechen konnte, bei denen sie »zusammenarbeiteten«.

Man einigte sich auf der obersten Ebene, und es kam zu einem Abschluß zwischen Hispanoil und Petromin. Spanien konnte das Öl zu dem Preis kaufen, den sonst Exxon, Shell und Mobil Oil zahlten. Juan Carlos hatte allen Grund zur Freude, wie auch Suarez und der Direktor von Hispanoil. Doch dieser Sieg für die spanische Diplomatie hielt nicht lange vor. Eine Woche nach Vertragsunterzeichnung suchte Pharoan den Direktor von Hispanoil auf und forderte eine Provision von zwei Dollar pro Barrel, das waren 360 000 Dollar täglich oder 120 Millionen pro Jahr. Der schockierte spanische Beamte erinnerte Pharoan an den Ablauf der Verhandlungen, bat ihn, seine Forderungen zurückzuziehen und stellte völlig zu Recht klar, daß sich Spanien direkt an Fahd gewandt hatte, weil man nicht mit einem Vermittler arbeiten wollte. Pharoan lenkte nicht ein, brachte seine Forderung schriftlich vor, schickte Telexe, reiste sogar nach Spanien und verlangte, daß sofort gezahlt werde.

Die Spanier saßen in der Klemme. Sie befürchteten, daß Pharoan von Fahd geschickt worden war, um eine Provision herauszuschlagen, und der ganze Deal platzen würde, wenn sie ihm von der Forderung berichteten. Andererseits war die verlangte Provision lachhaft hoch, und es war unmöglich, sie zu bezahlen, besonders nachdem alles vertraglich geregelt worden war.

Der Hispanoil-Direktor berichtete das alles schließlich Premierminister Suarez, der wiederum König Juan Carlos davon erzählte. Seine Königliche Hoheit reagierte verletzt, und er rief Prinz Fahd an. Fahd wollte Genaueres wissen und bat darum, daß man ihm Kopien der Korrespondenz und einen Bericht über die Besuche von Pharoan in Spanien nach Jiddah schickte. Die Akte mit den Aufzeichnungen über die versuchte Erpressung war innerhalb von zwei Tagen in seinen Händen.

Fahd bat Pharoan zu einer Audienz. Er befragte ihn zu »Gerüchten« über die Forderung nach einer Provision von Hispanoil. Als Pharoan diese Grüchte von sich wies, warf ihm Fahd die Akte hin und forderte ihn auf, das zu lesen. Pharoan war in Verlegenheit und versuchte sich schließlich durch die Behauptung zu retten, er wolle das Geld für saudische Wohltätigkeitseinrichtungen haben und nicht für sich persönlich. Fahd ging zu dem in sich zusammengesunkenen Pharoan, schlug ihm zweimal ins Gesicht und spuckte ihn dann an, eine überaus beleidigende Geste, die es eigentlich nur gegenüber den schlimmsten Verbrechern gibt. Doch das war noch nicht alles: Er befahl den Dienststellen der saudischen Regierung, keine weiteren Aufträge mehr an REDEC zu vergeben und alle noch ausstehenden Zahlungen für angefangene Projekte ruhen zu lassen. Selbstverständlich wollte kein einziges Mitglied der Königsfamilie für Pharoan eintreten, alle verhielten sich so, als wäre das ganze eine Beleidigung für das Haus Saud.

Pharoan und seine Firmen mußten empfindliche finanzielle Einbußen ausgerechnet in einer Zeit ertragen, als er das Geld am dringendsten gebraucht hätte. Mehr als ein Jahr saß er auf dem Abstellgleis und bat Fahd viele Male durch Botschaften, die einflußreiche Freunde überbrachten, um Vergebung. Irgendwann im Lauf des Jahres 1982 entschied sich Fahd, ihm zu verzeihen, und Pharoan ging als erstes zu einer Audienz beim König, wo er niederkniete und Fahds Hand küßte.

Pharoans Fehler war eindeutig. So mächtig er auch war, beging er doch die größte Sünde, indem er seine Position mit der des mächtigsten Mitglieds des Hauses Saud verwechselte. Die Leute, die an vorderster Front die Arbeit im internationalen Geschäftsleben für das Haus Saud erledigen, sind nichts anderes als Sklaven, die dazu da sind, die Wünsche und Gier ihrer Herrn zufriedenzustellen, und sie dürfen sie nie beleidigen oder in ihre unumschränkten Rechte eingreifen. Fahds Zorn hatte nichts mit einer moralischen Entrüstung über Pharoans Benehmen zu tun, da er die Bedingungen, unter denen Pharoan arbeitete, selbst miterzeugt hatte. Es ging darum, daß dieses Benehmen die Autorität des Königs widerspiegelte. Lakaien haben nicht das Recht, selbständig zu agieren.

Fahds Bereitschaft, Pharoan vor dem Zugriff der Strafverfolgungsbehörden der Vereinigten Staaten und Großbritanniens zu schützen, die ihn in Zusammenhang mit dem BCCI-Skandal verhören wollen, vervollständigt das Bild. In diesem Fall steht Pharoan unter der Anklage, sich kriminell zu verhalten, doch hat er das nach saudischer Manier getan, gegen die Gesetze und Verordnungen außenstehender Mächte, als verlängerter Arm des Hauses

Saud. Für Fahd ist das ein entschuldbares Vergehen. Diejenigen, die auf dem internationalen Parkett im Interesse des Hauses Saud aktiv sind, spiegeln die Haltung der Mitglieder des Königshauses in jeder Situation wider. Alles ist zulässig, solange der Status des Hauses Saud nicht gefährdet wird.

*

Obwohl er seit 1986 nicht mehr im Dienst ist, ist Ahmed Zakki Yamani, der ehemalige saudische Minister für Erdöl und Rohstoffe, immer noch einer der bekanntesten Männer der Welt. Jeder kennt den akkurat gestutzten Ziegenbart und das dicke, lockige Haar, man bewundert die hervorragend geschnittenen Anzüge, bemerkt die stets vorhandene Gebetsschnur, und man spricht über die stechenden Augen und wiederholt den berühmten Yamani-Witz, der in den 70er Jahren kam, wenn man den Namen dieses Mannes hörte: »Yamani oder dein Haus.«

In seiner besten Zeit war Yamani ein Liebling der westlichen Presse, und es gibt Beweise, daß sein Ruhm zu seinem Sturz beigetragen hat und daß ihn der egozentrische König Fahd gefeuert hat, weil er seine internationale Reputation und sein Selbstverständnis als Sprecher für Saudi-Arabien ebensowenig leiden konnte wie seine Ölpolitik. Fahd fühlt sich mit dem derzeitigen Inhaber von Yamanis früherem Amt, dem farblosen und weniger einprägsamen Hisham Nazer, wesentlich besser.

Yamanis Name gibt Arabern den Hinweis, daß seine Familie aus dem Jemen stammt, dies wird durch eine fehlende Stammeszugehörigkeit noch bestärkt. Seine Leute waren Stadtbewohner, sein Vater ein hochgeachteter Kadi, also ein moslemischer Richter, der bescheiden, jedoch mit bewundernswerten Verdiensten ein ruhiges Leben im Schatten der Politik lebte. Der junge Yamani ist ein Mann des Rampenlichts und damit zwangsläufig umstritten, doch da er keine Beziehung zu einem Stamm und auch keine politische Meinung hat, könnte man meinen, daß er durch Fähigkeiten an die Spitze gelangte, die diese Mängel aufwiegen. Das System gestattete offensichtlich, so brüchig es auch sein mag, einem talentierten, politisch jedoch unscheinbaren Menschen einen derartigen Aufstieg.

Yamani gehört einer kleinen Klasse gebildeter, ruhiger Technokraten und Bürokraten an, die für das Haus Saud eine zunehmend wichtigere Basis bilden, damit es den Eindruck aufrechterhalten kann, auch Bürgerliche seien an den Regierungsgeschäften beteiligt. Doch die Leute dieser Gruppe sind ihren Herren nicht deshalb so wichtig, weil sie sich gegen die Übermacht behaupten, sondern wegen ihrer negativen Eigenschaft, ihrer anscheinend angeborenen Fähigkeit, die Lebensbedingungen des Landes und die Hoffnungen der Menschen zu ignorieren. Dem Haus Saud ist diese Gruppe angenehm, weil sie keine Verbindungen haben, politisch unengagiert und sicher sind. Das trifft auch auf den derzeitigen Ölminister Hisham Nazer zu, dessen Name auf eine türkische oder turkmenische Herkunft hindeutet.

Das war nicht immer so. Der erste Saudi, der diesen Posten innehatte, Abdallah Tariki, war einer der Architekten der OPEC und ein zupackender, phantasievoller Mann mit einem soliden saudischen Hintergrund, der es sich nicht gefallen ließ, wenn sich der König in seinen Bereich einmischte. Er kam unter dem schwer einschätzbaren König Saud an die Macht, wurde jedoch von Faisal, der niemanden ertragen konnte, der seine absolute Herrschaft in Frage stellte, entlassen und 1962 ins Exil geschickt. Seit damals wird das einzig wichtige Ministerium des Landes, das ein Bürgerlicher ausübt, an einen Technokraten vergeben, der bereit ist, den Titel ohne die normalerweise damit verbundenen Machtbefugnisse anzunehmen. Dies hebt die Bedeutung des Amtsinhabers automatisch auf. Der Einfluß, den man von einem saudischen Ölminister auf die saudische, regionale oder internationale Politik eigentlich erwarten könnte, existiert in der Praxis nicht, und Yamanis und Nazers Karrieren bestätigen, daß die Könige ihre eigenen Ölminister sind. Yamani und Nazer sind hervorragende Beispiele für die Verschwörung der Bürokraten mit dem Hause Saud, für die Handvoll Minister, Botschafter und Abteilungsleiter, die Saudi-Arabien als modernen Staat erscheinen lassen. Sie handeln von einer Position in der ersten Reihe aus, doch wirkt das nur auf Außenseiter so, das saudische Volk hat das längst durchblickt.

Obwohl es nicht schwierig ist, Yamani einzuordnen, ist es doch nicht so leicht, ihn und seinesgleichen zu verstehen, die ihm ähnlich sind. Die Angehörigen dieser Untergruppe agieren als demütige, gehorsame Diener der Krone, blind ergebene Roboter. Bis heute wissen wir nicht, was Yamani selbst denkt, er spricht nur widerwillig über wesentliche Dinge. Interviewer haben herausgefunden, daß die Gründe für seine Entlassung so wie auch das Erdöl und die Politik in der Golfregion Tabuthemen sind. Seine Antworten sind voller technischer Einzelheiten und zeigen, daß er sich auf Ablenkungstaktiken zurückzieht. Und er kann auf eine entnervende Weise langweilig sein, da seine Antworten auf gezielte Fragen nichts weiter sind als ein Versuch, die weniger wichtigen, sicheren Aspekte hervorzuheben und mit ermüdender Regelmäßigkeit Aussagen im Sinne des Hauses Saud zu wiederholen. Hisham Nazem, der gegenwärtige Ölminister, und Ghazi al-Ghoseibi, Botschafter in Großbritannien und ehemaliger Gesundheitsminister, machen das genauso. Sie sind nur so lange gute Gesprächspartner, bis sie mit grundlegenden Fragen konfrontiert werden, auf die das Haus Saud noch keine fertigen Antworten parat hat.

Doch es ist nach wie vor wichtig, Yamani auch ohne Kenntnis seiner ehrlichen Meinung zu analysieren. Schließlich hatte er 25 Jahre lang das höchste Amt inne, das ein Saudi von nichtköniglicher Abstammung erhalten kann, und sogar die Tatsache, daß er es übernommen hat, ohne die damit verbundene Macht auszuüben, kann eine Menge darüber verraten, wie wirkliche Macht – auch die Formulierung der Ölpolitik – in diesem Land praktiziert wird. Um Yamani zu verstehen, muß man die drei wesentlichen Seiten von ihm verstehen: die Person, den Geschäftsmann und den Politiker, den Mann im Licht der Öffentlichkeit.

Yamani ist eine schillernde Figur, ein eleganter Mann von 62 Jahren, der sich im Licht der Scheinwerfer so wohl fühlt wie ein

Filmstar. Ich habe bisher kein Foto von ihm gefunden, auf dem auch nur ein Härchen in Unordnung gewesen wäre, nicht einmal nach zermürbenden, endlosen OPEC-Sitzungen. Doch im Unterschied zu anderen Männer des öffentlichen Lebens, beispielsweise dem verkrampften George Bush oder dem steifen John Major, zeigt seine eingeübte Eleganz Wirkung, denn sie beruht auf seinem Charakter und vervollständigt sein ohnehin gutes Aussehen. Wenn er Ferien macht, trägt er statt der Savile Row-Anzüge Designer-Strandkleidung, und sein gemessener Schritt macht jedem klar, daß Eile ohne Würde ist – und auch darin überzeugt er. Das Image des welterfahrenen Dandys pflegt er auch noch mit anderen Mitteln. Meines Wissens hat noch jeder Journalist, der ihn je getroffen oder mit ihm gesprochen hat, seine rücksichtsvolle Art erwähnt und daß er nie vergißt, Fragen zu stellen, die eine persönliche Atmosphäre bei einer solchen Begegnung schaffen und ein Interesse am Wohlergehen seiner Gesprächspartner zeigen. Er nennt sie bei ihren Vornamen, erinnert sich an irgend etwas Persönliches vom letzten Zusammentreffen.

Den Hintergrund für Yamanis vollendetes Dandytum kennen wir nicht, doch ganz allgemein gesagt gibt die Kombination aus seiner Herkunft als Sohn eines Kadis und seinem Jurastudium in Harvard eine gewisse Erklärung. In der Person Yamanis verbindet sich die Vornehmheit des Ostens mit dem Besten aus dem Westen, dazu kommt noch der Glanz, den die Vertrautheit mit den feineren Genüssen des Lebens bewirkt. Seine lange Zeit als führender Sprecher Saudi-Arabiens und auch der OPEC hat ihm die Möglichkeit verschafft, die Führungskräfte der großen Ölgesellschaften und die Ölminister der anderen erdölexportierenden Länder kennenzulernen und mit Richard Nixon, Henry Kissinger, Edward Heath, Giscard d'Estaing und anderen Männern der Weltpolitik Verhandlungen zu führen, zum Teil auch freundschaftliche Beziehungen zu pflegen.

Doch damit ist es nicht genug, Yamani ist auch ein Angeber. Er besitzt Häuser in Beirut, Jiddah, Riyadh, Taif, London, Sardinien und Genf, seine Yacht ist 70 Meter lang (darüber gibt es unterschiedliche Angaben), und er spricht über seine Reichtümer wie einer, der an die Maxime des »Zeige-was-du-hast« glaubt. Diese schamlose Zurschaustellung von Wohlstand geht mit einem ausgeprägten Wunsch nach arroganter Isolation einher. Wenn Yamani in eine Moschee geht, betet er in einem Extraraum; einige seiner Biographen behaupten, er habe auch allein gespielt, wieder in einem Extrazimmer im Londoner Playboy Club. Seine ständige Präsenz in der Öffentlichkeit mag als Entschuldigung für den Rückzug in die Heimlichkeit eines privaten Spielsalons gelten können, doch in einem Extrazimmer zu beten widerspricht den Regeln des Islam, die auf das gemeinschaftliche Gebet großen Wert legen. Hierin zeigt sich ein fehlendes Verständnis gegenüber seiner eigenen Kultur, das mit Yamanis drastisch präsentiertem Reichtum sein Bild bei einem Volk, das sein ganz und gar westliches Verhalten einfach ablehnt, nur noch weiter trüben kann.

Da Yamani ein klarer Hintergrund als Saudi fehlt, was die zunehmend chauvinistischer eingestellte saudische Bevölkerung nicht akzeptiert, wird das alles durch seine Übernahme weiterer nichtsaudischer Verhaltensweisen nur noch schlimmer. Mitglieder der königlichen Familie und andere Minister benutzen den *majlis*, um das Gefühl zu haben, sie seien nach wie vor Angehörige einer Beduinengemeinschaft von Gleichartigen. Doch Yamani hält sich von Menschen fern, die einen Anschein von Normalität pflegen. Während seiner Amtszeit gab es nichts, was einem *majlis* vergleichbar gewesen wäre, und er war für Ausländer zugänglicher als für Araber. Mit Sicherheit kam die ausländische Presse leichter an ihn heran als die arabischen Journalisten, und die prominenten arabischen Journalisten Farid al-Khatib und Abdelbarri Attwan erzählen, wie er sie gegenüber unbekannten freiberuflichen Schreibern aus westlichen Ländern zurückstellte.

Bei Ausländern machte er immer den Eindruck, als würde er etwas verkaufen – nicht Öl, sondern Yamani, den zivilisierten Mann westlichen Stils. Seine Frau und seine Kinder waren oft dabei, wenn er Interviews gab, und er stellte sie seinen Gesprächspartnern vor und sprach offen und mit unverhohlenem Stolz über sie. »Haben Sie Tammam kennengelernt?« fragte mich ein westlicher Journalist und meinte Yamanis zweite Frau. Als ich verneinte, sagte er, ich hätte etwas verpaßt, und erzählte weiter über sie und die Kinder, als wären sie ein fester Bestandteil seiner Geschichte über Yamani. Andere wiederholten diesen Refrain, und manche schrieben darüber, wie Yamani, um ihnen zu gefallen, mit seiner Frau flirtete. Yamanis Art, seine Familie vorzuzeigen, ist bei Saudis nicht üblich, und er spricht selten darüber, daß er immer noch mit seiner ersten Frau verheiratet ist. Er ist ein Mann, der sich selbst von seinen islamischen Wurzeln entfernt hat, als er seine westliche Identität aufbaute, vielleicht hat das Leben in der großen, weiten Welt seine Wurzeln durchtrennt.

Doch Yamani weiß, daß einen zivilisierten Mann in der westlichen Welt mehr ausmacht als eine hübsche, elegant gekleidete, intelligente Frau und wohlerzogene vielsprachige Kinder. Um das Bild vollständig zu machen, braucht er andere Dinge, über die die Menschen sprechen können. Er hat sich zur Autorität in Sachen Pistaziennüssen stilisiert und als Opernfreund, der Wagner schätzt. Als Gourmet zitiert er gern die Speisefolgen berühmter Restaurants, und bei Pistazien ist er kaum noch zu bremsen. Als Ölminister hatte er immer einige Beutel solcher Nüsse in seiner Hotelsuite, und jedesmal wurde über diese Nüsse gesprochen. Bei Routineinterviews über Ölpolitik schweifte er oft ab und fragte seine Gesprächspartner, ob sie die neueste Operninszenierung gesehen hatten, und Mitte der 70er Jahre blieb er in Wien einmal einer OPEC-Sitzung fern, um ein Konzert zu besuchen – eine Abweichung vom Zeitplan, der von der Presse natürlich nicht unbemerkt blieb.

Alles, was Yamani zu seiner Imagepflege unternimmt, ist auf ein westliches Publikum bezogen und meistens ziemlich übertrieben. Während Verhandlungen zwischen der OPEC und den Mineralölkonzernen bestand er darauf, den Exxon-Vertreter George Pierce in einer völlig unarabischen vertraulichen Geste mit seinem Vornamen anzusprechen. Einen Lehrstuhl über Energieforschung an der Universität von Wales nahm er für ein Honorar von

£ 250000 an, zu einer Zeit, als viele arabische Studenten und Bildungsinstitutionen das Geld wesentlich besser hätten gebrauchen können.

Der Geschäftsmann Yamani ist kein Widerspruch zur Privatperson Yamani. Er ist ein schlauer Exponent eines kämpferischen Materialismus, ein erfolgreicher Kapitalist mit einem Hang zu glamourösem Geschäftsgebaren. In Jiddah eröffnete er die erste richtige Anwaltskanzlei und ließ nicht zu, daß irgend jemand seine juristische Ausbildung vergaß. Seine Diplome von den Universitäten von Kairo, New York und Harvard hingen so, daß jeder Besucher sie sehen konnte. Seine zurückhaltende, übergenaue und distanzierte Art unterschied sich sicher von der anderer saudischer Anwälte, und er konnte sich seine Klienten sorgfältig aussuchen und so mit ihnen umgehen, als täte er ihnen einen Gefallen.

In Jiddah und überhaupt in den späten 50er Jahren gab es keine in Harvard ausgebildeten Rechtsanwälte. Als der Handel in größerem internationalen Rahmen begann, war Yamani sehr bald gefragt. Es blieb nicht aus, daß er auch für die Regierung tätig wurde und schießlich für das Ölministerium. Damals wurde der Premierminister und spätere König Faisal auf ihn aufmerksam. Bald darauf war er rechtlicher Berater für mehrere Ministerien, wurde zum Staatsminister ernannt, 1962 zum Minister für Erdöl und Ressourcen. Faisal forderte ihn auf, die Nachfolge des unabhängig denkenden Abdallah Tariki anzutreten, der sich immer für eine Politik der Konfrontation mit der ARAMCO ausgesprochen hatte und einige Ölkonzessionen in Frage stellte, die ökonomisch nicht viel brachten. Tarikis Politik und Popularität waren für Faisal zum Problem geworden, und mit der Entscheidung für seinen Nachfolger wollte der König einen genau gegenteilig eingestellten Mann: jemanden, der keine Basis in der Öffentlichkeit hatte, Befehle ohne lange Diskussionen entgegennahm und von den Ölgesellschaften akzeptiert wurde. Wenn es um die Beziehungen zwischen Saudi-Arabien und ARAMCO ging, war Yamani mehr als akzeptabel: Er war ein Freund, der alle Versuche des Unternehmens ignorierte, die OPEC zu unterlaufen, und sich gegen zahlreiche Wünsche der saudischen Regierung sperrte, einschließlich der Bitte, Saudis in das ARAMCO-Direktorium aufzunehmen.

Das war der Anfang des Yamani, den wir kennen, des eleganten, reichen Mannes, der bei der westlichen Öffentlichkeit beliebt und bei seinem Volk verhaßt war. Es war Faisal, der den finanziell bereits gut gepolsterten Yamani sehr reich machte, indem er ihm große Grundstücke um Jiddah herum schenkte, die als Kronland ausgewiesen waren. Geht man davon aus, daß Yamani in der besten Position war, um den auf dem Erdöl basierenden wirtschaftlichen Zustand des Landes zu beurteilen, so verkaufte er seinen Besitz, als die Preise auf dem höchsten Punkt waren. Die Schätzungen sind verschieden, doch das Land, das er als Geschenk erhalten hat, brachte ihm 300 bis 500 Millionen Dollar. Als 1976 in Saudi-Arabien die Grundstückspreise zusammenbrachen, war Yamani seine Besitzungen bereits losgeworden, während geringere Sterbliche bankrott gingen. Das Volk von Saudi-Arabien wird sich immer daran erinnern, wenn Yamanis Name fällt. Sein an den Westen angepaßtes Verhalten hatte ihm nicht die westlichen Standards vermittelt, daß Insidergeschäfte unmoralisch sind.

Dieses große Vermögen erwarb er in den goldenen Jahren der OPEC, als alles zugunsten der Produzenten stand. Von Anfang der 70er Jahre bis 1983 war Yamani stets präsent. Die Welt gewöhnte sich an die ruhige korrekte Ausdrucksweise dieses Mannes, der die Auseinandersetzung zwischen Westen und OPEC verkörperte, ohne daß bekannt war, wie wenig Macht und Einfluß er tatsächlich hatte. Die wichtigsten Entscheidungen über mehrfache Anhebungen des Ölpreises oder ein Lieferembargo wurden von anderen OPEC-Mitgliedsstaaten getroffen, und Faisal schloß sich ihnen an, doch die Außenwelt wußte das nicht, und manche Kommentatoren fragten sich, warum ein Mann, der so vernünftig klang, sich ganz gegenteilig verhielt.

In dieser Zeit paßte das, was Yamani sagen mußte, nicht mehr zu seiner Person. Zweifellos sahen die meisten, auch wenn sie die fälschlicherweise ihm zugeschriebenen Entscheidungen ablehnten, in ihm einen attraktiven Sprecher für Saudi-Arabien und die

OPEC. Er handelte überlegt und schikanierte niemanden, und er verwischte in gewisser Weise die Gefahr, die in der Situation liegt, daß nur eine Handvoll Länder einen Rohstoff kontrollieren, ohne den die Welt nicht leben kann. Unter dem Druck endloser Interviews bog er hartnäckige Fragen mit einem einnehmenden Lächeln ab und wirkte immer wieder wie jemand, der auf ruhige Weise dem Gedanken der Kooperation zwischen Produzenten und Konsumenten verpflichtet ist. In der Rückschau können wir Yamanis Taten und seine Gründe dafür besser beurteilen.

Die Ölpolitik, die Yamani öffentlich vertrat – wenn sie denn überhaupt existierte –, bestand aus zwei Elementen: Die Ölpreise sollten nicht auf ein Niveau ansteigen, das die westliche Wirtschaft irreparabel schädigen würde, und sie sollten kein Niveau erreichen, das das Ausweichen auf alternative Energien attraktiv erscheinen lassen könnte. Außerdem sollte die OPEC auf lange Sicht der wichtigste Lieferant für Rohöl bleiben.

In Saudi-Arabien hatte Yamani mit seinem Schöpfer Faisal zu tun, und nur mit Faisal. Einer der Gründe, warum ihn der derzeitige König Fahd ablehnte, war Yamanis hochnäsiges Verhalten ihm gegenüber, als Fahd zum Chef des Supreme Petroleum Council ernannt wurde und damit der Mann offiziell aus dem Königshaus war, der sich um die Ölpolitik kümmern sollte. Was mit der Suche nach einem politisch zuverlässigen Mann begonnen hatte, entwickelte sich zu etwas ganz anderem: Faisal und Yamani handelten als Team. Vielleicht könnte man das beschreiben wie in einer Beziehung zwischen einem arabischen Vater und seinem Sohn, in der der gebildete Sohn seine Talente dem traditionellen, weniger weltklugen Vater zur Verfügung stellt, der dennoch die Entscheidungen fällt und lieber eine Figur im Hintergrund des Geschehens bleibt. Nach allem, was mir an Beweisen vorliegt, war es definitv Faisal, der alle Entscheidungen traf.

Yamani trat immer für eine Erhöhung der saudischen Ölproduktion ein, um den Preis niedrig zu halten und den Schaden für die wirtschaftliche Lage in den industrialisierten Ländern, besonders in Amerika, möglichst gering zu halten. Er stand hinter dem

Bild von Saudi-Arabien als einem »Swing-Produzenten«, einem Land, dessen Politik mit den Förderquoten den Preis für Rohöl bestimmte. Faisal hütete sich jedoch davor, die anderen OPEC-Mitgliedsstaaten vor den Kopf zu stoßen, um den Konsumentenländern entgegenzukommen, und er machte sich Sorgen um die Reaktion der Menschen in Saudi-Arabien über den niedrig gehaltenen Ölpreis, der auch das nationale Einkommen nicht steigen ließ. Die daraus entwickelte Politik spiegelte Faisals Denken wider: ein Ausgleich zwischen hohen Preisen und lokalen und regionalen politischen Überlegungen.

Das immense Einkommen des Landes sollte nach Yamanis Meinung ausgegeben werden, damit es wieder zurückfließen konnte. Er wollte das Ungleichgewicht auf den internationalen Finanzmärkten vermeiden, das durch die übertrieben hohen Geldbeträge in den Tresoren der ölproduzierenden Ländern erzeugen würden. Faisal war aus guten wie auch aus schlechten Gründen über die soziale Zerrissenheit besorgt, die sich daraus entwickeln würde, wenn man zu schnell zu viel Geld ausgab. Die Entscheidung für einen Kompromiß war im Sinne Faisals, und damals sammelte sich der riesige Überschuß von 140 Milliarden Dollar an, den das Haus Saud schließlich wieder vergeudete.

Yamani war dafür, Öl und Politik zu trennen und sich gegen die arabischen Forderungen zu wehren, wonach das Öl als politische Waffe gegen den Westen eingesetzt werden sollte. Faisal wäre gern Yamanis Strategie gefolgt, sah jedoch, daß Öl und Politik eng miteinander verknüpft waren. Er plädierte für Schadensverringerung. Die Entscheidung, sich anderen arabischen Ländern beim Lieferembargo für den Westen im Oktober 1972 anzuschließen, traf Faisal ohne Yamanis Zustimmung, obwohl er ihn bat, diesen Entschluß auszuführen. Faisal machte diese Entscheidung so bald wie möglich rückgängig – das hieß, sobald dieser Rückzug nicht den Zorn der Saudis und Araber erregen würde, die alle für das Embargo waren, ökonomische Gründe waren für ihn dabei nicht maßgebend.

Faisal zu dienen scheint für Yamani wichtiger gewesen zu sein als eine Politik durchzusetzen, die er selbst für richtig hielt. Sogar als Mitglieder des Hauses Saud sein Ansehen und seine politische Haltung schlecht machten, hatte er keine Schwierigkeiten damit, in all diesen Punkten für Faisal zu sprechen.

Insgesamt verrät Yamanis Auftreten in der großen Zeit der OPEC einen Hang zum Glamour, eine Achtlosigkeit gegenüber den Empfindungen der Menschen in Saudi-Arabien, eine Abneigung für die Zusammenarbeit mit arabischen Ländern und eine Mißachtung für die Interessen und Meinungen anderer OPEC-Mitgliedsstaaten. Er war glücklich mit seiner Rolle als der Mann, der die Arbeit in der Öffentlichkeit erledigte. Diese Rolle verschaffte ihm die Bewunderung des Westens und brachte ihn sehr nahe zu Faisal, der den Wert von Yamani erkannte. Er wurde dadurch auch zum unbeliebtesten Mann in Saudi-Arabien. Saudische Taxifahrer, Geschäftsleute, Wissenschaftler und andere haben mir erzählt, wie sehr sie ihn haßten. Die Gründe dafür sind einfach: seine Hochnäsigkeit und der Eindruck, daß er bereit war, auf Kosten der saudischen Bevölkerung die Forderungen des Westens zu erfüllen.

Die überaus persönliche Beziehung zwischen Faisal und Yamani fand mit Faisals Ermordung im Jahr 1976 ihr Ende. König Khalid zog sich zurück und überließ alles dem Kronprinzen Fahd, ein im Gegensatz zu Faisal kleinlicher, arroganter Mann, der das Rampenlicht für sich selbst in Anspruch nimmt. Faisal war verschlagen und sicher und schlug auf subtile Weise Kapital aus Yamanis Fähigkeiten. Der grobe und unintelligente Fahd hatte das Bedürfnis, sich an Yamani für dessen frühere Mißachtung ihm gegenüber rächen und ihn erniedrigen zu müssen, um ihn an seine Position als verzichtbarer Diener des Thrones zu erinnern.

Yamani blieb nach Fahds Übernahme der Königswürde noch vier Jahre im Amt, doch es war nichts mehr so wie früher. Fahd traf ihn nur sehr selten und machte ihm das Leben zur Hölle. In dieser Periode hatte sich das Verhältnis von Angebot und Nachfrage beim Erdöl zum Vorteil der Verbraucher gewendet, und der Ölpreis befand sich auf einer stetigen und steilen Talfahrt. Diese

Situation wurde noch dadurch verschlimmert, daß die saudische Königsfamilie das Preisgefüge durcheinanderbrachte, indem sie Extrakontingente von Rohöl für Tauschgeschäfte verwendete und die bei der OPEC festgelegten Förderquoten überschritt, damit Rüstungskäufe und die steigenden privaten Ausgaben gedeckt werden konnten. Fahds Abneigung, sich mit irgendwelchen Dokumenten oder etwas anderem genauer zu befassen, entwertete Yamanis interne Rolle, denn dieser hatte nicht nur als eine Art Public-Relations-Mann agiert, sondern seine Chefs auch immer noch reichlich mit Unterlagen versorgt, damit sie ihre Entscheidungen treffen konnten. Schließlich gab Fahd Yamani den unmöglichen Auftrag, den Niedergang des Staatseinkommens aufzuhalten. Diese Anordnung machte es notwendig, die größtmögliche Fördermenge und die höchsten Preise zu erzielen, und das war eher eine Aufgabe für einen Hexenmeister als für einen Technokraten. Als Yamani dies nicht durchführen konnte, entließ ihn Fahd auf unglaublich erniedrigende Weise: Von seiner Absetzung erfuhr der saudische Ölminister aus dem Fernsehen. Die Presse in Saudi-Arabien brachte die Mitteilung ohne weitere Kommentare, sie wurde wie ein unbedeutendes Ereignis behandelt.

Da er selbst so gern im Mittelpunkt der Aufmerksamkeit stand, hatte Yamani zwar die Arbeit für Fahd akzeptieren können, jedoch vor seiner Entlassung bereits alle wichtigen Papiere aus seinem Büro mitgenommen. Der Westen bedauerte, daß er abgesetzt worden war, und spekulierte über die Hintergründe. Doch die saudische Bevölkerung, die Araber und die OPEC waren froh, daß sie ihn los geworden waren, und das machte Fahd für einige Zeit zu einem beliebten Mann, da man damals seine Dummheit noch nicht erkannt hatte.

Nach seiner Entlassung durfte Yamani wegen der beständigen Sorge des Hauses Saud um das eigene Image lange Zeit das Land nicht verlassen, und sogar seine wenigen saudischen Freunde mieden ihn, da alles andere einer Beleidigung Fahds gleichgekommen wäre. Die Anordnung, daß Yamani in Saudi-Arabien bleiben mußte, wurde schließlich aufgehoben, doch anstatt eine konstruktive Aufgabe im Land zu suchen, zieht er nun durch die Welt und sucht eine neue Rolle für sich. Da er Uhren mag, hat er die Schweizer Uhrenfabrik Vaucheron Constantin gekauft, und um seine übrigen Investitionen zu betreuen, schuf er Invescorp. In London hat er das International Centre for Global Energy Studies gegründet, um dadurch im Ölgeschäft zu bleiben, und nimmt in das Kuratorium der Treuhänder viele seiner namhaften Freunde auf, die früher hohe Ämter bekleidet haben, wie beispielsweise Edward Heath und Valéry Giscard d'Estaing. Obwohl er sich nur selten über die Ölpolitik seines Landes äußert, behaupten einige, daß er in den Startlöchern für ein Comeback steht, daß Kronprinz Abdallah ihn sehr schätzt und ihn wahrscheinlich zurückrufen wird, wenn er den Thron besteigt. Das ist zweifelhaft, denn Abdallah ist ein einfacher Mensch, hat jedoch das Geschick, solche Dinge zu tun, die den Menschen des Landes willkommen sind.

Im Endergebnis ist Yamani sowohl eine tragische wie auch eine lächerliche Gestalt. Er kam unter einem Mann an die Macht, der nicht auf ihn gehört hat, und wurde dann von einem gefeuert, der sein Ansehen und sein Verhalten nicht ertragen konnte. Seine Fähigkeiten kamen nie voll zur Entfaltung, da keiner der beiden Könige wirklich an einem echtem Ölminister interessiert war. Es bleibt ein Geheimnis, warum er seine letztendlich leere Rolle so geschätzt hat, denn sein Weggang hat wenig Auswirkungen auf die grundlegende Ölpolitik seines Landes gehabt. Als er Minister war, widersetzte er sich den Wünschen der königlichen Familie nur einmal – als es darum ging, Öl für Tauschgeschäfte zu verwenden. Und sogar dieses eine Mal wurde inzwischen angezweifelt, nachdem die arabische Wochenzeitung *Sourakia* aufgedeckt hat, daß sein eigener Sohn die Regeln verletzt hat, nach denen die Regierung die absolute Kontrolle über den Ölhandel hat.

So wie es jetzt aussieht, kann man für Yamani sehr wenig ins Feld führen, solange man nicht ein besonderes Interesse an Pistazien, Gebetsschnüren, Uhren von Vaucheron Constantin hat oder eine Haltung kolonialer Unterwürfigkeit pflegt. Er war ein entbehrlicher Technokrat, dessen Dienstfertigkeit als sicher angesehen wurde, einer von vielen, die kommen und gehen, so wie es die Bedürfnisse und veränderlichen Ansichten des Hauses Saud erfordern. Doch im Unterschied zu dem vorigen, in Ungnade gefallenen Ölminister Abdallah Tariki wird Yamani nicht vermißt. Er ist eher ein Produkt der Madison Avenue als von Saudi-Arabien, und wenn er tatsächlich eine tragische Figur ist, dann nur dadurch, daß er die Banalität des Ruhms beweist.

*

Das einzige, was die Menschen im Westen über Adnan Kashoggi anscheinend nicht wissen, ist, wie man seinen Namen richtig ausspricht. Auf ein hartes G folgt ein weiches, also heißt es Kaschogdschi. Obwohl nun alles andere von ihm wie über ihn wie in einem offenen Buch zu lesen sein sollte und er auch bereits Thema etlicher Biographien war (einschließlich Harold Robbins dokumentarischem Roman *The Pirate*, für den er großzügige Auskünfte gab), scheint sein Leben so schwer zu erfassen zu sein wie die richtige Aussprache seines Namens. Er verdient jedenfalls mehr als die oberflächlichen Analysen, die es bisher über ihn gegeben hat. Im Unterschied zu anderen Dienern des Hauses Saud, die in diesem Kapitel vorkommen, hätte Adnan Kashoggi bei allem kooperiert, was über ihn geschrieben wird, doch für mich wäre das sinnlos gewesen. Kashoggi oder »K«, wie seine Jet-Set-Freunde ihn nennen, ist eine genaue Widerspiegelung der Geschicke und Verhaltensweisen seiner Herren.

Kashoggi ist ein Turkmene, und ebenfalls der Sohn eines der Ärzte von Ibn Saud, die keine Saudis waren. Er ist der in aller Welt am besten bekannte Waffenhändler, Gastgeber für millionenschwere Parties mit abenteuerlustigen Blondinen, ein Mann, der in der Schweiz und in den USA im Gefängnis saß, einst der Besitzer einer der verschwenderischsten Yachten der Welt. Er ist ein Freund der früheren US-Präsidenten Richard Nixon und Ronald Reagan und hat für ihre Wahlkampagnen gespendet (1972 waren es für Nixon zwei Millionen Dollar). Seine Tochter Nabilla genießt alle Freiheiten und hat offen mit ihrem Freund zusammengelebt und mit dem Leben der saudischen Frauen nicht viel gemeinsam. Kashoggi ist großzügig und gegenüber seinen Freunden loyal, von denen viele, darunter auch scheinbare Nichtsnutze, Multimillionäre wurden, weil sie sich an die Rockschöße dieses undurchsichtigen Geschäftsmannes gehängt haben.

Doch am faszinierendsten an Kashoggi ist die Art und Weise, wie er seine Position im inneren Kreis des Hauses Saud bewahrt hat. Es stimmt, daß er nie etwas getan hat, was ein Mitglied des Königshauses beleidigt hätte. Er ist im Gegenteil ein treuer Unterstützer und Freund, und das saudische Königshaus und seine Beteiligungen an seinen Geschäften sind Themen, über die er sich ausschweigt. Doch alles andere, was er unternimmt, verletzt das, wofür sie angeblich immer einstehen, all das stellt das Gegenteil von dem dar, was sie der Welt als ihr Image vorführen. Läßt man diese Verstellung außer acht, so werden Kashoggis Taten zu Spiegelungen der geheimen Wünsche der Angehörigen des Königshauses, des wahren Selbst der führenden Mitglieder der königlichen Familie, mit denen er zu tun hat.

Kashoggis ständige Parties und Nachtclubbesuche sind unislamisch und sollten den Hütern der heiligsten Stätten des Islam ein Dorn im Auge sein. Doch Angehörige des Königshauses veranstalten selbst heimlich Parties, und viele, auch König Fahd, waren in Nachtclubs, der König in Begleitung Kashoggis. Kashoggi bekennt sich dazu, daß er ein Waffenhändler ist, der viel Geld durch andere Geschäfte gemacht hat, doch die Männer aus dem Haus Saud, besonders der Verteidigungsminister Prinz Sultan, haben genau dasselbe getan, ohne dazu zu stehen. Kashoggi hat zugegeben, daß er mit den Waffenlieferungen an den Iran, einem Teil des Iran-Contra-Skandals, zu tun hatte und daß er dabei mit israelischen Politikern und mit Geheimdienstleuten gemeinsame Sache gemacht hat. Das tat er mit dem Wissen und der Zustimmung des Hauses Saud, das als Stellvertreter für die USA agiert hat, scheinbar jedoch eine arabisch deklarierte Politik verfolgte, die diesem Engagement widerspricht. Kashoggi prahlt mit seiner

Loyalität zu seinen Freunden und deren finanziellen Erfolgen durch ihre Zusammenarbeit mit ihm. Und das Haus Saud hat seinen Freunden, auch Adnan Kashoggi, weit über das zulässige Maß dabei geholfen, auf Kosten des saudischen Volkes immense Reichtümer anzuhäufen. Weibliche Mitglieder von Kashoggis Familie geben das Geld mit vollen Händen aus und sprechen offen über ihre Affären, während die Frauen im Haus Saud dies alles eher heimlich tun. Wie unfähig das Haus Saud ist, sich so unverstellt wie Kashoggi zu benehmen, zeigt sich in den neidischen Bemerkungen von König Fahd, wenn er Fotos von Kashoggi mit hübschen Blondinen sieht (er hat immer mehrere gleichzeitig dabei).

Während Kashoggis Fähigkeit, das Leben zu leben, das sich die Mitglieder des Hauses Saud im stillen wünschen, nur etwas bemüht erklärt, warum man ihn dort als Person akzeptiert und bewundert, so erläutert dies doch, wie er zu dem Geschäftspartner wurde, der ihr größtes Vertrauen genießt. Wir wissen, warum Philby an Ibn Sauds Seite war, wie Faisal Yamani benutzt hat, und wir kennen die relativ nachvollziehbare Verbindung zwischen Ghaith Pharoan und dem Haus Saud. Doch im Fall Kashoggi kann die Frage, warum ausgerechnet er und nicht ein anderer mehr darüber sagen, was es braucht, ein Lakai des Hauses Saud zu werden.

Adnan Kashoggis Hintergrund ist ganz anders als der von Pharoan und Yamani. Er besuchte das Chico State College in Kalifornien, das sich in Bildungsfragen kaum besondere Verdienste erworben hat. Auch sein Vater war nur ein schlichter Arzt und einer der wenigen Mediziner um Ibn Saud, die nicht in den Rang seines Beraters aufstiegen. Das setzt sich weiter fort, denn keine der Bekanntschaften, die Adnan als junger Mann mit einem der Mitglieder des Königshauses schloß, verdient die Bezeichnung Freundschaft.

Will man die Anfänge von Kashoggi beschreiben, so kann man nur sagen, daß seine nichtsaudische Herkunft und die damit gegebene Anziehungskraft für das Haus Saud ein erkennbares Muster bilden. Doch auf eine Menge Leute traf dasselbe zu, und viele hatten Zugang zu Mitgliedern des Hauses Saud und versuchten doch erfolglos, sich bei ihnen beliebt zu machen. Meine Überlegungen brachten mich zu dem Schluß, daß Kashoggi tatsächlich etwas Einzigartiges zu bieten hatte.

Kashoggis Erfolg entwickelte sich anfangs ohne königliche Hilfestellung. Mitte der 50er Jahre begann er, noch als Student am Chico State College, hier und da seine Geschäftchen zu machen. Damals gab es insgesamt weniger als 3 000 Leute mit Universitätsabschluß in ganz Saudi-Arabien, und nur wenige innerhalb oder außerhalb des Landes erkannten, welches wirtschaftliche Potential dies bedeutete. Es stimmt schon, daß er nicht gerade ein durchschnittlicher Saudi war, doch als er in Amerika 50 Kenworth-Schwerlaster kaufte und sie in Saudi-Arabien an die bin-Laden-Gruppe weiterverkaufte, bewies das doch, daß er ziemlich gut wußte, was dieses Land brauchte.

Diesem relativen kleinen Deal folgten weitere, bei denen er Lastwagen und Gips importierte, und er hatte schließlich so viel mit diesen Importgeschäften zu tun, daß er das College abbrach und die Al Naser Trading Co. gründete, die er später in Triad Holdings umbenannte. An seinen Importgeschäften war absolut nichts Neues – nichts bis auf das suchende Auge des Eigentümers von Al Naser, das Ausschau hielt nach neuen, lukrativeren Möglichkeiten. Der Krieg im Jemen von 1960 und Faisals Vorhaben, Nasser zu schlagen, boten Kashoggi die erste große Gelegenheit. Er erkannte schneller und deutlicher als jeder andere, daß die Saudis Waffen benötigten.

Die amerikanischen Rüstungsfirmen Lockheed, Raytheon, Grueman und andere hatten entweder keinen Vertreter in Saudi-Arabien oder waren von Leuten abhängig, die sie im gesamten Nahen Osten vertraten. Das war eine ausgezeichnete Situation für jemanden, der Neues einfädelt. Kashoggi füllte diese Lücke und wurde zu einem Makler der Macht, der zwischen König Faisal und den Rüstungsherstellern vermittelte. Mit seiner verblüffenden Fähigkeit, den Nutzen einer Waffe zu erkennen, wurde Kashoggi für beide Seiten derjenige, der ihre Probleme lösen konnte. Bei Faisal schmeichelte er sich dadurch ein, daß er sich beredt darüber ausließ, wie die von diesen Unternehmen produzierten Waffen die Geschicke zugunsten Saudi-Arabiens wenden könnten. Zur selben Zeit erklärte er den Firmen, wie groß und bedeutend der Markt in Saudi-Arabien war, und überzeugte sie davon, daß er derjenige war, der sich dort unten bestens auskannte. (Aufgrund ihrer kolonialen Vergangenheit sind die Briten und die Franzosen weniger als die Amerikaner geneigt, Agenten für lokale Geschäfte einzusetzen.) Doch auch die Unternehmen, die bereits Vertreter dort unten hatten, legten diesen nahe, mit Kashoggi zusammen-zuarbeiten, und – so gescheit war er bemerkenswerterweise – er hat nie versucht, sie herauszudrängen.

Der Krieg im Jemen war umfangreicher, als die Menschen erwartet hatten, Saudi-Arabien brauchte viele Waffen, und Ka-shoggis Unternehmen florierte. Doch im Gegensatz zu anderen Geschäftsleuten war er mit dem, was er hatte, nicht zufrieden und warf sein Netz weiter aus, als es die meisten saudischen Händler damals mitbekamen. Obwohl er mit Faisal sehr »vertraut« war, hatte er doch keinen Zugriff auf den verschlagenen König. Er begann, Kontakte zu »geeigneten« Mitgliedern der Königsfamilie aufzubauen, und beteiligte einige von ihnen gezielt. Gleichzeitig achtete er derart peinlich genau auf die Wahrung ihres Ansehens, daß er einen Lockheed-Angestellten zurechtwies, der einen auf-dringlichen Prinzen kritisierte. Kashoggi behandelte die königli-chen Herrschaften so geschickt und hatte ein so genaues Gespür für ihre Einstellungen, daß er sich weigerte, mit Prinz Tallal im Bostoner Ritz Carlton-Hotel zu bleiben, damit er diesen nicht störte, und später bat er auf derselben Reise seine Frau, bestimmte Juwelen nicht zu tragen und sich nicht zu schminken, damit sie Prinz Tallas Ehefrau nicht die Schau stahl.

Gegenüber den Firmen legte Kashoggi dieselbe Sorgfalt an den Tag. Da er sich im klaren darüber war, daß es mit Provisions-zahlungen eventuell Probleme geben konnte, gründete er in der Schweiz und in Liechtenstein kleine Firmen, um über diese die

Zahlungen abzuwickeln, seine Kunden also nicht der Öffentlichkeit und der möglicherweise damit verbundenen Zensur auszusetzen. Diese Firmen wurden für jedes Geschäft eigens gegründet und verschwanden danach wieder. Kashoggi tat noch mehr und bewies dabei einen untrüglichen Sinn für die Notwendigkeit, seine Flanke zu schützen. Er begann, sich um Kontakte mit amerikanischen Beamten und Politikern zu bemühen, die seinen Vorhaben nützlich sein konnten – wie beispielsweise der Chef des Bereiches Naher Osten bei der CIA, James Critchfield, der CIA-Superagent Kim Roosevelt und Präsident Nixons Freund Bebe Rebozo (sie erwiesen sich sogar als sehr nützlich: Critchfield hielt ihn über CIA-Aktivitäten auf dem laufenden, Roosevelt organisierte, daß der saudische Chef der Luftwaffe Hashem Hashem über Kashoggi ein kleines Bestechungsgeld von Northrop Corporation bekam, und Bebe Rebozo spielte Nachrichtenkurier zwischen Nixon und Kashoggi).

Das war der Beginn von Kashoggis großer Zeit als Waffenhändler. Diesen Status erreichte er sehr schnell, und die Geschwindigkeit, mit der er diese einzigartige Position aufbaute, zeigte, daß er die Machtbereiche, zwischen denen er operierte, aufs genaueste erfaßt hatte. Genau derselbe Sinn für die Belange seiner Umgebung bewog ihn, sich innerhalb des Hauses Saud auf den Sudairi-Clan zu konzentrieren: auf den derzeitigen König Fahd und seine sechs leiblichen Brüder. Kashoggi ahnte ihre zunehmende Bedeutung und zukünftige Macht eher als andere und setzte auf sie als Schlüssel zur Zukunft. Es gibt keine Berichte darüber, wie er die Freundschaften zu den Prinzen Muhammad, Bandar und Nasir gepflegt hat, die entsprechend dem Ältestensystem jeder vor Fahd hätten König werden sollen.

Alles lief so ab, wie die Sudairis es wollten. In den 60er Jahren war König Fahd Innenminister und Erziehungsminister, Prinz Sultan war Verteidigungsminister, ihre leiblichen Brüder hatten ebenso wichtige Ämter inne. Kashoggi machte mit jedem andere Geschäfte, aber er ließ keinen aus. Für Fahd war er der unterhaltsame Kumpel, der ihn in Régines Diskothek und in Südfrankreich und allem, was dazugehörte, einführte, doch er schützte Fahd dabei und mischte sich nicht ein. Sultan schilderte ihn als einen Mann, der »für das Verteidigungsministerium recherchiert«, das hieß, er sagte ihnen, was und vor allem wie sie das dann kaufen sollten. Dem Innenminister Prinz Naif besorgte er aus Frankreich die gewünschte elektronische Ausstattung für sein Ministerium. In Gegenwart von Prinz Sultan war er ruhig und zurückhaltend, denn das mochte Sultan, und mit dem Stellvertretenden Verteidigungsminister Prinz Turki pflegte er ein freundschaftliches Verhältnis, ohne seinen älteren Bruder und Chef Prinz Sultan zu beleidigen. In privaten wie geschäftlichen Angelegenheiten war Kashoggi für die Sudairis ein Fenster zur Welt.

Während sie auf dem Weg zur totalen Kontrolle über das Land waren, stieg die Abhängigkeit der Prinzen von Kashoggi im selben Verhältnis wie ihre wachsende Macht, und er ließ sie nie im Stich. Kashoggi hatte so viel zu tun, daß andere tagelang auf ein Treffen mit ihm warten mußten, doch bei einer Verabredung mit einem Prinzen war er immer pünktlich und immer gut vorbereitet. Er flüsterte, nickte zustimmend und zog sich zurück, um ihre Anordnungen auszuführen. Er unterhielt sich über jedes beliebige Thema außer über seine königlichen Freunde und ihre Beziehungen, und bis heute gibt es über geleistete Zahlungen keine anderen Auskünfte als vom Hörensagen und durch zufällige Hinweise. Es stimmt, daß Kashoggi in der Öffentlichkeit sehr bekannt und ein Jetsetter wurde, doch im Unterschied zu Yamani hat seine Liebe zum Rampenlicht nie das Image der Königsfamilie benutzt, und im Gegensatz zu Pharoan hat er nie hinter ihrem Rücken Geschäfte gemacht. Es gab nie die geringste Andeutung, daß seine persönliche Macht und Einflußnahme etwas anderes sein könnten als das, was eigentlich ihnen zustand.

Mitte der 70er Jahre betrat der Kashoggi, den die Welt kennt oder zu kennen meint, die Bühnen der Geschäfts- und Society-Welt und wurde als einer der größten Schieber und als Gastgeber von Partys bekannt. Sein Ruf gründet sich auf die unglaublichen Geldsummen, die er verdient hat – alles innerhalb weniger als zehn Jahren. Auf die 100 Millionen Dollar Provision von Northrop Corporation folgten 106 Millionen von Lockheed, und es gab noch eine Menge andere, und über ihn liefen 80 Prozent der Auslandsgeschäfte von Saudi-Arabien. Das waren Größenordnungen, die man bisher in der Welt noch nicht erlebt hatte und wohl kaum so bald wieder erleben wird, und dieser untersetzte Kerl, gerade 1,60 m groß, mit Doppelkinn, beginnender Glatze und einem scheuen Lächeln, wurde wie auch Yamani zum Symbol des Ölreichtums.

Menschen, die Kashoggi aus dieser Zeit kennen, betonen, daß er davon träumte, aus Triad Holdings eines der größten Unternehmen der Welt zu machen. Er gründete Firmen im Bau- und Freizeitbereich, für Design, Entwicklung und andere Dienstleistungen, stellte als Personal europäisch wirkende Absolventen von Amerikas führenden Universitäten ein, in Harvard ausgebildete Rechtsanwälte, Architekten aus Princeton, Managementfachleute aus Stanford und aus Yale Spezialisten für besonders schwierige Probleme. Er holte Leute wie David Searby, einen ehemaligen Staatssekretär für Wirtschaftsfragen, beauftragte die Unternehmensberater von McKinsey, um seine geschäftlichen Angelegenheiten durchzuorganisieren, und Price Waterhouse hatte den Auftrag, seine Bücher zu führen.

Doch all dies funktionierte nicht, da Triad eigentlich eine Ein-Mann-Show war und der Personalwechsel die Firma lähmte. Ein Unternehmen zu organisieren und in ein Weltimperium zu verwandeln – Kashoggi eröffnete in 35 Ländern Niederlassungen – war vielleicht sein Vorhaben, doch es war nicht das, worin er wirklich gut war. Seine Stärke lag im Umgang mit Menschen, von der Frage nach dem Wohlergehen der Familie seines Hausmeisters bis zu der Sorge um die Wünsche eines zukünftigen Königs. Seine Erfolge auf diesem Gebiet verdankte er dem ihm eigenen Charme, doch gleichzeitig schaffte er es nicht, seinem inzwischen weitgediehenen Unternehmen eine Struktur zu geben.

Nach den 60er Jahren verlief Kashoggis steile Karriere parallel zum aufsteigenden Stern der Sieben Sudairis, und um seine Position zu halten, mußte er seine Palette ausweiten, um ihre wachsenden Ansprüche an ihn zufriedenstellen zu können. Er erledigte viele Aufträge für sie, auch einige ziemlich unangenehme. Den zukünftigen Präsidenten Richard Nixon lernte er im Pariser Rasputin Club kennen und freundete sich mit ihm an. Seine Freundschaft mit Prinz Rainier von Monaco blühte, und er schloß Bekanntschaft mit Prinz Bernhard von den Niederlanden, falls er einmal etwas aus seinem Land brauchen würde. Er machte sich bei König Juan Carlos von Spanien Liebkind und agierte als Wegbereiter für Angehörige des saudischen Königshauses, die in diesem Land Häuser bauen wollten. Er verhandelte immer wieder direkt mit politischen Führern von Ländern der Dritten Welt, die potentielle Gebiete für Investitionen waren, beispielsweise mit Präsident Ja'afar Numeiri aus dem Sudan, Sir James Mancham von den Seychellen und Jomo Kenyatta aus Kenia. Doch Kashoggi bot auch ein Beispiel für die glitzernden und häßlichen Seiten von Ruhm und Reichtum. Er hatte engen Umgang mit Bertram Meadows vom Londoner 21 Club, zeigte sich mit Joan Collins, Sean Connery, George Hamilton und Elizabeth Taylor in der Öffentlichkeit und war guter Kunde von Mirelle Griffon, der berühmten Südfranzösin, die für Araber und andere Besucher Mädchen organisierte.

Die immens lebenslustige, publicity-süchtige Seite seiner Persönlichkeit gewann nach und nach die Oberhand über den diskreten Geschäftsmann. Beispielsweise bedeutete der Kauf des japanischen Designers Kenzo Takade eine Unterordnung der geschäftlichen unter die publikumswirksamen Aspekte. Seine Privatmaschine, eine DC-8, und seine hochseetaugliche Yacht *Nabilla* wurden zu den meistdiskutierten Spielzeugen der Welt, in beiden gab es westliche und arabische Garderobe zur Auswahl. Ihre Ausstattung kostete mehr als 20 Millionen Dollar, goldene Armaturen und drei Meter breite Betten schienen dabei ebenso wichtig zu sein wie ihre Funktion als mobile Unternehmenszentrale, die mit modernster Elektronik ausgerüstet war. Sogar seine öffentlich ausgetragenen Auseinandersetzungen mit seiner ersten

Frau Soraya scheinen seine Sucht nach Aufmerksamkeit befriedigt zu haben.

In der Zwischenzeit machten Kashoggis Versuche, die Basis seiner Unternehmen auszubauen, zwar viele Schlagzeilen, erzielten aber keinen großen wirtschaftlichen Erfolg. Ein von der saudi-arabischen Regierung geförderter Plan, mit mehreren hundert Millionen Dollar den Sudan in die Kornkammer des Nahen Ostens zu verwandeln, schlug fehl, weil Kashoggis Triad Holdings organisatorisch nicht in der Lage waren, das Mammutprojekt durchzuführen. Barrick Investment in Hongkong wurde als entscheidender Schritt nach vorn beim Zugang zum Markt in Fernost gefeiert, es kam jedoch nie sehr viel dabei heraus. Man kaufte die OY Finline, eine finnnische Schiffahrtslinie, und wandelte sie in eine saudische Gesellschaft um, doch nach einiger Zeit wurden tiefgreifende Managementfehler offenkundig, und das Unternehmen brachte nichts mehr ein. Eine Firma von Kashoggi importierte Lebensmittel aus Brasilien, konnte dafür jedoch nicht das notwendige Interesse wecken, der Erfolg blieb daher aus. Kashoggis Banken, Reiseagenturen und Möbelhäuser krankten an der fehlenden Aufmerksamkeit, weil nur ein einziger Mann Entscheidungen treffen konnte und Kashoggi sich lieber um das Geschäft kümmerte, das er am besten beherrschte: Waffen.

Seine Vorstellungskraft übertraf bei weitem seine Fähigkeit, organisatorische Strukturen für seine Ideen zu entwickeln, und seine »rechtmäßigen« Geschäfte machten die ersten schweren Verluste. Zwei größere Beispiele dafür aus den 70er Jahren sind seine Investitionen in ein 21,8 Acre großes Grundstück bei Houston und einen 740 Acre großen Gewerbepark in Salt Lake City. Beides waren Riesenprojekte mit sehr umfangreichen Möglichkeiten und erforderten große Summen für die Erschließungskosten, wesentlich mehr, als sogar Kashoggi durch die immer noch rund 20 Verträge mit Rüstungsunternehmen erwirtschaftete, die er vertrat. In Houston konnte Kashoggi zwar viele reiche Investoren für das Projekt interessieren, es gelang ihm jedoch nicht, das Ganze in einen funktionierenden Geschäftsbetrieb umzuwandeln, und er gab schließlich auf. In Salt Lake City wären 600 Millionen Dollar notwendig gewesen. Doch das Projekt war zu aufwendig und zu teuer für Salt Lake City. Als er mit den Zahlungen nicht mehr nachkam, mußte Triad America nach amerikanischem Gesetz Bankrott anmelden. Kashoggi hatte eine derart chaotische Organisation, daß sogar seine privaten Angelegenheiten davon betroffen wurden: Er konnte die Rechnung über 500 000 Dollar für seine American Express-Scheckkarte nicht bezahlen, die daraufhin zeitweise gesperrt wurde.

Anfang der 80er Jahre war immer öfter zu hören, daß Kashoggi bankrott sei. Viele dieser Geschichten stammten von früheren Angestellten, denen man das Blaue vom Himmel versprochen hatte und die schließlich mit leeren Händen dastanden. Einige seiner Unternehmen mußten schließen, doch Kashoggi erzählte immer noch überall, daß sich seine persönlichen Ausgaben auf über 100 Millionen Dollar jährlich beliefen. Witzigerweise war beides wahr, denn er hatte ernsthafte finanzielle Schwierigkeiten, doch seine unantastbaren Vorzüge – seine Beziehung zum Haus Saud und zu verschiedenen Staatsoberhäuptern und seine Kenntnis des Waffenhandels – waren nach wie vor intakt, und daher konnte er sich in großem Stil überall Geld leihen.

Irangate war weder ein Gottesgeschenk noch eine Glückssträhne. Es war ein komplexer internationaler Deal, der über die einzige Person lief, die wußte, wie man über internationale Grenzen hin und her schieben, mit Regierungschefs auf vertraulicher Ebene verkehren, halblegale Geschäfte einfädeln und Geheimnisse bewahren mußte. Irangate war die supergeheime Aktion, bei der die Vereinigten Staaten den Iran mit heimlich über Israel weitergeschleusten Waffen versorgten. Diese Transaktion forderte geradezu eine Finanzierung durch die Saudis, die dabei erzielten Gewinne verwendeten die Exekutivorgane der USA für eine illegale Unterstützung der Contras in Nicaragua. Die Waffen, um die es bei all dem ging, waren *Tow*-Panzerabwehrraketen und *Hawk*-Flugabwehrraketen. Diese Lieferungen an den Iran waren ein Bruch der nach außen vertretenen amerikanischen Neutralitätspolitik während des Krieges zwischen Iran und Irak, und sie waren auch eine Beleidigung der amerikanischen Öffentlichkeit, die unter den Geiselnahmen des Iran litt. Auf der anderen Seite lief die Kooperation zwischen Saudi-Arabien und Israel auf Verrat durch Saudi-Arabien hinaus.

Kashoggi war der Vater dieses ausgetüftelten Planes. Angefangen hat das alles 1983, als sich ein iranischer Waffenhändler namens Manachur Ghorbinfar mit der Bitte an ihn wandte, diese Raketen im Austausch für die Freilassung einiger amerikanischer Geiseln durch den Iran zu besorgen. Das war eine Idee, die auch Kashoggi hätte einfallen können, und er machte sich ans Werk. In der Folge traf er sich mit Vertretern des Weißen Hauses, mit dem derzeitigen israelischen Premierminister Yitzak Rabin, mit König Fahd und allen möglichen anderen Leuten. Mehr als 2 000 *Tow*-Raketen und eine unbekannte Anzahl von *Hawks* gelangten in den Iran. Vier Länder standen in Kashoggis Schuld, und er verdiente an dem ganzen Geschäft einige Millionen Dollar.

Die prosyrische libanesische Zeitung *Al Shira'* deckte alles auf, da Syrien die geheime Freundschaft nicht paßte, die sich zwischen Iran und Amerika anbahnte. Die Welt hielt den Atem an, als die Details bekannt gemacht wurden. Der Stabschef des Weißen Hauses, Robert McFarlan, einer der Architekten des amerikanischen Teils in diesem Deal, beging Selbstmord. Oberst Oliver North, Mitglied des Nationalen Sicherheitsrates und ebenfalls einer der Verschwörer, erschien vor einem Untersuchungsausschuß des Kongresses und verteidigte das Recht der Geheimdienste, illegale Geheimoperationen durchzuführen. Tagtäglich gab es Diskussionen über eine Anklageerhebung gegen US-Präsident Ronald Reagan. Schließlich machte Kashoggi den Mund auf.

Für ihn waren alle, die mit dieser Affäre zu tun hatten, »Freunde«. Seine amerikanischen Freunde wollten, daß ihre Geiseln freigelassen wurden. Seine iranischen Freunde brauchten dringend mehr Waffen. Seine saudischen Freunde halfen ihren amerikanischen Freunden, und Rabin war ein neuer Freund, der die Durchführung des Ganzen erleichterte. Kashoggi liebte alles an diesem

Geschäft. Die ganze Affäre bot ihm eine Gelegenheit, seine drei Haupteigenschaften unter Bewis zu stellen: Seine Fähigkeit, Geld zu verdienen, seine Loyalität gegenüber seinen Freunden und seine Lust, im Rampenlicht zu stehen. Dieses Mal war das Publikum noch zahlreicher als sonst, und es gab ausführliche Fernsehinterviews, die den Showstar in ihm bloßlegten. Wieder einmal waren die Scheinwerfer wichtiger als eine diskrete Abwicklung der Geschäfte.

Trotz Irangate befindet sich Kashoggi immer noch in finanziellen Schwierigkeiten. Weil er nicht mehr so viel Geld verdient, hat er seinen Lebensstil seit Mitte der 80er Jahre etwas eingeschränkt. Doch es geht so weiter wie in den früheren Zeiten, und er ist nach wie vor – im Guten wie im Schlechten – vom Sudairi-Clan abhängig. Ein Beispiel zeigt die Risiken dieser Abhängigkeit.

Der über mehrere Stationen erfolgte Waffenverkauf an den Iran machte den irakischen Staatspräsidenten Saddam Hussein fast verrückt. Er wurde damit gleichermaßen von Amerika wie von Saudi-Arabien betrogen, doch er war noch mitten im Krieg mit dem Iran und konnte es sich nicht leisten, noch ein Land zu beleidigen. Daher entstand bei den Irakern der Gedanke, den Hauptschuldigen zu bestrafen: Adnan Kashoggi. Die königlichen Herrschaften von Saudi-Arabien waren sich über den gewalttätigen Charakter des irakischen Regimes im klaren und wurden vor zwei unangenehme Alternativen gestellt: Entweder sie schützten Kashoggi, indem sie sagten, daß sie selbst hinter dem Waffendeal standen und er nichts als ein ausführendes Organ war. Oder sie sagten sich von ihm los und behaupteten, daß all das seine Privatangelegenheit war, die mit ihnen nichts zu tun hatte. In dem Moment, als ihr Interesse an der Aufrechterhaltung freundschaftlicher Beziehungen mit dem Irak bedroht war, wurde Kashoggi entbehrlich.

König Fahd schickte Saddam einen Boten, der eine offizielle saudische Beteiligung an Irangate abstritt und Kashoggi die Schuld an allem gab. Der König ging noch weiter und versicherte, daß Saudi-Arabien niemals etwas mit Israel zu tun haben wolle und daß Leute, die mit diesem Feind der Araber Geschäfte machten, bestraft werden müßten. Da die Saudis allerdings leider nicht so gut darin seien, Leute zu bestrafen, könne sich der Irak ja vielleicht direkt mit Kashoggi auseinandersetzen. Fahd gab Saddam Hussein grünes Licht, um einen seiner engsten Freunde umzubringen.

Wochen, nachdem diese mündliche Botschaft Saddam erreicht hatte, kam Jihad al-Khazen, der Herausgeber der saudieigenen Tageszeitung *Al Hayat* mit Sitz in London, zu mir und erzählte, daß die Saudis eine Vollmacht erteilt hätten, um Kashoggi zu verhaften. Ich gab die Geschichte an die *Mail on Sunday* weiter, die sie veröffentlichte. Ganz gleich, ob es Al Khazem bewußt war, aber die Story war Teil einer Desinformationskampagne, nichts weiter als ein Versuch der Saudis, gegenüber der arabischen Welt ihr Gesicht zu wahren. Doch der erfolgreiche Versuch, diese Falschmeldung unterzubringen, zeigt gemeinsam mit der Aufforderung an den Irak, Kashoggi auszuschalten, doch wieder, wie das Haus Saud seine eigenen Interessen wahrt und wie entbehrlich Mitglieder ihrer Verschwörung sind.

Kashoggi überlebte Saddams Zorn, da der Irak gleichzeitig an einem neuen Image bastelte, das er der Welt präsentieren wollte. 1985 gab Adnan Kashoggi, der allem Anschein nach keine Ahnung von der Todesgefahr hatte, im spanischen Marbella zu seinem 50. Geburtstag ein Fest. Vierhundert Gäste wurden auf seine Kosten aus aller Welt eingeflogen, unter ihnen waren auch Sean Connery, Shirley Bassey, Brooke Shields, George Hamilton und die Spitzen der feinen Gesellschaft Europas. Vier Tage lang wurde ohne Unterbrechung gefeiert, das alles kostete einige Millionen Dollar. Zum Schluß ließ sich Kashoggi zum König Adnan I. krönen. Seine zweite Frau Lamia, die ein Chanel-Kleid für 100 000 Dollar und einen 21krätigen Diamantring trug, war zwar dabei, wurde jedoch nicht gekrönt. Niemand fragte, König wovon? Wollte Kashoggi der König seiner Partygäste sein? Vielleicht König der Schieber im großen Stil? Oder der Überlebenden? Das war eine der widerlichsten Demonstrationen von Vulgarität, die es jemals gegeben hat.

Nichts aus dem Repertoire von Kashoggis publikumswirksamen Aktivitäten konnte ihm den früheren Glanz zurückerobern. Im Oktober 1988 wurde er in der Schweiz festgenommen und 90 Tage inhaftiert. Die Anklage lautete auf Verschleierung von Gewinnen, die er beim Verkauf von Juwelen des früheren philippinischen Präsidenten Marcos erzielt habe, auf die die Vereinigten Staaten jedoch einen Rechtsanspruch geltend gemacht hatten. Später wurde er in die USA überstellt, war dort kurze Zeit im Gefängnis, wurde auf Kaution freigelassen. In der Verhandlung wurde er freigesprochen.

1992 war Kashoggi das Glück für kurze Zeit wieder gewogen. Er machte den Vermittler in einem Geschäft, bei dem Libyen für 170 Millionen Pfund einen Anteil an der britischen Hotelkette Metropole Hotels erwarb. Als niemand für Khaddafi einstehen wollte, sprang Kashoggi in die Bresche und hat dadurch angeblich 14 Millionen Pfund verdient. Damit hat er einen guten Vorsprung vor seinen gierigen Gläubigern herausgeholt, doch die weiteren Aussichten stehen nicht gut.

Niemandem ist beim Niedergang von Kashoggis Glücksstern aufgefallen, daß sich darin eine wichtige Veränderung im Geschäftsgebaren in Saudi-Arabien zeigt. Das Haus Saud braucht keine Mittelsmänner mehr, seine Mitglieder übernehmen diesen Part inzwischen selbst. Die Enthüllungen über Yamama-2 haben bewiesen, daß die Prinzen Bandar und Khalid darin verwickelt sind, auch der junge Prinz Abdelaziz ist dabei. Wenn Kashoggi in diesem unguten Bereich nicht für das Haus Saud tätig werden oder sonstwie ihre Bedürfnisse zufriedenstellen kann, hat er keine Funktion. Wieder einmal frißt die Korruption am saudischen Königshof eines ihrer eigenen Kinder.

An der Einstellung des Hauses Saud zu Pharoan, Yamani und Kashoggi ist nichts Besonderes außer den zeitbedingten Umständen, durch die diese Männer schließlich überflüssig wurden. Die Fähigkeit des Hauses Saud, jetzt international eigenständig agieren zu können, ist eine neue Entwicklung, doch die Haltung dahinter ist nach wie vor traditionell. Minister, Generäle, Botschafter, Mittelsmänner und Spitzel werden ernannt, eingestellt, benutzt und gefeuert oder links liegengelassen, je nachdem, ob das Haus Saud ihre Dienste noch benötigt oder nicht. Die Geschichten, die ich erzählt habe, sprechen eine deutliche Sprache: Durch ihre Tätigkeit für das saudische Königshaus haben Pharoan, Yamani und Kashoggi die impliziten Bedingungen der Oberhoheit und absoluten Herrschaft der Königsfamilie akzeptiert, und darin hat sich nichts verändert. Arbeit für das Haus Saud ist ohne Würde – es gibt nur Geld und vielleicht auch etwas Glamour und bedeutet letztendlich nichts anderes, als daß leere, kranke Männer für andere dumme, kranke Männer arbeiten. So wie es in Saudi-Arabien steht, werden Pharoan, Yamani und Kashoggi eines nicht allzu fernen Tages über ihre Taten Rechenschaft ablegen müssen – vor einem Gerichtshof, der sich aus einfach nur zornigen Männern als Vertretern des Volkes zusammensetzt.

Öl, OPEC und die Aufseher

»So etwas wie ›bekannte Öllagerstätten der Welt‹ gibt es nicht. Wenn wir bereit wären, 1 000 oder auch nur schon 100 Dollar pro Barrel Rohöl zu bezahlen, gäbe es mehr Öl auf der Welt, als wir jemals verbrauchen können. Leute, die über ›bekannte Öllagerstätten‹ sprechen, meinen das Zeug, das man zu vernünftigen, bezahlbaren Preisen aus der Erde holen kann, und da ist der Nahe Osten stark, da liegt er weit vor allen anderen.« So erklärte mir vor einigen Jahren Sam Nakasian, ein armenisch-amerikanischer Rechtsanwalt, der jahrzehntelang mit dem Öl des Nahen Ostens zu tun gehabt hat, die Energielage der Welt auf dem Höhepunkt der Ölkrise.

Das Öl, das billig zu fördern und in großen Mengen vorhanden ist und zu einem niedrigen Preis verkauft wird, bildet den Hintergrund der Geschichte, die dieses Buch erzählt. Diese Geschichte dreht sich um den Mißbrauch des Ölreichtums durch das Haus Saud und um die Weigerung, das saudische Volk an allen damit erreichbaren Möglichkeiten teilhaben zu lassen. Zur Zeit fördert Saudi-Arabien das Erdöl aus 15 von den ungefähr 60 möglichen Feldern. Mit anderen Worten: Mit mehr Förderanlagen könnte Saudi-Arabien seine Kapazitäten wesentlich erhöhen, vielleicht um bis zu 20 Millionen Barrels pro Tag. Saudi-Arabiens Reserven haben seit mehr als 20 Jahren zugenommen, und Anfang 1993 wurde in einer wenig bemerkten, wichtigen Meldung mitgeteilt, daß man 150 Meilen nördlich von Yanbu, 1100 Meilen von Dhahran – wo die meisten saudischen Ölpumpen arbeiten – entfernt, ein neues Ölfeld erschlossen habe. Einige Geologen sind der Meinung, daß das neue Gebiet das Vorhandensein eines weiteren riesigen Ölreservoirs im westlichen Teil des Landes bestätigt, womit Saudi-Arabiens Ölreserven in der nächsten Zukunft weiter anwachsen würden.

Bis auf die vermehrte Verwendung von Gas, das im Nahen

Osten ebenfalls reichlich vorhanden ist, sind bis jetzt alle Versuche der Industriestaaten fehlgeschlagen, einen Ersatz für das Erdöl zu finden. Auch nach einer dramatischen und völlig unerwarteten Entdeckung eines Ersatzstoffes – und das steht vorläufig nur in den Sternen – würde es mindestens 30 Jahre dauern, bis man sich ausreichend auf die neue Energiequelle eingestellt hätte. Erdöl ist unverzichtbar, und nur zwei Entwicklungen haben verhindert, daß diese Abhängigkeit Ende der 70er Jahre zu einem völligen Zusammenbruch geführt hat, mit astronomischen Preisen und einem darauf folgenden Transfer von Reichtum aus den reichen Ländern in die ölproduzierenden Staaten. Die erste dieser Entwicklungen fand im Bereich des Ölverbrauchs statt, die zweite war die Nutzung von Erdgas als alternativer Energiequelle. Neue Autos, Flugzeuge und Aggregate verbrauchen bis zu 40 Prozent weniger Öl als früher, Heizungen in Gebäuden und der Betrieb aller möglicher anderer Geräte von Kühlschränken bis zu Haartrocknern benötigen weit weniger Energie als noch vor wenigen Jahren. Und Erdgas, das sauberer und in ausreichender Menge vorhanden ist, kann jetzt leichter transportiert und verwertet werden und wird langsam, aber sicher immer öfter in verschiedenen Bereichen als Ersatz für Erdöl eingesetzt. Die Auswirkungen dieser beiden Entwicklungen haben mehr als 12 Jahre lang das Gleichgewicht im Verhältnis von Angebot und Nachfrage aufrechterhalten; die sinkende Nachfrage (zwischen 1979 und 1982 pro Jahr um 4 Prozent weniger) hat zugunsten der Verbraucher entschieden. Die Voraussagen über einen Barrelpreis von 100 US-Dollar, die man Ende der 70er Jahre überall hören konnte, sind nicht eingetroffen.

Saudi-Arabien hat Erdgas – nicht so viel wie Erdöl –, zwar nicht so viel wie Quatar, Iran oder Irak, aber genug, um seine Position als Hauptenergielieferant noch 30 Jahre lang zu behaupten, wenn das Erdöl aufgebraucht sein sollte. Die Umstellung auf die Förderung und Verwertung von Erdgas wird immer wichtiger und hat bereits einen so hohen Anteil am internationalen Markt, daß die Saudis einige kostspielige Investitionen in diese Ressourcen gesteckt haben. Die hohen Kosten bei der Erschließung der Erdgaslager, dem Bau und der Ausrüstung der entsprechenden Anlagen tragen zu dem langsamen Tempo dieser Entwicklung bei, doch Zeit und Anforderungen des Umweltschutzes lassen ein rascheres Fortschreiten in diesem Prozess geraten erscheinen. Doch zur Zeit steht das Erdöl an erster Stelle.

Ausgehend von der Voraussetzung, daß das Erdöl hinter der bedeutenden Rolle von Saudi-Arabien steht und daß das Haus Saud gleichbedeutend mit Saudi-Arabien ist, haben sich die vorausgegangenen Kapitel mit den unschönen Ergebnissen dieser Situation auseinandergesetzt. Thema dieses Kapitels soll die Geschichte der Ölkonzerne sein, unter dem Aspekt des Mißbrauchs, den sie mit dem Erdöl getrieben haben, und die Geschichte der ölproduzierenden Länder bis zu dem Punkt, als die Gründung der OPEC unvermeidlich wurde. Ebenfalls geht es um den Anteil der Ölkonzerne an der Korruption, die sich im Lauf der Jahre in Saudi-Arabien entwickelt hat, und darum, wie Mitglieder des Hauses Saud im internationalen Rohölmarkt mitmischen.

Das Haus Saud vergeudet den Reichtum des Landes von Grund auf und ordnet die nationale Ölpolitik den persönlichen Launen und Gelüsten seiner Angehörigen unter. Des weiteren ist Saudi-Arabiens OPEC-Politik, die anfangs dem Wunsch des Landes entsprang, die Kontrolle über seinen einzigen natürlichen Rohstoff zu erreichen, zu einer Politik degeneriert, die eher auf eine Verringerung als auf eine Vergrößerung der Macht dieser Organisation abzielt. Mit Blick auf das Engagement von Mitgliedern des Hauses Saud bei der Vermarktung des Öls haben sich die vorigen Kapitel mit dem Einsatz von Geld und Macht befaßt, die sich aus dem Ölreichtum ergeben. Dieses Kapitel konzentriert sich auf die direkte Beteiligung am internationalen Rohstoffmarkt – bevor das Öl für Geld verkauft wird. Der Mißbrauch der Einnahmen und das Herumgepfusche bei seiner Vermarktung überschneiden sich unweigerlich, doch die Unterscheidung ist trotzdem wichtig. Die Art, wie sich Angehörige des saudischen

Königshauses in diesen Markt einmischen, ist ein klarer Beweis dafür, daß das Haus Saud das Land und dessen Öl als Teil seines Privateigentums ansehen.

*

Die »Sieben Schwestern« ist der allgemein gebräuchliche Spitzname für die größten internationalen Mineralölkonzerne Exxon, Mobil, Chevron, Texaco, Gulf, Shell und British Petroleum. Im Westen erscheinen sie wie geheimnisvolle Monolithen, und obwohl man sie gemeinhin mit Monopolen, Korruption, unmoralischer Einflußnahme und Lobbytaktik gleichsetzt, liefern sie doch auch einen dringend benötigten Rohstoff. Im Nahen Osten ist ihr Image so schlecht, wie sie es verdienen, da die Sieben Schwestern sieben Hauptsünden begangen haben.

Gemeinsam mit ihren Regierungen und mit deren politischer Rückendeckung hatten die Sieben Schwestern als einziges Ziel, ihre Gewinne auf Kosten der ölproduzierenden Länder zu maximieren. Im ganzen Nahen Osten haben sie sich folgende Rechte angemaßt: darüber zu bestimmen, wo nach Öl gebohrt wird, wieviel in die Bohrungen investiert wird, welche Preise festgesetzt werden und wie die Erträge unter den Firmen aufgeteilt werden, wie das Öl transportiert wird und welche politischen Führer man in den ölproduzierenden Ländern unterstützt oder behindert. Geht man davon aus, daß das Erdöl für die meisten Produzentenländer die Hauptquelle des Lebensunterhaltes darstellt, so ist das Ausmaß der Einflußnahme, genauer: der Kontrolle, die die Sieben Schwestern über die Ziele der Produzentenländer ausgeübt haben, historisch einzigartig und weltweit so bald nicht wiederholbar. Da diese Sieben Schwestern in den 40er und 50er Jahren den Irak, den Iran, Venezuela, Saudi-Arabien, Kuwait, Nigeria, Indonesien und weitere Länder kontrolliert haben, kann man mit Fug und Recht von einem Ölimperium sprechen.

Im Nahen Osten begann das alles mit der britischen Ölkonzession im Iran im Jahr 1901. Bahrain und Irak folgten, wobei der Irak nach dem Ersten Weltkrieg als Erbe aus der Auflösung des

Osmanischen Reiches übernommen wurde. Der Vertrag von San Remo von 1920 bewertete Erdöl als vorrangiges strategisches Element und befaßte sich dementsprechend ausführlich damit. Unter anderem versuchten Großbritannien und Frankreich, auch das Öl des Nahen Ostens unter sich aufzuteilen, ohne amerikanische Unternehmen daran zu beteiligen. Es bestand eine totale Übereinstimmung zwischen den Absichten der Ölkonzerne und ihren Regierungen, und erst die amerikanische Regierung wehrte sich zugunsten von Standard Oil of New Jersey erfolgreich gegen diese Verteilung der Beutestücke. 1928 folgte dann das Red Line Agreement, ein Vertrag zwischen den Ölkonzernen über die Aufteilung des Öls innerhalb eines geographisch abgegrenzten Bereiches, der die meisten ölproduzierenden Staaten des Nahen Ostens einbezog. Den Löwenanteil erhielten dabei die Briten, die Amerikaner bekamen – wie auch die Franzosen – 23,5 Prozent.

Während dieser Periode gab es keine wie auch immer gearteten Konsultationen mit Regierungen der Produzentenländer, nicht einmal mit dem unabhängigen Iran. Die Konzessionäre trafen alle Entscheidungen als eigenständige, ausbeuterische Gruppe von Unternehmen, die die Unterstützung ihrer Regierungen hatten. Die amerikanische Regierung unterstützte beginnend mit Wilson die ungerechten Abmachungen, die die Ölkonzerne ohne irgendwelche erkennbare Zweifel getroffen hatten. Diese Vereinbarungen wurden von den politischen Führern unterzeichnet, die die Sieger des Ersten Weltkriegs ernannt, unterstützt und mitgetragen hatten. Das ging so weit, daß der Westen durch Bevollmächtigte Verträge mit sich selbst unterzeichnete. Im Fall von ARAMCO ging das noch weiter, und – das wird man in diesem Kapitel noch sehen – die Ölkonzerne hatten eine beträchtliche Mitsprache bei der Verwendung des wenigen Geldes, das die lokalen Regierungen oder ihre Chefs erhielten.

Saudi-Arabien wurde in den 30er Jahren zu einem Land, das Ölkonzessionen vergab, doch die einseitige Beziehung zwischen den Unternehmen und den lokalen Regierungen veränderte sich bis in die 50er Jahre nicht. Das mangelnde Interesse der Briten, das den Amerikanern ermöglichte, die saudische Konzession zu erwerben, war auch das Ende des zwischen den Unternehmen getroffenen Red Line Agreements, doch die Vereinbarung zwischen Saudi-Arabien und dem amerikanischen Konzessionär richtete sich nach den Wünschen dieses Unternehmens.

Der Vertrag, der schließlich von einem hoffnungslos abgebrannten Ibn Saud und von Lloyd Hamilton von Standard Oil of California unterzeichnet wurde, bot den Vereinigten Staaten eine Gelegenheit, ihre Behauptung zu untermauern, daß sie keine Kolonialmacht waren. Sie konnten sich damit von Großbritannien und Frankreich und deren räuberischer Politik distanzieren. Doch die Gelegenheit blieb ungenutzt, die Interessen von Standard Oil traten an die Stelle der erklärten Politik der amerikanischen Regierung. Es war eine ungleiche Vereinbarung zwischen einem der weltweit größten Unternehmen, mit Rückendeckung einer Großmacht, und einem verarmten Beduinenfürsten. (Ibn Saud hatte Karl Twitchell bereits zehn Prozent seiner Einnahmen aus jedem Vertrag mit Rohölabnehmern versprochen, den er für ihn heranschaffte, und später erzählte Harry Philby, daß er damals »bereit [war], für eine Million englische Pfund eine Ölkonzession für das ganze Land zu erteilen«.)

Die Saudis, die über diesen Vertrag »verhandelten«, Ibn Saud und der Minister für Alles, Abdallah Suleiman, kannten sich mit internationalen Verträgen überhaupt nicht aus. Außerdem hatten sie bei der Vergabe der Konzession im Gegensatz zu ihren Vertragspartnern wenig Überblick für die zunehmende Bedeutung des Erdöls im internationalen Maßstab, kümmerten sich nicht um die voraussehbare Abhängigkeit von ihren Rohstoffreserven oder um internationale Politik und ließen sich auf eine Laufzeit der Konzession von 60 Jahren ein, ohne auch nur einen einzigen Sitz für einen Saudi im Direktorium zu fordern. Mit der eiligen Vertragsunterzeichnung, bei der keine Klausel einer genaueren Prüfung unterzogen wurde, gab Saudi-Arabien einen Teil seiner Souveränität auf, ohne es zu wissen. Die Durchführungsbestimmungen sahen bei Streitfällen die Anrufung des Internationalen

Gerichtshofes in Den Haag vor, ohne sich auf saudisches Recht zu beziehen. Diese Regelung beschnitt das Recht Saudi-Arabiens, im eigenen Interesse entsprechend dem saudischen Recht aktiv zu werden.

Beide Seiten erhielten, was sie wollten: Ibn Saud verwendete das Einkommen durch das Öl und die Kredite von US-Regierung und ARAMCO für sich selbst, und die Amerikaner kontrollierten die größten Öllagerstätten der Welt. Ibn Saud wollte ständig noch mehr Geld und schickte immer seinen Minister für Alles, um es abzuholen, doch es war ihm ziemlich egal, ob das Geld aus Gebühren für Lizenzen, aus Subventionen oder Krediten für zukünftige Öllieferungen kam. Er hatte nicht das Bedürfnis, die Vereinbarung zu ändern. Das saudische Volk war in dieser Gleichung nicht vorgesehen, Ibn Saud betrachtete den Vertrag mit ARAMCO als Privatsache – und das so uneingeschränkt, daß er erst 1950 ein Direktorium für Erdöl einsetzte. Zu Ibn Sauds Lebenszeit, bis 1953, forderten die Saudis keinerlei Veränderungen des Vertrages. Sogar als ihr Einkommen aus dem Erdöl von 23,6 Cents pro Barrel im Jahr 1940 auf 17,3 Cents im Jahr 1946 sank, blieb die Gesamtsituation unverändert, da die persönlichen Bedürfnisse des Königs erfüllt wurden. Doch während Ibn Saud seine großzügige Verbindung mit der ARAMCO guthieß, gab es im Lager der Amerikaner viel Hin und Her, was sich zu einem nicht geringen Teil auf die Beziehungen von Amerika und ARAMCO zu Saudi-Arabien auswirkte.

Als sich Standard Oil of California 1938 über das enorme Ausmaß der saudischen Ölfelder bewußt wurde, lud das Unternehmen die Texaco, Mobil und Standard Oil of New York dazu ein, Anteile aus der Konzession zu übernehmen. So entstand das ARAMCO-Konsortium. Die vier Partner teilten sich nicht nur die Entwicklungskosten, sondern hatten als Konsortium auch bessere Vertriebsmöglichkeiten und einen größeren Einfluß auf das US-Außenministerium. Eigenartigerweise öffnete auch diese Veränderung in den Besitzverhältnissen Ibn Saud nicht die Augen, und er erkannte nicht, was in seinem eigenen Hinterhof vor sich ging. Von dem saudischen Schriftsteller Tewfic al-Sheikh ist von Ibn Saud folgende Reaktion überliefert: »Gut, mehr Firmen bedeutet auch mehr Geld.«

Doch die wesentlich drängenderen Probleme, die der Zweite Weltkrieg mit sich brachte, forderten alle Aufmerksamkeit und ließen das, was den Ölmanagern und den amerikanischen Regierungsbeamten bekannt war, als nebensächlich erscheinen. Für den Rest der Welt hatte es den Anschein, als wären Umfang und Bedeutung der saudischen Ölvorkommen eine Entdeckung der Nachkriegszeit. Plötzlich brauchten die Vereinigten Staaten das Öl für ihre in Europa stationierten Streitkräfte und die Schiffe, die diese unterstützten, und für den Wiederaufbau in Europa. Amerika benötigte das saudische Öl für den eigenen Hausgebrauch, das war jetzt eine Tatsache; die aus dem Öl erzielten Einnahmen wurden als wichtig eingestuft, und die Kontrolle über die immensen saudischen Ölreserven stärkte Amerikas Führungsposition als internationale Handelsmacht. Diese entscheidenden Fakten erkannte zwar Ibn Saud nicht, doch im amerikanischen Lager lösten sie viele Diskussionen aus.

1943 schlug der Staatssekretär der Marine William Bullit mit Unterstützung von niemand Geringerem als dem Innenminister Harold Ickes vor, die amerikanische Regierung sollte eine Mehrheitsbeteiligung an der ARAMCO erwerben. Das Unternehmen, dessen jährliche Gewinne beinahe 200 Prozent des investierten Kapitals betrugen, schlug das Angebot durch seine Anteilseigner aus. Die Debatte darüber, wer die in einem der wichtigsten Nachkriegsbereiche angesiedelte ARAMCO kontrollieren sollte, führte jedoch zu einer Kompromißlösung. Das Unternehmen und die US-Regierung einigten sich darauf, ihre Aktivitäten miteinander abzustimmen. Die Regierung erklärte sich offen bereit, die ARAMCO als Produzent des saudischen Öls zu schützen, und die ARAMCO leitete ihrerseits sofort die erforderlichen Schritte ein, damit genügend Öl für die Deckung der strategischen Erfordernisse der USA produziert werden konnte.

Ab jetzt verhielt sich die ARAMCO wie ein Staat im Staate.

Sie war nicht mehr nur Mittlerin zwischen den USA und Saudi-Arabien und hatte dadurch Einfluß auf die Außenpolitik des arabischen Staates gewonnen, sondern riet den Saudis auch, aus welchen Nationalitäten sie Leute einstellen sollten, welche Kleidung sie tragen und wo sie nach Brunnen für Trinkwasser graben sollten. In der amerikanischen Stadt Dhahran gab es eine Menge Schnaps und Frauen in kurzen Hosen, und das Unternehmen hatte seine eigene Radiostation und Golfclubs. Gleichzeitig begann die ARAMCO, Erdöl in großen Mengen zu verschiffen, um die Anforderungen der Petroleum Reserve Corporation (PRC) zu erfüllen, und beschloß den Bau von TAPLINE, der transarabischen Pipeline, die saudisches Öl durch Jordanien und Syrien in den libanesischen Hafen Sidon transportierte. Wie der Name sagt, legte die PRC Ölreserven für Amerika an, und TAPLINE sollte vor allem die amerikanische Marine mit dem nötigen Kraftstoff versorgen. Vor diesem Hintergrund von Interessen, die sich einander annäherten, wurden die Funktionen von Diplomaten, CIA-Agenten und Firmenangestellten austauschbar.

Die zunehmende Ölproduktion in Saudi-Arabien und die Gewinne der ARAMCO in der Zeit nach dem Ende des Zweiten Weltkriegs schufen ein neues Problem. Bisher zahlte das Unternehmen Saudi-Arabien noch ein Sechzehntel des Verkaufspreises für ein Barrel Rohöl. Nachbarländer wie der Iran verlangten ganz offen einen größeren Anteil an den Einnahmen der Ölkonzerne. Inzwischen setzten sich unabhängige Unternehmen wie Getty, Conoco und die italienische ENI bereits mit Produzentenländern in Verbindung und boten mehr Geld. Die US-Regierung war ziemlich verblüfft über die Gewinne der ARAMCO und hatte Angst vor allem, was die einzigartige Position dieses Unternehmens gefährden könnte; daher reagierte sie als erste. Der Unterstaatssekretär für Nahostangelegenheiten, George McGhee, sah den kommenden Druck auf die ARAMCO durch höhere Geldforderungen der Saudis voraus und warnte das Firmenmanagement: »Es ist in eurem Interesse, wenn ihr den Saudis Zugeständnisse macht.« Es war nicht zu vermeiden, daß den Saudis höhere Gewinnanteile gezahlt wurden.

1949 reagierte die ARAMCO auf die Forderungen nach einer anderen Aufteilung der sagenhaften Gewinne, brach mit den übrigen Ölkonzessionären und bot Saudi-Arabien eine 50prozentige Beteiligung an. Das Unternehmen mußte dem Land jetzt 50 Prozent des Barrelpreises nach Abzug der Produktions- und Marketingkosten zahlen. Oberflächlich betrachtet und im Vergleich zu dem, was die anderen Ölgesellschaften zahlten, war das ein großzügiges Angebot. Doch das saudische Öl war insgesamt so reichlich vorhanden, und jede einzelne Ölquelle war so ergiebig, daß die Profite der ARAMCO zwischen 1949 und 1951 immer noch um 300 Prozent stiegen.

Trotz der neuen Vereinbarung, die sowohl den Interessen der Saudis wie denen der ARAMCO diente, gab es in der Situation auf dem Erdölmarkt im Nahen Osten Anfang der 50er Jahre zwei neue Entwicklungen, die beide von außen her kamen. 1951 nationalisierte der iranische Premierminister Muhammad Mossadeq mit einer Entscheidung, die die Ölgesellschaften und die Welt erstaunte, die Anglo-Iranian Oil Company. Drei Jahre später begann der ägyptische Präsident Nasser, der ein Jahr zuvor in seinem Land an die Macht gekommen war, vom saudischen Erdöl als »arabischem Erdöl« zu sprechen.

Mossadeqs Schritt zeigte sowohl die Verwundbarkeit wie auch die Stärke der Ölkonzerne auf. Der einfache Akt der Nationalisierung eines westlichen Ölunternehmens bedeutete nichts anderes, als die unveräußerlichen Souveränitätsrechte eines Landes einzuklagen, eine antikolonialistische Revolution. Doch die Ölgesellschaften setzten sich im geheimen mit ihren Regierungen zusammen und bezahlten CIA und MI6 dafür, daß Mossadeq 1953 gestürzt wurde (die »Operation Ajax« haben bereits mehrere Autoren dokumentiert, unter anderem auch Kim Roosevelt, ihr Organisator). Das war das richtige Signal an die Produzentenländer. Es zeigte die Reaktionsfähigkeit der Unternehmen und der westlichen Regierungen gegenüber ähnlichen Bestrebungen.

Nasser erhob seine Forderung drei Jahre später, und er kleidete sie in die Form eines Appells an das saudische Volk, größere Anteile an den Einkünften der ARAMCO zu fordern und diese mit den übrigen Arabern zu teilen.

Die Resultate der Vorstöße sowohl von Mossadeq wie von Nasser mögen vielleicht durch die iranische Erfahrung begrenzt gewesen sein, doch sie eröffneten den politischen Führern der ölproduzierenden Länder Denkanstöße, wie sie auf Kosten der Ölgesellschaften mehr Geld verdienen konnten. Leider war der glücklose König Saud derjenige, der sich auf den Weg machte, um die Kontrolle der ARAMCO über alle Bereiche von Produktion und Vertrieb des Erdöls aus seinem Land zu lockern.

Wie die unabhängigen Ölgesellschaften waren auch Eigner von Tankerflotten immer auf der Suche nach Möglichkeiten, wie man das Monopol der Ölkonzerne durchbrechen konnte. 1954 befand der griechische Großreeder Aristoteles Onassis, daß er den richtigen Partner gefunden habe. Über geheime Emissäre und Mittelsmänner überzeugte er schließlich König Saud, sein Partner in einer Schiffahrtsgesellschaft zu werden, die das saudische Öl auf dem internationalen Markt transportieren sollte. Man gründete die Saudi Maritime Tanker Company, der Gründungsvertrag sicherte dem Unternehmen die alleinigen Transportrechte, die bis dato die ARAMCO gehabt hatte.

Der Deal offenbarte ein peinliches Versagen der amerikanischen Geheimdienstleute bei Regierung und ARAMCO, da sie erst nach dem Vertragsabschluß von der ganzen Sache erfuhren. Doch das hinderte sie nicht daran, zu reagieren, und die ARAMCO bestand mit deutlicher Unterstützung von Außenminister John Foster Dulles darauf, daß sie nach wie vor das Recht auf den Transport von allem saudischen Öl hatte. Als Saud sich wehrte, sagte ihm der US-Botschafter in Saudi-Arabien, George Wadsworth, in aller Offenheit, daß die USA dann eben kein saudisches Öl mehr beziehen und Saudi-Arabien damit finanziell ruinieren würden. Saud gab nach, die ARAMCO behielt ihr Monopol für den Öltransport, und man hatte allseits zur Kenntnis genommen, daß die Ölkonzerne zwar ihre Bereitschaft zur Zahlung höherer Gewinnanteile demonstriert hatten, den ölproduzierenden Ländern jedoch keinerlei Kontrolle einräumen wollten. Die früheren Aussagen von Mitgliedern der amerikanischen Regierung, auch der Kommentar von dem geschickten Politiker General Patrick Hurley, daß »die amerikanischen Unternehmen keiner imperialistischen Regierung folgen«, entpuppten sich als Lippenbekenntnisse, die meistens nur auf die Briten abzielten. Läßt man diesen Fehlschlag einmal außer acht – daß es Saudi-Arabien nicht gelang, eine eigene Tankerflotte aufzubauen –, so schufen Mossadeq und Nasser eine Atmosphäre in der Bevölkerung, in der man auf die politischen Führer vertrauen konnte und die auf lange Sicht zur Gründung der OPEC führte.

Der erste Schritt zu dieser neuen Organisation wurde im April 1959 getan, passenderweise in Kairo, wo ein Arab Petroleum Congress auf einer Konferenz das Verhältnis zwischen den Ölkonzernen und den arabischen Ländern diskutierte. Es paßte ebenfalls, daß die treibende Kraft im Hintergrund ein Saudi war, der neu ernannte Ölminister Abdallah Tariki. Nach heutigem Ermessen waren die getroffenen Vereinbarungen ziemlich bescheiden: Die Produzenten haben das grundlegende Recht, die vertraglichen Vereinbarungen mit den Unternehmen neu zu formulieren und bei der Festlegung der Preise für das Erdöl beteiligt zu werden. Doch damals waren das revolutionäre Forderungen, die ins Herz dieser Beziehungen zielten, und die Bedeutung dieser gemeinsamen Erklärung wurde durch die Anwesenheit des venezolanischen Ölministers Perez Alfonso als Beobachter unterstrichen.

Alfonso und Tariki trafen sich, verstanden sich gut miteinander und beschlossen, die Ölförderung vom Nahen Osten und von Venezuela zu koordinieren, um die Ölgesellschaften an Manipulationen des bekanntgegebenen Ölpreises zu hindern. Das Problem war, wie man weitere ölproduzierende Länder zu einer Zusammenarbeit bewegen konnte. Kuwait war immer noch britisches Protektorat (es wurde 1961 unabhängig) und froh, kleinere

Bereiche in den Vereinbarungen mit den Ölkonzernen abstimmen zu können. Wenn Saud und Faisal nicht ihren persönlichen Streit miteinander gehabt hätten, dann hätte Saudi-Arabien eigentlich nichts für die Gründung eines Kartells unternommen, und Tariki bewegte sich genaugenommen auf unsicherem Boden. Damit aus der Sache wirklich etwas werden konnte, mußte auf dramatische Weise deutlich werden, daß die bestehenden Verträge die Rechte der ölproduzierenden Länder verletzten. Die Unternehmen hatten sich an der Kairoer Konferenz nicht beteiligt und gaben den Ländern dummerweise freie Hand.

Als erstes Unternehmen – und ohne vorige Rücksprache mit den Produzenten – setzte Esso, gefolgt von den anderen Konzernen, im August 1960 den Barrelpreis um sieben bis neun Cent herab. Diese Entscheidung war an sich schon ein seltener Beweis von Dummheit, doch nach der Konferenz von Kairo, wo eine gemeinsame Beratung über die Preise gefordert wurde, wirkte sie wie eine Kampfansage an das Recht, eine solche Forderung aufstellen zu dürfen.

Tariki und Alfonso nutzten den Schritt der Ölkonzerne sofort. Bei einem Treffen von Vertretern ölproduzierender Länder in Baghdad im Jahr 1960 ging es nur noch um das Thema, wie man eine Organisation zur Koordinierung dieser Zusammenarbeit gründen konnte. Alfonso schlug den Namen *Organization of Petroleum Exporting Countries* vor, der einmütig angenommen wurde. In ihrer ursprünglichen Form bestand die OPEC aus Venezuela, Saudi-Arabien, Irak, Iran und Kuwait, Quatar beschränkte sich auf die Rolle eines Beobachters. Die erste Resolution der Organisation verweigerte den Unternehmen das Recht, die Preise festzulegen, schuf spezielle Abteilungen, die sich mit den verschiedenen Aspekten des von den Sieben Schwestern gehaltenen Monopols auseinandersetzten, und kündigte Maßnahmen zum Schutz der Rechte der Produzentenländer an. Sogar Kuwait, das bis dahin als Vertreter der Haltung der Ölkonzerne gegolten hatte, schloß sich den Vereinbarungen voll und ganz an.

Die Reaktion der Unternehmen auf die Gründung der OPEC

bestätigte, daß ihre vorausgegangene Senkung der Preise kein Irrtum war, sondern Teil einer Politik, die die Wünsche der Produzentenländer ausdrücklich ignorieren wollte. Sie beschlossen, die OPEC nicht zur Kenntnis zu nehmen und sie nach althergebrachter Methode zu unterminieren. 1961 brachte die *New York Times* einige von dem CIA-Agenten Bill Eveland angeregte Artikel, die das Konsortium nicht berücksichtigten und davon ausgingen, daß es früher oder später wegen innerer Querelen auseinanderfallen und insgesamt nur von kurzer Dauer sein würde. Die Unternehmen und die CIA bezahlten Zeitungen dafür, daß sie Geschichten über alte Fehden zwischen einzelnen Ländern brachten, um auf diese Weise Streit zu säen und eine weitere Zusammenarbeit unmöglich zu machen. Sie wandten sich an einzelne Länder und versprachen ihnen Produktionssteigerungen auf Kosten anderer Staaten, im besonderen sollte Kuwait durch einen größeren Marktanteil gegen den populistischen Irak ausgespielt werden.

Diese Anstrengungen fruchteten nichts. Der Venezolaner Perez Alfonso war ein Meister, wenn es darum ging, seinen weniger gut informierten Kollegen die langfristigen Vorteile der OPEC zu vermitteln, Tarikis Anwesenheit bedeutete, daß das Konsortium die Unterstützung des konservativsten Landes von allen hatte, und Nassers Mahnungen aus dem Hintergrund schufen eine Atmosphäre, in der die arabischen Länder einen derart populären Schritt nicht mehr so einfach rückgängig machen konnten. In meinen Aufzeichnungen aus meiner Tätigkeit als Journalist aus dem Jahr 1960 habe ich eine Äußerung des früheren bedeutenden libanesischen Ölexperten und Herausgebers des *Middle East Economic Survey*, Fuad Ottayem, vermerkt: »Das (die Gründung der OPEC) ist ein populärer politischer Schritt, wie der Wunsch nach Unabhängigkeit.« Saudi-Arabien, das sich bisher gegen jede Mitarbeit in einer Organisation gewehrt hatte, war jetzt mittendrin. Als Faisal 1962 König wurde, konnte er als Äußerstes darauf hoffen, daß das Haus Saud die Kontrolle über die Quelle des Reichtums für das Land wiedererlangte, indem er Tariki entließ. Tarikis Ausscheiden verbesserte die Beziehungen zwischen Saudi-Arabien und der ARAMCO. Sein Nachfolger Yamani vertrat Faisals Standpunkt und war weniger ein Initiator als jemand, der Anordnungen ausführte, doch die OPEC war bereits eine Realität, und das hieß, daß Saudi-Arabien eine politische Haltung dazu entwickeln mußte. Als den Ölkonzernen das klar wurde, erkannten sie die Organisation schließlich an – das war 1962, drei Jahre nach ihrer Gründung.

Die Jahre zwischen 1962 bis zum arabisch-israelischen Krieg von 1967 waren eine Konsolidierungsphase. Es gab zahlreiche OPEC-Treffen, auf denen es um Gewinnanteile und Planungen für die Förderkapazitäten ging. Die Mitgliedsstaaten wollten ihren 50prozentigen Anteil zusätzlich zu der »Miete«, die die Konzerne pro Barrel bezahlten, doch es geschah sehr wenig. Die Unternehmen rührten sich nicht von der Stelle, und die OPEC war sich noch nicht darüber klar geworden, welche Mittel sie überhaupt einsetzen konnte, um etwas zu erzwingen – man schlich umeinander herum, kämpfte jedoch noch nicht. Auch diese Situation hat Ottayem treffend beschrieben: »Die OPEC läuft nicht wie ein Unternehmen, und die Industrie hat keine Zeichen von Phantasie und Flexibilität erkennen lassen.«

Der Krieg von 1967 entflammte den arabischen Nationalismus, und in manchen Fällen wurde offene Enttäuschung gezeigt, wie 1969, als Oberst Muammer Khaddafi die Regierung von Libyen stürzte. Der Druck der Araber, das Öl als Waffe einzusetzen, traf auf eine weltweit gestiegene Nachfrage. Diese Situation brachte die OPEC in eine hervorragende Position, um ihre Forderungen nach höheren Zahlungen und besserer Koordination der Produzenten durchzusetzen. In diesem Moment bekannte Saudi-Arabien Farbe und ordnete die Ölpolitik den politischen Interessen des Hauses Saud unter.

Es würde zuviel Raum einnehmen, wenn ich jetzt auf sämtliche Preissteigerungen eingehen würde, auf all die Versuche, die Unternehmen auszubooten, und auf die Festlegungen der Förderquoten, da dafür alle OPEC-Konferenzen herangezogen werden müßten. Ich will daher nur einige der wichtigsten Entscheidungen, die mit diesen Entwicklungen verbunden sind, skizzieren. Doch soll der Hinweis gestattet sein, daß Experten für den Rohölmarkt im wesentlichen in der Bewertung der saudischen Ölpolitik übereinstimmen. Daniel Yergin, Autor der konkurrenzlosen Untersuchung über die Geschichte des Erdöls mit dem Titel *Der Preis*, stellt fest, daß es »eine generelle Übereinstimmung in den Haltungen von Riyadh und Washington [gab]«. Der Ölnationalist und ehemalige Mitarbeiter von Tariki, Anton Sarkis, sieht Saudi-Arabien in der Rolle eines »Don Quichotte, der die amerikanischen Interessen schützt, sogar wenn das bedeutet, daß dafür die eigenen und die Interessen der OPEC geopfert werden müssen«. Pierre Tezzerian, Experte für den Ölhandel, steht zwischen diesen beiden und hat einen meisterhaften Bericht über das Ölembargo von 1973 vorgelegt und darüber, wie Saudi-Arabien gezwungen wurde, sich diesem Schritt anzuschließen, ihn dann als erstes Land wieder aufhob und dann die anderen Staaten zu derselben Konsequenz nötigte.

Alle Experten kommen auf ihre Art jeder zum selben Schluß: Seit Tariki hat Saudi-Arabien niemals etwas anderes versucht, als die Kontrolle über das OPEC-Kartell zu behalten, damit sich dies gemäß den Interessen des Hauses Saud und seiner amerikanischen Beschützern verhielt. Aus diesem Grund gibt es vor jeder größeren OPEC-Konferenz Kontakte auf höchster Ebene zwischen Saudi-Arabien und den USA (Reagan oder Bush trafen mit Fahd zusammen), oder einer der saudischen Ölminister reist nach Washington. 1968 traten die Saudis für ein Konzept der Mitwirkung ein, als die anderen Produzentenländer die Verstaatlichung der Mineralölkonzern forderten. 1974 übernahm das Land einen Anteil von ARAMCO, ein Jahr, nachdem die kleinen Länder Kuwait und Quatar diesen Schritt getan hatten, und lange nach Iran, Irak, Venezuela und Algerien. Anfang der 70er Jahre versuchte Saudi-Arabien den Barrelpreis niedrig zu halten und verkaufte ein Barrel für 14,45 Dollar, während auf dem Spot-Markt 35 erzielt wurden. 1979 verlor Saudi-Arabien 23 Milliarden Dollar, weil es an seinen niedrigen Preisen festhielt. Und 1981 teilte Yamani dem Nachrichtensender NBC mit, daß Saudi-Arabien den »Überschuß an Rohöl angelegt« hatte, um die Preise unten zu halten. Insgesamt gesehen hatte Saudi-Arabien nur dann die Kontrolle über sein Öl, als es unmöglich wurde, das nicht zu tun.

Es geht hier nicht um Mäßigung, und ich trete nachdrücklich für den Dialog zwischen den Produzenten und den Konsumenten ein, um eine vernünftige Preispolitik zu erzielen und ein wirtschaftliches Gleichgewicht zwischen den beiden Seiten aufrechtzuerhalten. Das eigentliche Thema ist die erklärte Bereitschaft des Hauses Saud, sich entgegen den Vorstellungen seiner Bevölkerung und den Interessen der OPEC zu verhalten. Der saudische Taxifahrer, der sich darüber beschwert, daß er nichts von dem ganzen Reichtum aus dem Erdöl hat, benennt den wunden Punkt. Der Araber, der der Meinung ist, er hätte mehr von der Großzügigkeit der Saudis verdient, benennt einen weiteren. Einige OPEC-Mitglieder, die eine Erhöhung der Preise fordern, um die Kosten für die weitere Entwicklung ihrer Länder zu decken, sagen die Wahrheit. Doch das Haus Saud schreitet ungerührt auf seinem unguten Weg weiter.

*

Ein weiterer großer Fehler der meisten Autoren, die vorgeblich die Geschichte von Saudi-Arabien darstellen wollen, zeigt sich in der geringen Beachtung, die sie der Bedeutung der ARAMCO – neben ihrer Rolle als Hauptträger der saudischen Erdölindustrie – für das Leben in diesem Land einräumen. Seit vier Jahrzehnten ist die Existenz der ARAMCO von erheblichem Einfluß auf die regierungsamtliche und die soziale Entwicklung, so wie auch ihre Art der Repräsentation Saudi-Arabiens in der Welt. ARAMCO ist jetzt ein saudisches Unternehmen, im Zuge der Veränderungen in den Beziehungen zwischen den Ölförderländern und den Konzernen hat sie 1980 diesen Status erhalten. Danach hat sich ihre Rolle verändert, doch eine ganze Zeitlang konnte man nur schwer unterscheiden, wo die Grenze zwischen dem Einfluß der ARAM-

CO und der Konzerne, die sämtliche Anteile an diesem Unternehmen hielten, und dem Geltungsbereich der saudischen Regierung verlief.

Es wurde bereits gezeigt, wie die Mineralölkonzerne während des Zweiten Weltkriegs die amerikanische Regierung dazu bewegen konnten, Ibn Saud finanziell zu unterstützen, und wie die US-Regierung in den 50er Jahren die Pflege der amerikanisch-saudischen Beziehungen an die ARAMCO abgetreten hat, was dem von reinem Eigeninteresse geleiteten Unternehmen die Kontrolle über diese Beziehungen ermöglicht hat. Ich habe ebenfalls darüber berichtet, wie die CIA-Leute der ARAMCO islamisch-fundamentalistische Zellen als Gegenspieler zu Nassers panarabischem Nationalismus gegründet haben, und habe auch über die Entsendung saudischer Studenten auf amerikanische Universitäten gesprochen, wo sie zu proamerikanischen Technokraten ausgebildet werden sollten, ohne daß man die zwangsläufig notwendige Konsequenz bedacht hat, wie man auf die Bedürfnisse derart ausgebildeter Saudis reagieren müßte. Doch die kurzsichtige Politik der ARAMCO umfaßte noch viel mehr. Der Einfluß des Unternehmens auf die saudische Regierungspolitik, das Verhalten der Angehörigen des Hauses Saud und das Leben der Bürger des Landes war überall vorhanden und wesentlich größer als der solcher Konzerne, die in anderen Ländern arbeiteten.

In den 40er und 50er Jahren setzte nicht so sehr die amerikanische Regierung, sondern die ARAMCO ihr unerschöpfliches Potential ein, um britische und sonstige nichtamerikanische Ölunternehmen aus Saudi-Arabien fernzuhalten. Als Ibn Saud die Einkünfte des Landes als seine eigenen einforderte, war die ARAMCO die einzige Vertretung der Amerikaner im Land, und später hatte die US-Regierung Schwierigkeiten, sich von der unklugen Politik dieses Unternehmens abzukoppeln. Es lag letztendlich an der Verwicklung der ARAMCO in finstere und korrupte Praktiken (Bespitzelung und direkte Bestechung von Regierungsangestellten), die als Verhaltensmuster zu einer schmutzigen Tradition wurden und zu dem gegenwärtigen beklagenswerten Zustand sowohl in Saudi-Arabien wie auch in den Beziehungen zwischen den beiden Ländern beigetragen haben.

Das Vorgehen der ARAMCO resultierte aus den fehlenden Erfahrungen der Amerikaner mit dem Nahen Osten und aus ihrer Angst vor den Engländern. Diese Angst war bei der ARAMCO fast pathologisch. Das Unternehmen verhielt sich wie ein unsicherer Emporkömmling, der ein Komplott der Briten mit dem Ziel der Kontrolle über das saudische Öl vermutete und davon ausging, daß ihnen ihre lange Erfahrung in der arabischen Welt einen Vorteil verschaffte. Dieser vermeintliche Vorteil, die lange Kolonialgeschichte der Briten, beruhte auf einer falschen Einschätzung. Die Briten wurden von den Menschen im Nahen Osten nie wirklich akzeptiert, nur von einigen ihrer politischen Führer, und die ARAMCO und die Amerikaner haben damals die Chance verpaßt, eine Lücke zu füllen und sich den Arabern als attraktivere Vertreter des Westens anzubieten. Statt dessen traten sie in Konkurrenz zu den Engländern – und zwar zu deren Bedingungen – und haben sich gegen alle britischen Aktivitäten gewehrt, ohne sie wirklich zu analysieren. Diese blinde Opposition führte zu hinterhältigen Methoden, die einen schlimmeren Kolonialismus erzeugt und sowohl die amerikanisch-britischen Beziehungen wie auch die Position des Westens im Nahen Osten untergraben haben.

Um sich Ibn Saud gewogen zu halten, opponierte ARAMCO gegen die britischen Forderungen nach Befreiung der Sklaven und Einführung einer Kontrolle über die saudischen Staatsfinanzen. Zu diesen negativen Reaktionen kamen noch weitere mit einem verheerendem Einfluß auf die saudische Außen- und Regionalpolitik. Mit dem Beistand des amerikanischen Außenministeriums bewog die ARAMCO 1954 Saudi-Arabien, nicht der unter Führung Großbritanniens zustandegekommen CENTO-Allianz aus Irak, Türkei und Iran beizutreten. Das Unternehmen sah diese Allianz fälschlicherweise als Bedrohung für seine Ölinteressen – es setzte seine kommerziellen Interessen an erste Stelle, sogar noch vor die Stärkung eines antisowjetischen Pakts. Ende der 50er

Jahre ging die ARAMCO noch weiter: Sie unterstützte mit allem Nachdruck den Anspruch der Saudis auf die Oase Bureimi, einen ölreichen Landstrich zwischen Saudi-Arabien, den Vereinigten Emiraten und Oman, dessen staatliche Zugehörigkeit umstritten war. Der Anspruch der Saudis war fragwürdig, doch die ARAM-CO bezahlte einige Millionen Dollar für Historiker und Forscher, die improvisierte Dokumente hervorzauberten. Diese wurden dann großzügig an die saudische Regierung sowie an die Presse in Beirut weitergegeben, um die schwelende Krise zwischen Großbritannien (das damals die Gouverneure von Oman und den Emiraten stellte) und Saudi-Arabien anzuheizen.

Der Erfolg war ein Bruch in den diplomatischen Beziehungen zwischen den beiden Ländern, was indirekt die Position der ARAMCO stärkte. Auch muß man daran erinnern – falls zukünftige Historiker das vergessen sollten –, daß die ARAMCO die Linie der saudischen Regierung unterstützte, als diese den islamischen Fundamentalismus übernahm, ohne an die Zukunft zu denken. Dieselben libanesischen, syrischen, jordanischen und irakischen Journalisten und Spione, die den Islam unterstützten, griffen Großbritannien an. All diese Schritte, die den Prozeß der Entscheidungsfindung dieses Landes auf üble Weise beeinflußten und es von einer vernunftgeleiteten Politik abhielten, fanden vor dem Hintergrund einer Unterstützung und Förderung der Korruptheit der saudischen Könige statt. Inzwischen war Großbritannien nicht mehr in der Lage, die Amerikaner in Saudi-Arabien zu verdrängen; die Engländer hatten die amerikanische Dominanz widerwillig akzeptiert und verzichteten auf ihre Ölkonzession.

Diese immensen politischen Fehler bildeten sozusagen den sichtbaren Teil der ARAMCO-Strategie im Umgang mit dem Königreich. Doch ebenso verheerend war die Einstellung des Unternehmens gegenüber dem persönlichen Verhalten des Hauses Saud und gegenüber der saudischen Bevölkerung. Hier herrschten amerikanische Naivität und Pfuscherei in ihrer schlimmsten Form.

Für die königlichen Versuchsgüter in der Umgebung der Stadt Kharj entwickelte ARAMCO die Pläne und überwachte die Bauarbeiten. Die Güter sollten frische Lebensmittel für die königlichen Tafeln liefern. In dieser Gegend gibt es wenig Wasser, weniger als in anderen Landstrichen Saudi-Arabiens, und das dort vorhandene wäre besser für Dringenderes genutzt worden. Doch das hielt die Landwirte der ARAMCO nicht ab. Es spielte keine Rolle, daß Wasser eigentlich als Trinkwasser und für sanitäre Zwecke gebraucht wurde und seine Verwendung für die Landwirtschaft hier eine Verschwendung ersten Grades darstellte. Obst und Gemüse zu ziehen war ausgesprochen unwirtschaftlich; gemessen am Wert des Wassers hätte man diese Lebensmittel besser importiert. Außerdem war es die ARAMCO, die dem Haus Saud große Geldsummen für den Bau von Palästen lieh und das Königshaus zu Schulden animierte, wo es eigentlich notwendig gewesen wäre, Schulen zu bauen. Mit dem Geld der ARAMCO baute König Fahd 40 Paläste, Schulen gab es weniger. Jeder unbedeutende Prinz konnte sich von dem Unternehmen Geld für gleichartige überflüssige Ausgaben leihen. Es war auch die ARAMCO, die den weltweiten saudischen Sextourismus initiierte und Prinzen in Reisegruppenstärke in die Welt schickte, wo sie sich schlecht benahmen und den Ruf der Araber in den Schmutz zogen. Die ARAMCO verschaffte ihnen Gefährten, die ihren dümmlichen Neigungen entgegenkamen, und meistens kam sie auch noch für die Kosten auf.

Die Dummheit der ARAMCO erschöpfte sich nicht in der pseudokolonialistischen Behandlung der Königsfamilie, sondern schloß ihr gesamtes Verhalten mit ein. Die meisten Amerikaner, die in den 40er, 50er und 60er Jahren für das Konsortium in Saudi-Arabien arbeiteten, kamen aus den »Ölstaaten« Texas, Kalifornien und Oklahoma. Sie waren politisch ziemlich rechtslastige *rednecks* und bezeichneten ihre Gastgeber als »Ah-raber«. Alles weitere war dann nur noch eine Variante dieser beleidigenden Anrede. Diese Leute waren meistens Techniker, die zwei- oder dreimal soviel verdienten wie für vergleichbare Jobs in Amerika.

Zu den besonderen Vergünstigungen wurde auch ein vollklimatisiertes Leben in einer eigens errichteten amerikanischen Stadt, dem North Camp oder American Compound, einem Teil des heutigen Dhahran, gerechnet.

Die Lebensweise der »Eingeborenen« wurde nicht sehr beachtet. Die meisten wurden stundenweise bezahlt und lebten in Hütten und Zelten, auch die älteren Arbeiter und Angestellten mußten in Betonklötzen leben, die der Hitze der Tage und den kalten Wüstennächten wenig Widerstand leisteten. Die sogenannte Stadt der »Eingeborenen«, die ebenfalls besonders für diese gebaut worden war, hatte keine Müllabfuhr, und pro Kopf wurde nur ein Fünftel der Wassermenge zugeleitet wie in der amerikanischen Siedlung. Die Saudis, die von ihrer Ausbildung her ähnliche Aufgaben wie einige der Amerikaner erfüllen konnten, verdienten nur ein Drittel dieser Gehälter, Mobiliar und anderes bei der Einrichtung der saudischen Wohnungen war deutlich weniger komfortabel als bei den amerikanischen Gästen. Für die Saudis war der American Compound eine verbotene Zone.

Die ARAMCO kritisierte im Zuge ihrer antibritischen Strategie in aller Offenheit den Kolonialismus, erzeugte dabei jedoch selbst eine schlimmere Situation als vor Jahrzehnten, wenn nicht Jahrhunderten in Indien und den britischen Kolonien. Für die Amerikaner war die Kolonialistenrolle neu, und das merkte man. Die Rednecks nahmen keinerlei Ratschläge zum Verhalten gegenüber den Menschen aus ihrer »Kolonie« entgegen und gefielen sich schließlich in einer eingebildeten Haltung wie zu Onkel Toms Zeiten und als gäbe es nicht einige zivilisationsfreundliche Grundzüge im Kolonialismus. Sie entwickelten keine an Gruppendenken oder Klassenbewußtsein gebundene, separierte Lebensweise, sondern behandelten die Saudis wie früher die Schwarzen in Amerika. Man hielt sie für schwächlich, faul und unterlegen und nutzte sie aus, anstatt ihnen mit einer konstruktiven Haltung zu begegnen.

Abdallah Tariki war einer ersten, die unter Diskriminierung und Instinktlosigkeit der Amerikaner zu leiden hatten. Der

Mann, der später der erste Ölminister von Saudi-Arabien wurde, arbeitete gegen Ende der 40er Jahre für die ARAMCO, nachdem er an der Universität von Texas einen Abschluß als Ölingenieur gemacht hatte. Tariki hatte eine Amerikanerin geheiratet, und in Anbetracht seiner akademischen Ausbildung und relativ bedeutenden Position innerhalb des Unternehmens fühlte er sich berufen, im American Compound oder in einer sonstigen angenehmen Umgebung zu leben. Doch die Strategen der ARAMCO sahen dies anders, und Tariki wurde kaltschnäuzig in das »Eingeborenenviertel« und in einen groben Betonklotz mit harten Betten und ohne Kühlschrank gesteckt. Tariki war und ist ein Populist, und es machte ihm nichts aus, bei seinen Leuten zu leben; er empfand nur die Diskriminierung in seinem eigenen Land als schwere Beleidigung. Die ganze Situation wirkte sich auf seine amerikanische Ehefrau schlimm aus. Da sie keine anderen Leute aus den USA treffen durfte, hatte sie niemanden zur Unterhaltung. Die Tarikis wurden bald geschieden, und die Frau zog mit dem kleinen Sohn wieder nach Texas zurück. Dieses Ereignis tat Tariki sehr weh und verbitterte ihn.

1959 kam seine Chance, um der ARAMCO dies heimzuzahlen. Er war damals Ölminister, ein Favorit von König Saud, Mitbegründer der OPEC und der Liebling der jungen Nationalisten seines Landes. Das Ministerium war in Riyadh von einer Straßenseite auf die andere in ein größeres und luxuriöseres Gebäude als zuvor gezogen. Eine Gruppe ARAMCO-Direktoren kam in das neue Gebäude, um sich mit Tariki zu einer der üblichen Besprechungen über wichtige Punkte zu treffen. Tariki ergriff die Gelegenheit zu einer kleinen Rache. Er ließ die Herren 45 Minuten warten und ihnen dann mitteilen, daß Seine Exzellenz sie im alten Gebäude empfangen würde. Als sie in Tarikis altes Büro kamen, begrüßte er sie mit der Bemerkung: »An diesem Ort empfange ich ARAMCO-Direktoren.« Einige der Direktoren wußten nicht, was er meinte, andere erinnerten sich und versuchten, sich zu entschuldigen.

Tarikis Behandlung durch die ARAMCO war natürlich untragbar, doch sein Fall war nichts Besonderes und nur Ausdruck einer allgemeinen Haltung. Die amerikanischen Ölleute beschuldigten die Saudis, Diebe zu sein, und machten sich über ihre Gebete lustig, über ihre traditionelle Kleidung und ihren Spaß an Geselligkeit. Sogar das Blut, das für Transfusionen in den Krankenhäusern für die amerikanischen ARAMCO-Angestellten verwendet wurde, unterzog man einer wesentlich genaueren Prüfung als das für die Saudis. Selbstverständlich gab es getrennte Cafés, Kinos und Sportveranstaltungen, und der Anblick einer Amerikanerin, die mit einem Saudi sprach, war fast, auch wenn es ihr Chauffeur war, schon ein Skandal.

Als genügte das noch nicht, um augenblicklich einen Antiamerikanismus zu erzeugen, gab es noch weitere verdeckte Formen dieser Respektlosigkeit und schreienden Diskriminierung, die mit Sicherheit eine breitere, tiefere und länger anhaltende Ablehnung bewirkten. Dazu gehörte beispielsweise, wie die ARAMCO ihre Trainees aussuchte. Leute aus Saudi-Arabien auszubilden war billiger als Handwerker, Fahrer und Mechaniker aus anderen Ländern einzufliegen. Die ARAMCO-Werbung machte von dieser lobenswerten Haltung viel Aufhebens, doch das Auswahlverfahren war diskriminierend, und es bestanden nur diejenigen, die im Verständnis der Amerikaner als solche galten, die alles mitmachten. Abgewiesen wurde beispielsweise, wer die moslemischen Gebete einhielt, bei Einstellungsgesprächen als nicht gefügig genug erschien oder für Nasser war. Mit ihrer Einstellungspolitik maßte sich die ARAMCO das Recht einer umfassenden »Amerikanisierung« an. Die Saudis, die sich »Mos« nennen ließen, wurden ausgebildet, im Gegensatz zu anderen, die sich dagegen wehrten, daß der Name des Propheten zu einer ordinären Kurzform verballhornt wurde. Ein Junge in Jeans hatte bessere Chancen als einer, der die traditionelle Kleidung trug (die in der Hitze unvergleichlich bequemer ist). Glattrasierte Männer wurden vor Bartträgern bevorzugt. Kompetenz zählte weniger als die Bereitschaft, den amerikanischen Lebensstil anzunehmen. Es wurde eine neue Sitte, Kaugummi zu kauen.

Einige machten der ARAMCO und Saudi-Arabien Ehre, doch waren sie noch typische Saudis oder schon eine neue Gruppe? Auch wenn sie noch typische Vertreter ihres Landes waren, so war im Ausbildungsprozeß doch eine äußerst fragwürdige Unsensibilität angelegt. Beispielsweise mochten die Leute von der ARAMCO den Saudi Farhan al-Qahtani gern und beschlossen, ihn auf ihre Kosten ausbilden zu lassen. Sie schickten ihn auf die Schule, um Englisch zu lernen. Doch der Mann war ein Analphabet und ein Saudi, und die ARAMCO hatte die Möglichkeiten, ihn Arabisch lernen zu lassen. Der ARAMCO war das allerdings egal, und Farhan lernte gut Englisch, konnte jedoch nicht arabisch lesen oder schreiben. Später verließ er die ARAMCO und wurde einer ihrer kleineren Zulieferer. Dokumente und Bestellungen des Unternehmens konnte er zwar lesen, sie jedoch für seine Lieferanten nicht ins Arabische übersetzen.

Farhan verdiente viel Geld, verlor es, holte es wieder herein und verlor es noch einmal. Die Amerikaner unterstützten ihn immer mehr als andere, da ihnen seine Art gefiel. Durch seine Kontakte mit der ARAMCO und deren Angestellten war er ein Freund der amerikanischen Lebensart geworden, und er rief gern »'ne verdammt gute Idee«, »schau mir in die Augen und sag', was du willst« und »Vorsicht ist die Mutter der Porzellankiste«. Farhan war Ausdruck der ARAMCO-Kultur. Schließlich begann er, sich über sein eigenes Volk zu beklagen, und fühlte sich mit Saudis nicht mehr so wohl wie mit Amerikanern. Umgekehrt mochten die Saudis Farhan nicht mehr. Er war ein synthetisches Wesen geworden – nicht wirklich einer von ihnen –, und es war traurig für ihn, daß er nie mehr richtig zu einer der beiden Seiten gehörte.

Die kurzsichtige Haltung der ARAMCO verursachte Schaden bei ihrer gesamten arabischen Arbeiterschaft. Die Diskriminierungen führten unweigerlich zu völlig »normalen« sozialen und politischen Reaktionen. Die saudischen Arbeiter, die weitab ihrer Familien und Stämme in Siedlungen zusammengepfercht lebten, entwickelten ernsthafte psychologische Probleme, sie litten unter Einsamkeit und Depressionen, begannen zu trinken und nahmen

Drogen. Die Selbstmordrate war bei ihnen zwanzig Mal höher als in der Gesamtbevölkerung. Diejenigen, die nicht unter solchen Schwierigkeiten zu leiden hatten und sich an die amerikanische Lebensweise anpaßten, verloren den harmonischen Zusammenhang mit ihrer arabischen Herkunft. Sie begannen, materialistisch zu denken und damit auch an die Kleinfamilie anstatt an die Großfamilie aus dem Stammesleben zu glauben. Die Auflösung der Familien- und Stammesbindungen führte bei vielen dazu, daß sie später ihren alt gewordenen Eltern keine finanzielle Unterstützung geben wollten.

Diese diskriminierende Politik löste breitere Reaktionen aus. Vom November 1953 bis 1956 gab es Streiks bei der ARAMCO. Anstatt etwas zu unternehmen, um die Ursachen dieser Proteste zu beheben, arbeitete die ARAMCO mit dem Emir dieser Region bei der Bestrafung der Streikenden zusammen. Beispielsweise gaben sie ihm eine Liste mit den Namen von 600 Arbeitern, die in einer Petition die Verbesserung ihrer Lebensbedingungen gefordert hatten. Die Arbeiter wurden eingesperrt, die meisten gefoltert, und viele sah man nie wieder. Doch eigentlich war gar kein Streik nötig, damit die ARAMCO ihre sogenannten Unruhestifter (wer sich die Zeit für die Gebete nahm, galt als Unruhestifter) los wurde. Es war bekannt, daß immer wieder Arbeiter verschwanden, nachdem sie ihren Lohn in Frage gestellt oder um eine Beförderung gebeten hatten. Niemand in der ARAMCO hat sich jemals dagegen gewehrt, daß Arbeiter dem gnadenlosen Schwert von Prinz bin-Jalawi ausgeliefert wurden. Vielleicht ist das der Grund, warum es ausgerechnet in dieser Provinz so viele Umsturzversuche gegeben hat.

Einem loyalen Amerikaner fällt es schwer, das zuzugeben, doch mit den Briten hätte es einen Farhan nie gegeben. Sie waren auch nicht darauf aus, imitierte Engländer zu erzeugen, die Menschen von ihren Wurzeln zu entfremden, ihre Sprache über das Arabische zu stellen, beleidigende Abkürzungen oder Modewörter zu benutzen oder mit einem blutdürstigen Prinzen zusammenzuarbeiten. Ob das nun richtig oder falsch war, sei dahingestellt, doch die Briten nahmen in der Bereichen der Regierung, der Verwaltung und des individuellen Lebens immer die Haltung ein, daß die Kulturen voneinander getrennt blieben und sich die Situation der Menschen aus dem bestehenden kulturellen Kontext heraus ändern mußte. Die Art, wie ARAMCO die Kolonialistenmentalität anbrachte, war oberflächlich. Sie verwechselte die kulturelle Trennung mit Diskriminierung und ignorierte die subtileren und schwierigeren Aspekte, die langfristige Überlegungen einer »Zivilisierung« vorausgesetzt hätten. Neben anderem hätten die Briten bin-Jalawi in seine Schranken verwiesen und Regelungen geschaffen, daß Strafen nur entsprechend dem Vergehen verhängt wurden.

Die Haltung der Amerikaner, die dem Haus Saud ermöglichte, die Einkünfte des Landes als ihr Eigentum zu betrachten, war Teil eines größeren Zusammenhangs, in dem die ARAMCO und die verschiedenen amerikanischen Vertragspartner den Vormarsch der saudischen Korruptheit auf mannigfaltige Weise unterstützten und mitbetrieben. Der erste Finanzminister des Landes (der »Minister für Alles«) wurde jedesmal bestochen, wenn man seine Hilfe brauchte, meistens um Ibn Saud von etwas zu überzeugen, das die ARAMCO brauchte. Andere Regierungsbeamte wurden bestochen, indem man ihnen lukrative Verträge anbot, über deren Einhaltung sie so gut wie nichts wissen konnten – zu einer Zeit, als es bereits besser qualifizierte Leute gab. Der saudische Autor Tewfic al-Sheikh sagt dazu: »Sie haben jeden Prinzen, Manager, Richter, Angestellten und Polizisten bestochen, dessen sie habhaft werden konnten.« Was die Amerikaner im Bildungsbereich taten, war zudem noch von Ziellosigkeit und mangelnder Planung gekennzeichnet. Im Unterschied zu den Stipendien, die die Briten in Iran und Irak vergaben, gingen die ARAMCO-Förderungen immer an Söhne von führenden Familien, und man machte sich über ihre Fähigkeiten und Ergebnisse nicht viele Gedanken. Ich kenne einen ehemaligen saudischen Studenten, Sohn des ersten Post- und Telgraphenministers, der zehn Jahre lang mit Geldern der ARAMCO für einen Bachelor-

Abschluß studierte, und es gab eine Menge solcher Studenten wie ihn. Meistens wählten die ARAMCO-Stipendiaten Fachgebiete, die nichts mit den Erfordernissen ihres Landes zu tun hatten. Sie suchten sich solche Universitäten aus, wo das Wetter schön war, und schrieben sich für die leichtesten Studiengänge ein. Die englischen Ölkonzerne im Iran und Irak bildeten Ölingenieure und Ärzte aus, während viele saudische Studenten sich die Zeit mit den Footballbands der Universitäten von Miami, Texas und Südkalifornien vertrieben und in die dortigen Nachtclubs gingen.

Mit den üblichen Ausnahmen beeinträchtigte die fehlende Betreuung dieser durchaus gutgemeinten Bemühungen ihre Effektivität oder machte sie ganz unmöglich, übrig blieb nur ihre Werbewirksamkeit. Sogar wenn es darum ging, den Handel zwischen Saudi-Arabien und den USA voranzutreiben, schnappte dieselbe Falle zu. Einige der von der ARAMCO in den 50er und 60er Jahren organisierten Handelsdelegationen waren verkappte Bordellreisen. Die saudischen Delegierten, die das Unternehmen ausgewählt hatte, kamen aus dem Königshaus oder von guten Familien. Die ARAMCO konnte und wollte ihnen nicht sagen, was sie eigentlich tun sollten, und so lachten sie sich einige Flittchen an und tranken Champagner aus ihren feinen Pantoffeln. ARAMCO tat noch mehr, zahlte die Spielschulden der Prinzen, kaufte einigen nutzlose, technisch überholte medizinische und andere Geräte ab, und manche Prinzen wurden einfach bestochen. (Ein New Yorker Gastronom hatte einen eigenen ARAMCO-Kontaktmann und spezialisierte sich geradezu auf Blondinen.)

Die Korruption der ARAMCO spielte sich zu Zeiten, als sie noch ein amerikanisches Konsortium im Besitz der großen US-Mineralölkonzerne war, oft als ernsthafte Förderung des Hauses Saud und seiner Herrschaft ab, während diese echte und vermeintliche Feinde abwehrten und sich vom saudischen Volk und dessen Bedürfnissen immer weiter entfernten. Die ARAMCO hat nicht nur Geschichtsklitterung betrieben, um das Haus Saud mit dem Propheten in Verbindung zu bringen. Die Beiruter Public Relations-Abteilung des Unternehmens und seine Schwestergesellschaft TAPLINE, in denen immerhin 70 Leute arbeiteten, unterstützten die saudischen Bestrebungen, die lokale Presse zu korrumpieren, indem sie libanesische Journalisten für prosaudische Artikel bezahlten. Mit diesen Artikeln wurden erfundene Geschichten über die Großzügigkeit und das soziale Engagement des Königshauses verbreitet, in denen jeder Neubau einer Schule auf die Initiative eines Prinzen zurückging, der auch alles mit seinem privaten Geld bezahlt hatte. Sogar Muhammad Twin-Evil war der ARAMCO ein Loblied wert, er wurde als das demokratische Oberhaupt des Familienrats dargestellt. Das alles beeinflußte die käufliche arabische Presse auch in negativer Weise. In den Anfängen der OPEC versuchten die Pressespione der ARAMCO unter den Journalisten, an kompromittierende Bilder und Informationen zu kommen, um Mitgliedern der Delegationen aus den einzelnen Ländern zu schaden, die an der Gründung eines wirksamen Kartells arbeiteten. In Beirut wurden im Jahr 1960 die ägyptischen Delegierten, die nicht sehr viel Geld hatten, von einem libanesischen Journalisten zu einer verschwenderischen Party eingeladen. Sein einziges Ziel war dabei, sie betrunken zu machen und zu schlechtem Benehmen zu verleiten – eine lächerliche Reaktion auf die große Herausforderung, die Nasser damals darstellte.

Nachdem die meisten Erpressungsversuche fehlgeschlagen waren, probierte es die ARAMCO mit Bestechung in altbewährter Manier. Hotelangestellte und Zimmermädchen wurden bestochen, um Unterlagen der OPEC-Delegationen zu beschaffen. Doch ein Vorfall – er betraf den früheren Ölminister Abdallah Tariki – zeigte, wieviel der ARAMCO daran lag und wie weit sie dafür gehen wollte, um die Opposition zu korrumpieren und auszuhöhlen. Nach seiner Entlassung durch König Fahd zog Tariki nach Beirut und begann Artikel zu schreiben, die die Ungerechtigkeit der saudischen Vereinbarungen bei den Ölkonzessionen und anderen ARAMCO-Geschäften aufzeigten, auch die Diskriminierung, unlautere Fördermethoden und fehlende Einhaltung von Umweltschutzauflagen. Die ARAMCO wollte ihn zum

Schweigen bringen und dachte wie üblich, daß sie ihn bestechen könnte. Mein Vater Abu Said war Journalist für das *Time Magazine* und sowohl mit Tariki wie auch mit Joe Ellender befreundet, einem leitenden Angestellten in der großen ARAMCO-Abteilung für Regierungskontakte. Nach einigem vorsichtigen Herumgerede fragte Ellender meinen Vater einmal, ob er als Mittelsmann zu Tariki fungieren würde und ihn dazu bringen könnte, 15 Millionen Dollar anzunehmen, damit er seine Angriffe auf die ARAMCO einstellte. Tariki lehnte, wie mein Vater es erwartet hatte, das Bestechungsangebot ab, das ihm mein Vater im Scherz übermittelt hatte. Er ging sogar dazu über, in verschiedenen Wohnungen zu schlafen, für den Fall, daß die Enttäuschung der ARAMCO über seine Aktivitäten diese Leute zu anderen Überlegungen veranlassen könnte, um ihn von seinem Weg abzubringen. Doch warum hat die ARAMCO ihm eine derart große Summe angeboten? Was hatten sie zu verbergen, das eine so große Zahlung an einen Mann rechtfertigte, den sie bereits beschuldigt hatten, Kommunist zu sein, und als den Roten Scheich bezeichneten? Wußte Tariki mehr über ihre Untaten, als ich hier berichten konnte? Mit aller Wahrscheinlichkeit lautet die Antwort Ja.

Der Schritt der ARAMCO spiegelte die Haltung der Ölkonzerne wider, die hinter dem Unternehmen standen. Warum hat Mobil Oil die aufwendigste Lobbypolitik seit dem Zweiten Weltkrieg praktiziert, um das Haus Saud zu stützen, und warum hat man sich gegen die Ausstrahlung des Films *Death of a Princess* gewehrt? Warum haben die Ölkonzerne fünf Millionen Dollar an Lobbyisten bezahlt – zumindest nach den Aussagen von Angestellten vor dem Untersuchungsausschuß, der amerikanische multinationale Konzerne durchleuchtete? Weshalb produzieren sie Pamphlete, Bücher und Dokumentationen, die das Haus Saud über den Klee loben? Warum erhalten viele amerikanische Universitäten mit einem Lehrstuhl für Nahostforschung (beispielsweise John Hopkins, Aspen Institute, Duke University, University of Southern California) Gelder, um die Geschichte zu verdrehen, und streiten dabei den Grund ihres Bestehens ab? Die Antwort ist einfach: Die ARAMCO hat den Wohlstand des Hauses Saud mit dem Wohlstand des Nahen Ostens gleichgesetzt. Das wird überdeutlich, wenn man die enge Beziehung der Werbung der Ölkonzerne zur Politik des saudischen Königshauses herausarbeitet.

Als das Haus Saud in den 50er Jahren seine Lippenbekenntnisse zum Palästinaproblem ablieferte, zielten die propagandistischen Bemühungen der ARAMCO auf die Durchsetzung einer unparteiischen Politik zwischen Arabern und Israel. Später fand ein Richtungswechsel statt, und das Unternehmen begann, König Faisals Version des Islams zu unterstützen. Ich befürworte ganz und gar eine unparteiische amerikanische Außenpolitik beim arabisch-israelischen Problem, doch als man alle Bemühungen für eine derartige Strategie dem Haus Saud und den Ölkonzernen unterordnete, irritierte dieser fragwürdige Schritt viele Menschen in den USA und verlieh dem Palästinaproblem einen zweifelhaften saudischen Anstrich, der ihm nicht förderlich ist. Dieselben Unternehmen, die den Islam unterstützten, schreiben jetzt die Geschichte neu und beginnen, die Gefahren dieser Unterstützung zu hinterfragen. Insgesamt haben die Vorgehensweisen von ARAMCO und den Mineralölkonzernen einen unerwünschten Einfluß auf Regierung und Bevölkerung von Saudi-Arabien, auf den Nahen Osten, auf die amerikanische Regierung und ihre Bevölkerung gehabt. Den Propagandisten dieser Linie ging es nur um Geld, alles andere war auf häßliche und unannehmbare Weise zweitrangig.

*

Das Budget des Hauses Saud war bis zur Mitte der 60er Jahre, als Nassers Propagandamaschinerie es veröffentlichte, um das saudische Volk gegen seine Herrscher aufzubringen, in der Öffentlichkeit allen bekannt. Bis auf Zeiten unter König Fahd, als es auf über 30 Prozent anstieg, betrug es in den meisten Jahren 15 bis 17 Prozent des Volkseinkommens. König Faisal änderte das alles und fand charakteristischerweise einige Wege, um den gigantischen Diebstahl durch seine Familie zu verschleiern. Von den 15 Leuten, denen ich dieselbe Frage gestellt habe, war kein einziger Ölexperte, Journalist, Ex-Diplomat, Wirtschaftsanalytiker, saudischer Geschäftsmann oder Angehöriger der Opposition bereit, über den Vorgang zu sprechen, wie das Budget des Hauses Saud, das Geld, das Mitglieder der Königsfamilie als Gehälter oder »Subventionen« erhalten, jetzt festgelegt wird. Als ich die Frage an Leute stellte, mit denen ich mich inoffiziell unterhielt, wurden sie unruhig und erinnerten mich an die vereinbarten Regeln für unser Gespräch. Bei offiziellen Äußerungen trat jedesmal ein Stimmungswechsel ein, und mein Gesprächspartner bat mich, seinen harmlosen Kommentar nicht zu verwenden. Sogar angesichts so zahlreicher bekannter und offenkundiger Verfehlungen des Haus Saud schien die direkte Bereicherung am Ölreichtum des Landes ein unangenehmes, beinahe kriminelles Gesprächsthema zu sein.

Wenn man die Fakten aus früheren veröffentlichen Etats zusammensucht, dazu die knappen Kommentare meiner Interviewpartner, offizielle Belege und die laufenden Kosten des königlichen Hofstaats nimmt, des weiteren noch veröffentlichte Budgetzahlen mit Kalkulationen über die Einnahmen aus dem Erdöl auf der Basis der Förderquoten des Landes vergleicht, dann sind die Tatsachen gleich viel einfacher. Der jährliche Etat des Hauses Saud bewegt sich zwischen vier und sieben Milliarden Dollar (ausschließlich Zahlungen aus regulärem Handel, der nichts mit Öl zu tun hat, und aus Waffengeschäften), in den meisten Jahren sind das rund 15 Prozent des Volkseinkommens. Doch das ist eigentlich kein Budget mehr, es ist eher so etwas wie ein Gewinnanteil.

Anfangs machte Faisal das Familienbudget von der Höhe des Einkommens durch das Erdöl abhängig. Er setzte eine königliche Steuer auf den Barrelpreis fest, die ohne Rücksicht auf die Menge des insgesamt geförderten Öls an die Familie abgeführt wurde. Doch nach einigen Jahren wurde dieses System wieder abgeschafft, da die Familie von ihrer Anzahl und ihren Bedürfnissen im Verhältnis zu den Öleinkünften zu groß geworden war und man beides nicht mehr unter einen Hut bringen konnte. Jetzt entscheidet die Familie, was sie braucht, und macht das zur Berechnungsgrundlage. Der größere Teil des Budgets, das sind rund drei bis fünf Milliarden, wird an König Fahd ausgezahlt, bevor das Nationaleinkommen errechnet wird. Der Ölminister zieht Geld vom Einkommen des Landes aus dem Verkauf des Erdöls ab und transferiert es zur persönlichen Verwendung des Königs, der Rest wird als Volkseinkommen deklariert. Fahd verteilt das Geld, das er erhält, nach Belieben auf die einzelnen Familienmitglieder. Wieviel er zu seiner persönlichen Verfügung hat, hängt von ihm selbst ab. Er sagt dem Ölminister, wieviel er braucht, und der Minister erfüllt seinen Wunsch. Zusätzlich vermehrt die Petromin als Marketingabteilung der inzwischen in saudischem Regierungsbesitz befindlichen ARAMCO innerhalb von zwei Tagen diesen Raubzug noch weiter. Bestimmte Mitglieder der königlichen Familie erhalten gewisse Mengen an Erdöl als richtiggehende Geschenke, die von den so Beschenkten dann zu deren eigenem Besten auf dem freien Markt verkauft werden. Größere Quantitäten dürfen von Familienmitgliedern auf Provisionsbasis verkauft werden, dabei versuchen sie natürlich auch, den größtmöglichen Gewinn herauszuholen. In diesem Fall tätigen die königlichen Günstlinge Rücküberweisungen an die Petromin, nachdem sie ihre Provisionen abgezogen haben, die man meistens nur über den Daumen errechnet. Man geht immer davon aus, daß sie deutlich weniger zurückzahlen, als Petromin verdienen würde, wenn das Unternehmen das Öl selbst verkaufen könnte, und es ist bekannt, daß die königlichen Herrschaften mehr als die Hälfte des Preises als Provision einstreichen. Die Provisionen sind immer dann am höchsten, wenn die Nachfrage nach Öl am größten ist, auch für Geschäfte auf Provisionsbasis ist die Differenz zwischen dem offiziellen Preis und dem auf dem Spotmarkt erzielten größer.

Diese erpresserischen Akte (auch mit nur einem Zehntel dessen, was sie tatsächlich bekommen, wären die Sauds immer noch das höchstbezahlte Königshaus der Welt) sind vielleicht die

Hauptelemente eines vernebelten Bildes. Doch sie bewirken nicht allein die Verfälschung des saudischen Nationaleinkommens und sind nicht ausschlaggebend dafür, warum die Erträge des Landes aus dem Ölverkauf und die Zahlen des Staatshaushalts nicht vergleichbar sind und warum diese Zahlen im Lauf eines Jahres immer wieder anders angegeben werden. Es gibt ständig Veränderungen in letzter Minute und Entscheidungen, die im Nationalbudget noch berücksichtigt werden müssen und über die der König im Alleingang befindet – dies alles bringt das Budget immer wieder aus dem Gleichgewicht.

Es wurde bereits gezeigt, daß der König, der ja darauf bedacht ist, innen- wie außenpolitisch ein Bild abzugeben, das sowohl ihn wie auch seine Familie in einem günstigen Licht erscheinen läßt, einigen Zehntausenden Pilgern aus anderen Ländern die Hajj nach Mekka finanziert. Dieser Etat wird immer größer, da Saudi-Arabien mit dem Iran und militanten moslemischen Ländern in Konkurrenz steht, außerdem geht es um die Menschen aus den moslemischen Republiken der ehemaligen Sowjetunion. Davon abgesehen reagiert das Königreich immer auf Krisen in arabischen und moslemischen Ländern, die das Image der Saudis als angebliche arabische und moslemische Führer beeinträchtigen und gelegentlich bedrohen. Da erhalten dann beispielsweise die bosnischen Moslems Hilfsgelder, Pakistan wird bezahlt, damit es sich in die inneren Angelegenheiten Afghanistans einmischen kann, Syrien wird bestochen, damit der Friedensprozeß im Nahen Osten weitergehen kann. Als Reaktion auf unerwartete äußere Krisen hat König Fahd auch schon kostenlose Öllieferungen an Länder in Not transportieren lassen, beispielsweise nach Bangladesh oder Somalia – wenn sie versprachen, eine Politik gemäß der saudischen Linie zu verfolgen. Auch für nichtmoslemische, prosaudische Länder wie Griechenland oder Spanien hat er den Ölpreis gelegentlich gesenkt. Doch egal, ob echtes Geschenk oder Sonderangebot – die Hilfe per Erdöl ist immer an Bedingungen gebunden. Nur wer Saudi-Arabien unterstützt, erhält sie, mit Aspekten humanitärer Hilfe hat sie nichts zu tun. Die Sudanesen erhalten nichts und dürfen verhungern, weil ihre Regierung die saudische Interpretation des Islam nicht teilt.

In Saudi-Arabien selbst wurde Öl wie in Bartergeschäften (Tausch Öl gegen Ware) verwendet, um kostspielige Projekte zu finanzieren, ohne daß der Wert des Öls im Staatshaushalt mitberücksichtigt worden wäre. Das kommt vor, wenn die Aufnahme dieser Projekte sich nachteilig auf die zuvor veröffentlichten Zahlen auswirken würde, wenn es durch Fehlplanungen hohe Kostenüberschreitungen gibt und wenn das Projekt unter der Leitung eines Prinzen steht, der es als Denkmal für die Pflege seines Selbstbewußtseins betrachtet (ein Beispiel ist der Bau eines Sportanlage von olympischen Dimensionen durch Prinz Faisal bin-Fahd). Natürlich gibt es wesentlich einfachere Fälle, in denen ein Günstling des Königs mehr »Taschengeld« braucht. Zwischen 1991 und 1993 hat Saudi-Arabien täglich 200 000 bis 300 000 Barrels Rohöl gefördert, um das fragwürdige und unpopuläre Projekt einer riesigen Anlage mit unterirdischen Öltanks zu bezahlen. Ähnliches geschah beim Kauf überflüssiger Öltanker von Südkorea, wo Angehörige des Königshaus als Vermittler auftraten. Je mehr Kontroversen ein Vorhaben auslöst, desto wahrscheinlicher wird dafür über Bartergeschäfte bezahlt, ohne die Beträge im Staatshaushalt auszuweisen. Das führt zu Verwirrungen und Verfälschungen bei den veröffentlichten Haushaltszahlen.

Eine ziemlich wichtige Rolle spielt jedoch etwas, was so häufig und in derart großem Umfang geschieht, daß es die Haltung des Hauses Saud gegenüber dem Reichtum des Landes recht deutlich illustriert: Familienangehörige verkaufen Öl in eigener Regie, weil sie finden, es gehörte ihnen. Die immensen Quantitäten, die Petromin dafür hergibt, werden dort als »prinzliche Zuteilungen« bezeichnet, und der Umfang dieser Zuteilungen ändert sich zwar, dürfte jedoch mehr als eine Million Barrels täglich betragen. Wie gehen Angehörige des Hauses Saud, Prinzen und Prinzessinnen, mit ihren prinzlichen Zuteilungen um; wer bekommt warum und wieviel Öl, um es zu verkaufen; wie gehen sie bei diesen Verkäufen vor?

In den späten 70er und frühen 80er Jahren war Muhammad Twin-Evil der führende Ölverkäufer des Hauses Saud auf dem internationalen Spotmarkt. Er verlangte entweder 300 000 Barrels pro Tag als Geschenk oder den Provisionsauftrag als Vermittler, und dank seiner Position als *elder statesman* der Familie und bekanntermaßen harter Bursche bekam er immer, was er forderte. Petromin kümmert sich um die Vermarktung des saudischen Öls, das nicht über die großen Mineralölkonzerne vertrieben wird, und dort hat man Muhammads Forderungen immer an die erste Stelle der Prinzenliste gesetzt. Seine Zusammenarbeit mit zwielichtigen Verkäufern, die ihm überaus ähnlich sind, führte dazu, daß ihn internationale Ölhändler oft ignoriert haben. Muhammad hat nicht nur »seinen Anteil« auf dem freien Markt verkauft, sondern bei Provisionsgeschäften seine Provision selbst festgelegt und den Rest des Geldes an Petromin überwiesen. Egal, was die Resultate der primitiven Aktivitäten Muhammads erbrachten, das Management hat die Transaktionen immer kommentarlos zur Kenntnis genommen. (Ich selbst habe einmal einen der Ölhändler von Muhammad weggeschickt, als dieser mit einem schmutzigen Papierfetzen mit der Unterschrift und dem Stempel Seiner Hoheit zu mir kam. Da das Gekritzel auf dem Papier nahezu unleserlich war und ich nicht glauben konnte, daß ein so simpler und ungeschickter Mensch mit einer derart folgenreichen und wichtigen Angelegenheit beauftragt werden könnte, habe ich ihn ignoriert.) Muhammads Verdienst aus diesen Geschäften schwankte, betrug jedoch zwei bis vier Millionen Dollar pro Tag. Was er mit diesem Einkommen angestellt hat, kann sich jeder selbst ausmalen, doch seine Kinder sind Milliardäre, die meisten seiner Kumpane wurden Multimillionäre.

König Fahds leibliche Schwester Hia verfügte nicht über Muhammads männliches Durchsetzungsvermögen, seine Bedürfnisse oder Gier. Doch in den 80er Jahren war sie einmal pleite, und Fahd hatte nicht genug Kleingeld, um ihre Ausgaben zu begleichen. Also ordnete er an, daß sie von der Petromin eine Million Barrels Öl bekommen sollte, damit sie ihre Durststrecke überwin-

den konnte. Sie verkaufte das Öl auf dem freien Markt und ste[ ]
die Gewinne ein. Ihre Transaktion wurde in den offiziellen Pet[ ]
minunterlagen aufgeführt. Für König Fahd gab es nichts daran zu
verbergen, wenn eine verschwenderische verschleierte Schwester
etwas brauchte. Ich habe versucht herausfinden, wofür Hia
30 Millionen Dollar brauchte: Sie kauft bei einer libanesischen
Familie Kleider, die diese in Paris und Mailand einkauft und sie
für den sieben- bis zehnfachen Preis weiterverkauft. Hia kauft
meistens gleich 50 Kleider auf einmal, um sie zu verschenken.

Prinzessin Moudi bin-Abdelaziz, eine weitere leibliche
Schwester von König Fahd, geht mit Geld noch wesentlich groß-
zügiger um als ihre Schwester. Die Aufzeichnungen der Petromin
weisen aus, daß sie zweimal Kontingente an Öl zum Verkauf erhalten hat: einmal eine Million Barrels, danach noch eine halbe
Million. Ihre Unfähigkeit, aus dem leicht verdienten Vermögen
Profit zu schlagen, zeigte sich, als sie einen Libanesen namens
Mansour Shafique Dhadoub mit dem Verkauf des Öls beauftragte. Es gab Gerüchte, daß er mehr Geld eingesteckt hat als die
ohnehin großzügig bemessene Provision, das gab Ärger und führte zu einer Gerichtsverhandlung. Es ist schwierig zu sagen, warum
eine Frau, die nicht in der Öffentlichkeit lebt, überhaupt Geld aus
dem Verkauf dieses Öls brauchte. Vielleicht liegt es daran, daß
Prinzessin Moudi nie ohne ihre Entourage von mindestens zwanzig Personen reist und mit ihnen in den feinsten Hotels der Welt
absteigt.

Nicht alle Angehörigen des saudischen Königshauses führen
sich so primitiv auf wie Prinz Muhammad Twin-Evil oder Prinzessin Hia. Prinzessin Moudi und andere treibt bloß ihre Gier,
ihre Einkünfte mit ziemlich anrüchigen Methoden noch aufzubessern. Prinz Muhammad bin-Fahd, Sohn des Königs und dessen erklärter Kandidat für die Thronfolge und Gouverneur der
Ostprovinz, hatte mit einem besonderen, durch Habgier moti-
vierten Deal zu tun. Im Mai 1981 forderte und erhielt Muhammad bin-Fahd, einer der dicksten Milliardäre der Familie, mit
Zustimmung seines Vaters eine Zuteilung durch die Petromin, um

dieses Öl angeblich an eine japanische Firma namens Petromonde zu verkaufen. Oberflächlich betrachtet sah das aus wie eine der klassischen Provisionstransaktionen von der Art, wie sie bei Angehörigen des Hauses Saud tägliche Praxis sind, und die einen einmaligen, immensen Verdienst erbringen sollen – wie bei zahllosen anderen Deals, die Muhammad bereits abgewickelt hatte. In Wirklichkeit existierte der Käufer gar nicht. Das *Wall Street Journal* fand durch gründliche Recherchen heraus, daß Petromonde zu dem internationalen Unternehmen Al Bilad gehörte, und das ist im Besitz von niemand anderem als Prinz Muhammad selbst. Seiner Hoheit war die Provision allein nicht genug, sondern er wollte auch den Weiterverkauf des Öls kontrollieren, um damit noch mehr Geld damit zu machen. Schätzungen über seine Einkünfte aus diesem Geschäft sprechen von rund elf Millionen Dollar monatlich, und das über ein ganzes Jahr.

Manchmal sind prinzliche Zuteilungen und die Finanzierung von Projekten durch den Verkauf von Öl auf dem freien Markt, ohne die Gelder im Staatshaushalt auszuweisen, direkt miteinander verbunden. Im folgenden Beispiel hat nicht ein einzelner Prinz das Geschäft getätigt, sondern eine Gruppe gutgestellter Personen, die mit königlicher Zustimmung solche Anteile von der Petromin erhalten haben. Unter ihnen waren auch der Sohn des früheren Ölministers Yamani und der Generaldirektor von Petromin, Abdel Hadi Taher.

1983 schloß Petromin mit einem Unternehmen namens Petrolia einen Vertrag über den Bau der Raffinerie von Raghib. Der größten Teil des einige Milliarden Dollar umfassenden Vertrags sollte durch den Verkauf von Öl beglichen werden – was wie ein ganz gewöhnliches Bartergeschäft aussah. Bei dieser verwickelten Transaktion kontrollierte König Fahds Freund John Latsis, der griechische Großreeder und Ölhändler, die Petrolia, und der Preis für das Öl in diesem Bartergeschäft sollte auf einer »Nettoertragsbasis« errechnet werden (das ist der Preis für raffiniertes Öl abzüglich der Kosten für Transport, Raffinerie und Vertrieb). Doch das Öl wurde nicht direkt zur Petrolia verschifft, sondern auf dem freien Markt verkauft. Das Geld ging an die Gruppe dieser einflußreichen Saudis, die die Petrolia auszahlten, nachdem sie ihre Provisionen abgezogen hatten. Die Zeitschrift *Sourakia* hat Dokumente veröffentlicht, die beweisen, daß König Fahd persönlich diesem Handel und dem unnötigen Schritt der Einschaltung dieser Gruppe von Saudis zugestimmt hat. Die Anzahl der darin verwickelten Personen und die komplizierte Struktur des ganzen Vorgangs führte zu Streitereien und gerichtlichen Auseinandersetzungen in Paris, in der Schweiz und anderswo. Eine Zeitlang erhielt die Continental Group Holdings, die den Verkauf des Öls im Auftrag der saudischen Mittelsmänner effektiv getätigt hat, ihren Anteil von über 13 Millionen Dollar nicht. Continental klagte und wurde schließlich ausbezahlt, die Angst vor einem Skandal bewirkte einen außergerichtlichen Vergleich. Alle Beteiligten erhielten ihre Anteile. Man kann den Ablauf dieses Deals kaum nachvollziehen, doch Schätzungen setzen den Gewinnanteil aller, die dabei mitgemacht haben, auf rund 30 Prozent des Gesamtwerts des Öls, das dabei verschoben wurde.

Abdel Hadi Taher war noch bei einem anderen Geschäft im Jahr 1979 dabei, als er Öl an das italienische Staatsunternehmen ENI verkaufen wollte. Er bediente sich in Europa ansässiger Mittelsmänner und bot über diese der ENI 100 000 Barrels pro Tag für einen Zeitraum von 90 Tagen an. Der Barrelpreis betrug 19 Dollar, die Hälfte des Preises, der damals auf dem freien Markt galt. Der Handel wurde in Riyadh im Namen einer panamaischen Firma abgeschlossen, Sophilau Inc.. Das Öl wurde nie geliefert. Die italienische Presse bekam von der Geschichte Wind, und die Vereinbarung wurde hinfällig, da Taher nicht begründen konnte, warum er das Öl zu einem derart niedrigen Preis verkauft hatte. Inzwischen hatten Taher und seine Leute 17 Millionen Dollar erhalten, die die ENI nicht zurückfordern konnte, da Saudi-Arabien seine schützende Hand über Taher und Konsorten hielt. In Saudi-Arabien gab es keine weiteren Auswirkungen, da Taher nur das gemacht hatte, was Mitglieder des Hauses Saud ohnehin ständig tun, und er hatte die Zustimmung des Königs zu dem ganzen Handel erhalten.

In die beiden vielleicht dramatischsten und erschreckendsten Fälle, wo saudisches Öl zur persönlichen Bereicherung verwendet wurde, sind Verteidigungsminister Prinz Sultan und der ehemalige Geheimdienstchef Kemal Adham, Schwager von König Fahd, verwickelt. Der Fall Sultan war ein Bartergeschäft, in dem es um den Kauf von zehn Boeing 747 für die Saudia Airlines ging. Allein dieses Volumen macht das Ganze schon zu einem einzigartigen Vorgang, denn auf dem freien Markt mußten dafür 34,5 Millionen Barrels saudisches Öl verkauft werden. Doch dieser Handel war auch eine Manipulation an der Quelle des Reichtums von Saudi-Arabien, die Ölpolitik des Landes und sein Bekenntnis zur OPEC wurden den Launen eines einzelnen Prinzen untergeordnet.

Der volle Titel von Prinz Sultan lautet Minister für Verteidigung und zivile Luftfahrt, und als solcher hat er die Politik und die Ankäufe von Saudia Airlines unter sich, der saudischen Luftfahrtgesellschaft, die auch als einzige die ausgedehnten Strecken im Landesinneren bedienen darf. 1984 beschloß die Saudia ohne die üblichen vorausgehenden Bedarfsfeststellungen, ihre 747er-Flotte von zehn auf 20 Maschinen zu verdoppeln. Niemand außer Sultan kennt die Gründe für diese Entscheidung. Luftfahrtexperten stellten fest, daß diese Flugzeuge nicht gebraucht würden und daß die Auslastungsquote der Saudia einen Rückgang des Inlandsverkehrs anzeigte, der aus den sinkenden Ölpreisen resultierte. Die eilige Planung für die Lieferung der Maschinen trug zu der geheimnisvollen Widersprüchlichkeit noch bei.

Sultan betrieb diesen Ankauf mit verdächtiger Hast, und es gibt keinen Zweifel, daß der Grund dafür in geschäftlichen Einbußen bei den privaten Aktivitäten des Prinzen zu suchen ist. Man hat bereits vermutet, daß er der Hauptgeldgeber für Adnan Kashoggis Reinfall in Salt Lake City war und auch bei anderen Grundstücksinvestitionen in Frankreich Geld verloren hat.

Die Entscheidung über den Kauf der Boeings kam unerwartet,

in der Planung der saudischen Ölförderung oder im veröffentlich ten Staatshaushalt war dafür kein Posten vorgesehen. Daher be- schloß Sultan, auf verschlungenen Wegen ein Bartergeschäft mit Öl durchzuführen, um die Rechnungen von Boeing und den Motorenhersteller Rolls Royce zu begleichen. Den beiden Unternehmen war es egal, wie der Handel abgewickelt wurde oder welche Manipulationen Sultan durchführen mußte – sie wollten nur das Geld für ihre Waren sehen.

Auftritt von Yamani. Der saudische Ölminister hatte gerade mit der OPEC die neuen Förderquoten für Saudi-Arabien festgelegt; der Haushalt des Ministers war daran gebunden und bereits bestätigt. Mit anderen Worten: Die 34,5 Millionen Barrels, die Sultan brauchte, würden die innerhalb der OPEC vereinbarten Quoten für Saudi-Arabien in die Höhe treiben. Yamani wehrte sich gegen das Boeing-Geschäft, da eine Verletzung dieses Quotensystems durch Saudi-Arabien anderen OPEC-Mitgliedstaaten Tür und Tor für gleichartige Eigenmächtigkeiten öffnen würde. Die Glaubwürdigkeit des Ölministers stand auf dem Spiel. Doch seine Appelle an Sultan verhallten ungehört, wie auch seine Beschwerden bei König Fahd. Der Handel fand statt, der Markt wurde von dem zusätzlichen Öl überschwemmt, und der Ölpreis geriet ins Wanken. Andere Länder zogen sofort nach und drückten den Ölpreis noch weiter nach unten. Die persönlichen Bedürfnisse von Seiner Hoheit hatten das Preisgefüge in der ganzen Welt durcheinandergebracht.

Der Deal mit Kemal Adham war ebenfalls erschreckend. Bis 1978 war Adham Chef des gefürchteten Geheimdienstes. Sein Schwager, König Faisal, war von dessen Bedeutung und Adhams persönlichen Leistungen fest überzeugt. 1961 vergab Saudi-Arabien die Förderkonzession für die Neutrale Zone zwischen der saudischen Grenze und Kuwait an ein japanisches Konsortium, das sich daraufhin Arabian Oil Company nannte. Adham, den Faisal als Emissär in Geschäften eingesetzt hatte, die er keinem Außenseiter anvertrauen wollte, war in den Verhandlungen mit den Japanern der Vertreter Saudi-Arabiens, und Faisal fand es rechtens, ihn für seine Bemühungen zu entlohnen.

Faisal gewährte Adham einen unglaublichen Anteil von zwei Prozent am gesamten Einkommen, das das neue Unternehmen aus dem geförderten Öl machte. Niemand kannte den tatsächlichen Wert dieses königlichen Geschenks, doch der damalige Ölminister Tariki meinte, es müßten wohl einige Milliarden Dollar gewesen sein. Tariki widersetzte sich dieser Abmachung und gab seine Ablehnung in einer Konferenz des Ministerrats bekannt. Einige Monate später entließ Faisal Tariki. Adham bekam noch 25 Jahre lang seinen Anteil von zwei Prozent, bis die Japaner die Saudis satt hatten und ihnen die Konzession zurückgaben.

Adham war auch in den BCCI-Skandal verwickelt. Die Forderungen der amerikanischen Behörden für das Bankenwesen erfüllte er durch die Rückzahlung von 115 Millionen Dollar in einem Aufwasch. Er konnte sich das problemlos leisten.

Nach diesen erhellenden Blicken auf einige Beispiele, wie das saudische Königshaus den Reichtum seines Landes durch direkte Kontrolle und den Verkauf von Öl ausbeutet, um die eigenen Ausgaben zu decken oder die Gier einzelner zu befriedigen, muß in jedem Fall hinzugefügt werden, daß dies das einzige Verhalten ist, das weder Kronprinz Abdallah noch Außenminister Saud al-Faisal geteilt haben und das bei jedem, der die Verfügungsgewalt über das Ölministerium hatte, auf beträchtlichen Widerstand gestoßen ist. Abdallah Tariki hatte darüber eine große Auseinandersetzung mit König Faisal, seine Ablehnung des Boeing-Deals war Yamanis Moment der Ehre, und der gegenwärtige Ölminister Hisham Nazer ist absolut gegen so etwas. Vielleicht liegt das daran, daß die Menschen in Saudi-Arabien eine starke Verbundenheit mit diesem Rohstoff in der Erde haben, und die Ölminister wissen das. Ich weiß noch, wie ein saudischer Taxifahrer zu mir sagte: »Das Öl gehört nicht denen, das gehört mir, mir gehört das, und ich bekomme kein einziges Barrel.«

Die Klage des Taxifahrers spiegelt das Empfinden der großen Mehrheit der Saudis wider. Anfang der 80er Jahre war der Ölpreis auf seinem höchsten Stand, das Haus Saud verkaufte damals viel zu viel Öl auf dem Spotmarkt. Da die Differenz zwischen dem offiziellen Preis und dem erzielten zu der Zeit am größten war, haben sie einige Milliarden Dollar gestohlen, die eigentlich in den Staatshaushalt hätten fließen müssen. 1984 war der Ölpreis zusammengebrochen, und damit auch das Einkommen von Saudi-Arabien. Da den Rial jetzt nur noch geringere Einkünfte aus dem Öl stützten, wurde er 1984 und 1985 in kleinen Schritten abgewertet. Diese Abwertung hat unseren Taxifahrer und Millionen benachteiligter Saudis zweifellos getroffen. Wäre die Abwertung notwendig geworden, wenn das Taschengeld für die Angehörigen des Königshauses in die nationalen Budgets geflossen wäre? Das ist schwer zu sagen. König Fahd und andere Familienmitglieder haben wieder größere Schulden. Werden sie jetzt einige Millionen Barrels Öl einfordern, um ihre Schulden zu bezahlen, und wieder eine Situation erzeugen, die eine weitere Abwertung nach sich zieht? Möglich ist alles.

Zu spät?

Wie ein verwesendes Skelett zerfällt nach und nach auch das Haus Saud. Seine Angehörigen und Freunde ignorieren die Realität, und wie immer in solchen Fällen geben die Leute, die der Grund dieses Verfalls sind, als letzte ihre Unfähigkeit zu, das alles aufzuhalten.

Zum allererstenmal wirkt das Versagen des Hauses Saud in der Innen-, regionalen und Außenpolitik bei seiner Zerstörung zusammen. Es ist sehr bezeichnend und gefährlich, daß die unumkehrbaren inneren Zwänge – die Bereitschaft des saudischen Volkes, sich unter einem islamischen Banner zu sammeln und die Forderungen nach einer grundlegenden Veränderung in der Regierung – fast außer Kontrolle sind. Sogar mit seiner eigenen unabhängigen Politik im Bereich der Religion, die islamische Lehren streng und unterschiedslos durchsetzt, kann das Haus Saud nicht angemessen auf die Herausforderung durch den Islam reagieren; der Westen kann gegen diese Strömung keinen Schutz gewähren. Nichts geschieht oder ist in Vorbereitung, um den innenpolitischen Zerfallsprozeß aufzuhalten, nichts, was den Weg zu einer Dominanz der Moslems auch nur geringfügig ändern könnte. Gleichgewicht oder irgendwelche unerwarteten Entwicklungen, wie beispielsweise der Tod des derzeitigen Königs, werden die steigende Flut des Islams eher beschleunigen als zurückhalten.

Es gibt keinen geeigneteren Weg, um die Aussichten für das Haus Saud zu beurteilen, als einen Blick in die nicht allzuferne Zukunft zu wagen. 1997 ist ganz gut: Es ist nicht mehr so lange hin, und alle Bestandteile, um es zu einem Krisenjahr werden zu lassen, sind bereits gegeben. 1997 wird alles noch viel schlimmer sein als jetzt, auch wenn man eher zu niedrig angesetzte offizielle Zahlen als Ausgangsbasis nimmt. Die offiziellen Schulden der Saudis von jetzt 60 Milliarden Dollar werden sich dann auf rund 100 Milliarden belaufen, das Land befindet sich in einer Finanzkrise. Jahrzehntelang wurde der Zorn der Bevölkerung über das Haus Saud und ihr Wunsch nach mehr Freiheit mit Geld abgespeist. Die jetzt schon angelegte finanzielle Krise wird das Königshaus kaum treffen, die meisten seiner Mitglieder haben große Summen beiseite gebracht und werden sich nach wie vor um sich selbst kümmern, ohne Rücksicht auf die Bedürfnisse ihres Volkes zu nehmen. Doch das wird die bereits bestehende soziale und politische Konfrontation noch stärker deutlich machen, und bald darauf wird die Front zwischen dem Haus Saud und der übrigen saudischen Bevölkerung – mit Ausnahme einiger weniger reicher Kaufleute – verlaufen. Das ist eine klassische Konfrontation zwischen den Besitzenden und denen, die wenig besitzen. Die Kluft zwischen diesen beiden Gruppen ist in Saudi-Arabien bereits größer als in jedem anderen Land der Welt.

Im offiziellen Staatshaushalt für 1993 ist bereits ein Defizit von neun Milliarden Dollar enthalten, doch das tatsächliche Defizit ist eindeutig wesentlich höher. Die Regierung hat ihr Defizit auf einem Ölpreis von 21 Dollar pro Barrel errechnet und vernachlässigt die Schulden von Staatsunternehmen wie ARAMCO, Sabic (Saudi Arab Basic Industries) und den Strom- und Telefongesellschaften. Ein realistischerer Preis von 17 Dollar und weniger pro Barrel und die Aufnahme der oben erwähnten Kredite in das Budget ergibt ein Minus irgendwo zwischen 17 und 20 Milliarden, das sind 30 bis 35 Prozent des gesamten Volkseinkommens. Funktionären des Internationalen Währungsfondes zufolge, die sich quasi inoffiziell geäußert haben, ist das »bedrohlich und nicht durchzuhalten«.

Die Aussichten für 1994, 1995 und 1996 sind nicht viel anders. Saudi-Arabiens Ausgabenpolitik führt zu einem jährlichen Defizit von 15 bis 20 Milliarden Dollar, das in den nächsten drei Jahren sogar noch größer werden könnte. Der daraus erwachsende Schuldenberg von über 100 Milliarden Dollar entspricht dem Zweifachen der gegenwärtigen Einnahmen aus dem Erdöl von 45 bis 50 Milliarden jährlich. Die Möglichkeiten, auf dem internationalen Markt oder im Land selbst Geld zu leihen, sind ohnehin bereits fraglich und werden in Zukunft noch weiter eingeschränkt oder ganz verschwinden. Die steigenden Kosten für die Begleichung einer derart hohen Schuld werden alle Versuche zunichte machen, von diesem Defizit herunterzukommen. Es wird in allen Bereichen außer Verteidigung und beim königlichen Haushalt Einschnitte geben. Die eingeschlagene Verteidigungspolitik und bereits abgeschlossene Verträge für Rüstungsgüter schließen eine wirksame Verringerung in diesem Gebiet aus. Das Leben der Familienmitglieder des Hauses Saud verläuft nach absehbaren Mustern, und die Bedürfnisse seiner Angehörigen werden, so ungerechtfertigt sie auch sein mögen, weiter steigen. Die Kürzungen in allen Ausgabenbereichen außer den beiden genannten werden sich in allen Bereichen des wirtschaftlichen und individuellen Lebens in Saudi-Arabien auswirken. Der Lebensstandard, der jetzt bereits nur noch 50 Prozent vom Niveau von 1982 beträgt, wird weiter sinken, der Regierung werden die Hände gebunden sein, und das Haus Saud wird noch unbeliebter. Eine politische Krise und ein Aufstand werden folgen. In der Zwischenzeit wird der Westen zu wirksamer Hilfe nicht in der Lage sein. Die Menschen in Amerika und Europa sind nicht darauf vorbereitet, einem Königshaus beizustehen, das den Reichtum seines Landes verschleudert – jedenfalls nicht, solange die Verschwendung der Sauds so legendär und der Westen jetzt schon nicht bereit ist, in den wirklich dringenden Fällen wie Rußland und Ägypten einzuspringen.

Bis 1997 werden die Verteidigungsausgaben von Saudi-Arabien, die jetzt 36 Prozent des Haushalts ausmachen, wahrscheinlich noch weiter steigen. Das Land hat bereits einige Rüstungsverträge im Wert vieler Milliarden Dollar mit den Vereinigten Staaten, Großbritannien, Frankreich, Kanada und Brasilien unterzeichnet (*F-15-* und *Tornado*-Flugzeuge im Wert von 15 Milliarden Dollar, dazu Hubschrauber, Panzer und Panzerwagen, Kriegsschiffe, Torpedoboote, Radarsysteme und ähnliches), und es gibt noch dutzendweise kleinere Rüstungsverträge. Sogar ohne neue Vereinbarungen – mit England und den USA sind Verhandlungen über weitere Ankäufe im Gange – werden 29 bis 33 Milliarden Dollar gebraucht, um die ohnehin abgeschlossenen Verträge zu erfüllen. In Verbindung mit bestehenden Abmachungen über grundlegend notwendige Ausrüstung werden die Ausgaben für Rüstung mühelos auf dem gegenwärtigen, nicht mehr finanzierbaren Niveau bleiben. Gleichzeitig können die völlig überzogenen Gehälter und immensen Vergünstigungen für Angehörige der Streitkräfte zur Zeit nicht reduziert werden – nicht, wenn der Druck durch moslemische Fundamentalisten im Land und von außerhalb die Loyalität der Soldaten noch dringender erforderlich macht.

Das Budget des Königshauses kann man reduzieren, doch das Haus Saud läßt keine derartige Bereitschaft erkennen, und in jedem Fall ist das auch nicht so einfach, wie man vielleicht meint. Der König scheint nicht zu begreifen, was vorgeht, die Familie wird immer größer, und immer mehr Familienmitglieder kommen in die Jahre und wollen auch zu den Milliardären gehören. Zusätzlich haben einige von ihnen, auch der König, immense Schulden gemacht, die zurückgezahlt werden müssen, um den Zusammenbruch des saudischen Bankwesens zu verhindern. König Fahd schuldet einer saudischen Bank mehr als 1,5 Milliarden Dollar, seine Verwandten stehen ihm in nichts nach und haben ebenfalls Schulden in Milliardenhöhe. Um das Geld für die vielen Häupter und deren Raffsucht und Schulden aufzubringen, wird das Haus Saud seinen Angehörigen weiterhin völlig überhöhte Gehälter zahlen und sich nach wie vor in das wirtschaftliche Leben einmischen.

Außer den Etats für Verteidigung und Königshaus liegt die dritte Möglichkeit für Budgetkürzungen in den umfangreichen Subventionen der Regierung für Nahrungsmittel, Benzin, Telefon- und Elektrizitätswesen und andere öffentliche Dienstleistungen. Doch die politischen Bedingungen in dem Land lassen jeden Versuch in dieser Richtung als gefährlich und ziemlich unwahrscheinlich erscheinen. Und bisherige Erfahrungen sprechen gegen einen solchen Schritt. 1992 gab es bereits einen erfolglosen Versuch, diese Subventionen zu kürzen. Doch der Aufschrei, den das auslöste, zwang König Fahd, seine Entscheidung zurückzunehmen. Er mußte die Finanzmittel statt dessen erhöhen, um die Menschen zu beruhigen. Wenn die gegenwärtige Politik und Preisentwicklung beibehalten wird, ohne sie anzupassen, um auf die Inflation zu reagieren, wird das einen größeren Teil des Budgets von 1997 in Anspruch nehmen als jetzt.

Ein vierter Bereich, in dem theoretisch Einsparungen möglich sind, wäre die Reduzierung der Hilfe für befreundete arabische Nachbarländer wie Syrien und Ägypten. Doch das würde die Regierungen dieser Länder in beträchtliche Gefahr bringen und sich im Gegenzug auf die Stabilität in Saudi-Arabien negativ auswirken. Beide Regierungen werden von islamischen Bewegungen in ihren Ländern bedroht, und Saudi-Arabien braucht diese Staaten als Unterstützung gegen den Iran und die wachsende militante islamische Bewegung im Sudan und in anderen Ländern der Region. Auch wenn Saudi-Arabien sich dazu entschließen würde, die gesamten Hilfsgelder für arabische Länder zu streichen, könnten die damit eingesparten drei Milliarden Dollar doch nichts an der grundsätzlich bestehenden finanziellen Situation ändern. Die finanziellen Anforderungen an Saudi-Arabien zur Aufrechterhaltung seiner arabischen und moslemischen Positionen nehmen außerdem zu. Der Versuch des Hauses Saud, der wachsenden Radikalisierung des Islams politisch etwas entgegenzusetzen, wird finanzielle Hilfe für neue Länder wie Bosnien und die moslemischen Republiken der ehemaligen UdSSR erforderlich machen.

Wenn keine wesentlichen Einschnitte in den Staatsetat möglich sind, dann ist das scheinbar naheliegendste Heilmittel für die Probleme Saudi-Arabiens eine Steigerung der Ölförderung oder eine Preiserhöhung. Beides ist komplizierter zu bewerkstelligen, als es klingt. Saudi-Arabien hat bereits jetzt eine Förderquote von 8,5 Millionen Barrels Rohöl täglich. Eine Steigerung wäre nur in einer sehr genauen Abstimmung mit den anderen OPEC-Mitgliedstaaten möglich, da sonst ein gleichbleibender oder sinkender Barrelpreis den Effekt zunichte machen würde. Eine deutliche Preiserhöhung ist zwar durch die Rückkehr zu einem bereits früher gültigen OPEC-Preis machbar – was die anderen Produzentenländer begrüßen würden –, würde jedoch die überaus wichtige Beziehung zu Amerika beeinträchtigen, die das einzige ist, was das Haus Saud im Rücken hat. Eine kleine, »erträgliche« Preissteigerung würde wenig bringen und ist daher als Lösungsvorschlag nicht geeignet.

Solange man nicht in Betracht zieht, daß der Irak – mit oder ohne Saddam Hussein – unweigerlich wieder als Öllieferant in Erscheinung treten wird, sind Veränderungen bei Förderquoten oder Barrelpreis keine ernsthafte Möglichkeit. Genaugenommen ist es wahrscheinlicher, daß der Ölpreis zusammenbricht und damit zu einem weiteren Anstieg des Defizits führt. Zum einen ist absehbar, daß der Irak wieder mitmischt auf dem Ölmarkt, zum anderen besteht die Möglichkeit einer Überproduktion durch die OPEC, und es kann auch durchaus sein, daß Rußland und einige der ehemaligen Sowjetrepubliken ihre Förderanlagen modernisieren und mehr liefern können.

Die von mir dargestellte Finanzkrise besteht bereits heute in kleinerem Umfang, in den USA wurde darüber ausführlich berichtet. Ihren Höhepunkt wird sie 1997 erreichen, wenn die Lebensbedingungen in Saudi-Arabien sehr viel schlechter als jetzt sein werden. Die fundamentalistische islamische Bewegung wird von Tag zu Tag stärker. Das Haus Saud ist gespalten:Es gibt zu viele Anwärter auf den Thron, die ihren persönlichen Ehrgeiz über das Überlebensinteresse der Familie stellen. Die Unterstützung durch die ehemals loyalen, von der Regierung mitfinanzierten religiösen Führer ist nicht mehr gegeben, sie bewegen sich in eine militante Richtung und stellen selbst eine Herausforderung dar. Die neue prowestliche Klasse ist unruhig. Die zunehmenden Erwartungen unter den Saudis übersteigen immer mehr die Möglichkeiten und den Wunsch des Königshauses, diese zu erfüllen. Dies alles spiegelt – außer bei internen Familienfehden – eine tiefverankerte Ablehnung der Saudis gegenüber dem Absolutismus und der daraus resultierenden Ausbeutung wider und hat durch den deutlich sinkenden Lebensstandard bereits kräftig

Nahrung erhalten. Laut Weltbank ist das Pro-Kopf-Einkommen in Saudi-Arabien von 14 300 Dollar im Jahr 1982 auf 7 000 Dollar in 1992 gesunken. Hier ist die Toleranzgrenze der Menschen fast erreicht. Es besteht wenig Zweifel daran, daß die Forderungen nach politischen Reformen noch nachdrücklicher erhoben werden, wenn diese allgemeine Verschlechterung weitergeht. Die Bevölkerung wirft dem Haus Saud bereits die Verschleuderung der Reserven des Landes vor und macht das Königshaus für die schlechte Lage der Dinge verantwortlich.

In der arabischen Welt werden die kommenden drei Jahre sogar im Geltungsbereich des Golf-Kooperationsrates einige Rückschritte in den Beziehungen mit Saudi-Arabien bringen. Andere Mitgliedstaaten des Kooperationsrates versuchen, die Forderungen ihrer Bevölkerung nach größerer Beteiligung bei den Angelegenheiten des Landes zu erfüllen, und das wird die üblichen saudischen Widerstände bewirken. Als Ergebnis wird die Wirksamkeit des Kooperationsrates beeinträchtigt. Syrien und Ägypten beugen sich internationalem Druck und distanzieren sich von Saudi-Arabien und seiner total prowestlichen Politik. Saudi-Arabien gibt ihnen nicht genügend Wirtschaftshilfe, um sie bei der Stange zu halten, und sie ärgern sich über die Weigerung der Saudis, sich den Bedingungen im Land und außerhalb entsprechend zu verhalten. Die Beziehungen von Saudi-Arabien zum Irak, zu Jordanien und Libyen, der PLO, zum Jemen und Sudan sind ohnehin schon schlecht, mit Algerien, Tunesien und Marokko sind sie lauwarm. Es gibt wenig Chancen, daß sich das bessert, weil dazu große finanzielle Mittel und eine Veränderung in der politischen Haltung notwendig wären. Das Haus Saud kann es sich nicht leisten, mehr Geld anzubieten, und wird auch seine Einstellung nicht ändern. Die Isolation Saudi-Arabiens von der übrigen arabischen Welt ist der saudischen Bevölkerung nicht gleichgültig und trägt zu ihrer generellen Unzufriedenheit bei.

Doch das sind noch nicht alle Probleme. Saudi-Arabien kämpft auch ein Rückzugsgefecht im ehemals als gesichert geltenden Bollwerk der moslemischen Welt. Der Zugriff militanter islamischer Gruppierungen auf die saudische Fassung eines gemäßigten, konservativen Islams ist zu einer unmittelbaren Bedrohung geworden. Insbesondere macht die Situation in Bosnien den Sauds das Leben schwer, denn in den Augen der saudischen und moslemischen Bevölkerung stellt das Versagen des Westens beim Schutz der bosnischen Moslems einen direkten Angriff auf sie selbst dar. Die prowestliche Haltung des Hauses Saud und sein Anspruch auf die Führungsposition bei den Moslems haben aus einer überraschenden Ecke einen Schlag erhalten. Zusätzlich sind Iran und Sudan und die militanten islamischen Bewegungen in Algerien, Ägypten, Tunesien, Jordanien, Pakistan, Afghanistan, Malyasia und weiteren Ländern gegen das Haus Saud eingestellt und werden immer stärker. Ihre Appelle an das saudische Volk erlangen immer mehr Gehör.

Die Zeit arbeitet gegen das saudische Königshaus, und es hat außer im Westen nur noch wenige Freunde. Es stimmt schon, daß der Westen auf eine Krise erst reagiert, wenn es zu spät ist, doch man macht es sich zu leicht, wenn man die Unterstützung des Westens für das Haus Saud nur mit der Nachlässigkeit oder Dummheit der westlichen Politiker erklärt. Sogar solche Politiker, die wenig von der Welt wissen – und Ronald Reagan war mit Sicherheit einer von diesen –, haben erfahrene Berater, auf deren Kenntnisse und Urteile sie sich stützen. Die kontinuierliche, von Einzelpersonen an der Macht unabhängige Unterstützung durch den Westen läßt auf Gründe schließen, die mit individuellen Launen und Fehleinschätzungen wenig zu tun haben.

In der Vergangenheit war es die Haltung des Westens, die Verbrechen des Hauses Saud gegen das eigene Volk zu ignorieren und Versuche zur Schwächung der arabischen und moslemischen Position zu vernachlässigen oder zu ermutigen. Diese Unterstützung brachte mehr Nutzen als Schaden. Die westliche Politik muß jetzt neu überdacht werden, nicht nur in Bezug auf das überwältigende und wachsende menschliche Elend, das sie mitverursacht, sondern indem man sie gegen die Resultate des Versagens des Hauses Saud in der Innenpolitik und der Politik gegenüber

Arabern und Moslems in Beziehung setzt. Abgesehen von ethischen Gründen gibt es jetzt reichliche praktische Gründe für den Westen, seinen Kurs zu ändern.

Man sollte sich jedoch auch die Argumente genauer ansehen, die hinter der westlichen Haltung stehen. Das Öl und die möglichen Konsequenzen für die Versorgung, falls das Haus Saud gestürzt würde, sind eine der Grundlagen. Die gegenwärtige Abhängigkeit der westlichen Industrienationen vom saudischen Öl – es macht allein in den USA 25 Prozent der Importe aus – hätte sogar Harold Ickes überrascht, den Mann, der als erster so etwas vorausgesehen hat. Das saudische Königshaus garantiert nicht nur die Lieferung zu einem vernünftigen Preis. Saudi-Arabien spielt auch den OPEC-Polizisten, da es seine immensen Ölreserven und billigen Produktionsmöglichkeiten dazu benutzt, um andere Länder an der Kandare zu halten.

Wie sich in der Politik der militanten islamischen Regierung des Iran zeigt, gibt es für die Belieferung des Westens mit Öl keinen Ersatz. Ein Wechsel in der saudischen Regierung, auch wenn es dann eine islamische Revolutionsregierung gäbe, würde keine dauernde Beeinträchtigung der Öllieferungen bedeuten. Rechnen muß man in so einem Fall mit einer zeitweiligen Unterbrechung bei einer Übernahme der Regierung von Saudi-Arabien und auch mit Auswirkungen auf die Preise. Die Zeichen der Zeit stehen eindeutig gegen einen friedlichen Wechsel in der saudi-arabischen Regierung, und jeder Machtwechsel würde das Land vermutlich in Richtung einer eher militanten islamischen Strömung bringen. Aller Wahrscheinlichkeit nach würde die Waffe Erdöl zur Einflußnahme auf die Politik des Westens genutzt werden. Ein islamisches Regime in Saudi-Arabien wäre nicht mehr auf die Unterstützung durch den Westen angewiesen und würde sich entsprechend verhalten. Aus diesem Grund ist dem Westen ein fügsames Haus Saud lieber.

Auch die westlichen Politiker haben über das Problem nachgedacht. Einige lassen gelten, daß dem Haus Saud eine Politik vorzuwerfen ist, die innerhalb des Landes regionale Uneinigkeit gefördert hat. Doch sie glauben, daß den Mitgliedern des Königshauses dennoch an der Einheit der Nation gelegen ist und daß sie dazu imstande sind, eine zwar brutale, aber doch funktionierende Zentralgewalt durchzusetzen. Im Gegensatz dazu steht die Angst, daß ein neuer Mann an der Spitze oder eine neue Ideologie soviel Aufruhr verursachen würden, daß das Land in mehrere problematische Kleinstaaten zerfällt.

Eine dritte Überlegung betrifft die regionale Stabilität. Westliche Politiker halten das saudische Königshaus für eine moderierende Kraft im gesamten Nahen Osten und setzen sein mögliches Verschwinden mit der Ausbreitung antiwestlicher radikaler Bewegungen gleich. Niemand könnte die ausgleichende Rolle Saudi-Arabiens übernehmen.

Zum vierten wird dem Haus Saud im Bereich der moslemischen Politik eine ähnliche Rolle zuerkannt, obwohl tatsächlich seine moslemische Politik durch militante islamische Gruppen in Verruf gebracht und weit überholt worden ist. Westliche Politiker fürchten, daß ein radikales islamisches Regime in Saudi-Arabien Mekka und Medina dazu benutzen könnte, die Führungsposition einzunehmen, bei der das Haus Saud versagt hat – mit unabsehbaren Konsequenzen.

Natürlich ist auch das Palästinaproblem ein wichtiger Faktor, die Frage, was es für den arabischen Willen zu einer kämpferischen Auseinandersetzung mit Israel bedeuten würde, wenn es das Haus Saud nicht mehr gäbe. Die Vereinigten Staaten sind der Ansicht, daß andere arabische Länder schwerlich eine friedliche Lösung unterstützen würden, wenn das Haus Saud sich dagegen sperrt. In diesem Fall betrachtet man Saudi-Arabien als das berühmte »Zünglein an der Waage«.

All diese Überlegungen haben bei der bisherigen Unterstützung des Westens für Saudi-Arabien eine Rolle gespielt – aber sind sie immer noch gültig? Die einfache Antwort lautet, daß sie zum Repertoire reiner Machtpolitik gehört haben, die sich jedoch in den Jahren 1992/1993 verändert hat. Es ist inzwischen kontraproduktiv geworden, das Haus Saud noch länger zu unterstützen, und dieser Prozeß beschleunigt sich. Die Zeit für all diese Begründungen ist längst verstrichen.

Die bisherige Ignoranz gegenüber den Rechten der saudischen Bevölkerung und die Unterordnung der Ölpolitik unter den Wunsch des Hauses Saud nach seiner Machterhaltung werden vom immensen innenpolitischen Druck beiseite gefegt, der gegen die Ausbeutermethoden und die niedrigen Ölpreise der Familienangehörigen besteht. Das Haus Saud wird auf diesen Druck reagieren müssen, sonst wird es gestürzt. Die Möglichkeiten von Saudi-Arabien, die arabische und moslemische Politik zu beeinflussen, sind kaum noch oder gar nicht mehr vorhanden. Das saudische Königshaus ist nicht mehr in der Lage, die arabische und moslemische Führungsrolle auszufüllen, die in der Vergangenheit die Unterstützung durch den Westen sichergestellt hat. Saudi-Arabien ist nur am Rande am Palästina-Problem beteiligt oder nimmt darauf Einfluß.

Die Menschen in Saudi-Arabien wollen an der Führung ihres Landes mitwirken und das königliche Machtmonopol brechen, sie wollen die Vergeudung der reichen Ressourcen des Landes beenden, das Gerichtswesen reformieren und über die Außenpolitik und sonstige politische Bereiche entscheiden. Sie wollen nicht, daß der Westen mit ihrem Öl bestochen wird. Sie wollen ein klares Verhältnis zwischen Produzenten und Konsumenten, das nicht den persönlichen Interessen unbeliebter Herrscher unterworfen ist. Es gibt in Saudi-Arabien keinen Taxifahrer, Lehrer, religiösen Führer, Kaufmann oder sonst jemanden, der die gegenwärtige Ölpolitik anders als einen Ausdruck der Selbstsucht des Hauses Saud und als abträglich für das allgemeine Wohlergehen sieht. Die Menschen halten ein ordentliches Management des Ölreichtums in diesem Land für den richtigen Weg, die Probleme zu lösen, und der Druck auf das Haus Saud, diese Ölpolitik endlich zu ändern, hat einen Punkt erreicht, wo es kein Zurück mehr gibt. Entweder es unternimmt hier etwas, oder es wird sich bald mit einem allgemeinen Aufstand auseinandersetzen müssen. Bei dem Glauben des Westens, man könne das Haus Saud an der

Macht halten, ist der Wunsch der Vater des Gedankens. Der Westen kann Saudi-Arabien nicht besetzen. Das ist nicht durchführbar, und es würden größere Probleme daraus entstehen als die, die man damit lösen kann.

Die anstehende Finanzkrise wird die Aufmerksamkeit der Menschen auf diese Punkte lenken, sie vereinen und in ihnen den Wunsch erzeugen, die politischen Führer zu bestrafen, die für die ganze Misere verantwortlich sind. Die Rolle des Hauses Saud als Einiger des Landes – eine der Großtaten, die man dort für sich in Anspruch nimmt – reicht nicht aus, um die Loyalität der Bevölkerung zu garantieren, und in jedem Fall sehen viele Saudis die Königsfamilie in einer genau gegenteiligen Rolle, nämlich als trennende Kraft in dem Land. Die Separatistenbewegungen werden als Gegenbewegungen zum Haus Saud verstanden, die mit seinem Rücktritt verschwinden würden. Nicht nur eine militärische Besetzung des Landes ist undenkbar, es geht für den Westen auch nicht an, den Forderungen nach Veränderungen durch die Menschen in Saudi-Arabien ihre Legitimität abzustreiten.

Die Möglichkeit des Hauses Saud, die arabische und moslemische Politik zu beeinflussen, ist jetzt schon ein Mythos. Einfluß kann es nur noch in einigen wenigen Ländern nehmen, und das nimmt mit der sinkenden Fähigkeit ab, sich den Preis für diese Loyalität leisten zu können. Außerdem haben diese Länder selbst ihre Schwierigkeiten und finden es schwerer, sich den Forderungen ihrer eigenen Leute zu widersetzen, als sich von Politik und Verhalten des Hauses Saud zu lösen. Das gleiche gilt für die moslemische Welt. Innerhalb kurzer Zeit werden – falls sich nichts verändert – islamische Bewegungen in arabischen und moslemischen Ländern in der Lage sein, am Sturz der saudischen Monarchie mitzuwirken.

Die Auswirkungen bei einem Sturz des Hauses Saud auf das Palästinaproblem werden meistens übertrieben. Einerseits hat es jetzt schon fast keinen Einfluß, doch die Palästinenser selbst haben die Prinzipien für eine vernünftige, friedliche Lösung des ganzen Problems akzeptiert. Anstatt sich Sorgen über mögliche

Konsequenzen zu machen, sollte der Westen lieber intensiver an einer Klärung arbeiten, mit dem erklärten Ziel, das Palästinaproblem als Ursache eines Bruchs in den Beziehungen zwischen den Arabern und dem Westen und dem Moslems und dem Westen aufzulösen.

Es gibt jetzt praktische Gründe für westliche Politiker, ihren Glauben an die Menschenrechte mit ihren *realpolitischen* Interessen in Einklang zu bringen. Ein Festhalten des Westens an seiner bisherigen Politik führt zu einem Desaster. Bis auf John F. Kennedys erfolgreiche Bemühungen hat kein westlicher Politiker je den von Grund auf angelegten langfristigen Schaden erkannt, den eine Abhängigkeit vom Haus Saud für die westlichen Belange bedeutet. Nur Kennedy hat versucht, das saudische Königshaus zu einer vernünftigeren Politik zu bewegen, die das Überleben des Hauses Saud garantiert und es zu einem akzeptablen Partner und Stellvertreter westlicher Interessen gemacht hätte. Da die blinde Unterstützung, die der Westen seit Kennedy gewährt hat, ausgenutzt wurde und zurückgeschlagen hat, zählen die vordem gültigen Gründe nicht mehr. Anders ausgedrückt: Die Gründe für eine Unterstützung des Hauses Saud haben sich selbst vernichtet. Jetzt besteht die Gefahr darin, daß keine neue Politik entwickelt wird.

Da es fast schon zu spät ist, muß der Westen sofort drastische Maßnahmen ergreifen, nicht weniger vollziehen als eine völlige Umkehr seiner Politik. Das ist die einzige Hoffnung, um die Übernahme der Macht in Saudi-Arabien durch ein militantes islamisches Regime zu verhindern, das im Stile von Khomeinis Iran den Westen für dessen frühere Fehler bestrafen will. Und da es absolut keine politische Garantie für die Ergebnisse einer Distanzierung des Westens vom Haus Saud und erzwungener Veränderungen gibt und dies eher zu vorübergehenden wirtschaftlichen Unannehmlichkeiten führen wird, sind die Alternativen das Risiko wert. Der Versuch, das Haus Saud zu verändern, bietet dem Westen die Möglichkeit von weiteren Optionen, mit denen beispielsweise Brücken zur islamischen Bewegung des Landes gebaut werden können, um deren Militanz in Grenzen zu halten, anstatt in eine Konfrontation mit ihr zu geraten, nachdem es schon zu spät ist. Es gibt Tendenzen im wütenden Islam, die für einen Dialog mit dem Westen eintreten, und ein Diskurs mit der Bewegung und eine mögliche gemeinsame Basis für eine Auseinandersetzung ist einer verallgemeinernden Dämonisierung und der gegenwärtigen selbstzerstörerischen Untätigkeit allemal vorzuziehen.

Man muß Schritte unternehmen – einfach um das Haus Saud zu zwingen –, um das jetzige finanzielle Chaos, das Saudi-Arabien zerstört, unter Kontrolle zu bringen. Diese Schritte müssen Kontrollen über die offensichtlichsten Methoden der Ausbeutung des Landes beinhalten, über die unglaublich verschwenderischen Verhaltensweisen des Königshauses und des Verteidigungsministeriums, und sie müssen für Saudi-Arabien eine Erhöhung des Ölpreises zulassen. Um die saudische Bevölkerung zu beruhigen, muß der Großteil der so erbrachten Gelder in Projekte zurückgeleitet werden, die auf eine Verbesserung von Erziehung, Gesundheitswesen und anderen sozialen Dienstleistungen angelegt sind.

Der Westen muß König Fahd zwingen, einen unabhängigen Konsultativrat oder eine andere parlamentähnliche Institution mit echten gesetzgeberischen Kompetenzen einzurichten, die für die Sorgen des saudischen Volkes und seinen Wunsch nach einer Beteiligung an der Führung des Landes ein legitimer Ausdruck wäre. Die religiöse Diskriminierung der Schi'iten muß ein Ende haben. Das politische Machtmonopol der Angehörigen des Königshauses muß beendet werden, wie auch ihre durch die Regierung gestützte Einmischung in Industrie und Handel. Vor allem muß man den islamischen Fundamentalismus als politische Bewegung akzeptieren und darf ihn nicht als einen Haufen unvernünftiger Fanatiker betrachten, die der Westen und das Haus Saud auslöschen wollen.

Die Thronfolge muß in organisierter Form den drängenden Erfordernissen einer Reform untergeordnet werden. Die beiden Prinzen, die auf Fahd folgen können, Prinz Abdallah und Sultan, sind als Könige ungeeignet und sollten gezwungen werden, ihre

Positionen zu räumen. Ein »Saubermann« aus den eigenen Reihen des Königshauses, vielleicht der Gouverneur von Riyadh, Prinz Salman bin-Abdelaziz, oder der Außenminister Prinz Saud al-Faisal, sollte als Kronprinz bestimmt werden, und es sollten seine Richtlinien gelten, nicht die von Fahd. Nach ihm muß die Schwerfälligkeit der bisherigen Thronfolgeregelung einem System weichen, das die tatsächliche Eignung für dieses Amt höher bewertet als alle anderen Überlegungen.

Dieser drängende Maßnahmenkatalog ist ziemlich umfangreich und erfordert eine massive Einmischung in die inneren Angelegenheiten Saudi-Arabiens. Doch das ist nicht so neu, wie es sich anhört. Der Westen sagt ja bereits Saddam Hussein, wie er sich gegenüber den Kurden und den Schi'iten zu verhalten habe, und auch den Ägyptern, wie sie ihre finanziellen Angelegenheiten regeln müssen. Das ist alles gut in der Hand zu behalten, da das Haus Saud ohne die Unterstützung des Westens nicht existieren und sich mit der Bitte um Hilfe auch nicht an äußere Mächte wenden kann. Zudem kann es den Westen nicht durch eine Androhung von Liefersperren bei Öl bestrafen, da das die Finanzkrise beschleunigen und den Abgang der königlichen Familie vorantreiben würde. Und als letzter Grund ist die Chance eines korrigierenden Programms eine langfristig bessere Verteidigung der Ölreserven als die derzeitige Politik, diese um jeden Preis zu sichern, einschließlich der erschreckenden Aussicht, gegen die arabische und moslemische Welt darum kämpfen zu müssen.

Sogar wenn es nur zu einigen, gar nicht einmal allen dieser Maßnahmen käme, wäre es um die Bedingungen in Saudi-Arabien schon besser gestellt. Das Image des Westens bei den Saudis, den Arabern und den Moslems würde sich deutlich verbessern, der Weg in eine unnötige Konfrontation mit dem islamischen Fundamentalismus würde unterbrochen. Und sollten solche Schritte, die Reformen erzwingen, tatsächlich wie eine Flutwelle das Haus Saud hinwegspülen, dann wäre der Westen durch seine eigenen Bemühungen immer noch in einer besseren Position und könnte mit den politischen Nachfolgern in Saudi-Arabien wesentlich besser auskommen. Wenn gar nichts geschieht, wird es zu einer Revolution kommen – vielleicht nicht 1997, aber dann kurz darauf. Den voraussehbaren finanziellen Zusammenbruch in der Finanzstruktur des Landes kann der Westen nicht im Griff behalten, wenn nicht bald etwas unternommen wird. Und selbst wenn dies möglich wäre, der Verzicht auf eine Reformierung der Strukturen, die zu diesem Zusammenbruch geführt haben, wäre wieder nichts als eine leere, vorläufige Geste, die die Reife der Menschen in Saudi-Arabien und ihre legitimen Forderungen ignoriert.

Danksagungen

Diese Aufzählung ist nicht vollständig. Vierunddreißig meiner Gesprächspartner, die ich für dieses Buch interviewte, waren nur unter der Bedingung der Wahrung ihrer Anonymität zu Auskünften bereit. Andere akzeptierten zwar, daß ihre Namen erwähnt werden, wollten jedoch keine genaueren Angaben oder Vorstellungen hinzugefügt wissen. Außerdem möchte ich festhalten, daß einige der von mir Interviewten mit meinem Ansatz zu diesem Thema und meinen Schlußfolgerungen nicht einverstanden waren. Die in diesem Buch geäußerten Meinungen und seine Unzulänglichkeiten sind ausschließlich mir anzulasten. Nach diesen Vorbehalten gebührt nun den nachfolgend Genannten mein ganzer Dank:

Jamil Mroeh, Journalist; Abdel Barri Attwan, Zeitungsverleger; Ghassan Zakkaria, Zeitschriftenverleger; Robert Fisk, politischer Korrespondent; Jean Diah, Journalist und Historiker; Suleiman Firzli, Journalist; Farid al-Khatib, Journalist; Edmund O'Sullivan, Journalist und Verleger; David Butters, Journalist; Toby Odone, Journalist; Murray Gart, Journalist und Verleger; Kasscm Ja'afar, Journalist; David Boardman, Fernsehproduzent; Rosie Waterhouse, Journalistin; Pierre Salinger, Journalist und ehemaliger Pressesprecher von US-Präsident John F. Kennedy; Mohammad Kabardai, Journalist; Maria Kelmas, Journalistin; Helga Graham, Journalistin; David Gardner, Journalist; Steven Timewell, Herausgeber; Dr. Suha al-Sabbagh, Universitätsgelehrter; Prof. Mousa Mazzawai, Gelehrter zu Fragen der Scharia; Dr. Mohammad Faisal, Verleger; David Helier, Fernsehautor; Khaldoun Solh, Zeitungsverleger.

Rosemary Hollis, Royal United Services Institute; William Quandt, The Brookings Institutions; James Akins, Harold Cutler und Hermann Eilts, ehemalige amerikanische Botschafter in Saudi-Arabien; Robert Komer, ehemaliges Mitglied des *National Security Council*; Eric Roulu, ehemaliger französischer Botschafter in Syrien und Iran.

Tewfiq al-Sheikh, Mitglied der saudischen Opposition; Abdel Ameer Mousa, Mitglied der saudischen Opposition; Hamza al-Hassan, Mitglied der saudischen Opposition; Sa'ad al-Bazzaz, Beamter der irakischen Regierung; Dr. Gholamhussein Ra'ad, ehemaliger Beamter der irakischen Regierung; Paul Parker, ehemaliger Bankier; Bob McCarthy,

Bankier; Robert Mabrou, The Oxford Energy Institute; Ziad Beidoun, Geologe; Sue Arnold, ehemalige Angestellte im Militärhospital von Riyadh.

Unter den Nichtgenannten sind ein Mitglied des saudischen Königshauses, zwei ehemalige britische Diplomaten, drei Agenten der CIA, fünf Bankiers (u.a. von der Weltbank und dem Internationalen Währungsfond), sieben Journalisten, die noch in Saudi-Arabien tätig sind, und drei Geschäftsleute, die dort Verbindungen haben. Die anderen sind Wissenschaftler, Mitglieder von Beratergremien und Denkfabriken oder waren aus beruflichen Gründen in Saudi-Arabien.

Wie bei der Arbeit an jedem Buch gab es auch hier Freunde und Begleiter des Projekts, die dringend notwendige Unterstützung geleistet haben, ohne direkt mit der Arbeit des Autors verbunden zu sein. So danke ich meinem Vater, meinen Cousins Khalil und Ghaleb, meinem Neffen Nasser und meinen Freunden Kate Beck, Sa'ida Nusseibeh, Laura Sandys, Sue Taylor, Jan Cushing, Elke Brier, Gene Etchevere, Henry Elewell, James Exelby, Gregor MacKinnon und Samir Chourbaji.

Literatur

Bücher:
Der Heilige Koran

Abdalah, König von Jordanien: Memoirs. London 1950
Abdallah, Anwar: Petroleum and Manners, London 1980; in arabischer Sprache,
    i. a. S.
Abdel Hai, Tewfic: Death of A Princess. London 1988, i. a. S.
Abdelrahman, Awatef: Studies in the Modern Press of the Arab World. Beirut
    1989, i. a. S.
Abdelrahman, Faiz: Scandals of The Oil Kings. Beirut 1990, i. a. S.
Aburish, Said K.: Payoff, Wheeling and Dealing in the Arab World. London 1985
Acheson, Dean: Present at The Creation
Al-Challabi, Fadhil: OPEC and The International Oil Industry, Oxford 1980
Al-Hajri, Yusuf: Is Saudi Arabia Swallowing Yemen? London 1989
Al-Jamil, Rassim: Communications in the Arab World, Beirut 1986
Alireza Marianne: At the Drop of a Veil, Boston 1971
Al-Sheikh, Tewfic: Petroleum and Politics in Saudi Arabia, London 1989, i. a. S.

Amer, Abdelatif: The Islamic Movement in the Arabian Peninsula, London 1989,
    i. a. S.
Antonius, George: The Arab Awakening, London 1938
Armstrong, H. C.: Lord of Arabia, Beirut 1966

Badeau, John S.: The American Approach to the Middle East, New York 1968
Badeeb, Said: The Saudi-Egyptian Conflict in the Yemen, Boulder/Col. 1986
Bazza, Sa'ad: The Gulf War and the One After, London 1992 (original Arabic
    text)
Bell, Gertrude: Letters, London 1953
Blandford, Linda: The Oil Sheikhs, London 1976

Cooke, Hendley: Challenge and Response in The Middle East, New York 1952
Cooley, John: Payback, America's Long War in the Middle East, London
Copeland, Miles: The Game of Nations, London 1962
–: The Real Spy World, London 1972

Diah, Jean: The Qwakibi Press, London 1989, i. a. S.
Dickson, H. R. P.: The Arab of the Desert, London 1956

Eddy, William: The Stories of Juha, Beirut 1952
Emerson, Steven: The American House of Saud, New York 1983

Farah and Karudah: Political Socialization in the Arab States, Boulder / Col. 1987
Field, Michael: US $ 100 Million a Day, London 1975
Adams and Franz: A Full Service Bank; The Story of BCCI, London 1992
Friedman, Thomas: From Beirut to Jerusalem, London 1989

Gahtani, Fahd: Yemen and the House of Saud, London 1990, i. a. S.
–: Struggle of the Branches, London 1991, i. a. S.
–: Comments on Saudi Arabia, London 1991, i. a. S.
–: The Juhyman Earthquake in Mecca, London 1992, i. a. S.
Galeano, Edoardo: The Veins of Latin America, London 1992
Gasset, Ortega y: History as a System, New York 1961
Gaury, Gerald de: Faisal, London 1956
Ghazi, Abdelaziz: Saudi Armament, The Illusion of Security and Squandering of Wealth, London 1990, i. a. S.
Glubb, Sir John Baggot: Soldier with the Arabs, London 1959
–: Britain and The Arabs, London 1982
Goldberg, Jacob: The Foreign Policy of Saudi Arabia 1902–1918, New York 1988

Haikal, Mohammad: The Cairo Documents, New York 1971
Hiro, Dillip: Islamic Fundamentalism, London 1988
–: Inside the Middle East, London 1982
Hirst, David: The Gun and the Olive Branch, London 1977
Hitti, Phillip: The History of the Arabs, New York 1952
Holden, David: Farewell to Arabia, London 1966
ders. und Richard Johns: The House of Saud, London 1981
Hollingworth, Claire: The Arabs and the West, London 1952
Hook, Sidney: The Hero in History, Boston 1943
Hopwood, Derek: The Arabian Peninsula, New York 1972
Howarth, David: The Desert King, London 1964
Horowitz, H. C.: The Struggle for Palestine, New York 1950
Huds, Michael C.: Arab Politics and The Search for Legitimacy, London 1986
Hurwitz, J. C.: Oil, The Arab-Israeli Dispute and the Industrial World, London 1982

Kerr, Malcolm:: The Arab Cold War, Gamal Abdel Nasser and his Rivals, 1958–1970, London 1971
Kessler, Ronald: The Rise and Fall of the World's Richest Man, London

Khadouri, Majid: Contemporary Arabs, The Role of Leaders in Politics, London 1992

Kissinger, Henry: The White House Years, New York 1978

Lacey, Robert: The Kingdom, London 1981

Lacqueur, Walter: The Soviet Union and The Middle East, New York 1959

–: The Struggle for the Middle East, London 1969

Leitenbergh, Milton (Hrg.): The Power Intervention in the Middle East, London 1983

Levins, Hoag: Arab Reach, London 1983

Long, David S.: The US and Saudi Arabia, Ambivalent Allies, Washington 1976

Mackey, Sandra: The Saudis, New York 1947

Makki, Alia: A Woman's Diary in Saudi Prison, London 1991, i. a. S.

Mallah, Rajah and Dorothea: Saudi Arabia, Boulder/Col. 1982

Mantel, Hillary: Eight Months on Gaza Street, London

Maul, Hans and Otto Pick (Hrsg.): The Gulf War, London 1992

Miller, Aaron D.: Search for Security: Saudi Arabian Oil and US Foreign Policy, Chapel Hill 1980

Moysten, Trevor: Iran, Iraq and the Arabian Peninsula, London 1982

Munif, Abdelrahman: Cities of Salt, London 1992

Munsen, Henry Jr.: Islam and the Revolution in the Middle East, London 1986

Nageeb, Khaldoun, Society and State in the Gulf and Arabian Peninsula, London 1982

Philby, Harry St. John: Arabian Jubilee, London 1952

–: Arabian Highlands, London 1991

Piscati, James P.: Islam in the Political Process, New York 1984

Pordham B.R. (Hrsg.): The Arab Gulf and the West, New York 1984

Pryce-Jones David: The Closed Circle, An Interpretation of the Arabs, London 1990

Quandt, William: Saudi Arabia in the 80s, Washington 1981

Robinson, Jeffrey: Yamani, London 1988

Roosevelt, Kermit: Arabs, Oil and History, New York 1952

Rugh, William: The Arab Press, Syracuse 1979

Sahab, Victor: The Crisis in Official Arab Media, Beirut 1976

Safran, Nedev: The Explosion of the Saudi Regime

Said, Edward: Orientalism, London 1978
Said, Nasser: History of the House of Saud, Beirut 1989, i. a. S.
Salinger, Pierre: The Gulf War Documents, London 1992
Sampson, Anthony: The Seven Sisters, New York 1975
–: The Money Lenders, London 1981
–: The Arams Bazaar, London 1977
Sandwick, John: The Gulf Cooperation Council, London 1989
Secnec, Jean-Francois: The Financial Markets of the Gulf, Paris 1982
Seekt, Ian: OPEC, 25 Years of Price and Politics, London 1984
Seymour, Ian: OPEC: Instrument of Change, London 1980
Sharabi, Hisham: The Next Arab Decade, New York 1989

Tahiri, Amir: The Cauldron, The Middle East Behind The Headlines, London
    1988
Terezian, Pierre: OPEC, The Inside Story, London 1983
Theroux, Peter: Sandstorm, New York 1990
Timmerman, Kenneth R.: The Death Lobby, London 1992
Twitchell, K. S.: Saudi Arabia, New York 1958

Vasil'yev, A.: Chapters in the History of Saudi Arabia, Beirut 1982, i. a. S.
Viorst, Milton: Sands in Sorrow, New York 1986

Wahbeh, Hafez: Arabian Days, London 1964
Wynn, Wilton: Nasser, The Search for Dignity, London 1960

Yergin, Daniel: The Prize, London 1991

Statistiken etc.:

Who's Who in Saudi Arabia
The Future of the Arab World
verschiedene ARAMCO-Publikationen

Zeitungen und Zeitschriften:

aus der arabischen Welt:
Arab News, Aramco World, Al Arab, Al Hawadess, Al Hayatt, Al Jazira, Al
    Arabia, Al Quds al-Arabi, Al Musawar, Al Nahar, Al Tadmur, Al Yemen
    al-Khubra, Islamic Revolution, Khalij Times, Middle East Econimic Digest,

Middle East Economic Survey, Riyadh, Sharq al-Awsat, Sourakia, The Middle East

saudische Untergrundpresse:
Sawt al-Masjid, Sawt al-Nass

aus Großbritannien:
The Banker, The Economist, The Express, The Financial Times, The Guardian, The Independent, The Mail on Sunday, The Observer, The Spectator, The Times,
The BBC World Service, The BBC Home Service, ITV

aus Frankreich:
International Herald Tribune, L'Express, Le Monde, Libération

aus Deutschland:
Der Spiegel, Stern

aus den USA:
Foreign Affairs, National Geographic, Newsweek, The Boston Globe, The Los Angeles Times, The New York Times, The Philadelphia Inquirer, The San Francisco Examiner, The Washington Post, Time, Wall Street Journal
ABC News, CBS News, NBC Press, PBS

Vorliegende Dokumentationen:

Amnesty International, London
Article 19, London
Department of State, Washington
Foreign and Commonwealth Office Library, London
India Office Library and Records, London
Middle East Watch, New York
Minnesota Lawyers' International Rights Committee, Minneapolis
Royal Institute of International Affairs, London
Royal United Services Institute, London
Strategic Institute of International Affairs, London
US Kongreß, Sitzungsprotokolle 1964–1989
US Congress, House Subcommittee on Multinationals

nicht veröffentlichte Dokumentationen:

Außenmininsterium des Iran
Außenministerium von Jordanien
Internal Memoranda, Time Inc.